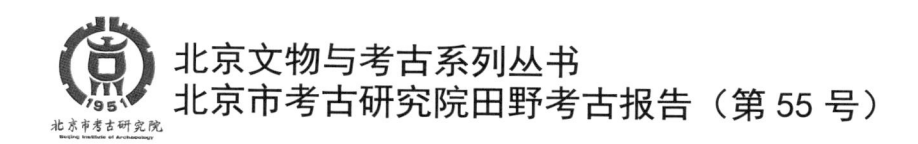

北京文物与考古系列丛书
北京市考古研究院田野考古报告（第55号）

北京考古

第5辑

北京市考古研究院　编著

北京燕山出版社

图书在版编目（CIP）数据

北京考古 . 第 5 辑 / 北京市考古研究院编著 . — 北京 ： 北京燕山出版社， 2024.3
 ISBN 978-7-5402-7102-2

Ⅰ . ①北… Ⅱ . ①北… Ⅲ . ①考古工作—北京 Ⅳ . ① K872.1

中国国家版本馆 CIP 数据核字（2023）第 203373 号

北京考古 . 第 5 辑

编　　著：北京市考古研究院
责任编辑：吴蕴豪　梁　萌
书籍设计：北京麦莫瑞文化传播有限公司
封面设计：黄晓飞
出版发行：北京燕山出版社有限公司
社　　址：北京市西城区椿树街道琉璃厂西街 20 号
邮　　编：100052
电　　话：010-65240430（总编室）
印　　刷：北京富诚彩色印刷有限公司
开　　本：889mm×1194mm　1/16
字　　数：400 千字
印　　张：22.75
版　　次：2024 年 3 月第 1 版
印　　次：2024 年 3 月第 1 次印刷
ISBN　978-7-5402-7102-2
定　　价：228.00 元

未经许可，不得以任何方式复制或抄袭本书部分或全部内容
版权所有，侵权必究

北京文物与考古系列丛书

内 容 简 介

本书是北京市考古研究院（北京市文化遗产研究院）的配合基本建设考古发掘报告集。收录的18篇发掘报告全部为北京地区的配合基本建设考古发掘工作成果，涉及朝阳、海淀、丰台、通州、平谷等区，时代跨度为汉代至民国时期，类型有墓葬、窑址、水井等。出土的器物数量多，类型丰富。本书比较全面、及时地反映了北京市近年来配合基本建设的考古发掘工作的新成果。

本书可供从事考古、文物、历史等研究的学者及相关院校师生阅读和参考。

目 录

经济技术开发区河西区汉代窑址发掘报告 ………………………………………………………… 1

丰台区新宫汉代、元代灰坑发掘报告 ……………………………………………………………… 6

通州区召里汉代窑址、清代墓葬发掘报告 ………………………………………………………… 14

丰台区张家坟唐、元、清墓发掘报告 ……………………………………………………………… 20

大兴区礼贤明代墓葬发掘报告 ……………………………………………………………………… 71

密云区南陈各庄明代墓葬、石砌遗迹发掘报告 …………………………………………………… 79

朝阳区塔营街辽金、清代窑址及明清墓葬发掘报告 ……………………………………………… 83

大兴区海户新村明清古井发掘报告 ………………………………………………………………… 105

顺义区天竺村清代墓葬发掘报告 …………………………………………………………………… 109

朝阳区黑庄户清代墓葬、明堂发掘报告 …………………………………………………………… 136

海淀区学院路清代墓葬发掘报告 …………………………………………………………………… 159

平谷区小北关清代墓葬及明堂发掘报告 …………………………………………………………… 172

通州区驸马庄唐代窑址发掘报告 …………………………………………………………………… 220

通州区六合庄清代墓葬发掘报告 …………………………………………………………………… 223

通州区疃里清代墓葬发掘报告 ……………………………………………………………………… 227

大兴区幸福村清代、民国墓葬发掘报告 …………………………………………………………… 233

通州区铺头村清代、民国墓葬发掘报告 …………………………………………………………… 241

通州区疃里清代、民国墓葬及清代水井发掘报告 ………………………………………………… 249

插图目录

经济技术开发区河西区汉代窑址发掘报告 ······ 1

图一　发掘地点位置示意图 ······ 1

图二　遗迹分布图 ······ 2

图三　Y1平、剖面图 ······ 4

丰台区新宫汉代、元代灰坑发掘报告 ······ 6

图一　发掘地点位置示意图 ······ 6

图二　遗迹分布图 ······ 7

图三　T2南壁剖面图 ······ 8

图四　H1平、剖面图 ······ 8

图五　H2平、剖面图 ······ 9

图六　H3平、剖面图 ······ 10

图七　H4平、剖面图 ······ 10

图八　H5平、剖面图 ······ 11

图九　H6平、剖面图 ······ 11

图一〇　H1出土瓷碗（H1∶1） ······ 12

图一一　H3出土残陶片 ······ 12

通州区召里汉代窑址、清代墓葬发掘报告 ······ 14

图一　发掘地点位置示意图 ······ 14

图二　遗迹分布图 ······ 15

图三　Y1平、剖面图 ······ 16

图四　M1平、剖面图 ······ 17

图五　M1出土器物 ······ 18

丰台区张家坟唐、元、清墓发掘报告 ·· 20
 图一 发掘地点位置示意图 ·· 20
 图二 墓葬分布图 ·· 21
 图三 M2 平、剖面图 ·· 23
 图四 M3 平、剖面图 ·· 24
 图五 M9 平、剖面图 ·· 25
 图六 M4 平、剖面图 ·· 26
 图七 M5 平、剖面图 ·· 27
 图八 M6 平、剖面图 ·· 28
 图九 M7 平、剖面图 ·· 29
 图一〇 M8 平、剖面图 ·· 30
 图一一 出土墓砖拓片 ·· 31
 图一二 出土陶器、瓷器 ·· 32
 图一三 出土铜器 ·· 34
 图一四 M19 平、剖面图 ·· 35
 图一五 M21 平、剖面图 ·· 36
 图一六 M26 平、剖面图 ·· 37
 图一七 M27 平、剖面图 ·· 38
 图一八 M20 平、剖面图 ·· 39
 图一九 M22 平、剖面图 ·· 40
 图二〇 M23 平、剖面图 ·· 41
 图二一 M24 平、剖面图 ·· 42
 图二二 M25 平、剖面图 ·· 43
 图二三 出土陶器、瓷器 ·· 44
 图二四 出土瓷罐 ·· 45
 图二五 出土铜镜 ·· 46
 图二六 出土铜器 ·· 47
 图二七 出土金器、银器 ·· 48
 图二八 出土铜钱拓片（一） ·· 50

图二九	出土铜钱拓片（二）	52
图三〇	M1平、剖面图	53
图三一	M12平、剖面图	54
图三二	M13平、剖面图	55
图三三	M14平、剖面图	55
图三四	M18平、剖面图	56
图三五	M10平、剖面图	57
图三六	M11平、剖面图	58
图三七	M16平、剖面图	58
图三八	M17平、剖面图	59
图三九	M15平、剖面图	60
图四〇	出土器物	61
图四一	出土铜钱拓片（三）	64

大兴区礼贤明代墓葬发掘报告 … 71

图一	发掘地点位置示意图	71
图二	遗迹分布图	72
图三	M3平、剖面图	73
图四	M4平、剖面图	74
图五	M1平、剖面图	75
图六	M2平、剖面图	76
图七	M1、M2出土器物	77

密云区南陈各庄明代墓葬、石砌遗迹发掘报告 … 79

图一	发掘地点位置示意图	79
图二	遗迹分布图	80
图三	M1平、剖面图	81
图四	S1平、剖面图	81
图五	出土铜钱拓片	82

朝阳区塔营街辽金、清代窑址及明清墓葬发掘报告 … 83

图一	发掘地点位置示意图	83
图二	遗迹分布图	84

图三　M1平、剖面图 ……………………………………………………………………… 85

图四　M1棺内平面图 ……………………………………………………………………… 85

图五　M2平、剖面图 ……………………………………………………………………… 86

图六　M3平、剖面图 ……………………………………………………………………… 87

图七　M7平、剖面图 ……………………………………………………………………… 87

图八　M11平、剖面图 ……………………………………………………………………… 88

图九　M4平、剖面图 ……………………………………………………………………… 89

图一〇　M5平、剖面图 …………………………………………………………………… 89

图一一　M6平、剖面图 …………………………………………………………………… 90

图一二　M8平、剖面图 …………………………………………………………………… 91

图一三　M9平、剖面图 …………………………………………………………………… 91

图一四　M10平、剖面图 ………………………………………………………………… 92

图一五　Y1平、剖面图 …………………………………………………………………… 93

图一六　Y2平、剖面图 …………………………………………………………………… 94

图一七　Y3平、剖面图 …………………………………………………………………… 95

图一八　Y4平、剖面图 …………………………………………………………………… 96

图一九　M1、M9出土器物 ………………………………………………………………… 97

图二〇　M1出土器物 ……………………………………………………………………… 98

图二一　出土陶器、瓷器 …………………………………………………………………… 99

图二二　Y2沟纹砖拓片 …………………………………………………………………… 100

图二三　出土钱币拓片 …………………………………………………………………… 101

大兴区海户新村明清古井发掘报告 …………………………………………………… 105

图一　发掘地点位置示意图 ………………………………………………………………… 105

图二　遗迹分布图 …………………………………………………………………………… 106

图三　J1平、剖面图 ………………………………………………………………………… 107

顺义区天竺村清代墓葬发掘报告 ……………………………………………………… 109

图一　发掘地点位置示意图 ………………………………………………………………… 109

图二　墓葬分布图 …………………………………………………………………………… 110

图三　M2平、剖面图 ……………………………………………………………………… 111

图四	M3平、剖面图	112
图五	M7平、剖面图	112
图六	M16平、剖面图	113
图七	M18平、剖面图	114
图八	M19平、剖面图	114
图九	M15、M20平、剖面图	115
图一〇	M1平、剖面图	116
图一一	M4平、剖面图	117
图一二	M5平、剖面图	118
图一三	M6平、剖面图	119
图一四	M8平、剖面图	120
图一五	M9平、剖面图	120
图一六	M10平、剖面图	121
图一七	M11平、剖面图	122
图一八	M12平、剖面图	123
图一九	M13平、剖面图	124
图二〇	M17平、剖面图	125
图二一	M14平、剖面图	126
图二二	出土陶器、瓷器	129
图二三	出土银器、铜器	130
图二四	出土铜钱	132

朝阳区黑庄户清代墓葬、明堂发掘报告 ··· 136

图一	发掘地点位置示意图	136
图二	遗迹分布图	137
图三	M4平、剖面图	138
图四	M14平、剖面图	138
图五	M1平、剖面图	139
图六	M2平、剖面图	140
图七	M3平、剖面图	141

图八	M5平、剖面图	142
图九	M6平、剖面图	143
图一〇	M9平、剖面图	143
图一一	M11平、剖面图	144
图一二	M12平、剖面图	145
图一三	M13平、剖面图	146
图一四	M8平、剖面图	147
图一五	M10平、剖面图	147
图一六	M15平、剖面图	148
图一七	MT1平、剖面图	149
图一八	出土器物（一）	151
图一九	出土器物（二）	152
图二〇	出土铜钱拓片（一）	153
图二一	出土铜钱拓片（二）	155

海淀区学院路清代墓葬发掘报告 159

图一	发掘地点位置示意图	159
图二	墓葬分布图	160
图三	M1平、剖面图	160
图四	M9平、剖面图	161
图五	M2平、剖面图	162
图六	M3平、剖面图	163
图七	M4平、剖面图	164
图八	M5平、剖面图	164
图九	M6平、剖面图	165
图一〇	M7平、剖面图	166
图一一	M8平、剖面图	166
图一二	出土器物	168
图一三	出土铜钱拓片	169

平谷区小北关清代墓葬及明堂发掘报告 ·· 172
  图一 发掘地点位置示意图 ·· 172
  图二 遗迹分布图 ·· 173
  图三 M1平、剖面图 ·· 174
  图四 M1出土器物 ·· 175
  图五 M2平、剖面图 ·· 176
  图六 M2出土器物 ·· 177
  图七 M3平、剖面图 ·· 178
  图八 M3出土器物 ·· 178
  图九 M4平、剖面图 ·· 179
  图一〇 M5平、剖面图 ·· 180
  图一一 M5出土器物 ·· 180
  图一二 M6平、剖面图 ·· 181
  图一三 M6出土器物 ·· 182
  图一四 M7平、剖面图 ·· 183
  图一五 M7出土道光通宝（M7∶1） ································· 184
  图一六 M8平、剖面图 ·· 184
  图一七 M8出土光绪通宝（M8∶4-1） ······························ 185
  图一八 M9平、剖面图 ·· 185
  图一九 M9出土器物 ·· 187
  图二〇 M10平、剖面图 ··· 187
  图二一 M10出土器物 ··· 188
  图二二 M11平、剖面图 ··· 189
  图二三 M12平、剖面图 ··· 190
  图二四 M12出土铜钱 ··· 190
  图二五 M13平、剖面图 ··· 191
  图二六 M14平、剖面图 ··· 192
  图二七 M12出土器物 ··· 192
  图二八 M15平、剖面图 ··· 193

图二九	M15 出土器物	194
图三〇	M16 平、剖面图	195
图三一	M16 出土雍正通宝（M16∶1）	195
图三二	M17 平、剖面图	196
图三三	M17 出土铜钱	197
图三四	M18 平、剖面图	198
图三五	M18 出土器物	199
图三六	M19 平、剖面图	200
图三七	M19 出土器物	200
图三八	M20 平、剖面图	201
图三九	M20 出土光绪通宝（M20∶1）	201
图四〇	M21 平、剖面图	202
图四一	M21 出土器物	203
图四二	M22 平、剖面图	203
图四三	M22 出土银簪	204
图四四	M23 平、剖面图	205
图四五	M23 出土铜钱	205
图四六	M24 平、剖面图	206
图四七	M24 出土宽永通宝（M24∶1）	206
图四八	M25 平、剖面图	207
图四九	M25 出土器物	208
图五〇	M25 出土铜钱	209
图五一	M26 平、剖面图	210
图五二	M26 出土器物	211
图五三	M27 平、剖面图	211
图五四	M27 出土器物	212
图五五	M28 平、剖面图	213
图五六	M28 出土器物	214
图五七	M29 平、剖面图	215

图五八　M29 出土器物 ·· 216

　　图五九　M30 平、剖面图 ·· 217

通州区驸马庄唐代窑址发掘报告 ·· 220

　　图一　发掘地点位置示意图 ··· 220

　　图二　Y1 平、剖面图 ·· 221

通州区六合庄清代墓葬发掘报告 ·· 223

　　图一　发掘地点位置示意图 ··· 223

　　图二　遗迹分布图 ·· 224

　　图三　M1 平、剖面图 ··· 225

　　图四　M1 出土铜钱 ·· 226

通州区疃里清代墓葬发掘报告 ··· 227

　　图一　发掘地点位置示意图 ··· 227

　　图二　墓葬分布示意图 ··· 228

　　图三　M1 平、剖面图 ··· 229

　　图四　M2 平、剖面图 ··· 230

　　图五　M3 平、剖面图 ··· 230

　　图六　M1、M2、M3 出土瓷罐 ··· 231

大兴区幸福村清代、民国墓葬发掘报告 ·· 233

　　图一　发掘地点位置示意图 ··· 233

　　图二　墓葬分布示意图 ··· 234

　　图三　M1 平、剖面图 ··· 235

　　图四　M2 平、剖面图 ··· 236

　　图五　M1 出土器物 ·· 237

　　图六　M1 出土铜钱、铜币 ··· 238

通州区铺头村清代、民国墓葬发掘报告 ·· 241

　　图一　发掘地点位置示意图 ··· 241

　　图二　墓葬分布示意图 ··· 242

　　图三　M1 平、剖面图 ··· 243

　　图四　M3 平、剖面图 ··· 244

图五　M2 平、剖面图 ··· 245

图六　M1 出土器物 ··· 246

图七　出土铜钱、铜币拓片 ·· 247

通州区疃里清代、民国墓葬及清代水井发掘报告 ··· 249

图一　发掘地点位置示意图 ·· 249

图二　遗迹分布图 ·· 250

图三　M1 平、剖面图 ··· 251

图四　M2 平、剖面图 ··· 252

图五　M3 平、剖面图 ··· 254

图六　M4 平、剖面图 ··· 255

图七　出土器物 ··· 256

图八　出土铜钱、铜币拓片 ·· 256

图九　J1 平、剖面图 ·· 257

彩版目录

经济技术开发区河西区汉代窑址发掘报告

彩版一　汉代窑址 Y1

彩版二　汉代窑址 Y1 局部

丰台区新宫汉代、元代灰坑发掘报告

彩版三　灰坑 H1 ~ H3

彩版四　灰坑 H4 ~ H6

彩版五　H1 出土瓷器

通州区召里汉代窑址、清代墓葬发掘报告

彩版六　汉代窑址 Y1、清代墓葬 M1 及墓葬出土器物

丰台区张家坟唐、元、清墓发掘报告

彩版七　唐代墓葬 M2、M3

彩版八　唐代墓葬 M4、M5

彩版九　唐代墓葬 M6 ~ M9

彩版一〇　唐代墓葬出土陶器

彩版一一　唐代墓葬出土器物

彩版一二　元代墓葬 M19、M21

彩版一三　元代墓葬 M22、M23

彩版一四　元代墓葬 M24、M25

彩版一五　元代墓葬 M26、M27

彩版一六　元代墓葬出土陶器、瓷器

彩版一七　元代墓葬出土器物

彩版一八　元代墓葬出土铜镜

彩版一九　元代墓葬出土银簪

彩版二〇　元代墓葬出土铜器

彩版二一　清代墓葬 M11、M12

彩版二二　清代墓葬 M16、M18

彩版二三　清代墓葬出土釉陶罐、瓷罐

彩版二四　清代墓葬出土器物

大兴区礼贤明代墓葬发掘报告

彩版二五　明代墓葬 M3、M4

彩版二六　明代墓葬 M1、M2

彩版二七　明代墓葬出土器物

密云区南陈各庄明代墓葬、石砌遗迹发掘报告

彩版二八　明代墓葬 M1 出土器物

朝阳区塔营街明清墓葬及辽金、清代窑址发掘报告

彩版二九　明清墓葬 M1、M2

彩版三〇　明清墓葬 M3、M7、M11

彩版三一　明清墓葬 M4 ~ M6

彩版三二　明清墓葬 M8 ~ M10

彩版三三　辽金窑址 Y1、Y2

彩版三四　辽金窑址 Y3、清代窑址 Y4

彩版三五　明清墓葬出土器物

彩版三六　明清墓葬出土铜器、金器

彩版三七　明清墓葬出土釉陶罐、瓷罐

大兴区海户新村明清古井发掘报告

彩版三八　明清水井 J1

顺义区天竺清代墓葬发掘报告

彩版三九　清代墓葬 M1 ~ M3

彩版四〇　清代墓葬 M4 ~ M6

彩版四一　清代墓葬 M9 ~ M11

彩版四二　清代墓葬 M7、M8

彩版四三　清代墓葬 M12～M14

彩版四四　清代墓葬 M15、M16、M18

彩版四五　清代墓葬 M17、M19、M20

彩版四六　清代墓葬出土铜器、银器

彩版四七　清代墓葬出土陶器、瓷器（一）

彩版四八　清代墓葬出土陶器、瓷器（二）

彩版四九　清代墓葬出土器物

朝阳区黑庄户清代墓葬、明堂发掘报告

彩版五〇　清代墓葬 M4、M14、M1

彩版五一　清代墓葬 M2、M3、M5

彩版五二　清代墓葬 M6、M11

彩版五三　清代墓葬 M12、M13、M8

彩版五四　清代墓葬 M10、M15 及清代明堂 MT1

彩版五五　清代墓葬出土陶罐、瓷罐

彩版五六　清代墓葬出土器物

彩版五七　清代墓葬及明堂出土器物

海淀区学院路清代墓葬发掘报告

彩版五八　清代墓葬出土铜器、银器

平谷区小北关清代墓葬及明堂发掘报告

彩版五九　清代墓葬 M1～M4

彩版六〇　清代墓葬 M5～M8

彩版六一　清代墓葬 M9～M12

彩版六二　清代墓葬 M13～M16

彩版六三　清代墓葬 M17～M20

彩版六四　清代墓葬 M21～M24

彩版六五　清代墓葬 M25～M27

彩版六六　清代墓葬 M28、M30 及清代明堂 M29

彩版六七　清代墓葬出土铜簪、银簪

彩版六八　清代墓葬出土铜器、银器

彩版六九　清代墓葬出土银簪

彩版七〇　清代墓葬出土器物

彩版七一　清代墓葬及明堂出土器物

彩版七二　清代明堂出土器物

通州区驸马庄唐代窑址发掘报告

彩版七三　唐代窑址 Y1（一）

彩版七四　唐代窑址 Y1（二）

彩版七五　唐代窑址 Y1（三）

通州区六合庄清代墓葬发掘报告

彩版七六　清代墓葬 M1

通州区疃里清代墓葬发掘报告

彩版七七　清代墓葬 M1～M3

彩版七八　清代墓葬出土瓷罐

大兴区幸福村清代、民国墓葬发掘报告

彩版七九　民国墓葬 M1

彩版八〇　民国墓葬出土银器

通州区铺头清代、民国墓葬发掘报告

彩版八一　清代墓葬 M1、M3 及民国墓葬 M2

彩版八二　清代墓葬 M1 出土铜器、银器

通州区疃里清代、民国墓葬及清代水井发掘报告

彩版八三　清代、民国墓葬及清代水井

彩版八四　清代、民国墓葬出土陶器、银器

经济技术开发区河西区汉代窑址发掘报告

　　经济技术开发区河西区 X52 地块位于经济技术开发区中部，东邻博兴一路、南邻兴海路、西邻博兴二路、北邻泰河三街。GPS 坐标为北纬 39°44′47.1″，东经 116°30′46.8″（图一）。2016 年 4 月 29 日至 5 月 3 日，北京市考古研究院（原北京市文物研究所）为配合北京经济技术开发区河西区项目建设，对勘探发现的一座汉代窑址进行了考古发掘（图二）。

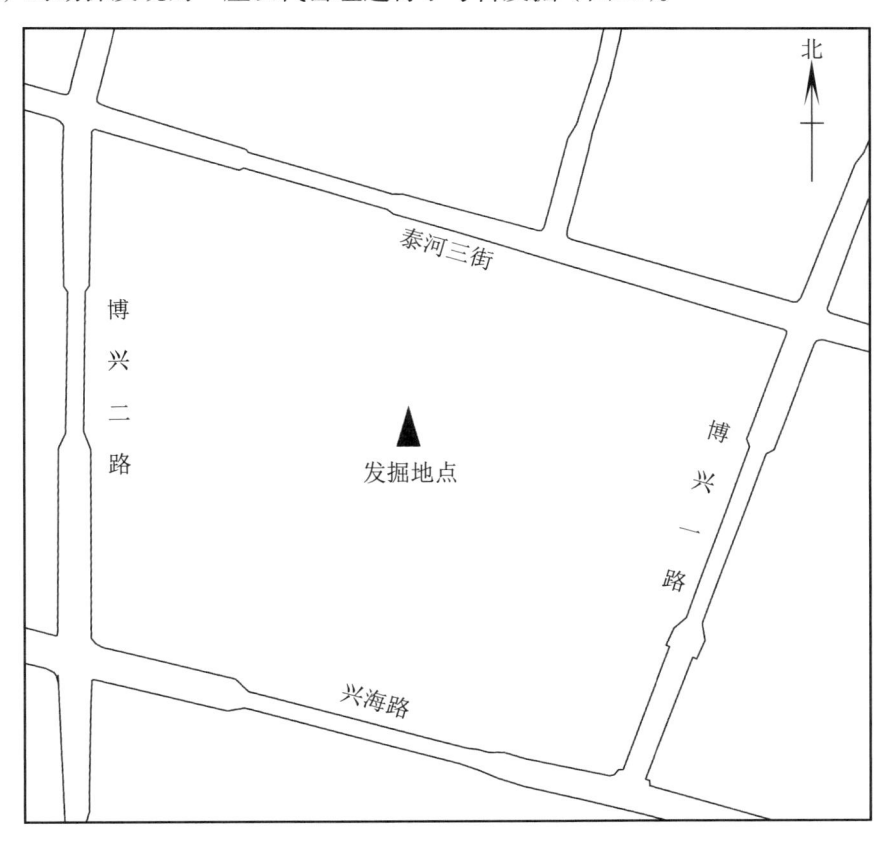

图一　发掘地点位置示意图

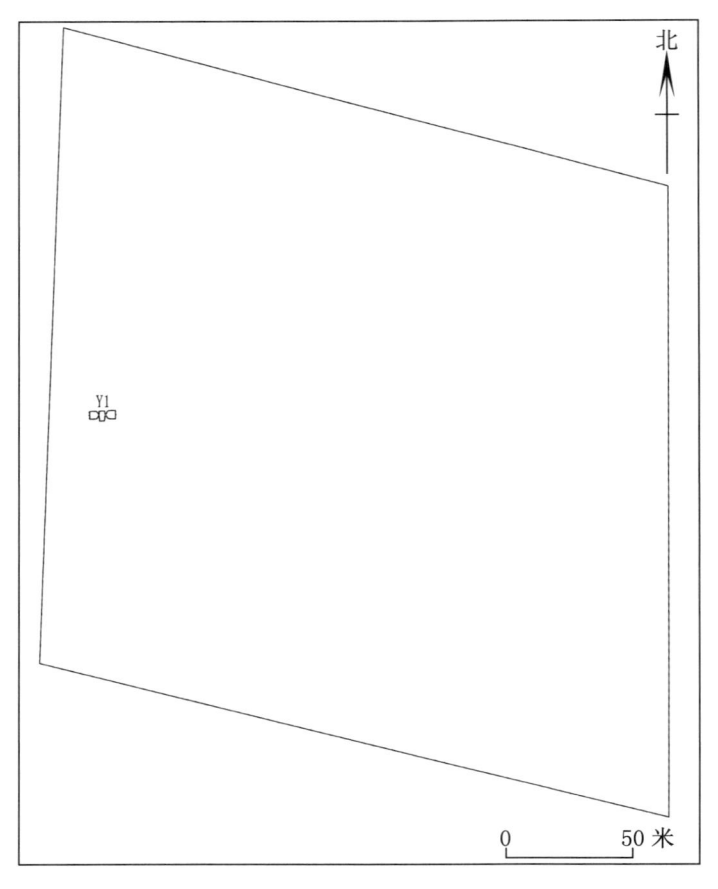

图二　遗迹分布图

一、地层堆积

发掘区域地层可分为三层，情况如下：

第①层：浅灰褐色土层，厚约 2 米，土质较松，含较多现代建筑垃圾及生活垃圾。

第②层：黑褐色胶泥层，厚约 0.6 米，土质较纯净。

第③层：黄褐色土层，厚约 0.6 米，土质较硬，含少量红烧土颗粒及残砖块。窑址开口于该层下。

二、窑址形制

Y1（图三；彩版一）西距博兴二路约 40 米，方向为 355°，开口于③层下，窑口距地表深 3.2 米。该窑为两个窑室共用一个操作间，由操作间、东西火门、东西窑室和烟道组成。其顶部已坍塌，残留底部，通长11.3米、宽3.3～4.4米、深0.7～1.4米。

操作间：位于两个窑室之间，与东西两侧火门相接，平面略呈长方形。口部略大，底部平整，四壁稍直。南北长4.3～4.4米、东西宽2.1～2.5米、深0.8米。内填灰褐色土，土质较松，内含少量的红烧土块。

东侧火门：位于操作间东端，与东侧火膛相接，顶部为拱形，四周残存红烧土。南北长0.52米、高0.25米、进深0.62米。

东侧窑室（彩版二，2）：位于操作间东侧，由火膛和窑床组成，平面呈"U"形。内填灰褐色土，土质较松，含有较多草木灰、红烧土块、残砖块等。

火膛位于东侧窑室西部，平面呈半圆形，南北长3.2米、进深1米。底部平整，距窑床面高0.5米、距火门高0.7米。火膛西壁为青砖错缝平砌，外侧为红烧土。

窑床位于东侧窑室东部，平面呈梯形，顶部已坍塌，仅残存底部。南北长3.2米、进深2.3～2.5米，底部距口部残存高0.7米。东、南、北侧外立面为青色烧壁，表面平整，烧壁外侧为红烧土。

东侧烟道（彩版二，1）：位于东侧窑室东壁，共三条，呈沟槽状，口底同宽。南侧烟道宽0.16米、进深0.17米、残高0.7米；中间烟道与南侧烟道间距1.18米、宽0.2米、进深0.27米、残高0.7米；北侧烟道与中间烟道间距1.22米、宽0.16米、进深0.22米、残高0.7米。三条烟道外表面有较清晰的烧壁，烧壁外为红烧土。烟道内填灰褐色土，土质疏松，内含红烧土块、残砖渣。

西侧火门：位于操作间西端，与西侧火膛相接，顶部为拱形，四周残存红烧土。南北长0.4米、高0.3米、进深0.3米。

西侧窑室：位于操作间西侧，由火膛和窑床组成，平面呈"U"形。内填灰褐色土，土质较松，含有较多草木灰、红烧土块、残砖块等。

火膛位于西侧窑室东部，平面呈半圆形，南北长3.1米、进深0.8～1米。底部平整，口部略大，由下向上倾斜0.3米；底部距窑床高0.6米、距火门高0.8米。火膛东壁为青砖错缝平砌，外侧为红烧土。

窑床位于西侧窑室西部，平面略呈长方形，顶部已坍塌，底部平整，保存较好。南北长3.1米、进深2.4～2.5米，底部距口部深0.8米。窑床外立面为青色烧壁，表面平整，烧壁外侧为红烧土。

西侧烟道：位于西侧窑室西壁，共三条，呈沟槽状，口底同宽。南侧烟道宽0.16米、进深0.2米、残高0.8米；中部烟道与南侧烟道间距1.07米、宽0.2米、进深0.24米、残高0.8米；北侧烟道与中间烟道间距1.17米、宽0.18米、进深0.24米、残高0.8米。三条烟道外表面有较清晰的烧壁，烧壁外为红烧土。烟道内填灰褐色土，土质疏松，内含红烧土块、残砖渣。

东、西两侧窑室的用砖规格为长32厘米、宽16厘米、厚6厘米和长28厘米、宽16厘米、厚6厘米，分为素面和绳纹两种。

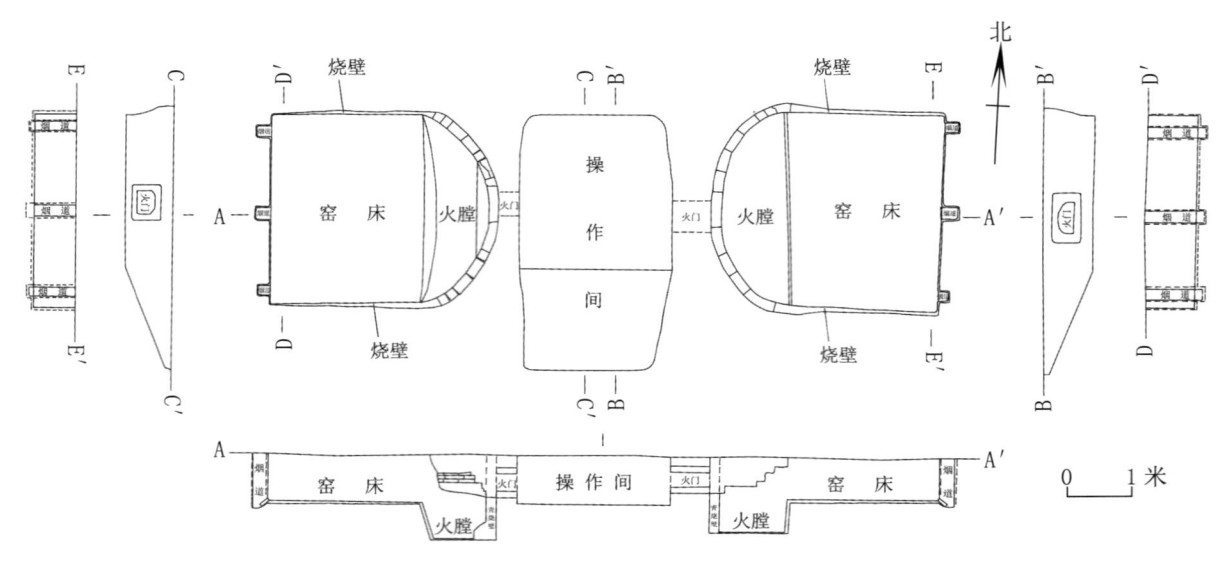

图三　Y1平、剖面图

三、结语

北京经济技术开发区河西区发掘的窑址为半倒焰窑，其形制与南苑Y4、Y7[1]，大兴新城北区8号地Y1～Y3[2]，亦庄X10号地Y3、Y4、Y10[3]，亦庄X11号地Y3、Y4[4]等形制相似。此类半倒焰窑在北京地区较为常见，年代多为西汉末年至东汉时期，因此Y1年代应为东汉时期。依据窑内的填土及包含物，应为烧制砖瓦所用。对上述窑址的发掘，为了解该地区汉代时期窑址的形制、结构、特点及烧制工艺提供了实物资料。

发掘：张智勇
绘图、整理：刘雨婧
执笔：刘雨婧　张智勇

注释

[1] 北京市文物研究所：《北京南苑汉代窑址发掘简报》，《文物春秋》2011年第5期。
[2] 北京市文物研究所：《北京大兴新城北区8号地考古发掘报告》，《文物春秋》2008年第4期。
[3] 北京市文物研究所：《北京亦庄X10号地》，科学出版社，2010年，第9～15页。
[4] 北京市文物研究所：《北京亦庄X11号地》，科学出版社，2012年，第98～101页。

附表　经济技术开发区河西区汉代窑址登记表

窑	方向	形制	操作坑 长×宽×深（米）	火门 西侧火门 长×高×进深（米）	火门 东侧火门 长×高×进深（米）	火膛 西侧火膛 长×进深（米）	火膛 东侧火膛 长×进深（米）	窑床 西侧窑床 长×进深（米）	窑床 东侧窑床 长×进深（米）	包含物
Y1	355°	半倒焰窑	（4.3～4.4）×（2.1～2.5）×0.8	0.4×0.3×0.3	0.52×0.25×0.62	3.1×（0.8～1）	3.2×1	3.1×（2.4～2.5）	3.2×（2.3～2.5）	灰褐色土，红烧土块

丰台区新宫汉代、元代灰坑发掘报告

新宫遗址位于丰台区新宫村村委会东侧，东邻槐房西路，南邻南苑西路，地理坐标为东经116°34′43.29″，北纬39°45′36.87″（图一）。

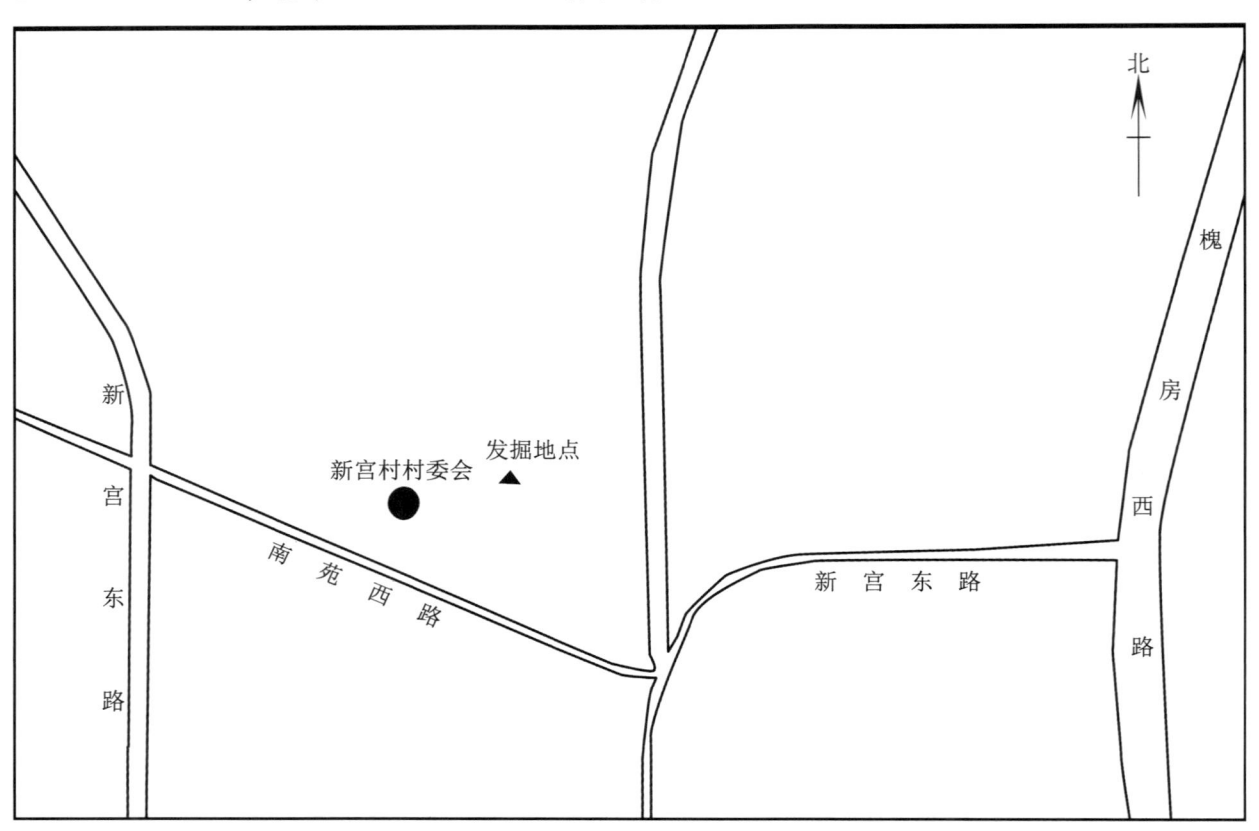

图一　发掘地点位置示意图

2015年9月19日至21日，为配合丰台区新宫村和槐房村城乡一体化旧村改造项目第九宗项目建设，北京市考古研究院（原北京市文物研究所）对其用地范围内发现的古代遗迹进行了考古发掘，共发掘灰坑6座（图二），发掘面积125平方米。现将发掘情况报告如下。

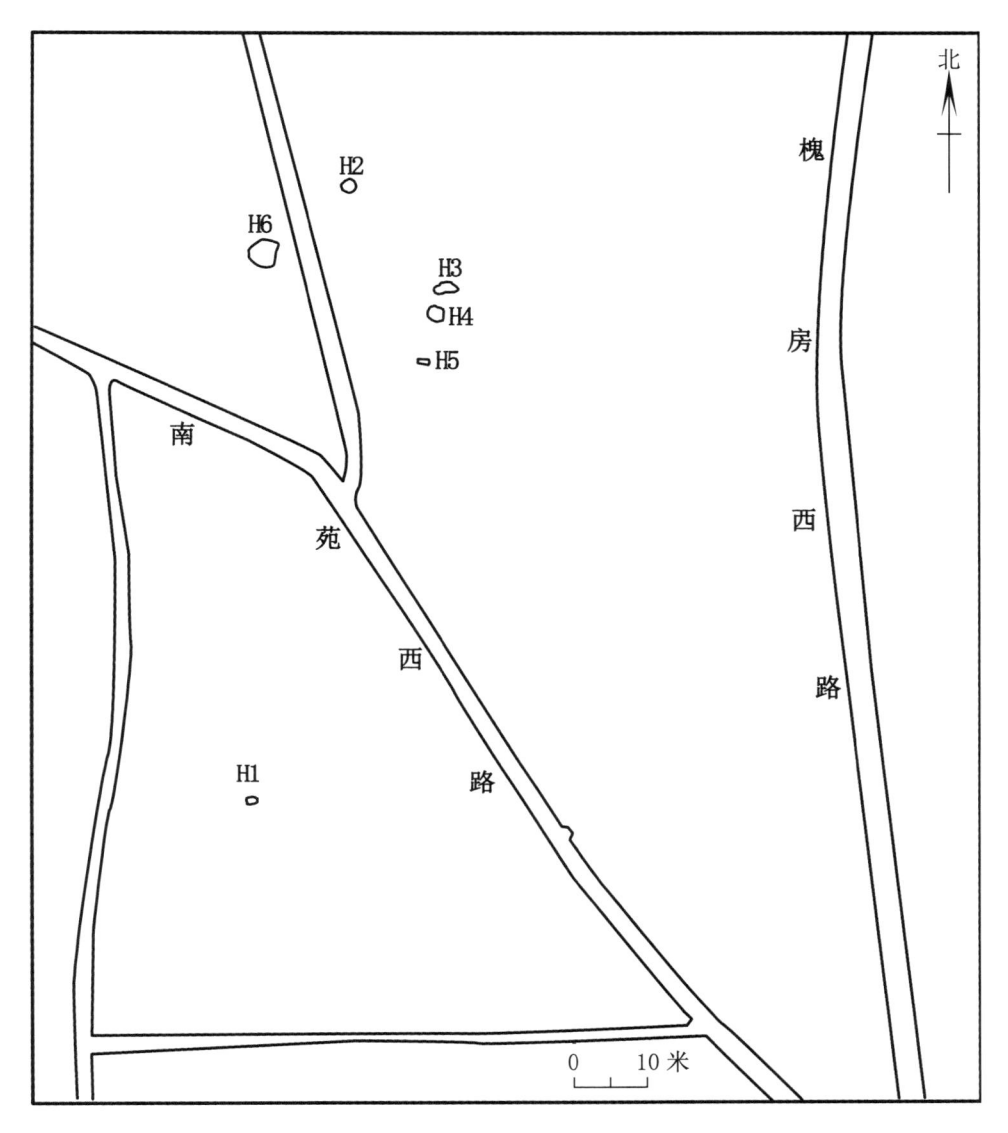

图二 遗迹分布图

一、地层堆积

该项目占地范围内的地层堆积比较简单，可分为两层，各层薄厚不一（图三）。现以H1所在探方T2南壁剖面为例进行说明：

第①层：耕土层，厚0.15~0.2米，呈灰褐色，土质较疏松，包含现代渣土，及大量的植物根系。

第②层：黄褐色土层，厚0.22~0.4米，呈黄褐色，土质较硬，结构致密，包含植物根系等。H1开口于②层下，打破生土。

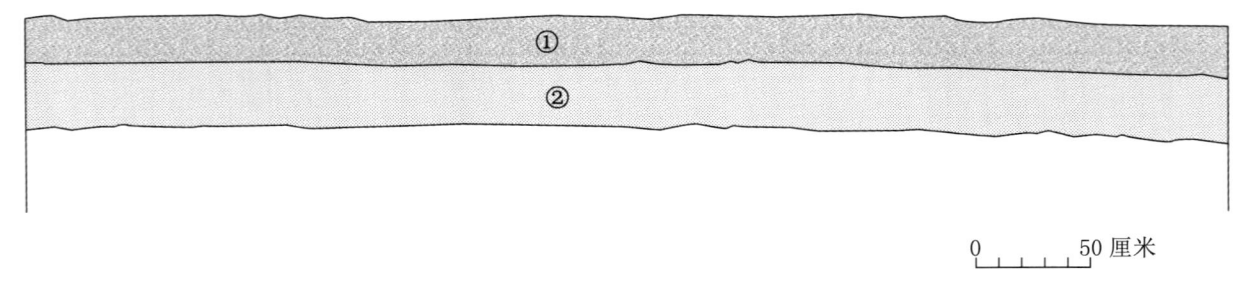

图三　T2 南壁剖面图

二、灰坑

（一）H1

位于发掘区南部，开口于②层下。坑口平面形状为不规则形，直壁，平底，坑壁向下内收，未见加工痕迹。坑口距地表深 0.4 米，长 1.45 米、宽 1.08 ~ 1.1 米、深 0.3 米。坑内填灰褐色渣土，土质较疏松（图四；彩版三，1）。坑内出土 1 件瓷碗。

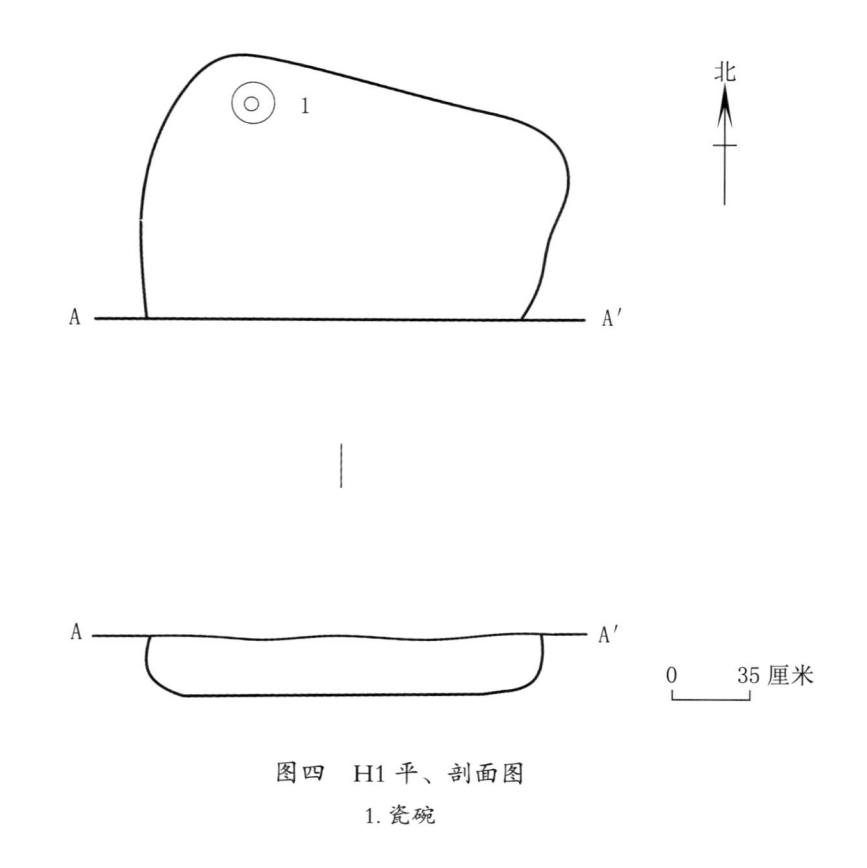

图四　H1 平、剖面图
1. 瓷碗

（二）H2

位于发掘区北部，西邻H6，开口于②层下。坑口平面形状为不规则椭圆形，西壁较直，东壁呈阶梯状。坑底不平，口大底小，坑壁未见加工痕迹。坑口距地表深0.4米，南北直径2.2米、东西直径2.7米、深1.5米。坑内填灰褐色渣土，土质较疏松，出土少量瓦块、青砖块及红烧土块（图五；彩版三，2）。

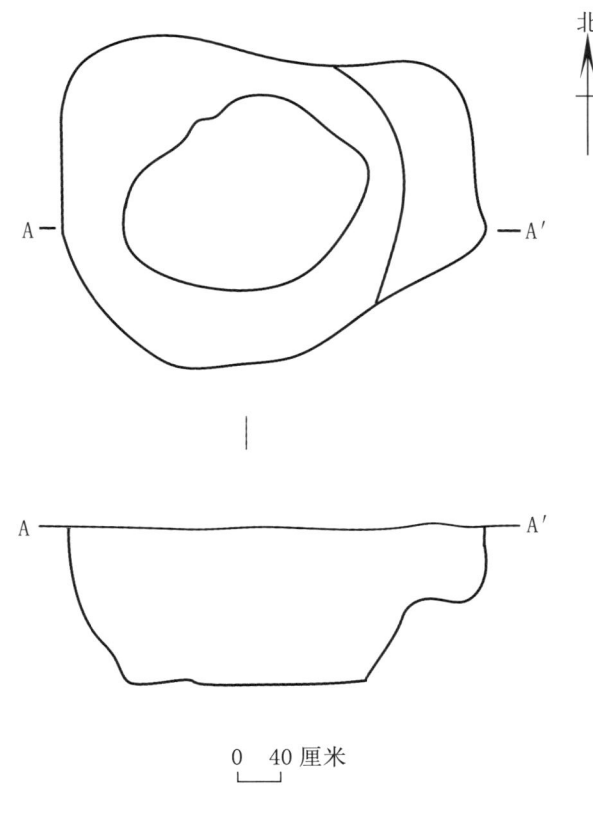

图五 H2平、剖面图

（三）H3

位于发掘区北部，南邻H4，开口于②层下。坑口平面形状为不规则椭圆形，斜壁内收，西壁坡度较大。坑底不平，口大底小，坑壁未见加工痕迹。坑口距地表深0.4米，南北直径3.04米、东西直径3.52米、深1.2米。坑内填五花土及草木灰等，土质较疏松，出土碎砖块、陶片和少量红烧土块（图六；彩版三，3）。

图六　H3 平、剖面图

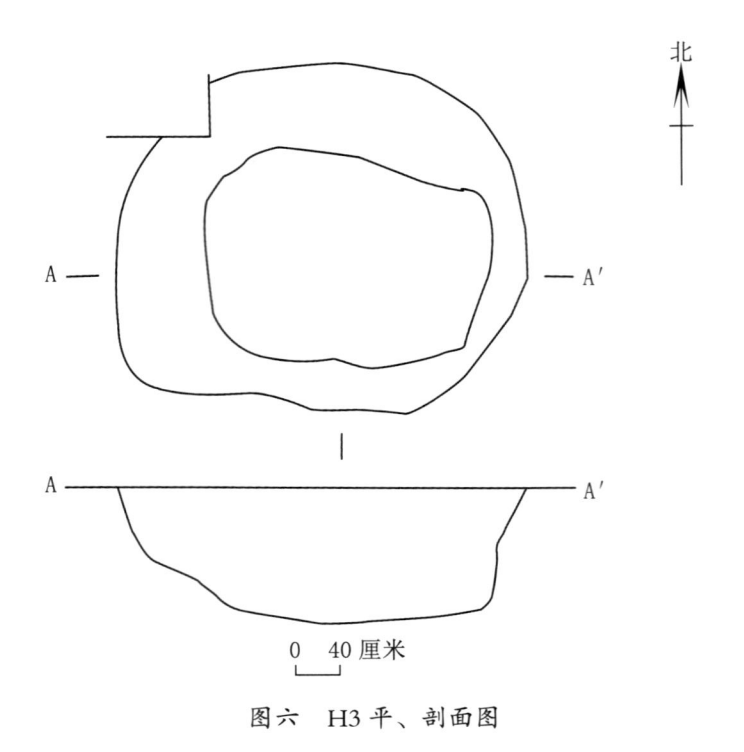

（四）H4

位于发掘区西北部，北邻 H3，开口于②层下。坑口平面形状为不规则椭圆形，距地表深 0.7 米，东部被现代墙基打破，斜壁内收。坑底不平，口大底小。H4 长 2.2 米、宽 1.92 米、深 0.7 米。坑内填灰褐色土及草木灰，土质较硬，出土砖瓦碎块（图七；彩版四，1）。

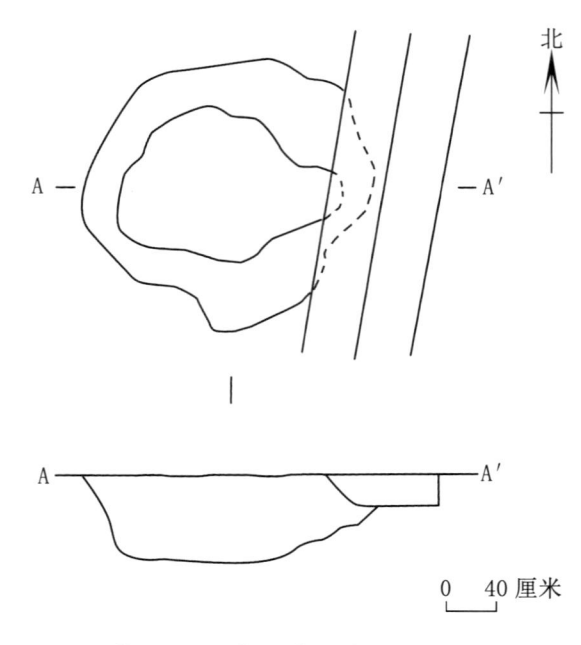

图七　H4 平、剖面图

（五）H5

位于发掘区中部偏北，开口于②层下。坑口平面形状为长方形，距地表深0.4米，直壁，坑底较平整，西高东低，坑壁未见加工痕迹。H5长3.52米、宽1.24～1.28米、深0.52～0.6米。坑内填灰褐色土，土质较硬（图八；彩版四，2）。

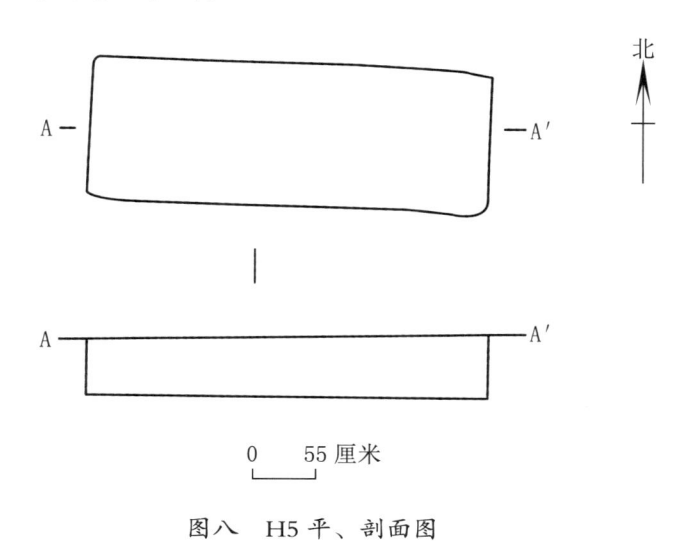

图八 H5平、剖面图

（六）H6

位于发掘区北部，东邻H2，开口于②层下。坑口平面形状为椭圆形，距地表深0.4米，斜壁内收，坑底不平整，口大底小，坑壁未见加工痕迹。南北直径1.6米、东西直径1.84米、深0.92米。坑内填五花土及少量草木灰，土质较硬，发现红烧土块（图九；彩版四，3）。

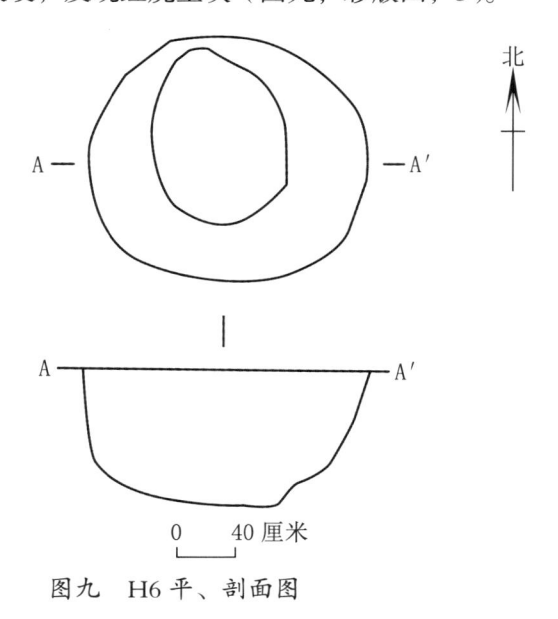

图九 H6平、剖面图

三、出土器物

H1 出土 1 件瓷碗，另发现数件残陶片。现将其介绍如下：

瓷碗 1 件。白地黑花瓷碗，H1：1，侈口，斜弧腹，圈足内凹。米黄色胎，白釉泛黄，外壁腹部绘卷云纹饰。内底中心处滴黑釉（图一〇，1；彩版五，1、2）。口径 23.4 厘米、底径 8.7 厘米、高 10.3 厘米。

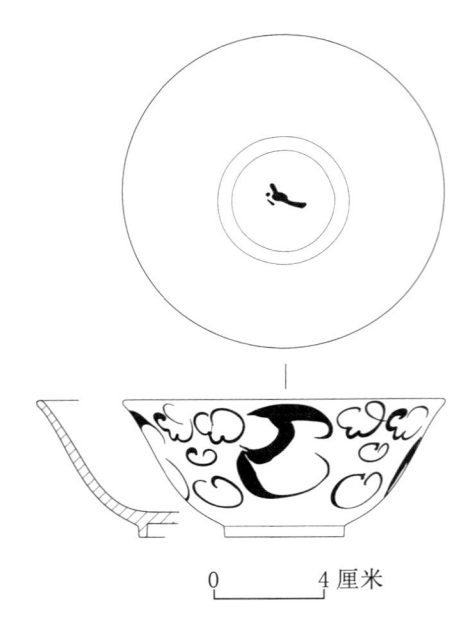

图一〇 H1 出土瓷碗（H1：1）

残陶片 3 件。均为器物口沿。H3：1，夹云母红陶。圆唇，素面，口沿下部饰一道凹弦纹。口径残长 10 厘米、残高 6.5 厘米（图一一，1）。H3：2，夹砂夹云母红陶。圆唇，折沿，素面。口径残长 15 厘米、残高 14.3 厘米（图一一，2）。H3：3，夹砂夹云母灰陶。直口，方唇，斜肩。口径残长 12.4 厘米、残高 7.6 厘米（图一一，3）。

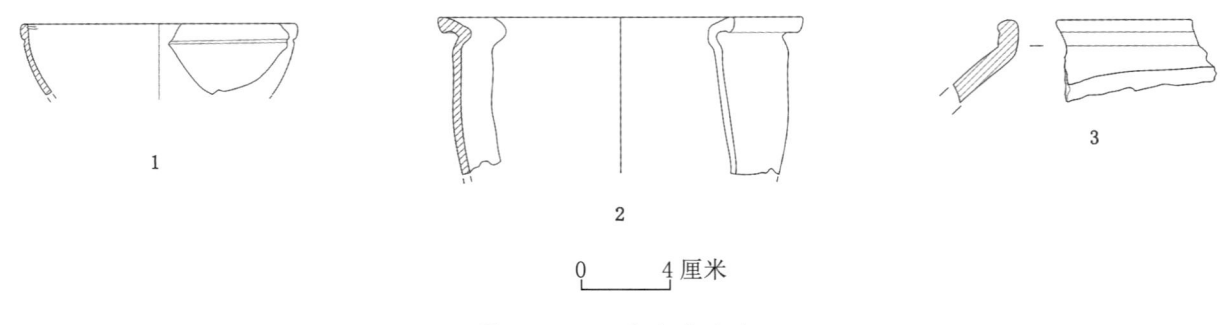

图一一 H3 出土残陶片
1、2、3. 残陶片（H3：1、H3：2、H3：3）

四、结语

本次共发掘 6 座灰坑，H1～H6 平面形状不一，均开口于扰土层下，填土包含大量渣土、砖块及红烧土块等。出土器物少，仅于 H1 发现一件瓷碗，H3 出土数件残陶片。H1∶1 是北京地区元代常见的白地黑花瓷器；H3 所出夹砂夹云母残陶片与房山南正遗址的战国至汉代墓葬中所常见的夹云母陶器质地相似，特别是 H3∶1 与房山南正遗址 M26∶1 质地、器型十分相似[①]。初步判断，H1 属于较晚的元代，H3 时代应是汉代，其余灰坑年代不明。

发掘：张智勇

绘图：张志伟　赵夏峰

摄影：王宇新

执笔：温梦砥　张智勇

注释

[①] 北京市文物研究所：《房山南正遗址——拒马河流域战国以降时期遗址发掘报告》，科学出版社，2008 年。

通州区召里汉代窑址、清代墓葬发掘报告

为配合通州区潞城镇棚户区改造土地开发项目C区C-02地块（召里安置房周边道路运潮北路及召里西路项目）建设，北京市考古研究院（原北京市文物研究所）于2019年7月17日至9月16日，对该项目范围用地进行了考古勘探，发现一批古代文化遗存。同年8月30日至9月2日，北京市考古研究院对发现的古遗存进行了考古发掘。发掘区位于潞城镇召里村西南，东邻通怀路、南邻运潮减河，中心地理位置坐标为：东经116°43′55″、北纬39°55′15″，海拔22.1米（图一）。本次共发掘1座汉代陶窑和1座清代墓葬，发掘面积为41平方米（图二）。

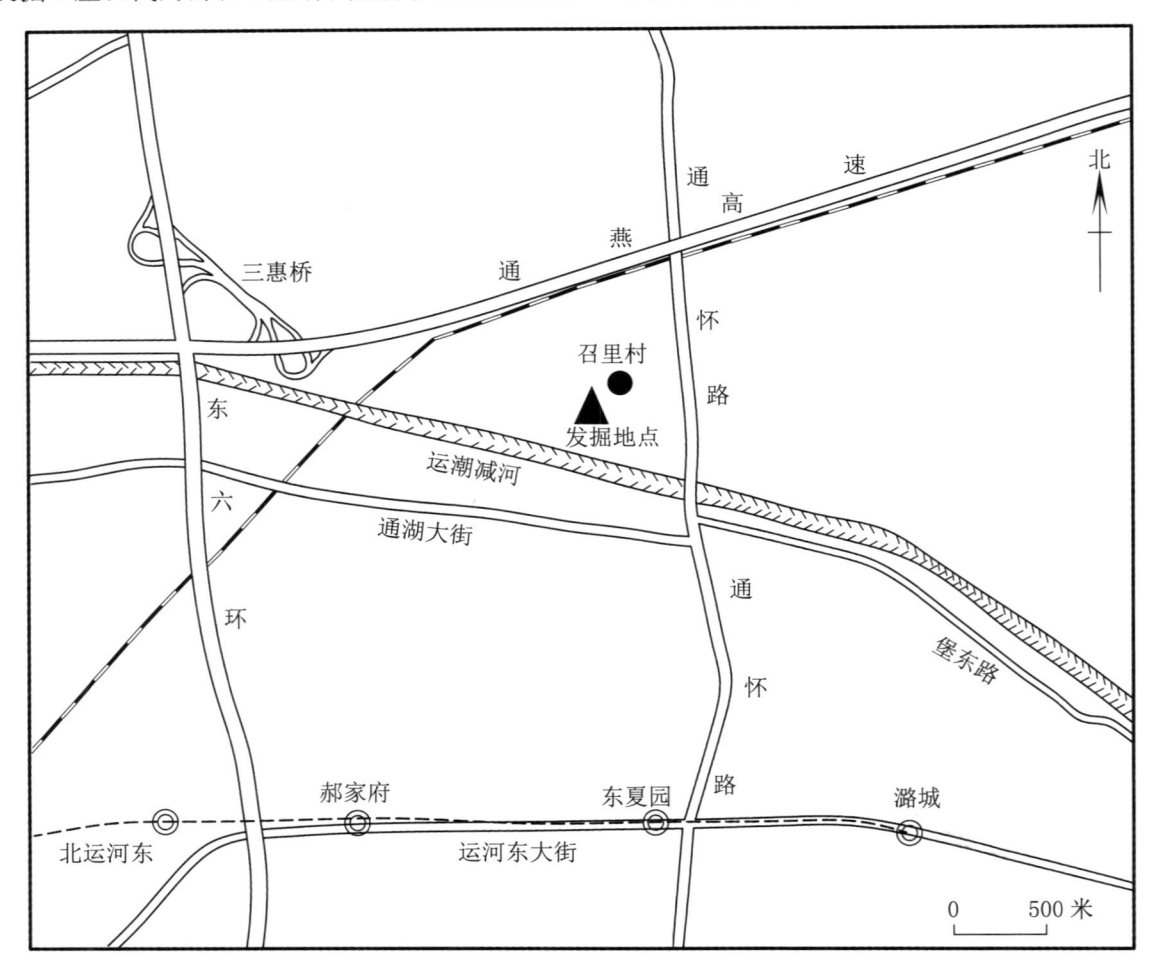

图一　发掘地点位置示意图

图二　遗迹分布图

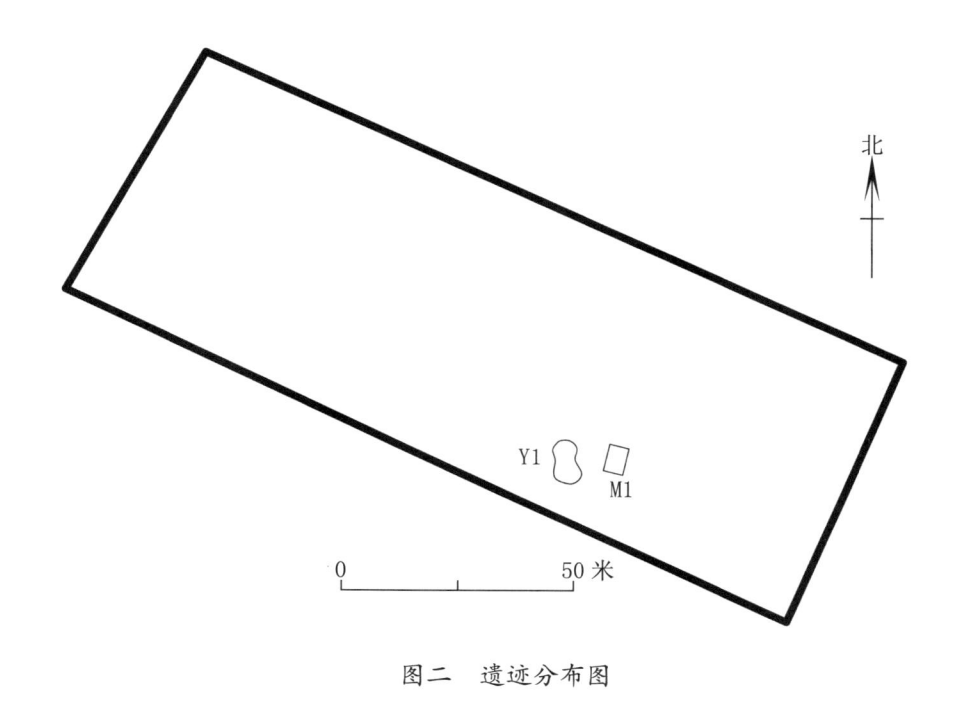

一、地层堆积

发掘区地层可分为四层。

第①层：耕土层，厚 0.5～0.6 米。灰褐色，土质疏松，含大量植物根茎及少量现代砖块等物。清代墓葬开口于本层下。

第②层：浅灰色淤土层，厚 0.1～0.2 米。土质疏松，含少量碎青花瓷片、砖块等物。

第③层：灰褐色淤土层，厚 0.2～0.3 米。土质疏松，含碎青花瓷片、红烧土颗粒等物。

第④层：黄褐色淤土层，厚 0.1～0.2 米。土质较致密，含少量红烧土颗粒、炭屑等物。汉代窑址开口于本层下。

④层下为黄褐色生土。土质硬，纯净，无包含物。

二、汉代窑址

共 1 座，为 Y1。

位于发掘区的东南部，东邻 M1。开口于第④层下，窑口距地表深 1.2 米。方向为 5°。窑口南北残长 3.1 米、东西残宽 1.3～2.6 米、深 0.28～0.38 米。破坏严重，仅存操作间和火膛（图三；彩版六，1）。

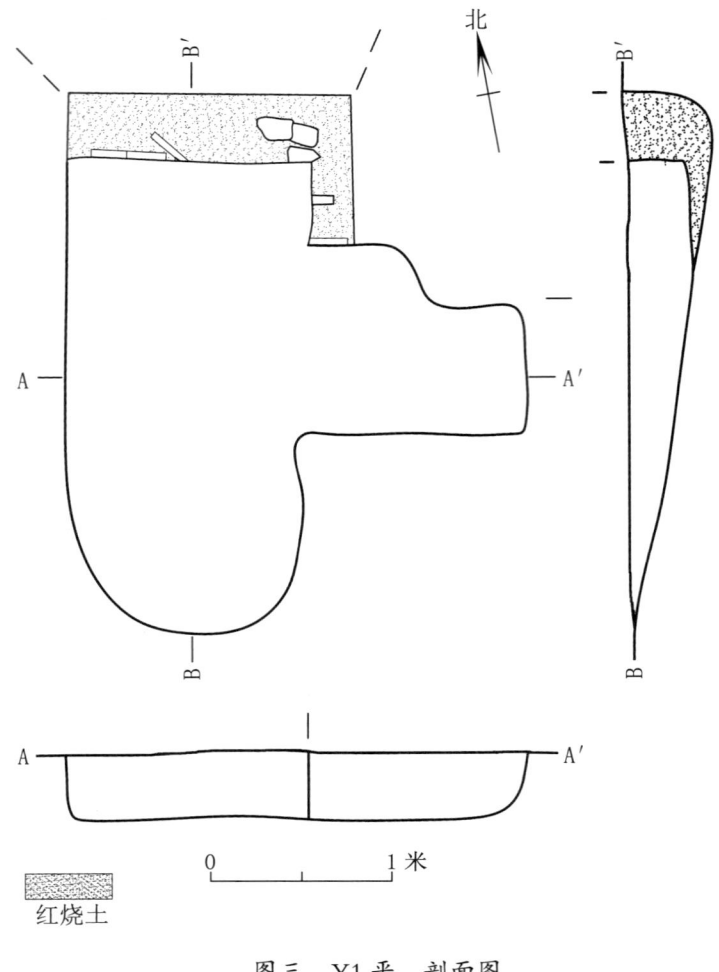

图三 Y1 平、剖面图

操作间位于火膛的南部。平面呈不规则形，直壁、缓坡底，底部自南向北缓坡渐深。南北长 2.2 米、东西宽 1.3 ~ 2.6 米、深 0.28 ~ 0.38 米。填土内含红烧土颗粒、草木灰。

火膛南连操作间。平面呈长方形，直壁，底近平。东西长 1.36 米、南北宽 0.5 米、深 0 ~ 0.38 米。火膛东壁残存有一层青灰色烧结面，厚约 0.04 米。填土内含红烧土块、炭屑。

三、清代墓葬

1 座，为 M1。

位于发掘区的东南部，西邻 Y1。开口于第①层下，墓口距地表深 0.6 米。方向为 20°。为长方形竖穴土圹双人合葬墓，直壁，平底。墓口南北长 2.7 米、东西宽 1.8 米、深 0.8 米。内填黄褐色五花土，土质疏松（图四；彩版六，2）。

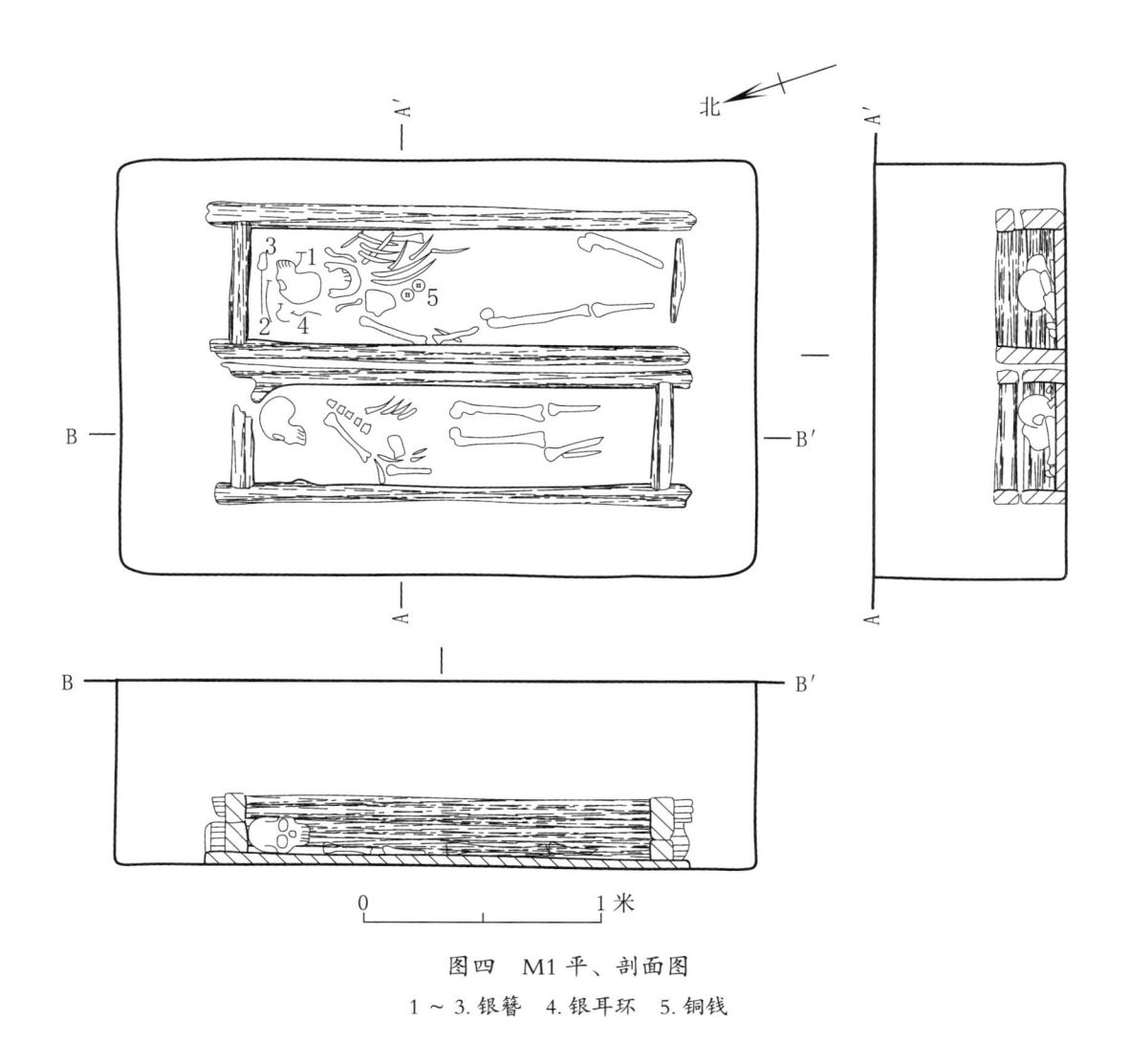

图四　M1平、剖面图
1~3.银簪　4.银耳环　5.铜钱

内置双棺，两棺盖板均无存，残存墙板、挡板及底板。西棺内部长1.86米、宽0.58~0.62米、残高0.3米，板厚0.04米。东棺内部长1.92米、宽0.68~0.72米、残高0.3米，板厚0.04米。棺内骨架各一具，保存较差，均头向北，仰身直肢葬，西棺内人骨为男性、东棺为女性。

随葬品有银簪3件，银耳环1对，铜钱5枚，均出土于东棺内。

银簪3件。M1∶1，首为葵花形，花瓣呈逆时针旋转，正中部有圆形凸起，圆内铸字已模糊不清，截面呈"凸"字形。体弯曲，呈圆锥体。首径2.25厘米、通长6.2厘米（图五，2；彩版六，3）。M1∶2，首为葵花形，花瓣呈逆时针旋转，正中部有圆形凸起，圆内铸"寿"字。体呈圆锥体。首径2.1厘米、通长11.8厘米（图五，1；彩版六，4）；M1∶3，首为禅杖形，由铜丝缠绕为六面，顶端为束腰葫芦状。体为圆锥体。通长16.3厘米（图五，9；彩版六，5）。

银耳环1对2件，形制相同，大小略有不同。整体呈"S"形，一端为圆饼状，饼下有圆锥形穿丝。M1∶4-1，饼径0.9厘米、通长3.2厘米（图五，3；彩版六，6）。M1∶4-2，饼径0.8厘米、通长3.4厘米（图五，4；彩版六，7）。

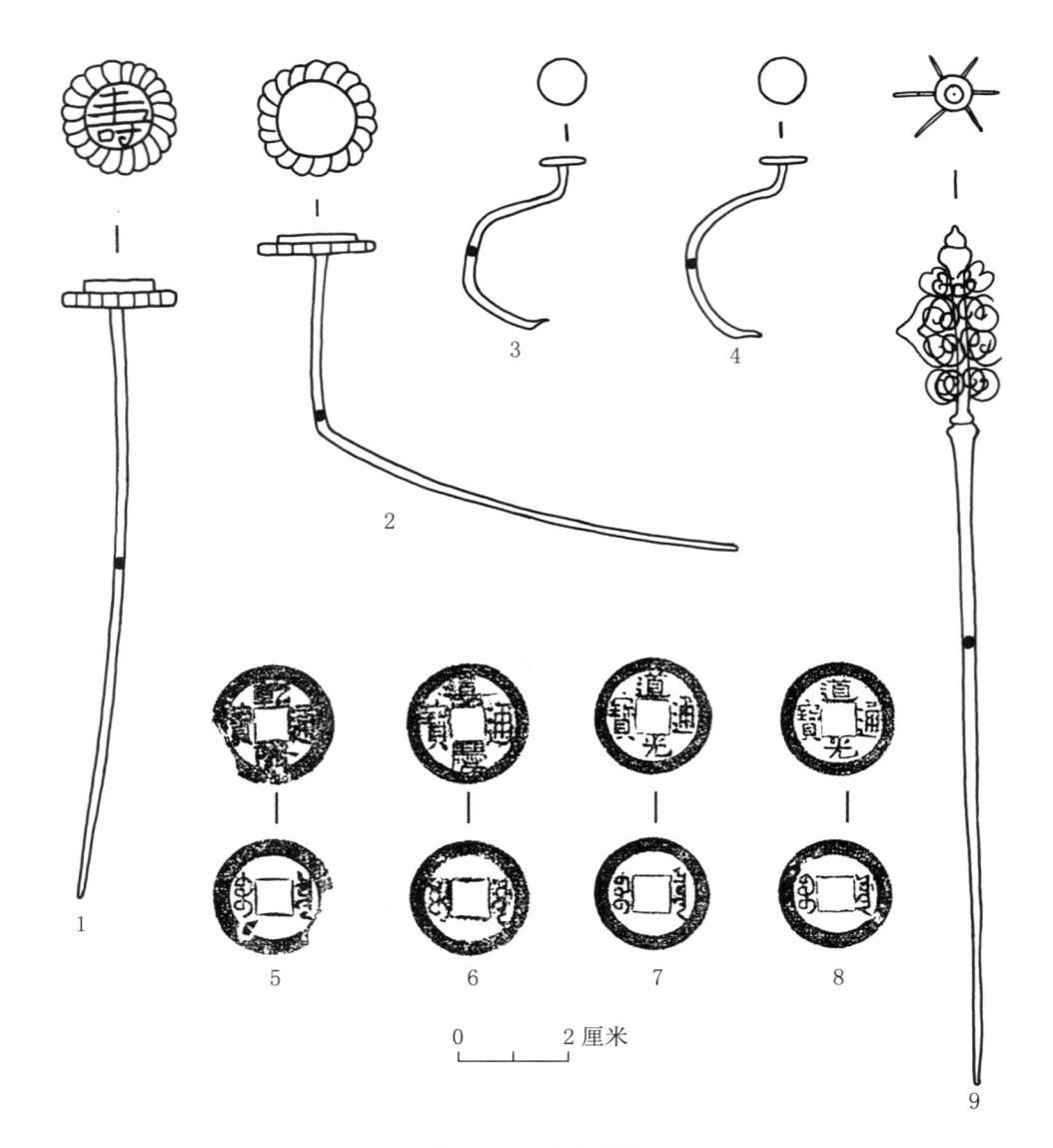

图五 M1 出土器物

1、2、9. 银簪（M1:2、M1:1、M1:3） 3、4. 银耳环（M1:4-1、M1:4-2）
5~8. 铜钱（M1:5-1、M1:5-2、M1:5-3、M1:5-4）

铜钱 5 枚。其中乾隆通宝 1 枚，嘉庆通宝 1 枚，道光通宝 3 枚。

标本 M1:5-1，圆形，方穿，正、背面有郭，正面楷书"乾隆通宝"，对读；背面穿左右满文"宝泉"。钱径 2.2 厘米、穿边长 0.7 厘米、郭厚 0.13 厘米（图五，5）。标本 M1:5-2，圆形，方穿，正、背面有郭，正面楷书"嘉庆通宝"，对读；背面穿左右满文"宝源"。钱径 2.3 厘米、穿边长 0.6 厘米、郭厚 0.14 厘米（图五，6）。标本 M1:5-3，圆形，方穿，正、背面有郭，正面楷书"道光通宝"，对读；背面穿左右满文"宝泉"。钱径 2.1 厘米、穿边长 0.6 厘米、郭厚 0.14 厘米（图五，7）。标本 M1:5-4，圆形，方穿，正、背面有郭，正面楷书"道光通宝"，对读；背面穿左右满文"宝源"。钱径 2.1 厘米、穿边长 0.7 厘米、郭厚 0.14 厘米（图五，8）。

四、结语

Y1 保存较差，无遗物出土，根据残存结构和其层位关系判断这座陶窑的时代可能为汉代。

M1 为长方形竖穴土坑双人合葬墓，南北向，头向北，仰身直肢葬，墓葬形制及葬俗为北京地区清代墓葬常见类型。随葬的寿字、禅杖形簪等随葬品也常见于北京地区已发掘的清代墓葬，M1 出土银簪 M1：2、M1：3 形制分别与北京市轻轨 L2 线通州段次渠站 B2 地块清代墓葬出土 M23：6-1、M3：3-4[①] 等几乎相同。结合出土有铜钱道光通宝等特征判断 M1 时代应为清代末期。M1 规模较小，随葬品也少，由此判断墓主人应为一般平民。

发掘：刘风亮　曾庆铅　马伯涛
摄影：马伯涛
绘图：曾庆铅
执笔：刘风亮

注释

① 北京市考古研究院：《通州东石村与北小营村——北京轻轨 L2 线通州段次渠站等土地开发项目考古发掘报告》，上海古籍出版社，2022 年。

附表一　墓葬登记表

编号	时代	方向	墓口 长×宽×深（米）	墓底 长×宽×深（米）	深度（米）	棺数/墓室	葬式	人骨保存情况	头向及面向	性别、年龄	随葬品（件）
M1	清	20°	2.7×1.8×0.6	2.7×1.8×1.4	0.8	双棺	皆仰身直肢葬	均较差	西棺头向北，面向西；东棺头向西，面向北	西棺男性，东棺女性；年龄均不详	银簪3件、银耳环1对、铜钱5枚，均出土于东棺内

附表二　窑址登记表

编号	时代	方向	窑室形状	操作间 长×宽×深（米）	火膛 长×宽×深（米）	包含物
Y1	汉	5°	破坏严重，不详	2.2×(1.3~2.6)×(0.28~0.38)	1.36×0.5×(0~0.38)	烧土块、炭屑

丰台区张家坟唐、元、清墓发掘报告

为配合丰台区张家坟村棚户区改造土地开发项目 23#、25# 地块（自行拆分 23-4、25-1、23-3 地块）工程建设，2022 年 7 月北京市考古研究院对该地块占地范围内发现的墓葬进行了考古发掘。发掘区位于丰台区云岗镇张家坟村，北邻太子峪南二路、东邻长云路、西邻太子峪路（图一）。地理坐标为东经 116°10′40.71″，北纬 39°49′27.99″，海拔约 28 米。此次发掘面积 550 平方米，共发掘墓葬 27 座。

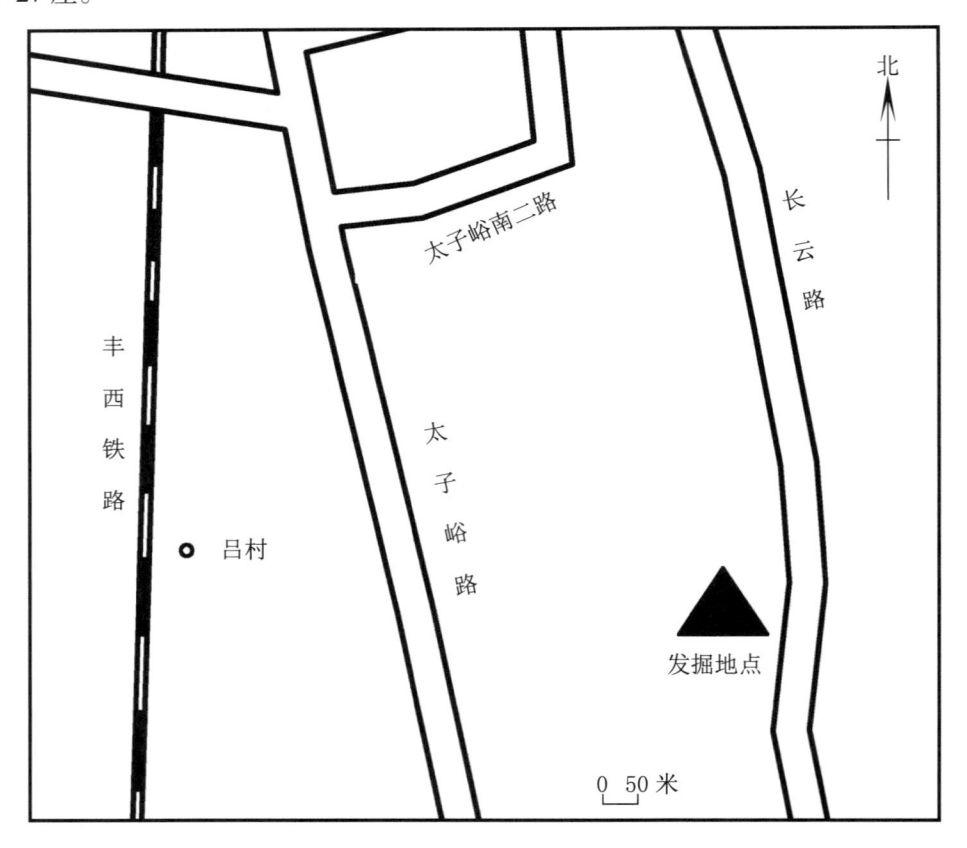

图一 发掘地点位置示意图

其中唐代墓葬 8 座、元代墓葬 9 座、清代墓葬 10 座（图二）。出土随葬器物有陶器、瓷器、金器、银器、铜器等共计 49 件，另有铜钱 75 枚。现将墓葬按时代分类叙述如下。

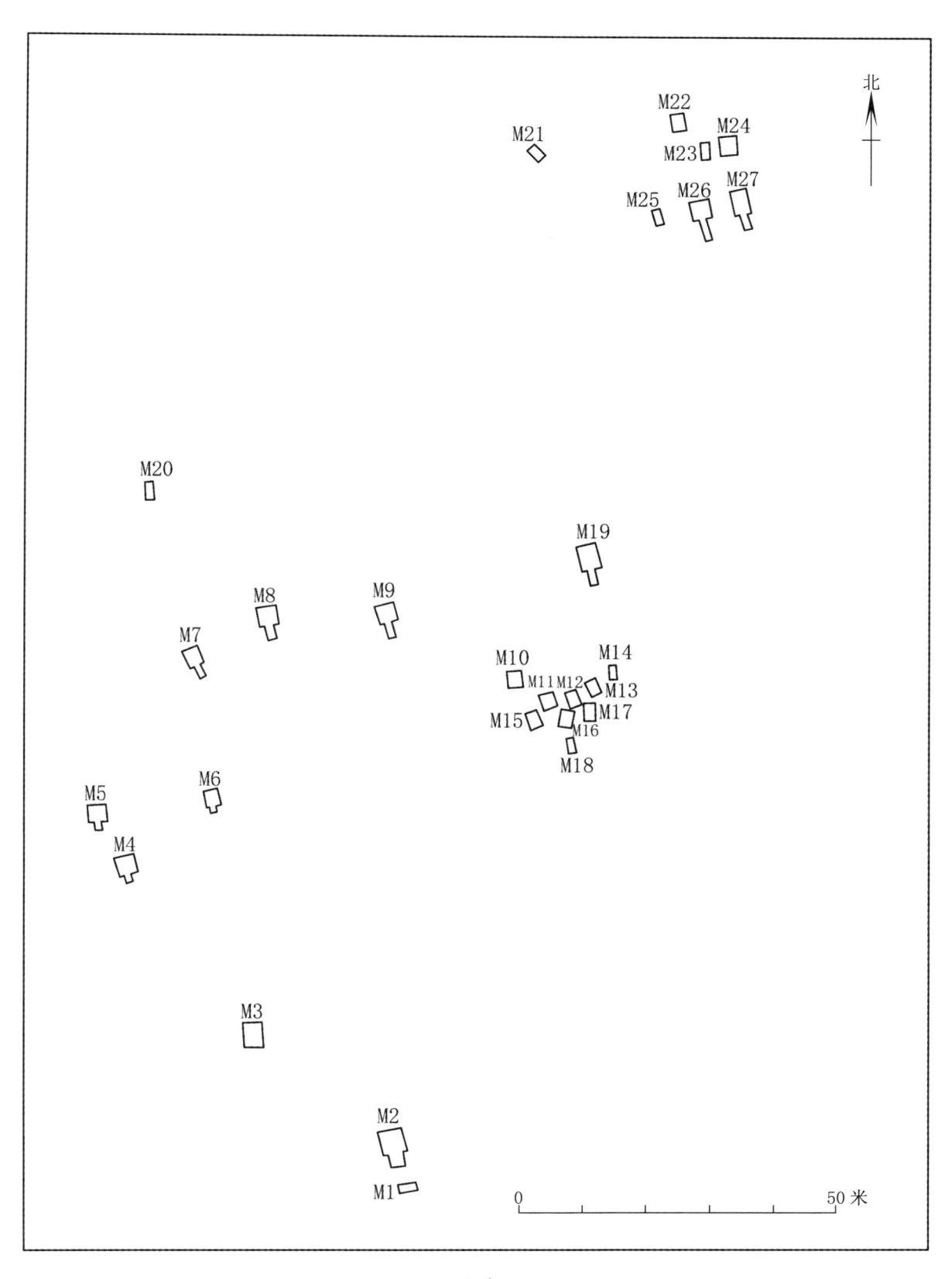

图二　墓葬分布图

一、唐代墓葬

（一）墓葬形制

共 8 座，为 M2 ~ M9，均为竖穴土圹"凸"字形带墓道单室砖室墓，按棺床形状可分为半圆形、"凹"字形和曲尺形三型。

1. A 型棺床——半圆形

共 1 座，为 M2。

M2 位于发掘区南部，南邻 M1。开口于③层下，南北向，方向为 170°。墓平面呈"凸"字形，竖穴土圹单室砖室墓。墓口距地表深 1 米，墓底距地表深 1.9 米。墓圹南北长 6.72 米、东西宽 3.84 米、现深 0.9 米。内填黄褐色花土，土质疏松。该墓上部被破坏，由墓道、墓门、甬道、墓室四部分组成（图三；彩版七，1）。用砖为 34 厘米 ×18 厘米 ×6 厘米的绳纹砖（图一一，1）。

墓道位于墓门南侧。为阶梯式墓道，平面呈"凸"字形，南北长 1.66 米、东西宽 1.5 ~ 2.7 米、深 0.9 米。东西两壁垂直整齐，南端现存台阶两级：第一级南北宽 0.36 米，高 0.2 米；第二级南北宽 0.3 米，高 0.18 米。

墓门位于甬道南侧。东西宽 1.04 米、残高 0.84 米、进深 0.5 米，封门墙厚 0.54 米。东西两壁下部用砖错缝顺砌 4 层，为平砖丁砌，与墓圹交接处用竖砖丁砌，两壁内外侧表面均抹白灰；封门内侧为一平砖顺砌、一斜砖立砌，外侧为 4 层斜砖错缝丁砌，呈"人"字形。

甬道位于墓室南侧。东西宽 1.04 米、残高 0.66 ~ 0.84 米、进深 1.32 米，东西两壁用平砖错缝顺砌 14 层，表面均抹白灰，可见上绘红彩，剥落严重。

墓室位于甬道北侧。平面呈圆角方形，墓壁略呈弧形外扩，顶部结构已毁，现存墓室残墙。南北长 3.2 米、东西宽 2.8 米、深 0.84 ~ 0.96 米。墓室南部西壁用砖三顺一丁错缝平砌，中部砌有 4 块立砖，上部被破坏，猜测应为砖雕衣架，南壁平砖错缝顺砌；东壁应为仿木结构假门，两侧为竖砖丁砌，中间有 4 排乳钉状门钉，上部破坏严重，每排用两块砖，每块砖的侧面浮雕出 5 个乳钉。墓室北部砌筑棺床，东西长 2.76 米、南北宽 1.72 米、高 0.48 米。北壁用砖两顺一丁错缝平砌，东西两壁平砖错缝顺砌，南壁自下 2 层平砖丁砌，而上 4 层平砖错缝顺砌，逐层内收，中部立砖顺砌 1 层，上部一顺一丁交错平砌。墓底未铺砖。室内扰乱严重，未见葬具痕迹及人骨。室内西南部出土陶釜 1 件、瓷碗 1 件。

2. B 型棺床——"凹"字形

共 2 座，分别为 M3、M9。

M3 位于发掘区西南部。开口于③层下，南北向，方向为 185°。墓平面呈"凸"字形，竖穴土圹单室砖室墓。墓口距地表深 1 米，墓底距地表深 1.6 米。墓圹南北长 4.8 米、宽 3.6 米、现深 0.6 米。内填黄褐色花土，土质疏松。该墓上部被破坏，由墓道、墓门和墓室三部分组成（图四；彩版七，2）。

图三 M2平、剖面图
1. 陶釜 2. 瓷碗

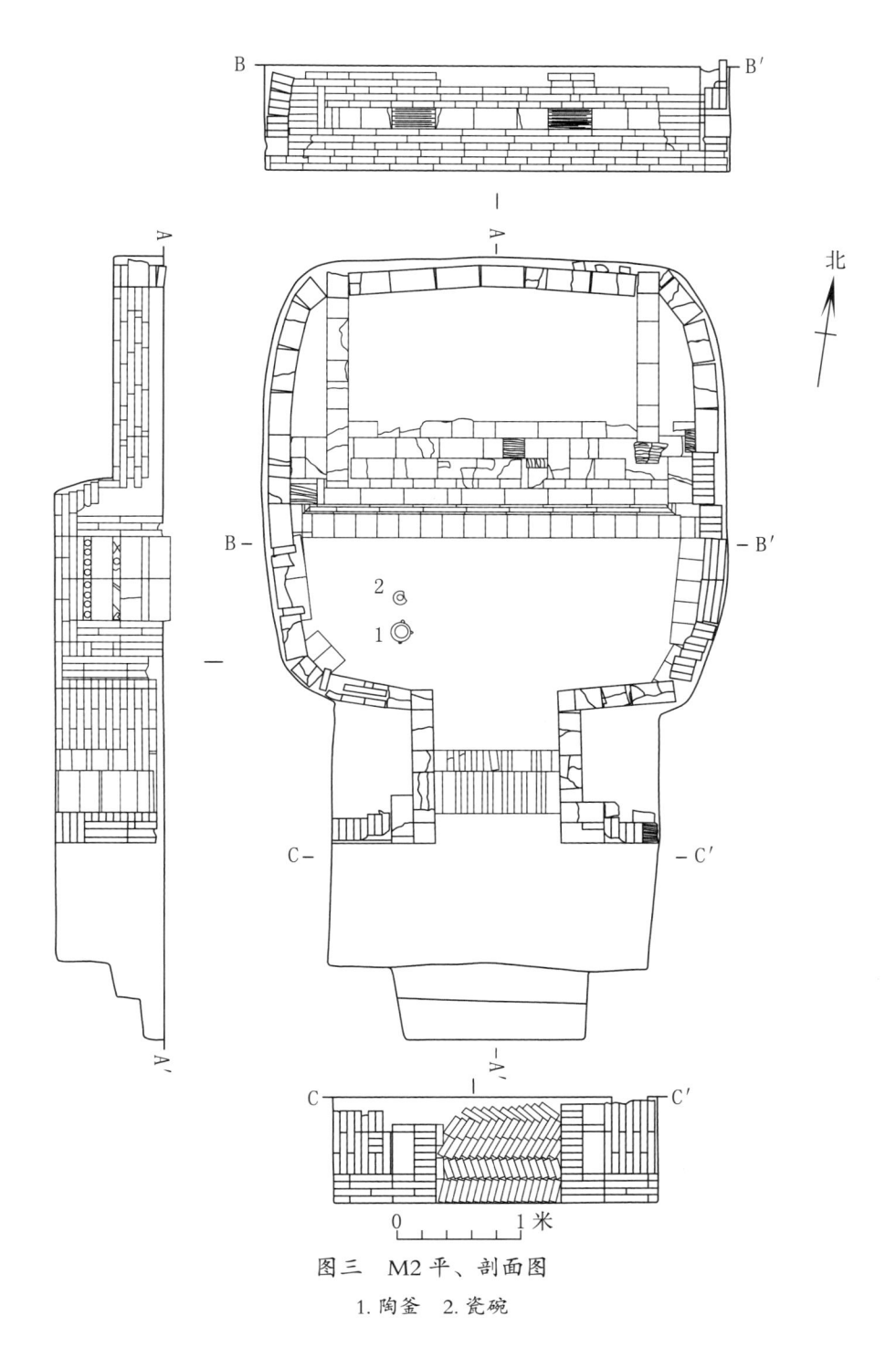

墓道位于墓室南侧，为阶梯式墓道，平面呈梯形。南北长1.56米、东西宽1.05~1.98米、深0~0.6米。东西两壁垂直整齐，现存台阶两级：第一级东西长1.05~1.2米、南北宽0.48米、高0.18米；第二级东西长1.2~1.3米、南北宽0.3米、高0.34米。

墓门位于墓室南侧。因破坏较为严重，两壁及封门不存，形制不明。

墓室位于墓道北侧。平面呈圆角方形，南北长 3.4 米、东西宽 3.6 米、深 0.6 米。仅存底部几块残砖，砌筑方式不明。墓室北部棺床已遭破坏，高 0.3 米。墓内扰乱严重，未见葬具痕迹及人骨，未见随葬品。

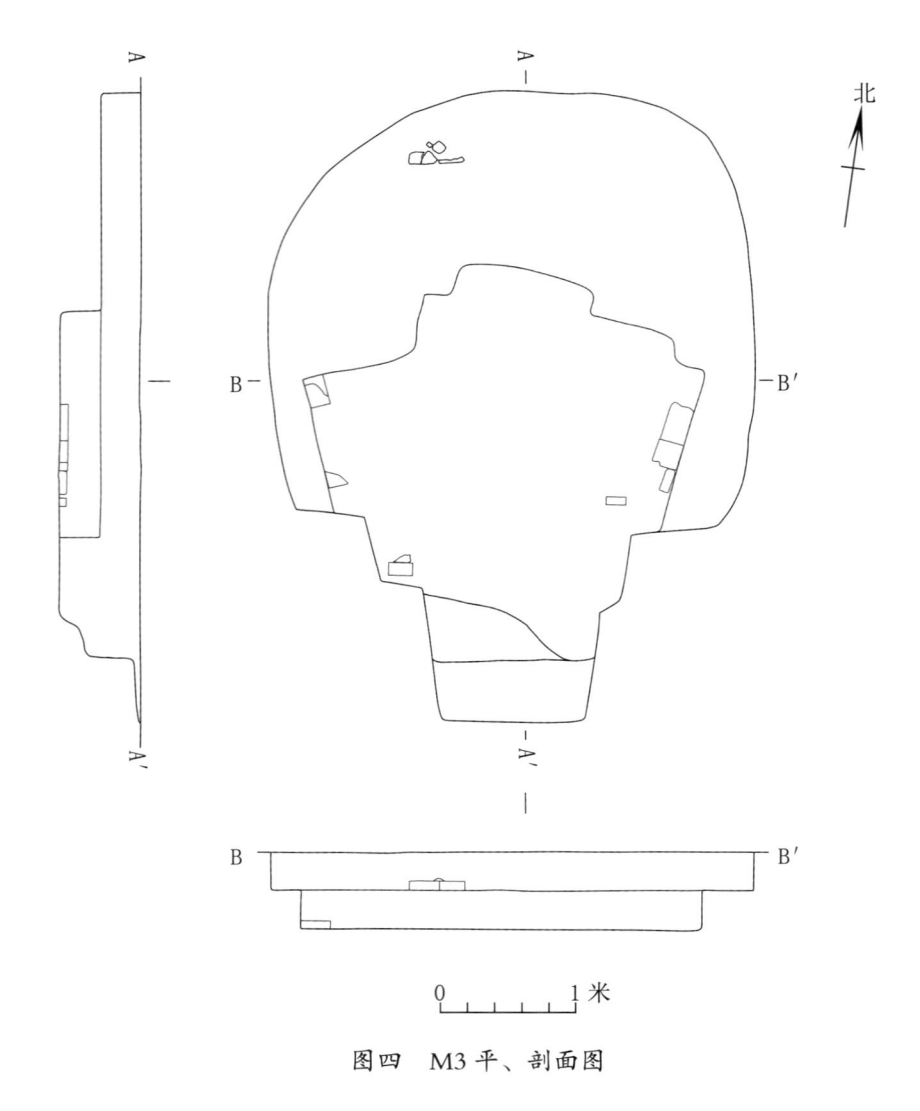

图四　M3 平、剖面图

M9 位于发掘区中部。开口于③层下，南北向，方向为 176°。墓平面呈"凸"字形，竖穴土圹单室砖室墓。墓口距地表深 1 米，墓底距地表深 2.3 米。墓圹南北长 6.2 米、东西宽 3.3 米、现深 1.3 米。内填黄褐色花土，土质疏松。该墓上部被破坏，由墓道、墓门、墓室三部分组成（图五；彩版九，4）。用砖为 36 厘米 ×18 厘米 ×6 厘米的绳纹砖（图一一，5）。

墓道位于墓门南侧。为斜坡式墓道，平面呈梯形，南北长 2.28 米、东西宽 0.8 ~ 1.02 米、深 0.3 ~ 1.3 米。东西两壁垂直整齐。坡底起伏不平，坡度为 53°，坡长 2.56 米。

墓门位于墓室南侧。东西宽 0.92 米、残高 0.18 米、进深 0.56 米。东西两壁仅存平砖顺砌 1 层，封门不存。

图五　M9 平、剖面图
1. 陶釜

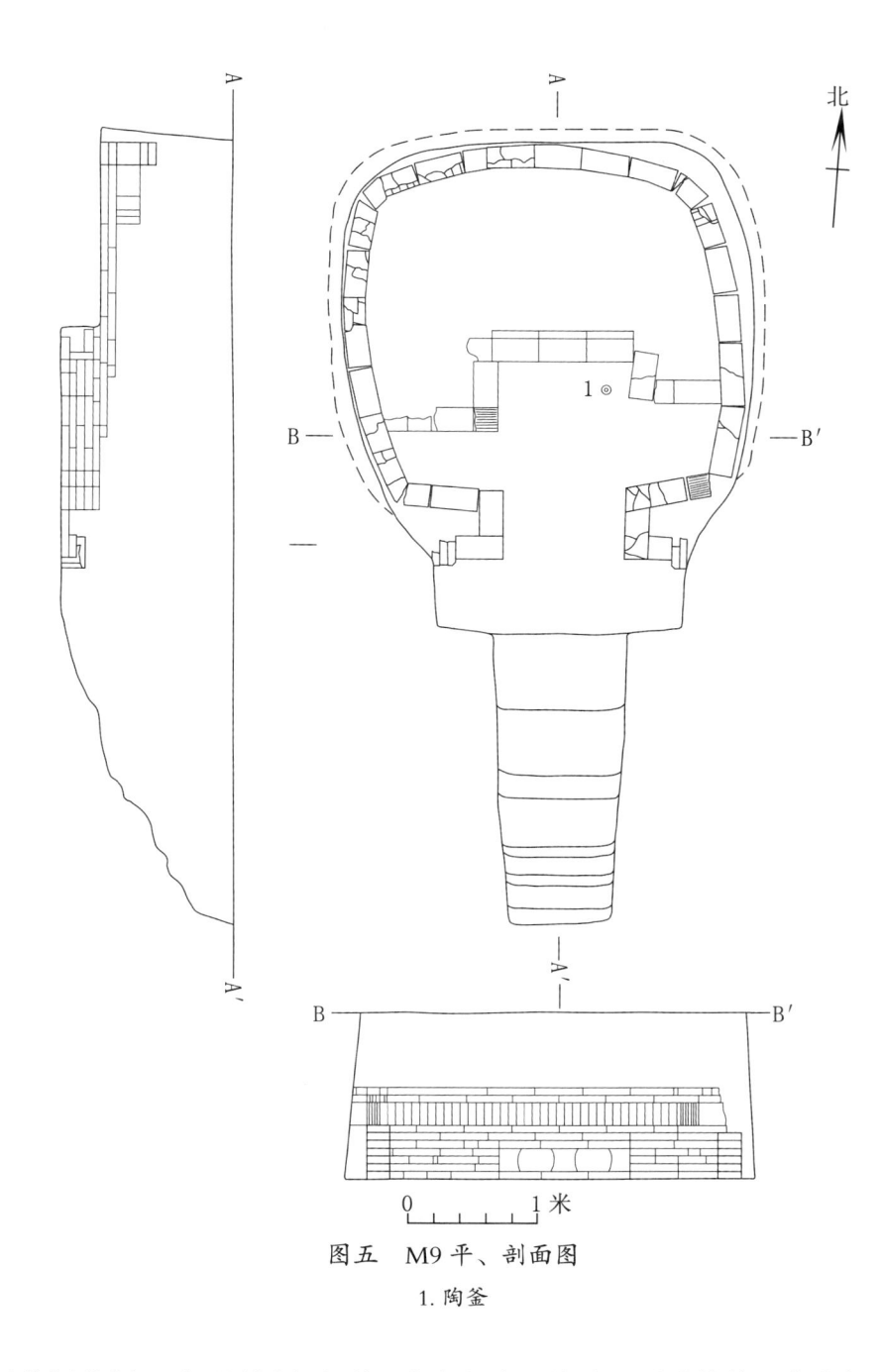

　　墓室位于墓门北侧。平面呈圆角方形，南窄北宽，墓壁呈弧形外扩，南北长 2.5 米、东西宽 2.3～2.5 米、现深 0.12～0.42 米。墓室四壁两顺一丁砌筑。墓室北部为棺床，平面呈倒"凹"字形，东西长 2.7 米、南北宽 1.8～2.06 米、高 0.3 米，外沿东西两侧用砖顺砌，中部底端及顶端用砖顺砌 1 层，中间用"亚"字形砖分隔排列出 2 处壸门，壸门高 0.18 米、间距宽 0.2 米。墓底无铺地砖。室内扰乱严重，未见葬具痕迹及人骨。室内东南部出土陶釜 1 件。

3. C 型棺床——曲尺形

　　共 5 座，分别为 M4～M8。

M4 位于发掘区西南部，西北邻 M5。开口于③层下，南北向，方向为 195°。墓平面呈"凸"字形，竖穴土圹单室砖室墓。墓口距地表深 1 米，墓底距地表深 2.2 米。墓圹南北长 4.4 米、东西宽 0.94～3.2 米、现深 1.2 米。该墓上部被破坏，由墓道、墓门、墓室三部分组成（图六；彩版八，1）。用砖为 36 厘米 ×17 厘米 ×5 厘米的绳纹砖（图一一，2）。

墓道位于墓门南侧。为阶梯式墓道，平面近呈梯形，南北长 1 米、东西宽 0.94～1.36 米、深 0.26～1.18 米。东西两壁竖直平整，现存台阶一级，东西长 0.94 米、南北宽 0.26 米、高 0.88 米。

墓门位于墓室南侧。东西宽 0.84 米、残高 1.2 米、进深 0.6 米、封门墙厚 0.36 米。东西两壁两顺一丁砌筑，封门底部平砖顺砌 1 层、侧砖丁砌 1 层，上斜砖错缝丁砌 2 层呈"人"字形。

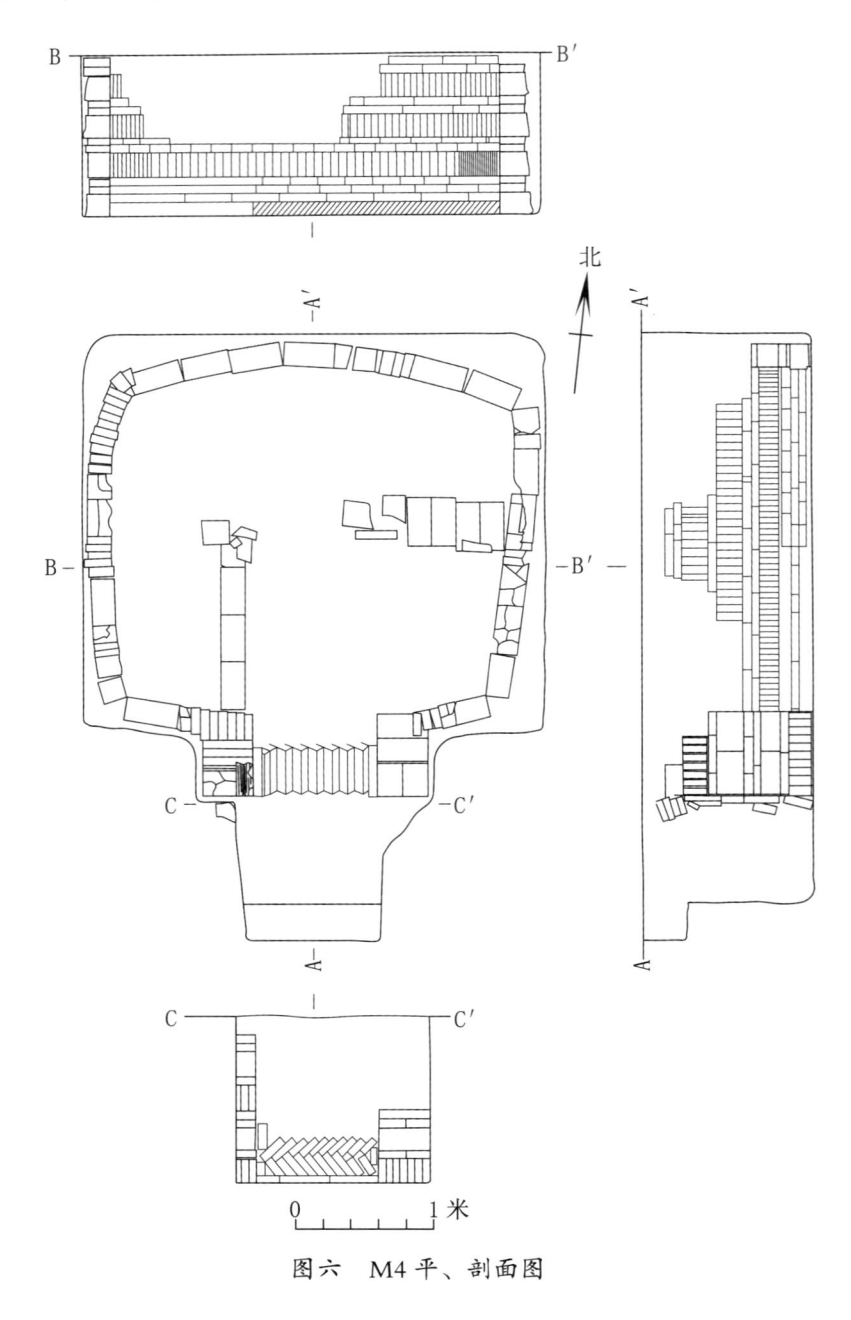

图六　M4 平、剖面图

墓室位于墓门北侧。平面呈圆角方形，四壁略外扩。南北长 2.86 米、东西宽 3.2 米、现深 1.2 米。墓室四壁均为两顺一丁砌筑。墓室北部为东西向棺床，东西长 2.8 米、南北宽 1.3 米、高 0.17 米，外沿用砖错缝顺砌，西部南接器物台，南北长 1.14 米、东西宽 0.95 米、高 0.15 米。墓底无铺地砖。室内扰乱严重，未见葬具痕迹及人骨，未见随葬品。

M5 位于发掘区西南部，东南邻 M4。开口于③层下，南北向，方向为 178°。墓平面呈"凸"字形，竖穴土圹单室砖室墓。墓口距地表深 1 米，墓底距地表深 2 米。墓圹南北长 4.04 米、东西宽 2.6～2.86 米、现深 1 米。内填黄褐色花土，土质疏松。该墓上部被破坏，由墓道、墓门、墓室三部分组成（图七；彩版八，2）。用砖为 34 厘米 ×18 厘米 ×6 厘米绳纹砖（图一一，3）。

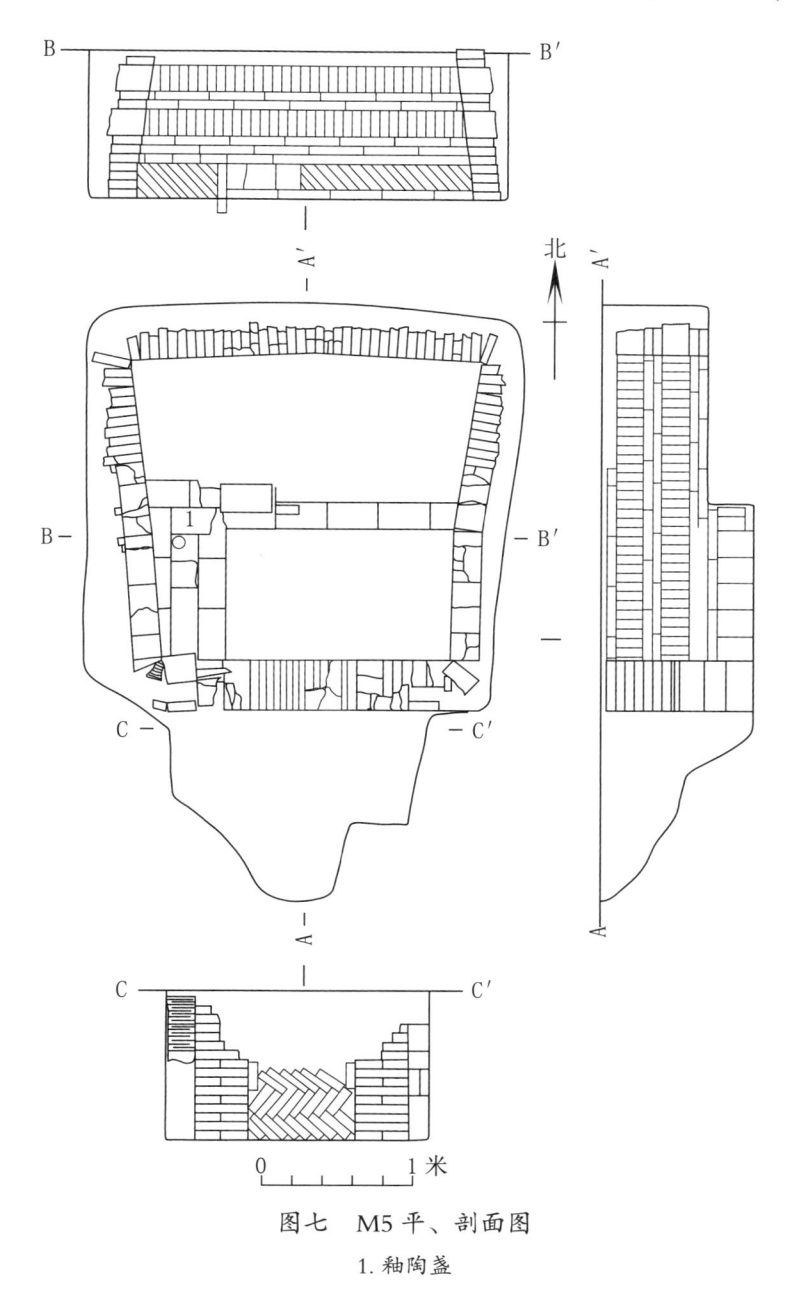

图七　M5 平、剖面图
1. 釉陶盖

墓道位于墓门南侧。为斜坡式墓道，平面呈不规则形，南北长1.24米、东西宽0.5～1.9米，东西两壁斜壁内收。底呈斜坡状，现存两段斜坡：第一段坡度为40°，坡长1.1米、深0～0.56米；第二段坡度为57°，坡长0.51米、深0.56～1米。

墓门位于墓室南侧。东西宽0.7米、残高0.54～0.9米、进深0.34米，封门墙厚0.34米。东西两壁为一顺一丁砌筑，封门用斜砖错缝丁砌3层呈"人"字形。

墓室位于墓门北侧。平面呈圆角方形，口小底大，口部南北长2.08米、东西宽1.9～2.3米，底部东西长2.16～2.5米、南北宽2.08米、现深1米。墓室四壁两顺一丁砌筑。墓室北部为东西向棺床，东西长2.04～2.29米、南北宽0.83～0.97米、高0.3米，外沿用砖一顺一丁砌成，西部南接器物台，在竖砖上用砖一丁一顺平铺，南北长1.2米、东西宽0.42～0.49米、高0.35米。墓底无铺地砖。室内扰乱严重，未见葬具痕迹及人骨。室内西中部出土釉陶盏1件。

M6位于发掘区西南部。开口于③层下，南北向，方向为183°。墓平面呈"凸"字形，竖穴土圹单室砖室墓。墓口距地表深1米，墓底距地表深1.9米。墓圹南北长3.3米、东西宽1.2～2.52米、现深0.9米。内填黄褐色花土，土质致密，含少量贝壳及草木灰。该墓上部被破坏，由墓道、墓门、墓室三部分组成（图八，彩版九，1）。用砖为35厘米×15厘米×5厘米的绳纹砖。

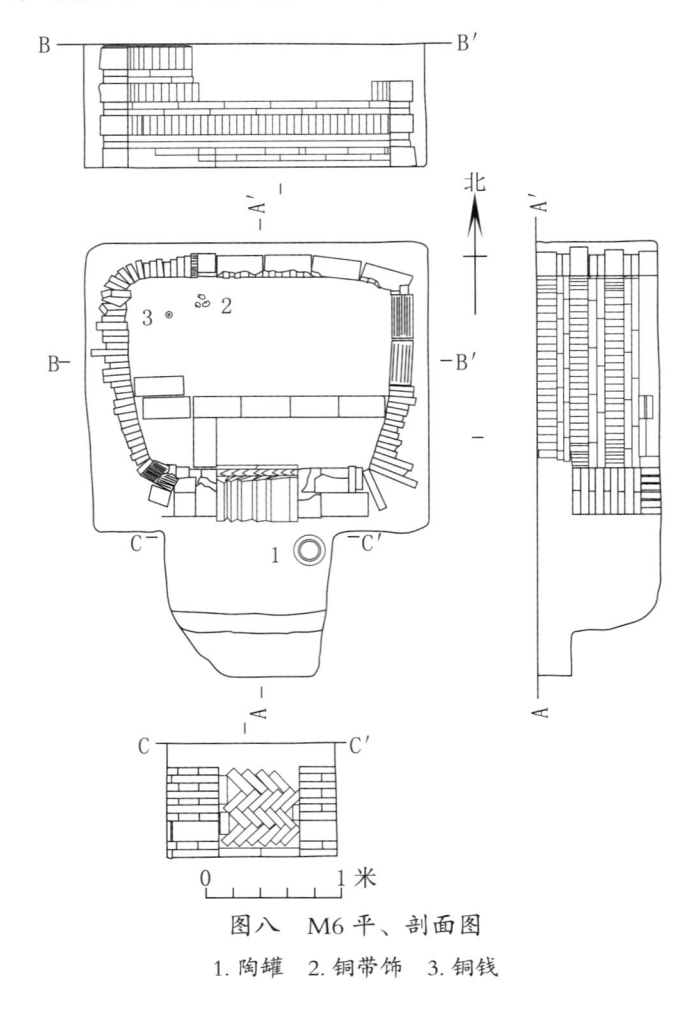

图八 M6平、剖面图

1.陶罐 2.铜带饰 3.铜钱

墓道位于墓门南侧。为阶梯式墓道，平面近呈梯形，南北长1.1米、东西宽0.66~1.24米、深0.24~0.9米。东西两壁竖直平整，现存台阶一级，东西长0.67~1.06米、南北宽0.34米、高0.66米。

墓门位于墓室南侧。东西宽0.6米、残高0.62米、进深0.38米，封门墙厚0.35米。东西两壁一顺一丁砌筑，封门底部为1层平砖顺砌，上部斜砖丁砌4层呈"人"字形。

墓室位于墓门北侧。平面呈圆角方形，南北长1.4米、东西宽1.54~1.94米、现深0.76米。墓室四壁为两顺一丁砌筑。墓室北部为东西向棺床，东西长1.9米、南北宽1.1米、高0.1米，外沿用砖错缝顺砌2层，西部南接器物台，用砖顺砌2层，南北长0.36米、东西宽0.48~0.58米、高0.1米。墓底无铺地砖。室内扰乱严重，未见葬具痕迹及人骨。室内东南部出土陶罐1件，西北部出土铜饰件1套、铜钱1枚。

M7位于发掘区中西部。开口于③层下，南北向，方向为176°。墓平面呈"凸"字形，竖穴土圹单室砖室墓。墓口距地表深1米，墓底距地表深2.14米。墓圹南北长4.34米、东西宽2.8米、现深1.14米。内填黄褐色花土，土质疏松。该墓上部被破坏，由墓道、墓门、墓室三部分组成（图九；彩版九，2）。用砖为34厘米×18厘米×6厘米的绳纹砖。

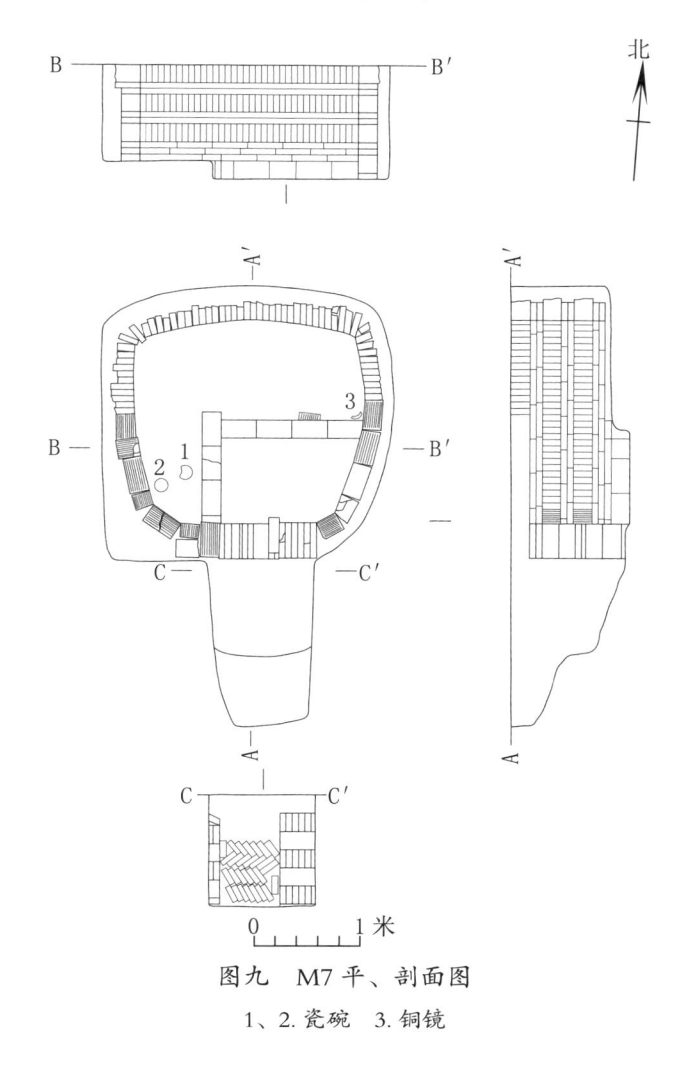

图九 M7平、剖面图

1、2. 瓷碗 3. 铜镜

墓道位于墓门南侧。为阶梯式墓道，平面近呈梯形，南北长1.36米、东西宽0.76～1.02米、深0.2～1.1米。东西两壁垂直平整，现存台阶一级，东西长0.7～0.94米、南北宽0.68米、高0.78米。

墓门位于墓室南侧。东西宽0.56米、残高0.92米、进深0.34米，封门墙厚0.4米。东西两壁用侧砖一顺一丁砌筑，封门用斜砖丁砌4层呈"人"字形。

墓室位于墓门北侧。平面呈圆角方形，南窄北宽，墓壁呈弧形外扩，南北长2米、东西宽1.3～2.1米、现深1.14米。墓室四壁为两顺一丁砌筑。北部为东西向棺床，东西长2.23米、南北宽0.98米、高0.18米，西部南接器物台，南北长1.1米、东西宽0.38～0.84米、高0.18米。棺床及器物台外沿用侧砖顺砌1层、平砖顺砌1层。墓底无铺地砖。室内扰乱严重，未见葬具痕迹及人骨。室内西南部出土瓷碗2件，东中部出土铜镜1件。

M8位于发掘区中西部。开口于③层下，南北向，方向为173°。墓平面呈"凸"字形，竖穴土圹单室砖室墓。墓口距地表深1米，墓底距地表深2.52米。墓圹南北长4.9米、东西宽0.98～2.95米、现深1.52米。内填黄褐色花土，土质疏松。该墓上部被破坏，由墓道、墓门、墓室三部分组成（图一〇；彩版九，3）。用砖为34厘米×16厘米×5厘米的绳纹砖（图一一，4）。

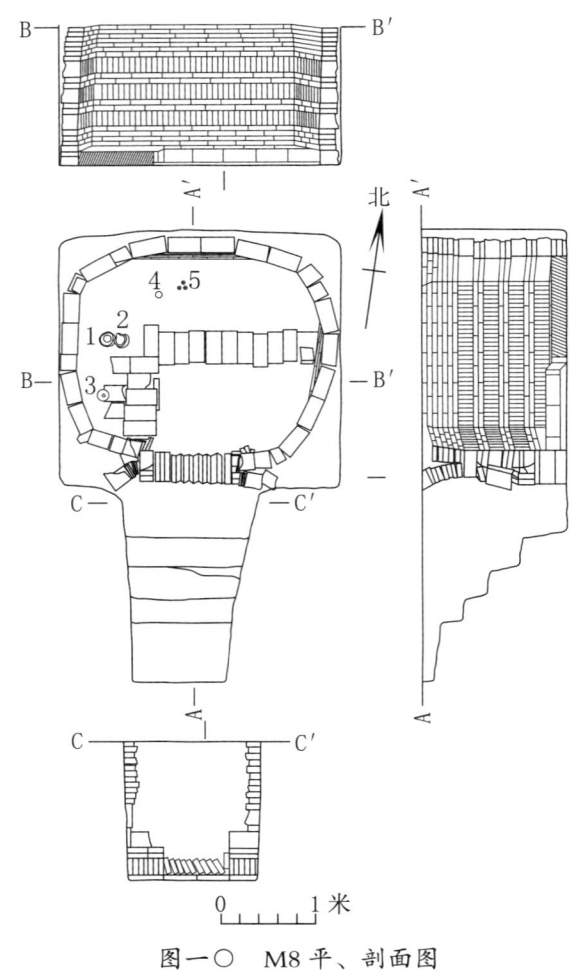

图一〇　M8平、剖面图
1.陶器底　2.陶盆　3.陶盖　4.铜镜　5.铜钱

墓道位于墓门南侧。为阶梯式墓道，平面近呈梯形，南北长2.1米、东西宽1～1.4米、深0.12～1.5米。东西两壁垂直平整，现存台阶四级：第一级东西长1～1.06米、南北宽0.64米、高0.18米；第二级东西长1.06～1.1米、南北宽0.24米、高0.24米；第三级东西长1.1～1.2米、南北宽0.36米、高0.34米；第四级东西长1.2～1.3米、南北宽0.32米、高0.48米。

墓门位于墓室南侧。东西宽0.7米、残高1.5米、进深0.37米、封门墙厚0.37米。底部平砖顺砌1层，东西两壁用侧砖丁砌1层、平砖顺砌2层，封门用斜砖丁砌1层。

墓室位于墓门北侧。平面呈圆角方形，墓壁呈弧形外扩，东西长2.18～2.9米、南北宽1.9～2.38米、现深1.5米。墓室四壁为两顺一丁砌筑。北部为东西向棺床，东西长2.5米、南北宽1.16米、高0.2米。西部南接器物台，南北长1.1米、东西宽0.38～0.84米、高0.18米。棺床及器物台外沿用侧砖顺砌1层、平砖顺砌1层。墓底无铺地砖。室内扰乱严重，未见葬具痕迹及人骨。室内西中部出土陶器底1件、陶盆1件，西南部出土陶盏1件，西北部出土铜镜1件、铜钱3枚。

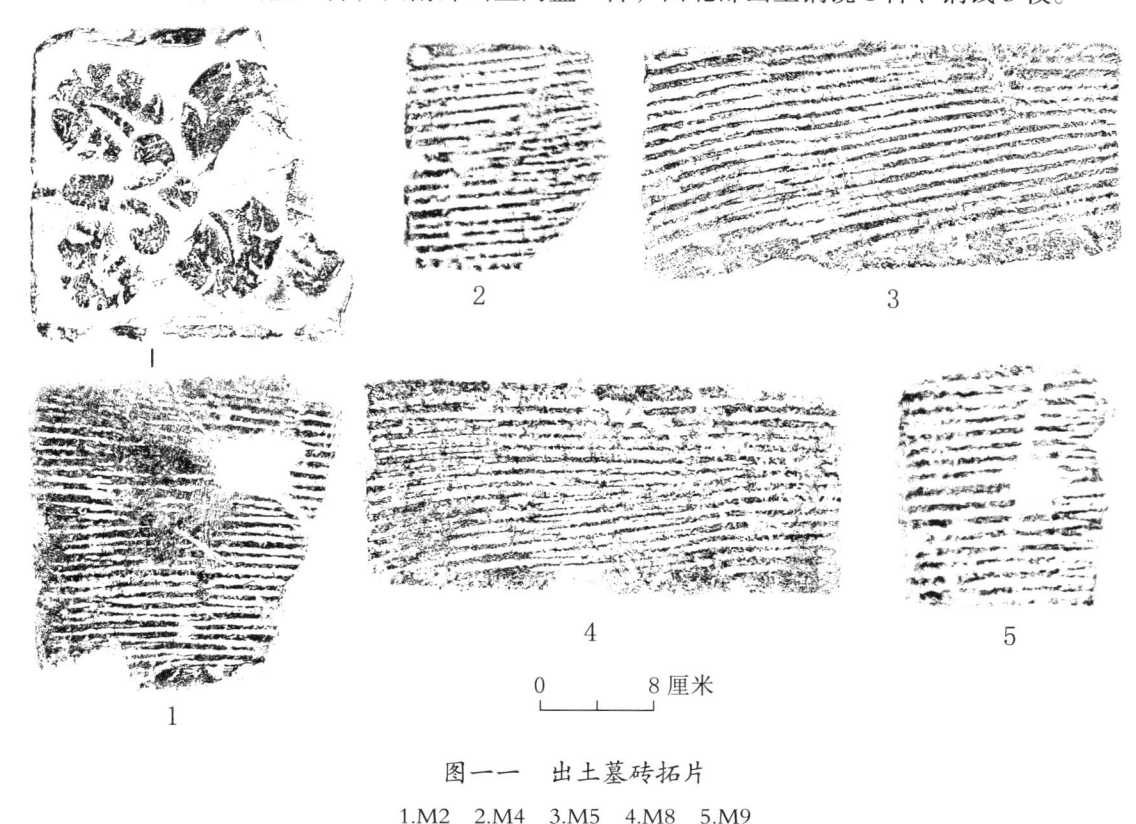

图一一　出土墓砖拓片
1.M2　2.M4　3.M5　4.M8　5.M9

（二）随葬器物

釉陶盏1件。M5：1，侈口，圆唇，斜弧腹，平底。内壁及上腹部施深绿色釉，下腹部及足底未施釉。泥质黄胎，胎质粗糙。轮制。口径11.5厘米、底径5.5厘米、高2.5厘米（图一二，6；彩版一一，2）。

陶釜2件。M2∶1，敛口，圆唇，溜肩，鼓腹，下腹斜收，圜底近平，腹部对称分置四个半圆形錾。颈部饰一周凹弦纹。泥质灰陶，胎质细腻。轮制，遗有轮旋痕。口径10厘米、腹径15厘米、底径4.5厘米、高7.9厘米（图一二，10；彩版一〇，1、2）。M9∶1，敛口，圆唇，弧腹，腹中部平沿外展，下腹弧收，平底略凹。上腹部饰三周凹弦纹。泥质灰陶，胎质粗糙。轮制，遗有轮旋痕。口径4.1厘米、腹径8.1厘米、底径3.8厘米、高3.6厘米（图一二，1；彩版一〇，6）。

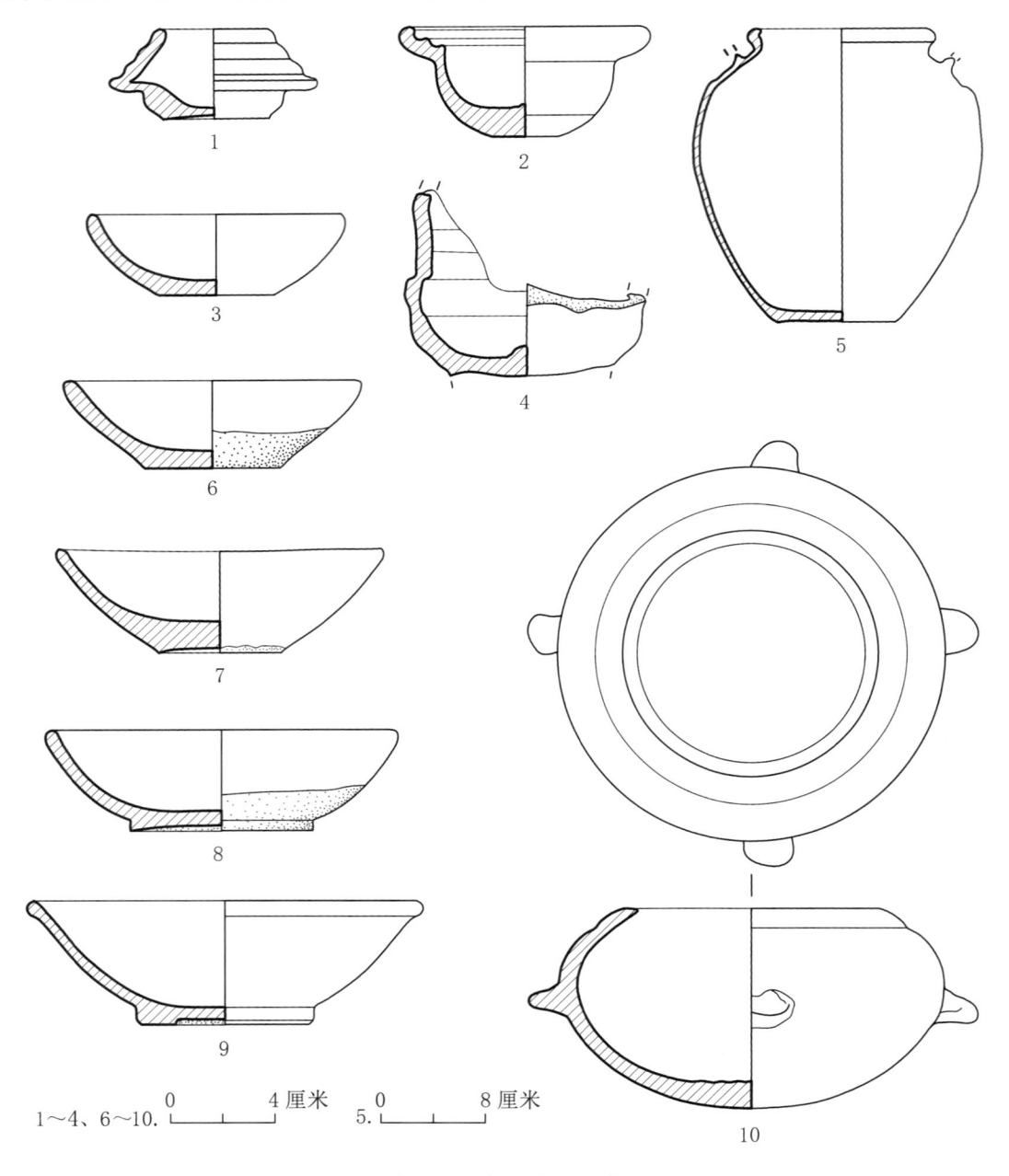

图一二 出土陶器、瓷器

1、10.陶釜（M9∶1、M2∶1）2.陶盆（M8∶2）3.陶盏（M8∶3）4.陶器底（M8∶1）5.陶罐（M6∶1）
6.釉陶盏（M5∶1） 7~9.瓷碗（M2∶2、M7∶2、M7∶1）

陶罐1件。M6：1，侈口，圆唇，短束颈，溜肩，弧腹内收，平底，肩部置对称双系，双系皆残。泥质灰陶，胎质粗糙。轮制，遗有轮旋痕。口径14.3厘米、腹径22.3厘米、底径9.8厘米、高23.3厘米（图一二，5；彩版一〇，3）。

陶器底1件。M8：1，近底处有一周凸棱，内底残。泥质灰陶，胎质粗糙。轮制，遗有轮旋痕。底径6.1厘米、残高7.4厘米（图一二，4）。

陶盆1件。M8：2，敛口，宽斜沿，圆唇，弧腹，圜底近平。内口沿有两周凹旋痕。泥质灰陶，胎质粗糙。轮制，通体遗有轮旋痕。口径9.7厘米、底径2.5厘米、高4.5厘米（图一二，2；彩版一〇，4）。

陶盏1件。M8：3，侈口，圆唇，弧腹内收，平底略凹。泥质夹砂红陶，胎质粗糙。轮制，遗有轮旋痕。口径10厘米、底径4.3厘米、高2.2厘米（图一二，3；彩版一〇，5）。

瓷碗3件。M2：2，敞口，圆唇，斜弧腹，平底略凹。内壁及外壁底部以上施酱黄色釉，足底未施釉。灰白胎，胎质粗糙。轮制。口径12.6厘米、底径4.8厘米、高2.8厘米（图一二，7；彩版一一，1）。M7：1，唇口，斜弧腹，玉璧形圈足。白胎，胎质细腻。内外壁施白釉，足底未施釉。轮制。口径15.3厘米、底径6.8厘米、高4.9厘米（图一二，9；彩版一一，3）。M7：2，侈口，圆唇，弧腹内收，假圈足。夹砂米白胎，胎质粗糙。内壁及上腹部施白釉，下腹部及圈足未施釉。轮制，遗有轮旋痕。口径13.6厘米、底径7厘米、高4厘米（图一二，8；彩版一一，4）。

铜饰件1套。M6：2，残，一面平整，另一面残接两段圆柱状钮。M6：2-1，一端呈锯齿扁圆形，中部有两个圆形凸起，一端附三扁柱状中空衔接口。残长3.5厘米、残宽2.6厘米、厚0.1厘米。M6：2-2，一端呈不规则扁圆形，一端附二扁柱状中空衔接口。残长3.3厘米、残宽2.7厘米、厚0.1厘米。M6：2-3，呈不规则扁圆形。残长3厘米、残宽1.8厘米、厚0.1厘米（图一三，6；彩版一一，5）。

铜镜2件。M7：3，残缺呈半圆形，镜面较平。残存部分可见内饰凤鸟纹。直径18厘米、缘宽1厘米、缘厚0.6厘米（图一三，1）。M8：4，圆形，镜面略凸，桥形钮，椭圆形穿孔。外区铸"五月五日午时"六字铭文，其间饰六朵八瓣梅花纹，内区饰一周缠枝如意花卉纹。直径5.1厘米、缘宽0.1厘米、缘厚0.5厘米、钮高0.6厘米、孔径0.4厘米（图一三，2；彩版一一，6）。

铜钱4枚，均为开元通宝。

开元通宝4枚。平钱，圆形，方穿，正、背面皆有内外郭，正面楷书"开元通宝"，对读。标本M6：3，背穿上有月牙形纹，钱径2.51厘米、穿径0.68厘米、郭宽0.2厘米、郭厚0.16厘米，重3.38克（图一三，3）。标本M8：5-1，背穿上有月牙形纹，钱径2.49厘米、穿径0.62厘米、郭宽0.19厘米、郭厚0.17厘米，重3.31克（图一三，4）。标本M8：5-2，背穿上有月牙形纹，钱径2.35厘米、穿径0.58厘米、郭宽0.2厘米、郭厚0.14厘米，重3.17克（图一三，5）。

图一三　出土铜器

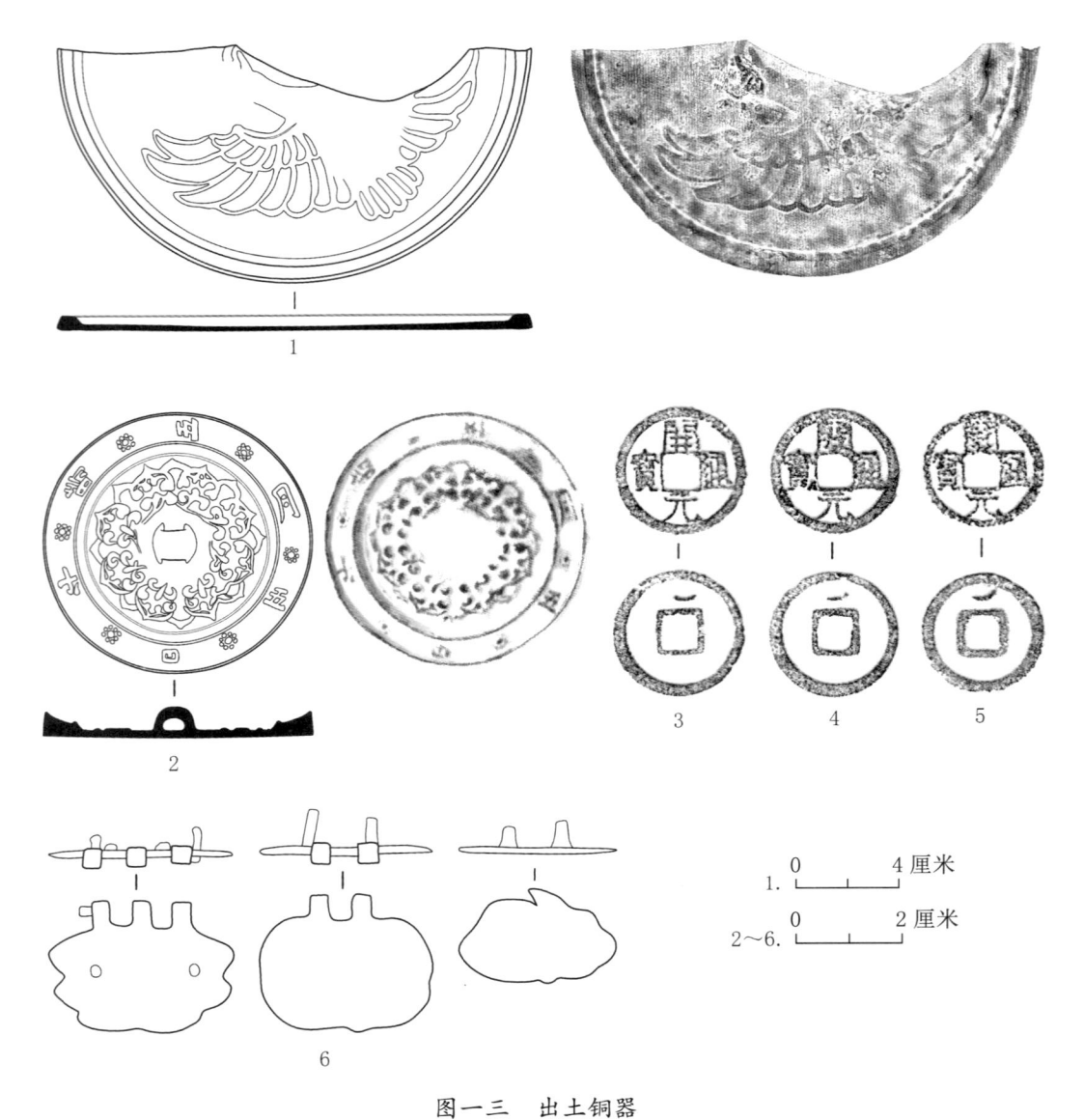

1、2. 铜镜（M7:3、M8:4）　3~5. 铜钱（M6:3、M8:5-1、M8:5-2）　6. 铜饰件（M6:2）

二、元代墓葬

（一）墓葬形制

共 9 座，分别为 M19~M27，均为竖穴土圹墓，按墓葬葬具可分为砖室墓和砖椁墓。

1. 砖室墓

共 4 座，分别为 M19、M21、M26、M27。

M19 位于发掘区中东部。开口于②层下，南北向，方向为169°。墓平面呈"凸"字形，竖穴土圹单室砖石混筑墓。墓口距地表深0.7米，墓底距地表深1.8米。墓圹南北长6.2米、东西宽0.94～3.6米、现深1.1米。内填黄褐色花土，土质致密。该墓上部被破坏，由墓道、墓门、墓室三部分组成（图一四；彩版一二，1）。用砖为34厘米×16厘米×5厘米的素面砖。

墓道位于墓门南部。为阶梯式墓道，平面呈梯形，南北长2.4米、东西宽0.9～1.24米、深0.14～1.1米。东西两壁竖直内斜，现存台阶五级：第一级东西长0.92～0.97米、南北宽0.39米、高0.22米；第二级东西长0.97～1.02米、南北宽0.34米、高0.16米；第三级东西长1.02～1.07米、南北宽0.4米、高0.16米；第四级东西长1.06～1.07米、南北宽0.36米、高0.12米；第五级东西长1.06～1.09米、南北宽0.3米、高0.18米。

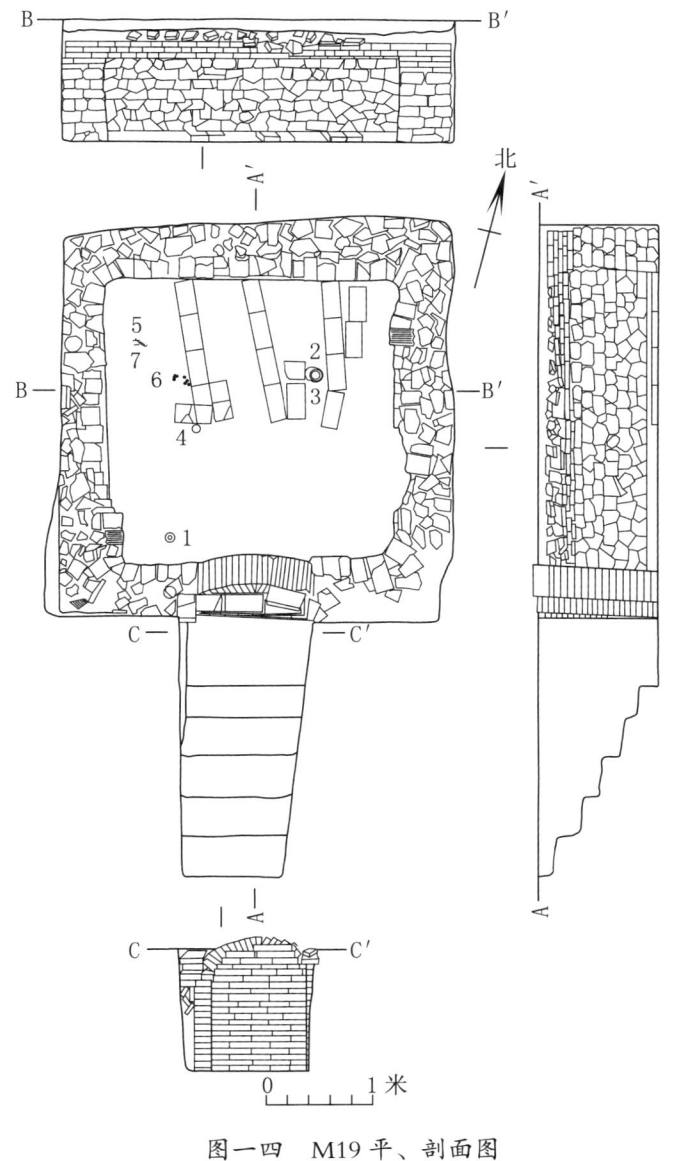

图一四 M19平、剖面图
1. 陶钵 2. 瓷瓶 3. 瓷罐 4. 铜镜 5、7. 铜钗 6. 铜钱

墓门位于墓室南部。东西宽1米、残高1.2米、进深0.46米，封门墙厚0.62米。东西两壁用平砖对缝顺砌，于0.9米处起拱形券，券宽1.2米、券高0.32米。封门用平砖错缝顺砌。

墓室位于墓门北部。平面呈长方形，南北长3.86米、东西宽3.16～3.56米、现深1米。墓室四壁由碎砖乱石堆筑而成。北部残存少量丁砌平砖。墓底无铺地砖。室内扰乱严重，未见葬具痕迹及人骨。室内西南部出土陶钵1件，东北部出土瓷瓶1件、瓷罐1件，中部偏西出土铜镜1件，西北部出土铜钗2件、铜钱17枚。

M21位于发掘区北部。开口于②层下，南北向，方向为358°。墓平面呈长方形，竖穴土圹双砖室合葬墓。墓口距地表深0.7米，墓底距地表深1.7米。墓圹南北长3.2米、宽1.78米、现深0.7米。内填黄褐色花土，土质疏松（图一五；彩版一二，2）。

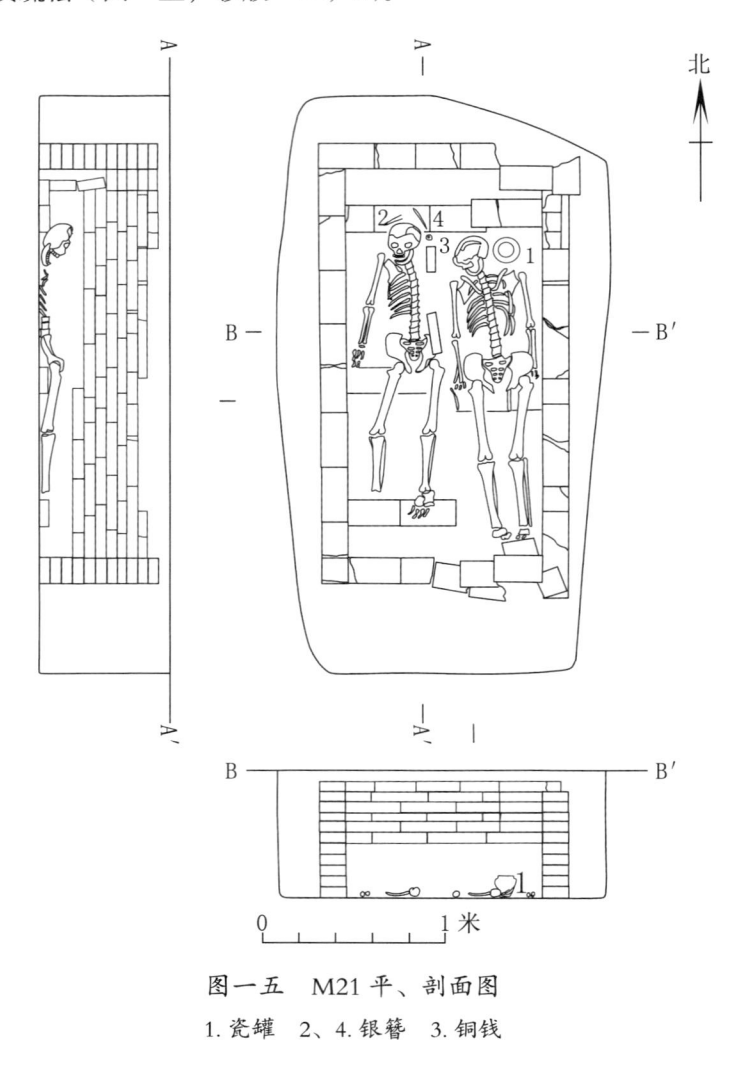

图一五　M21平、剖面图
1.瓷罐　2、4.银簪　3.铜钱

墓室南北长2.54米、东西宽1.32米、高0.64米。砖室四壁用平砖顺砌，中部残存两竖砖将其分为东西两室，无铺地砖，用砖为30厘米×14厘米×5厘米的素面砖。东室南北长2.16米、东西宽0.5米。内葬人骨1具，保存较好，头骨、盆骨及足下横向放置垫棺砖1层；人骨头向北，面向上，仰身直肢葬，性别男，年龄不明。室内东北部出土瓷罐 1 件。西室南北长 2.14 米、东西宽 0.43 米。内葬人骨 1 具，保存较差，头骨、盆骨及足下横向放置垫棺砖 1 层；人骨头向北，面向上，仰身直肢葬，性别女，年龄不明。室内北部出土银簪 2 件、铜钱 3 枚。

M26 位于发掘区东北部，东邻 M27。开口于②层下，南北向，方向为 170°。墓平面呈"凸"字形，竖穴土圹单室砖室墓。墓口距地表深 0.7 米，墓底距地表深 2.9 米。墓圹南北长 6.8 米、东西宽 3.28 米、现深 2.2 米。内填黄褐色花土，土质疏松。该墓上部被破坏，由墓道、墓门、墓室三部分组成（图一六；彩版一五，1）。用砖为 34 厘米 ×16 厘米 ×6 厘米的素面砖。

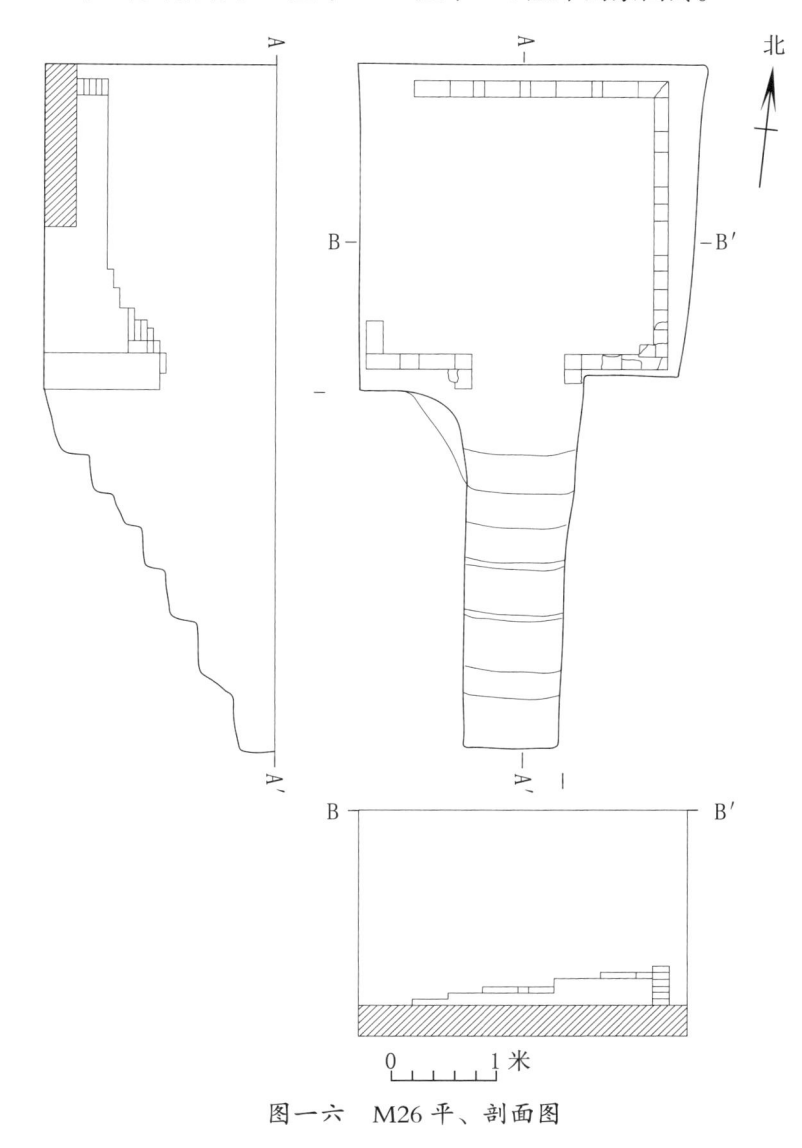

图一六　M26 平、剖面图

墓道位于墓门南部。为阶梯式墓道，平面呈长方形，南北长 3.6 米、东西宽 0.94 ~ 1.4 米、深 0.2 ~ 2.2 米。东西两壁垂直平整，现存台阶六级：第一级东西长 0.9 米、南北宽 0.49 ~ 0.8 米、高 0.36 米；第二级东西长 0.9 米、南北宽 0.5 ~ 0.6 米、高 0.3 米；第三级东西长 0.9 米、南北宽

0.44～0.56 米、高 0.21 米；第四级东西长 0.94 米、南北宽 0.4 米、高 0.3 米；第五级东西长 1 米、南北宽 0.4 米、高 0.2 米；第六级东西长 1 米、南北宽 0.4 米、高 0.32 米。

墓门位于墓室南侧。宽 0.88 米、残高 1.16 米、进深 0.34 米，砌筑方式为一顺一丁，未见封门砖。

墓室位于墓门北侧。平面呈长方形，南北长 2.62 米、东西宽 2.58 米、现深 1.1 米。室内残存南、北、东三壁用平砖顺砌，内侧用白灰抹面。墓室北部砌有棺床，东西长 2.8 米、南北宽 1.36 米、高 0.3 米。墓底无铺地砖。室内扰乱严重，未见葬具痕迹及人骨，未见随葬品。

M27 位于发掘区东北部，西邻 M26。开口于②层下，南北向，方向为 175°。墓平面呈"凸"字形，竖穴土圹砖室墓。墓口距地表深 0.7 米，墓底距地表深 2.7 米。墓圹南北长 6.2 米、东西宽 3.2 米、现深 2 米。内填黄褐色花土，土质疏松。该墓上部被破坏，由墓道、墓门、墓室三部分组成（图一七；彩版一五，2）。用砖为 34 厘米 ×16 厘米 ×6 厘米的素面砖。

图一七　M27 平、剖面图
1. 铜簪　2. 铜钱　3、4. 银簪

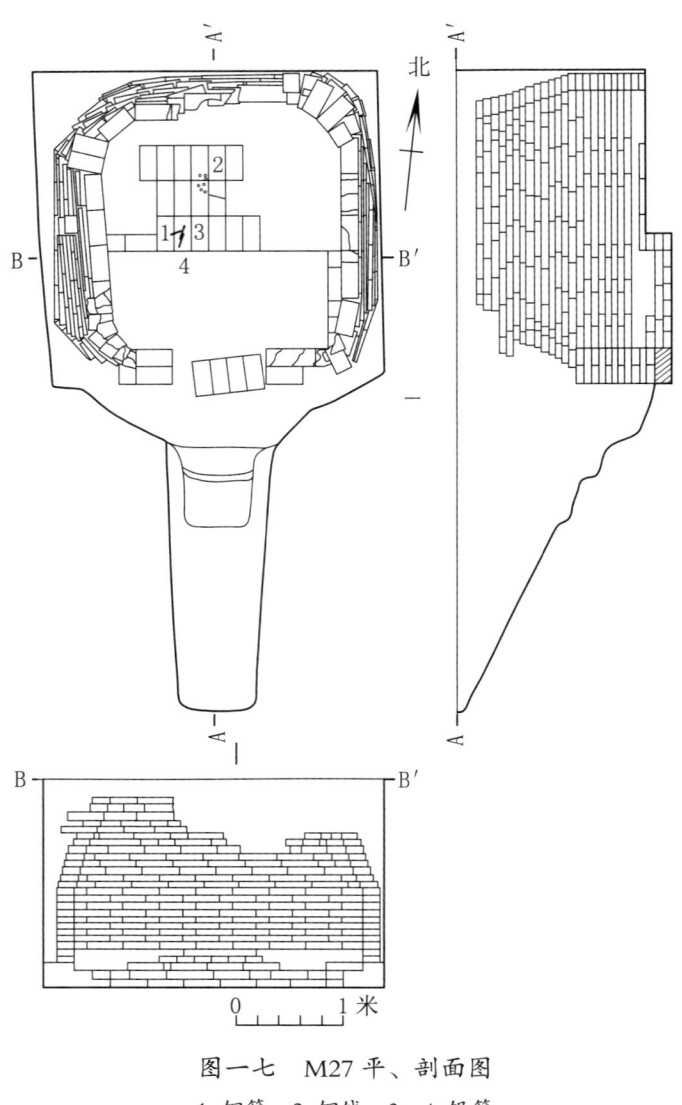

墓道位于墓门南部。为斜坡式墓道，平面呈梯形，南北长 2.6 米、东西宽 0.7～1.08 米、深 0～1.7 米。东西两壁垂直平整，南部为斜坡，坡长 0.18 米，坡度为 26°；北部现存台阶两级：第一级东西长 0.6 米、南北宽 0.43～0.57 米、高 0.25 米；第二级东西长 0.65～1.05 米、南北宽 0.27 米、高 0.37 米。

墓门位于墓室南部。东西宽 0.88 米、残高 0.73 米、进深 0.34 米。砌筑方式为一顺一丁，封门砖仅存底部 1 层，墙厚 0.4 米。

墓室位于墓门北部。平面呈圆角方形，南北长 2.7 米、东西宽 2.5～2.7 米、残高 1.88 米。墓室四壁用平砖错缝顺砌，于 0.72～0.96 米向上内收起券，券壁用平砖错缝顺砌。墓室北部砌有棺床，平面呈"凹"字形，棺床外沿平砖顺砌，东西长 2.24 米、南北宽 1.54 米、高 0.3 米。器物台位于棺床南侧中部，纵向平铺砌成，东西长 1.11 米、南北宽 1 米、高 0.36 米。墓室内扰乱严重，未见葬具痕迹及人骨。室内中部偏西出土铜簪 1 件、银簪 2 件，北部出土铜钱 8 枚。

2. 砖椁墓

共 5 座，分别为 M20、M22～M25。

M20 位于发掘区中西部。开口于②层下，南北向，方向为 175°。墓平面呈梯形，竖穴土圹单棺砖椁墓。墓口距地表深 0.3 米，墓底距地表深 0.7 米。墓圹南北长 3.2 米、东西宽 1.1～1.5 米、现深 0.4 米。四壁规整，墓底较平。内填灰褐色花土，土质疏松（图一八）。

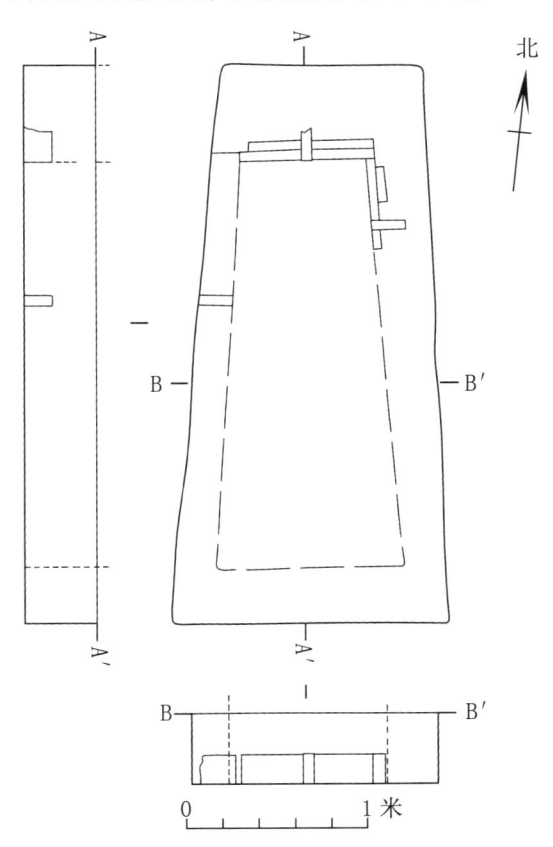

图一八　M20 平、剖面图

葬具为砖椁单木棺，南北长 2.5 米、东西宽 0.69～1.14 米、高 0.16 米。砖椁破坏严重，砌筑方式不明，仅北部残存少量砖，用砖规格为 36 厘米 ×16 厘米 ×5 厘米素面砖。木棺腐朽严重，仅存朽痕及少量棺钉。棺痕南北长 2.05 米、东西宽 0.6～0.8 米、残高 0.1 米。棺内未见人骨及随葬品。

M22 位于发掘区东北部，东南邻 M23。开口于②层下，南北向，方向为 9°。墓平面呈长方形，竖穴土圹砖椁墓。墓口距地表深 0.7 米，墓底距地表深 1.3～1.38 米。墓圹南北长 2.6 米、东西宽 1.82～2.1 米、现深 0.6～0.68 米。内填黄褐色花土，土质疏松（图一九；彩版一三，1）。

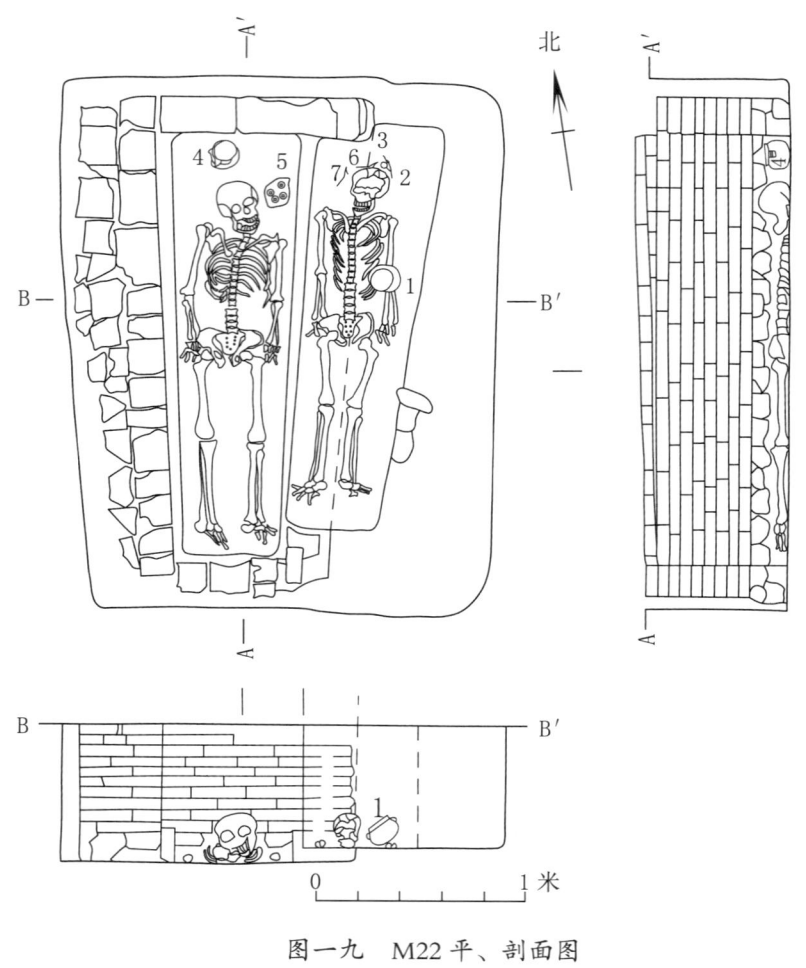

图一九　M22 平、剖面图
1. 釉陶罐　2、6. 铜钗　3. 铜饰件　4. 瓷罐　5. 铜钱　7. 铜簪

葬具为砖椁双木棺，东棺打破西棺。南北长 2.46 米、东西宽 0.98～1.8 米、高 0.74 米。椁为砖石结构，自墓底向上用乱石砌筑 0.17 米，向上用砖错缝顺砌至墓口。西壁保存较差，东壁残存零星砖块。用砖为 30 厘米 ×14 厘米 ×5 厘米的素面砖。双木棺皆腐朽严重，仅存朽痕。东棺棺痕长 2 米、宽 0.46～0.6 米、残深 0.1 米。棺内置人骨 1 具，保存较好，头向北，面向西，仰身直肢葬，为女性，年龄不明。棺内左上肢骨下部出土釉陶罐 1 件，头骨上方及两侧出土铜钗 2 件、铜簪 1 件、铜饰件 1 件。西棺棺痕长 2.1 米、宽 0.4～0.6 米、残深 0.18 米。内置人骨 1 具，保存较好，头向北，

面向上，仰身直肢葬，为男性，年龄不明。棺内头骨右上方出土瓷罐1件，头骨左侧出土铜钱5枚。

M23位于发掘区东北部，东邻M24。开口于②层下，南北向，方向为358°。墓平面呈长方形，竖穴土圹砖椁墓。墓口距地表深0.7米，墓底距地表深1.2米。墓圹南北长2.62米、东西宽1.2~1.26米、现深0.5米。内填黄褐色花土，土质疏松（图二〇；彩版一三，2）。

葬具为砖椁单木棺，南北长2.56米、东西宽0.78~1.2米、高0.53米。砖椁用平砖错缝顺砌，用砖为34厘米×15厘米×5厘米的素面青砖。木棺腐朽严重，仅存朽痕，头骨、盆骨及足部各平铺垫砖1层。棺痕南北长1.9米、东西宽0.46~0.6米。棺内葬置人骨1具，保存较好，头向北，面向上，仰身直肢葬，为男性，年龄不明。棺内头骨上方出土瓷罐1件，左上肢骨内侧出土铜饰件1件、铜钱3枚。

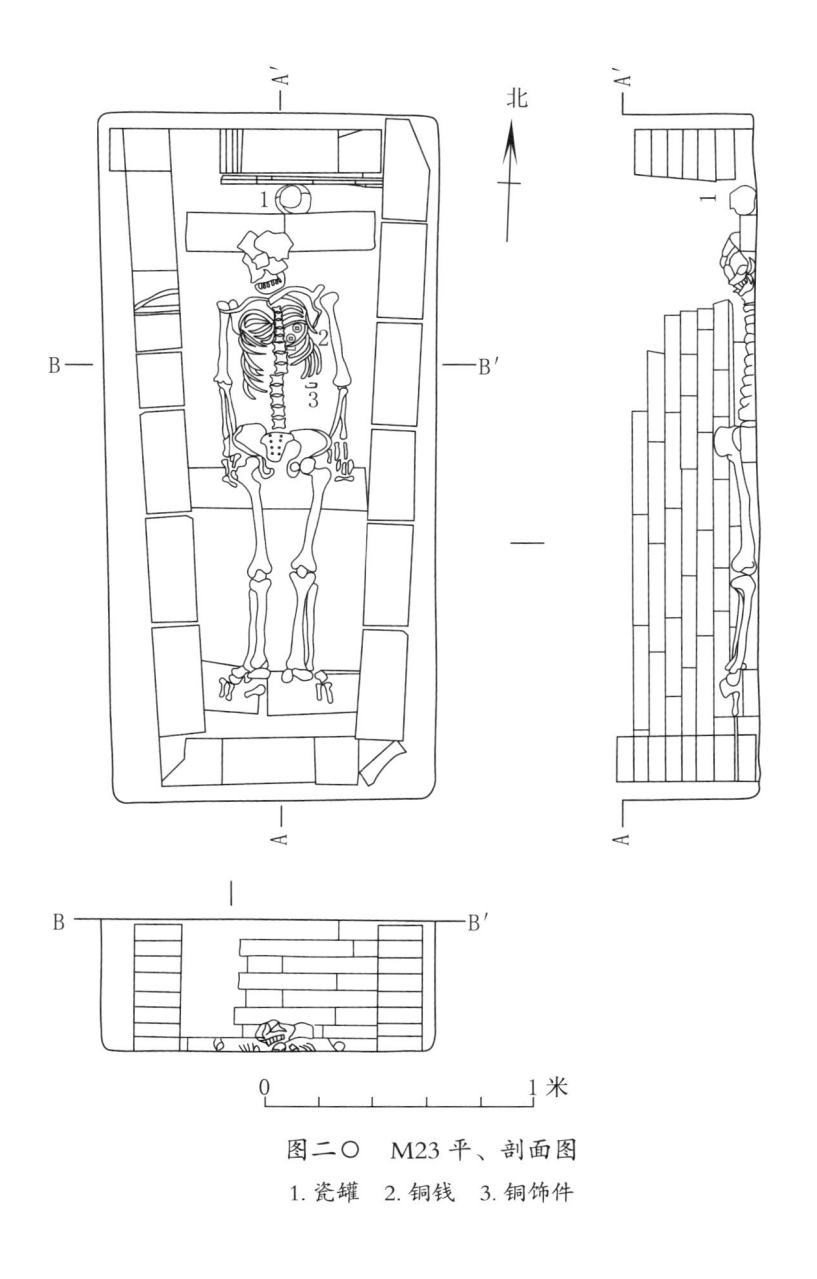

图二〇　M23 平、剖面图
1. 瓷罐　2. 铜钱　3. 铜饰件

M24 位于发掘区东北部，西邻 M23。开口于②层下，南北向，方向为 354°。墓平面呈梯形，竖穴土圹砖椁墓。墓口距地表深 0.7 米，墓底距地表深 1.3 米。墓圹南北长 2.95 米、东西宽 1.72～1.98 米、现深 0.6 米。内填黄褐色花土，土质疏松（图二一；彩版一四，1）。

葬具为砖椁双木棺，南北长 2.8 米、东西宽 1.14～1.8 米、高 0.62 米。砖椁四壁用平砖错缝顺砌，用砖为 36 厘米 ×16 厘米 ×5 厘米的素面青砖。双木棺皆腐朽严重，仅存朽痕，头骨、盆骨及足部各平铺垫砖 1 层。东棺痕长 2 米、宽 0.46～0.6 米。棺内葬置人骨 1 具，保存稍差，头向北，面向上，仰身直肢葬，为男性，年龄不明。棺内头骨右侧出土瓷罐 1 件，盆骨上方出土铜钱 5 枚。西棺痕长 1.9 米、宽 0.46～0.6 米、残深 0.1 米。棺内置人骨 1 具，保存稍差，头向北，面向西，仰身直肢葬，为女性，年龄不明。棺内左上肢骨下部内侧出土铜镜 1 件、铜钱 10 枚，头骨上方及两侧出土金耳环 1 副、银簪 3 件、铜钗 1 件。

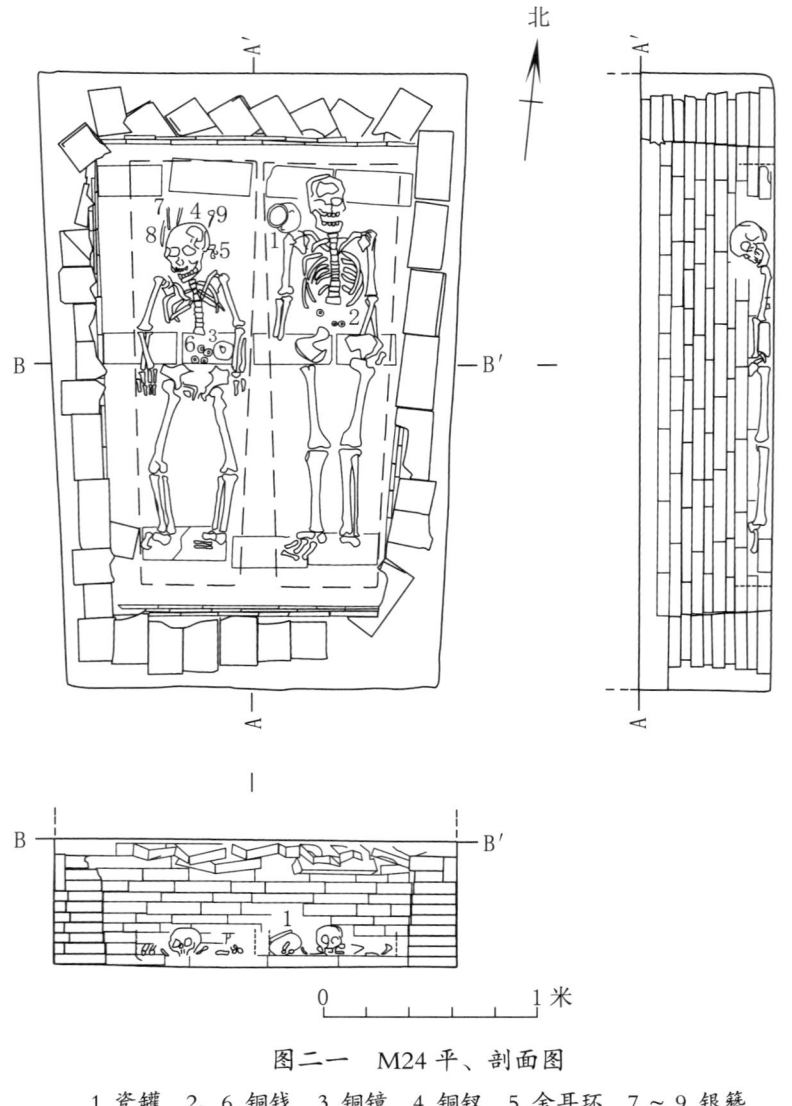

图二一　M24 平、剖面图
1.瓷罐　2、6.铜钱　3.铜镜　4.铜钗　5.金耳环　7～9.银簪

M25 位于发掘区东北部，东邻 M26。开口于②层下，南北向，方向为 358°。墓平面呈梯形，竖穴土圹砖椁墓。墓口距地表深 0.7 米，墓底距地表深 1 米。墓圹南北长 2.7 米、东西宽 1～1.14 米、现深 0.3 米。墓壁规整，墓底较平。内填黄褐色花土，土质疏松（图二二；彩版一四，2）。

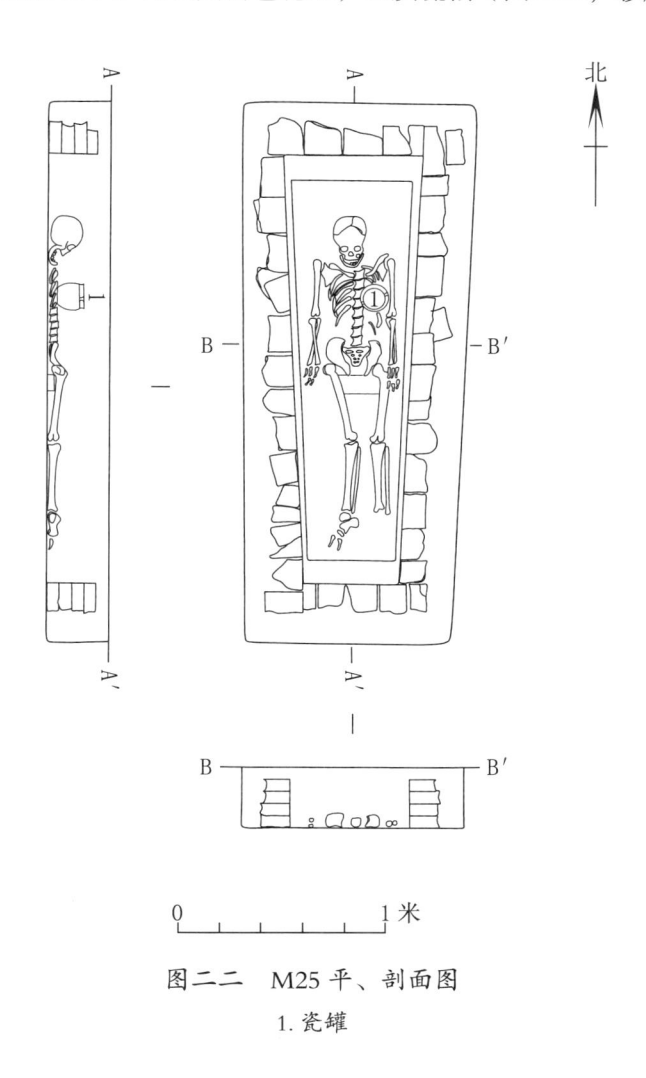

图二二　M25 平、剖面图
1. 瓷罐

内置砖椁单木棺，南北长 2.47 米、东西宽 0.78～1.02 米、高 0.23 米。砖椁四壁用残砖平砌，盆骨下放置一青砖，残砖为 19 厘米 ×18 厘米 ×5 厘米的素面青砖。木棺腐朽严重，仅存朽痕，棺痕南北长 1.9 米、宽 0.44～0.58 米、残高 0.2 米。棺内葬置人骨 1 具，保存较好，头向北，面向上，仰身直肢葬，为男性，年龄不明。棺内左上肢内侧上部出土瓷罐 1 件。

（二）随葬器物

釉陶罐 1 件。M22：1，近直口，圆唇，束颈，溜肩，弧腹，矮圈足，足内底外凸，颈、肩部置对称桥形双系。浅红色胎，胎质粗糙。内外壁施绿釉，施釉部位有白色化妆土，内壁口沿施釉，外壁施釉至上腹部，下腹及圈足未施釉，釉面部分脱落。轮制，通体遗有轮旋痕。口径7.9厘米、腹径10.9厘米、底径5.8厘米、高9.4厘米（图二三，1；彩版一六，4）。

陶钵 1件。M19：1，近直口，方唇，深直腹，圜底近平。夹砂灰陶，胎质粗糙。轮制。口径15.4厘米、腹径15.2厘米、底径6.6厘米、高7.9厘米（图二三，2；彩版一六，1）。

瓷瓶 1件。M19：2，双唇，敛口，方唇，束颈，溜肩，长弧腹，小平底，颈、肩部置对称桥形双系。深灰胎，胎质粗糙。通体施酱绿色釉，足底未施釉。轮制，遗有轮旋痕。口径5.5厘米、腹径15.3厘米、底径6.4厘米、高31.5厘米（图二三，3；彩版一六，5）。

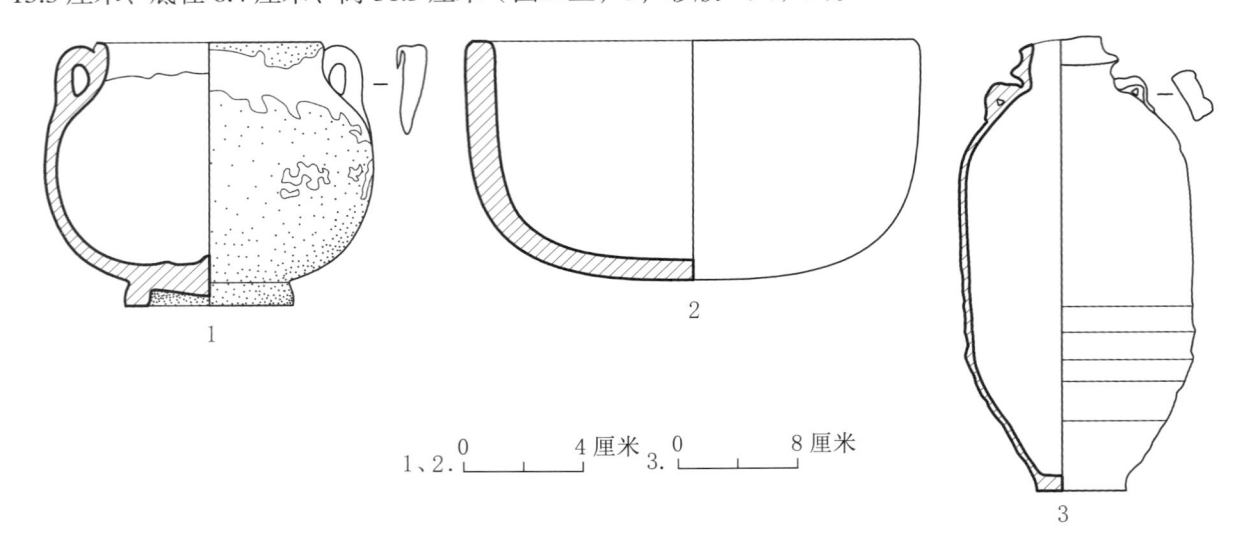

图二三　出土陶器、瓷器
1. 釉陶罐（M22：1）　2. 陶钵（M19：1）　3. 瓷瓶（M19：2）

瓷罐 6件。M19：3，敛口，方圆唇，束颈，溜肩，弧腹，矮圈足，颈、肩部置对称叶脉纹桥形双系。米白色胎，胎质粗糙。上腹部及内壁施酱黑色釉，遗有流釉痕，下腹及圈足未施釉。轮制，通体遗有轮旋痕。口径12厘米、肩径14.6厘米、底径7.4厘米、高11.3厘米（图二四，1；彩版一六，2）。M22：4，敛口，方圆唇，束颈，溜肩，弧腹，矮圈足，颈、肩部置对称叶脉纹桥形双系。米白色胎，胎质粗糙。上腹部及内壁施酱黑色釉，遗有流釉痕，下腹及圈足未施釉。轮制，通体遗有轮旋痕。口径11.4厘米、肩径14.2厘米、底径6.9厘米、高12.1厘米（图二四，2；彩版一七，1）。M23：1，近直口，方圆唇，束颈，溜肩，弧腹，矮圈足，颈、肩部置对称叶脉纹桥形双系。米白色胎，胎质粗糙。上腹部及内壁施酱黑色釉，遗有流釉痕，下腹及圈足未施釉。轮制，通体遗有轮旋痕。口径12.6厘米、肩径14.4厘米、底径7.4厘米、高11.2厘米（图二四，3；彩版一七，2）。M24：1，侈口，方圆唇，束颈，溜肩，弧腹，矮圈足，颈、肩部置对称叶脉纹桥形双系。米白色胎，胎质粗糙。上腹部及内壁施酱黑色釉，遗有流釉痕，下腹及圈足未施釉。轮制，通体遗有轮旋痕。口径11.7厘米、肩径13.8厘米、底径7厘米、高11.2厘米（图二四，4；彩版一七，3）。M25：1，侈口，方圆唇，束颈，溜肩，弧腹，矮圈足，颈、肩部置对称叶脉纹桥形双系。米白色胎，胎质粗糙。

上腹部及内壁施酱黑色釉，遗有流釉痕，下腹及圈足未施釉。轮制，通体遗有轮旋痕。口径11.3厘米、腹径14厘米、底径6.9厘米、高11.2厘米（图二四，5；彩版一七，4）。M21∶1，侈口，尖圆唇，短颈，圆鼓肩，弧腹内收，隐圈足，足内底有乳钉状凸起。外壁饰竖条纹状褐彩。米白色胎，胎质粗糙。上腹部及内壁施黑色釉，施釉不均匀遗有流釉痕，口沿、下腹及圈足未施釉。轮制，通体遗有轮旋痕。口径7.3厘米、肩径14厘米、底径6.2厘米、高11.3厘米（图二四，6；彩版一六，3）。

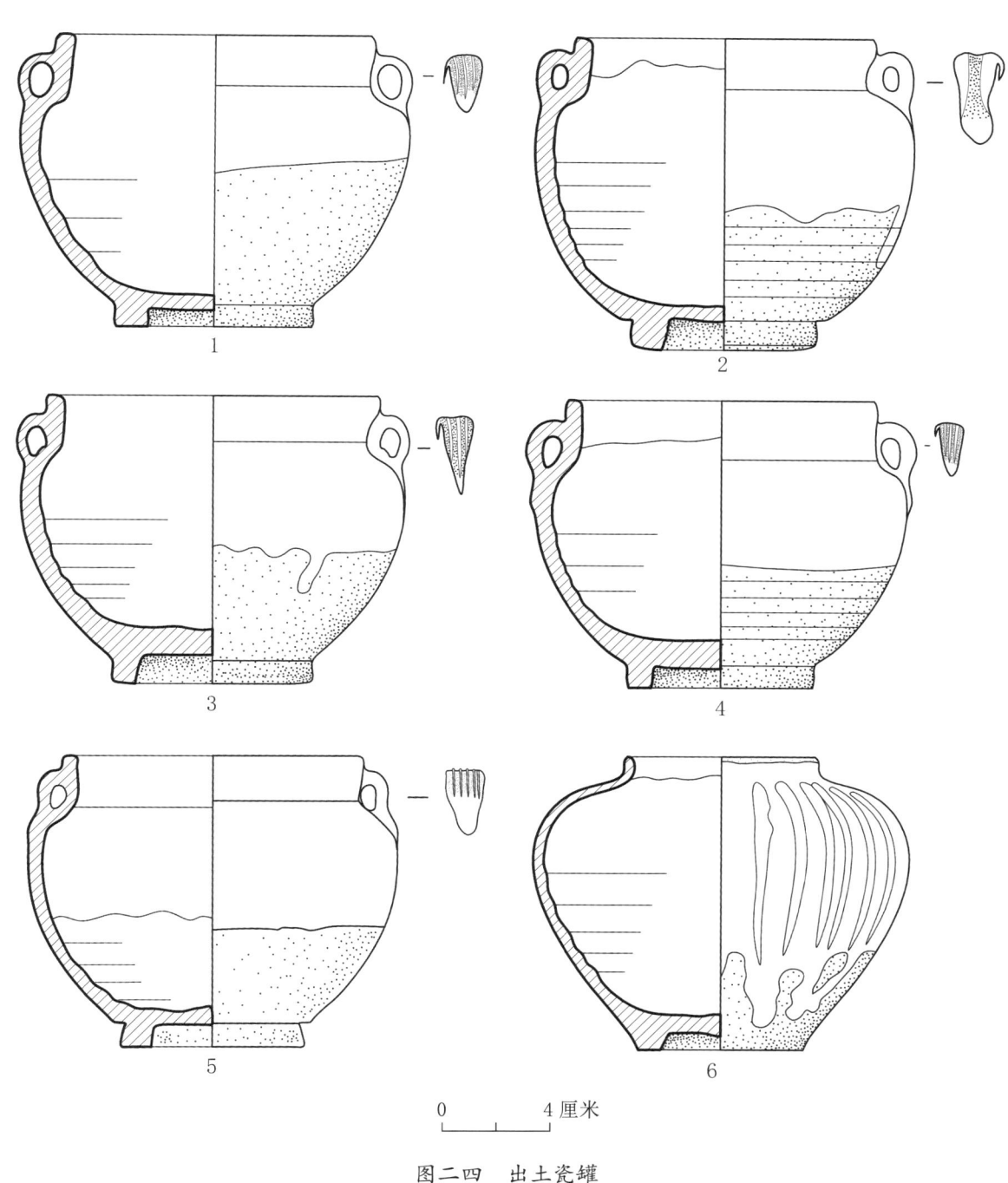

图二四　出土瓷罐

1.M19∶3　2.M22∶4　3.M23∶1　4.M24∶1　5.M25∶1　6.M21∶1

铜镜 2 件。M19：4，圆形，镜面略凸，桥形钮，椭圆形穿孔，镜缘宽平。内铸三周凸弦纹，外区饰一周斜线纹和一周四乳禽鸟纹，四个带圆座乳钉和八只禽鸟对称分布，禽鸟间铸"家常贵富"四字铭文，字体方正，字迹模糊，内区饰一周凸棱。直径 9.65 厘米、缘宽 1 厘米、缘厚 0.3 厘米、钮高 0.8 厘米、孔径 0.4 厘米（图二五，1；彩版一八，1）。M24：3，海兽葡萄纹铜镜，圆形，镜面略凸，伏兽钮，椭圆形穿孔。主装饰由一周缠枝葡萄纹凸棱将镜分为内、外区，内区绕钮环饰伏地瑞兽四只，海兽周围饰缠枝葡萄纹，外区饰四鸟鹊与缠枝葡萄组合纹。镜边一侧刻"□陽□立"四字。直径 7.8 厘米、缘宽 0.2 厘米、缘厚 0.7 厘米、钮高 0.9 厘米、孔径 0.6 厘米（图二五，2；彩版一八，2、3）。

图二五　出土铜镜

1. M19：4　2. M24：3

铜钗 5 件。均整体呈"U"形。M19：5，首向后弯曲，体呈扁条锥状，尾残。残长 11.9 厘米、重 5.9 克（图二六，4；彩版二〇，1）。M19：7，首向后弯曲，体呈扁条锥状。长 11.8 厘米，重 6.2 克（图二六，3；彩版二〇，2）。M22：2，首向后弯曲，体呈扁条锥状。长 11.2 厘米，重 3.5 克（图二六，2；彩版二〇，3）。M22：6，首向后弯曲，体呈扁条锥状。长 13.5 厘米，重 7.7 克（图二六，5；彩版二〇，4）。M24：4，首饰卷草纹，向后弯曲，体呈扁条锥状，尾残。残长 10 厘米，重 5.1 克（图二六，1；彩版二〇，6）。

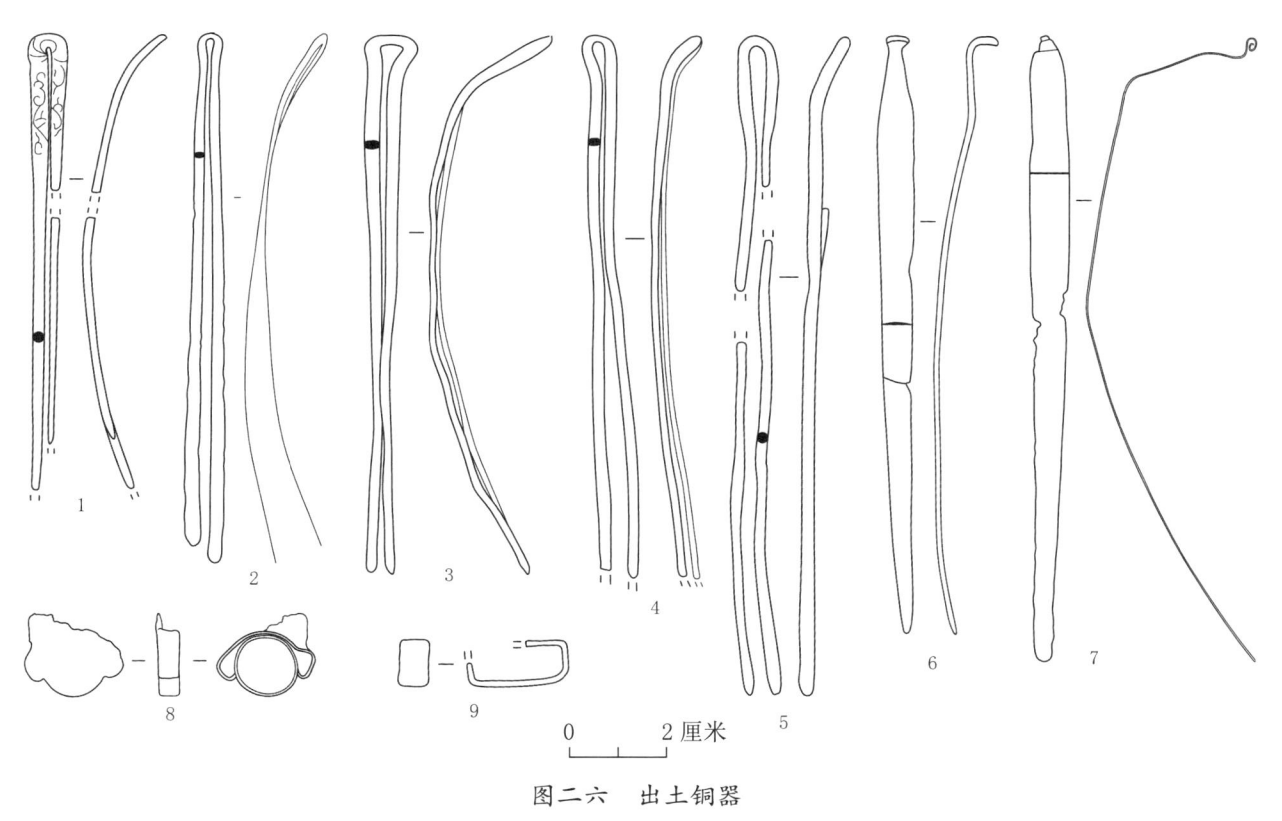

图二六　出土铜器
1～5. 铜钗（M24：4、M22：2、M19：7、M19：5、M22：6）　6、7. 铜簪（M27：1、M22：7）
8、9. 铜饰件（M22：3、M23：3）

铜饰件 2 件。M22：3，主体为圆形，上部两端卷曲，内饰残缺。残长 2.1 厘米、残宽 1.9 厘米，重 1.7 克（图二六，8；彩版一七，5、6）。M23：3，呈长方环形。长 4.4 厘米、宽 1.2 厘米、高 2.2 厘米、厚 0.1 厘米，重 1.5 克（图二六，9；彩版一七，7）。

铜簪 2 件。M22：7，残，首卷曲，向后弯曲，体扁平呈锥形，尾微尖。通长 13.7 厘米、宽 0.2～0.7 厘米、厚 0.1 厘米，重 3.7 克（图二六，7；彩版二〇，5）。M27：1，首呈耳挖形，向前弯曲，体扁平呈锥形，尾尖。通长 13.1 厘米、宽 0.1～0.8 厘米、厚 0.1 厘米，重 3.9 克（图二六，6；彩版二〇，7）。

银簪 7 件。M21：2，首尾皆残，首向前弯曲，体扁平呈长条形。残长 10.4 厘米、宽 0.37～0.65

厘米、厚0.07厘米，重2.5克（图二七，4；彩版一九，1）。M21：4，首残，体扁平呈锥形，尾尖。残长8.9厘米、宽0.4厘米、厚0.1厘米，重1.3克（图二七，6；彩版一九，2）。M24：7，首呈耳挖形，向前弯曲，体扁平呈锥形，尾尖。通长13.4厘米、宽0.1～0.8厘米、厚0.1厘米，重4.5克（图二七，1；彩版一九，3）。M24：8，首呈耳挖形，向前弯曲，体扁平呈锥形，尾尖。通长12.9厘米、宽0.1～0.7厘米、厚0.1厘米，重4.5克（图二七，2；彩版一九，4）。M24：9，首饰凤鸟纹，凤尾有圆点形镂空，体扁平呈锥形，尾尖。首长2.7厘米、宽2.4厘米、通长12厘米、厚0.1厘米，重6.7

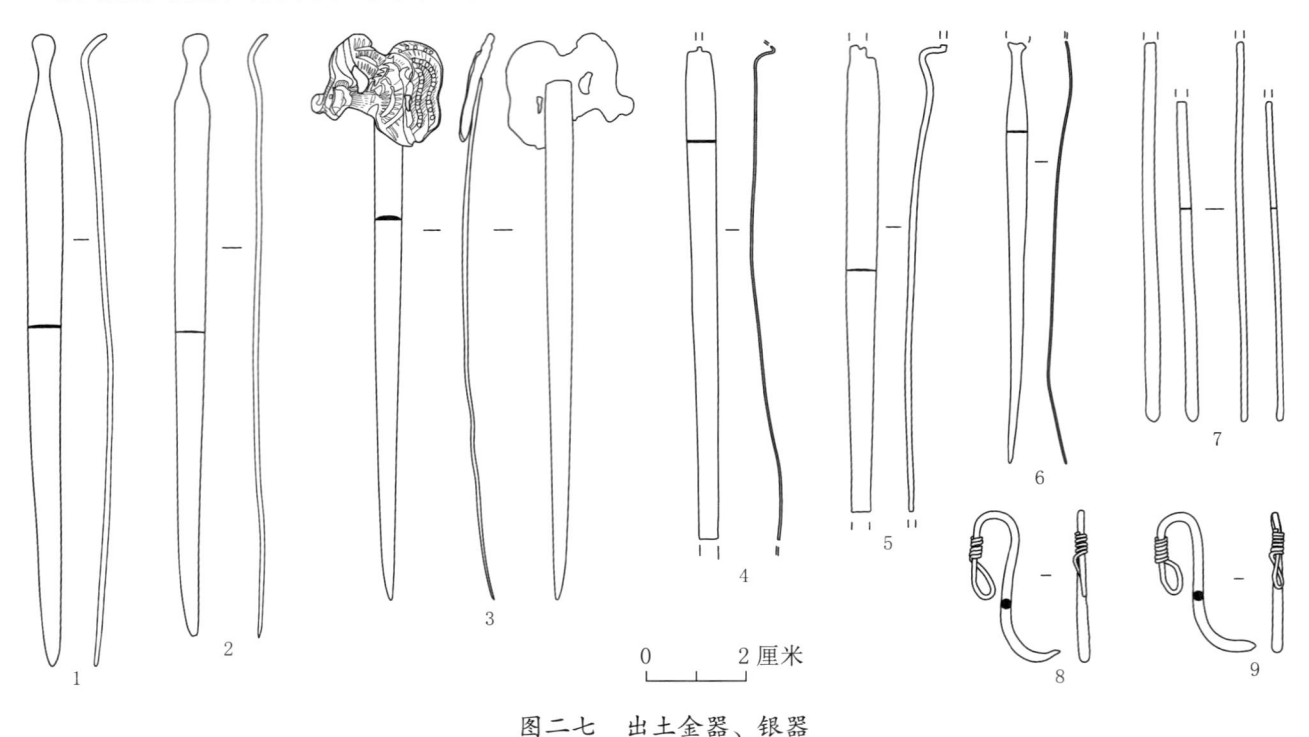

图二七　出土金器、银器

1～7. 银簪（M24：7、M24：8、M24：9、M21：2、M27：4、M21：4、M27：3）
8、9. 金耳环（M24：5-1、M24：5-2）

克（图二七，3；彩版一九，5）。M27：3，首残，体扁条呈锥状。残长7.6厘米，重2.8克（图二七，7；彩版一九，6）。M27：4，首尾皆残，首向前弯曲，体扁平呈长条形。残长9.9厘米、宽0.4～0.7厘米、厚0.1厘米，重3克（图二七，5；彩版一九，7）。

金耳环1副2件。形制、大小相近。环脚为粗金丝，呈"S"形，环身用细金丝缠绕，环首缠绕呈椭圆形。M24：5-1，通高3.24厘米、通宽2厘米，重2.2克（图二七，8；彩版一七，8）。M24：5-2，通高3厘米、通宽2厘米，重2.2克（图二七，9；彩版一七，8）。

铜钱51枚。其中开元通宝6枚、太平通宝1枚、至道元宝1枚、咸平元宝3枚、天圣元宝1枚、景祐元宝3枚、皇宋通宝6枚、至和元宝1枚、至和通宝1枚、治平元宝1枚、熙宁元宝6枚、元丰通宝6枚、元祐通宝3枚、绍圣元宝2枚、大观通宝1枚、嘉定通宝1枚、淳祐元宝1枚、大定通宝4枚，其余3枚锈蚀不清。

开元通宝6枚。平钱，圆形，方穿，正、背面皆有内外郭，正面楷书"开元通宝"，对读。标本M21：3-1，光背。钱径2.46厘米、穿径0.64厘米、郭宽0.2厘米、郭厚0.12厘米，重3.08克（图二八，1）。标本M22：5-1，光背。钱径2.44厘米、穿径0.62厘米、郭宽0.25厘米、郭厚0.11厘米、重2.21克（图二八，2）。

太平通宝1枚。M21：3-2，平钱，圆形，方穿，正、背面皆有内外郭，正面楷书"太平通宝"，对读，光背。钱径2.42厘米、穿径0.55厘米、郭宽0.24厘米、郭厚0.11厘米，重2.87克（图二八，3）。

至道元宝1枚。M19：6-1，平钱，圆形，方穿，正、背面皆有内外郭，正面草书"至道元宝"，旋读，光背。钱径2.45厘米、穿径0.64厘米、郭宽0.34厘米、郭厚0.11厘米，重2.67克（图二八，4）。

咸平元宝3枚。平钱，圆形，方穿，正、背面皆有内外郭，正面楷书"咸平元宝"，旋读，光背。M19：6-2，钱径2.4厘米、穿径0.56厘米、郭宽0.3厘米、郭厚0.11厘米，重3.07克（图二八，5）。M24：6-1，钱径2.47厘米、穿径0.56厘米、郭宽0.34厘米、郭厚0.13厘米，重3.5克（图二八，6）。M27：2-1，钱径2.46厘米、穿径0.62厘米、郭宽0.33厘米、郭厚0.09厘米，重2.31克（图二八，7）。

天圣元宝1枚。M27：2-2，平钱，圆形，方穿，正、背面皆有内外郭，正面篆书"天圣元宝"，旋读，光背。钱径2.48厘米、穿径0.76厘米、郭宽0.28厘米、郭厚0.12厘米，重3.07克（图二八，8）。

景祐元宝3枚。平钱，圆形，方穿，正、背面皆有内外郭，正面书"景祐元宝"，旋读，光背。M19：6-3，篆书。钱径2.46厘米、穿径0.7厘米、郭宽0.21厘米、郭厚0.11厘米，重3.09克（图二八，9）。M19：6-4，楷书。钱径2.51厘米、穿径0.75厘米、郭宽0.25厘米、郭厚0.12厘米，重3.07克（图二八，10）。M27：2-3，篆书。钱径2.48厘米、穿径0.72厘米、郭宽0.24厘米、郭厚0.11厘米，重3.27克（图二八，11）。

皇宋通宝6枚。平钱，圆形，方穿，正、背面皆有内外郭，正面书"皇宋通宝"，对读，光背。标本M19：6-5，篆书。钱径2.39厘米、穿径0.65厘米、郭宽0.23厘米、郭厚0.12厘米，重2.8克（图二八，12）。标本M22：5-2，楷书。钱径2.39厘米、穿径0.62厘米、郭宽0.24厘米、郭厚0.13厘米，重2.55克（图二八，13）。标本M22：5-3，楷书。钱径2.46厘米、穿径0.68厘米、郭宽0.33厘米、郭厚0.13厘米，重4.01克（图二八，14）。标本M24：6-2，篆书。钱径2.48厘米、穿径0.75厘米、郭宽0.18厘米、郭厚0.1厘米，重2.36克（图二八，15）。标本M27：2-4，篆书。钱径2.52厘米、穿径0.66厘米、郭宽0.36厘米、郭厚0.1厘米，重3克（图二八，16）。

至和元宝1枚。M19：6-6，平钱，圆形，方穿，正、背面皆有内外郭，正面楷书"至和元宝"，旋读，光背。钱径2.43厘米、穿径0.73厘米、郭宽0.27厘米、郭厚0.15厘米，重3.59克（图二八，17）。

至和通宝 1 枚。M19：6-7，平钱，圆形，方穿，正、背面皆有内外郭，正面篆书"至和通宝"，对读，光背。钱径 2.39 厘米、穿径 0.67 厘米、郭宽 0.29 厘米、郭厚 0.1 厘米，重 2.54 克（图二八，18）。

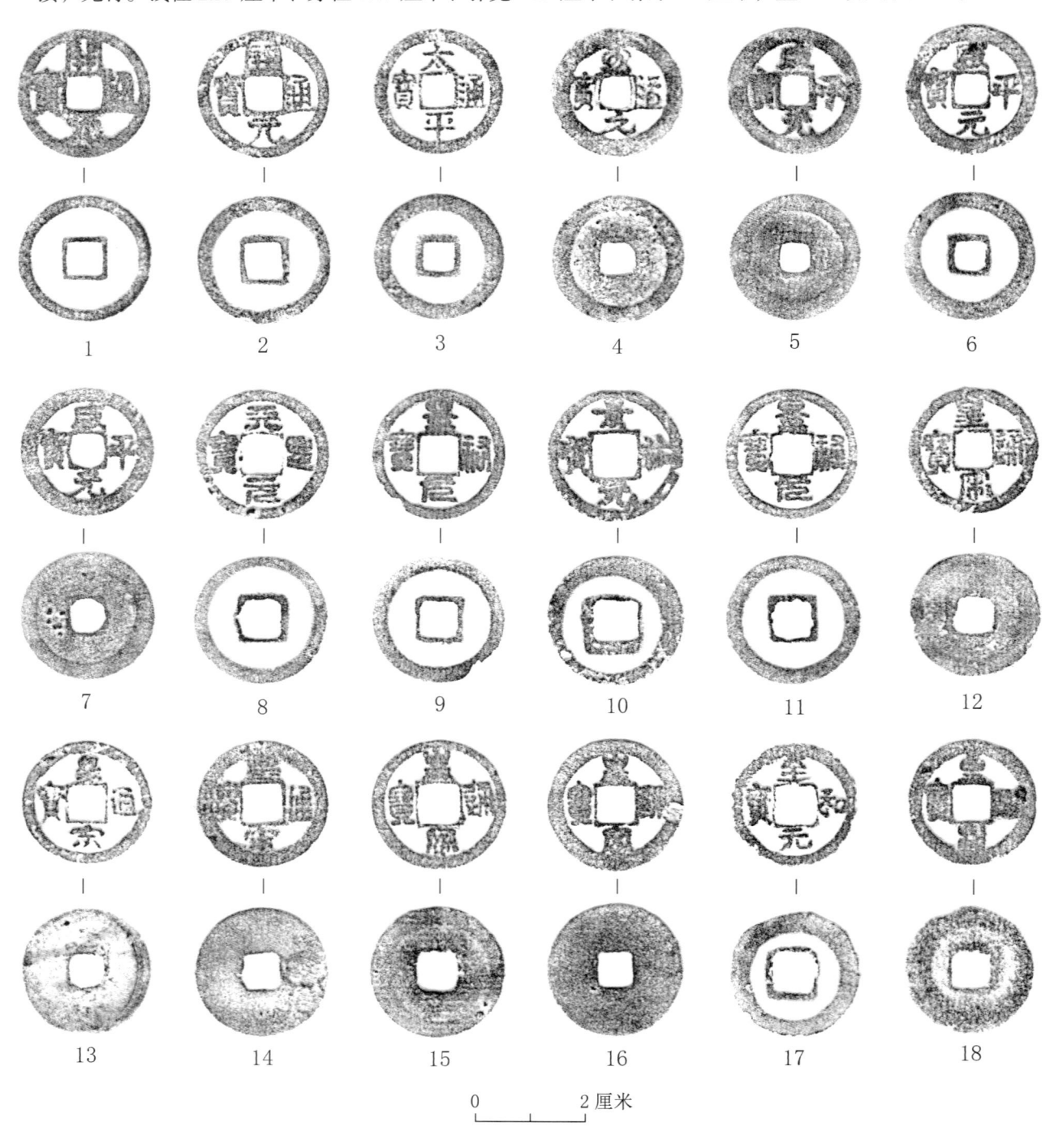

图二八　出土铜钱拓片（一）

1、2. 开元通宝（M21：3-1、M22：5-1）　3. 太平通宝（M21：3-2）　4. 至道元宝（M19：6-1）
5～7. 咸平元宝（M19：6-2、M24：6-1、M27：2-1）　8. 天圣元宝（M27：2-2）
9～11. 景祐元宝（M19：6-3、M19：6-4、M27：2-3）　12～16. 皇宋通宝（M19：6-5、M22：5-2、M22：5-3、M24：6-2、M27：2-4）　17. 至和元宝（M19：6-6）　18. 至和通宝（M19：6-7）

治平元宝 1 枚。M27：2-5，平钱，圆形，方穿，正、背面皆有内外郭，正面篆书"治平元宝"，旋读，光背。钱径 2.52 厘米、穿径 0.62 厘米、郭宽 0.25 厘米、郭厚 0.13 厘米，重 3.76 克（图二九，1）。

熙宁元宝 6 枚。平钱，圆形，方穿，正、背面皆有内外郭，正面书"熙宁元宝"，旋读，光背。标本 M19：6-10，楷书。钱径 2.35 厘米、穿径 0.53 厘米、郭宽 0.24 厘米、郭厚 0.12 厘米，重 3.56 克（图二九，2）。标本 M23：2-1，篆书。钱径 2.44 厘米、穿径 0.66 厘米、郭宽 0.28 厘米、郭厚 0.13 厘米，重 3.72 克（图二九，3）。标本 M24：2-1，楷书。钱径 2.45 厘米、穿径 0.65 厘米、郭宽 0.3 厘米、郭厚 0.13 厘米，重 3.18 克（图二九，4）。标本 M24：2-2，篆书。钱径 2.32 厘米、穿径 0.71 厘米、郭宽 0.24 厘米、郭厚 0.13 厘米，重 2 克（图二九，5）。

元丰通宝 6 枚。平钱，圆形，方穿，正、背面皆有内外郭，正面书"元丰通宝"，旋读，光背。标本 M19：6-11，行书。钱径 2.35 厘米、穿径 0.59 厘米、郭宽 0.24 厘米、郭厚 0.14 厘米，重 3.9 克（图二九，6）。标本 M19：6-12，篆书。钱径 2.48 厘米，穿径 0.67 厘米、郭宽 0.24 厘米、郭厚 0.12 厘米，重 3.7 克（图二九，7）。标本 M24：6-3，行书。钱径 2.46 厘米、穿径 0.56 厘米、郭宽 0.32 厘米、郭厚 0.11 厘米，重 2.96 克（图二九，8）。标本 M27：2-6，行书。钱径 2.42 厘米、穿径 0.65 厘米、郭宽 0.29 厘米、郭厚 0.13 厘米，重 3.81 克（图二九，9）。

元祐通宝 3 枚。平钱，圆形，方穿，正、背面皆有内外郭，正面书"元祐通宝"，旋读，光背。标本 M19：6-13，行书。钱径 2.41 厘米、穿径 0.66 厘米、郭宽 0.26 厘米、郭厚 0.14 厘米，重 4.06 克（图二九，10）。标本 M27：2-7，篆书。钱径 2.41 厘米、穿径 0.62 厘米、郭宽 0.22 厘米、郭厚 0.12 厘米，重 3.58 克（图二九，11）。

绍圣元宝 2 枚。平钱，圆形，方穿，正、背面皆有内外郭，正面篆书"绍圣元宝"，旋读，光背。M23：2-2，钱径 2.41 厘米、穿径 0.65 厘米、郭宽 0.31 厘米、郭厚 0.13 厘米，重 3.32 克（图二九，12）。M27：2-8，钱径 2.38 厘米、穿径 0.62 厘米、郭宽 0.29 厘米、郭厚 0.14 厘米，重 2.96 克（图二九，13）。

大观通宝 1 枚。M24：6-4，平钱，圆形，方穿，正、背面皆有内外郭，正面瘦金体书"大观通宝"，对读，光背。钱径 2.43 厘米、穿径 0.59 厘米、郭宽 0.13 厘米、郭厚 0.15 厘米，重 3.2 克（图二九，14）。

嘉定通宝 1 枚。M19：6-8，平钱，圆形，方穿，正、背面皆有内外郭，正面楷书"嘉定通宝"，对读，背面上缘书楷体"六"。钱径 2.33 厘米、穿径 0.64 厘米、郭宽 0.15 厘米、郭厚 0.13 厘米，重 3.09 克（图二九，15）。

淳祐元宝 1 枚。M19：6-14，平钱，圆形，方穿，正、背面皆有内外郭，正面楷书"淳祐元宝"，旋读，背面上缘书楷体"三"。钱径 2.38 厘米、穿径 0.64 厘米、郭宽 0.19 厘米、郭厚 0.11 厘米，重 2.92 克（图二九，16）。

大定通宝 4 枚。平钱，圆形，方穿，正、背面皆有内外郭，正面瘦金体书"大定通宝"，对读。

标本 M24：2-4，背面上缘书楷体"酉"字纪年。钱径 2.44 厘米、穿径 0.56 厘米、郭宽 0.18 厘米、郭厚 0.14 厘米，重 3.38 克（图二九，17）。标本 M24：6-5，光背。钱径 2.52 厘米、穿径 0.62 厘米、郭宽 0.19 厘米、郭厚 0.14 厘米，重 3 克（图二九，18）。

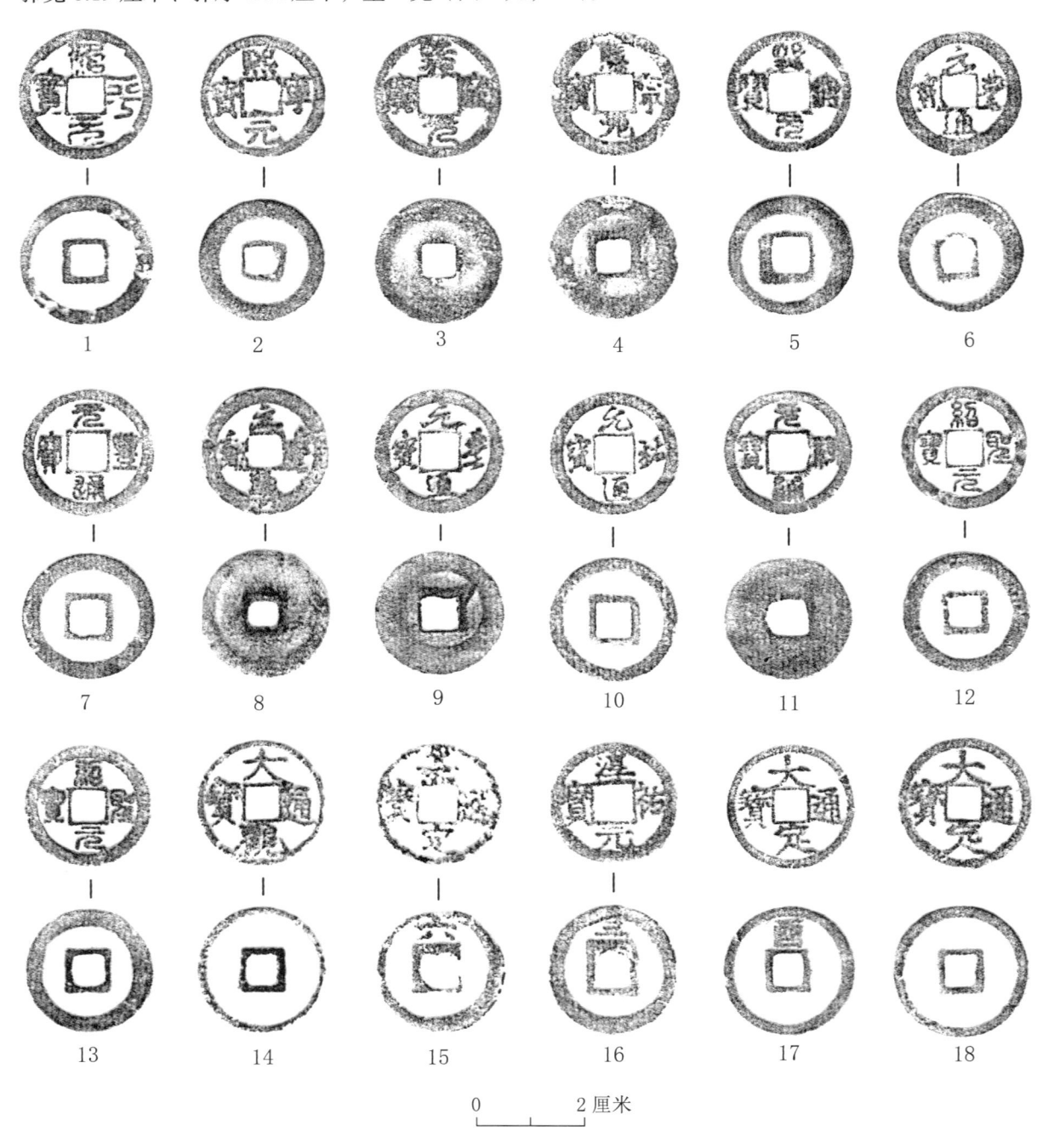

图二九　出土铜钱拓片（二）

1. 治平元宝（M27：2-5）　2～5. 熙宁元宝（M19：6-10、M23：2-1、M24：2-1、M24：2-2）
6～9. 元丰通宝（M19：6-11、M19：6-12、M24：6-3、M27：2-6）　10、11. 元祐通宝（M19：6-13、M27：2-7）　12、13. 绍圣元宝（M23：2-2、M27：2-8）　14. 大观通宝（M24：6-4）
15. 嘉定通宝（M19：6-8）　16. 淳祐元宝（M19：6-14）　17、18. 大定通宝（M24：2-4、M24：6-5）

三、清代墓葬

(一) 墓葬形制

共 10 座，分别为 M1、M10 ~ M18，均为竖穴土圹墓，按葬人数量分为单人葬墓、双人合葬墓、三人合葬墓。

1. 单人葬墓

共 5 座，分别为 M1、M12 ~ M14、M18。

M1 位于发掘区南部，北邻 M2。开口于①层下，东西向，方向为 95°。墓平面呈长方形，竖穴土圹单人葬墓。墓口距地表深 0.3 米，墓底距地表深 1.04 米。墓圹东西长 2.9 米、南北宽 1.32 米、深 0.74 米。四壁规整，墓底较平。内填黄褐色花土，土质疏松（图三〇）。

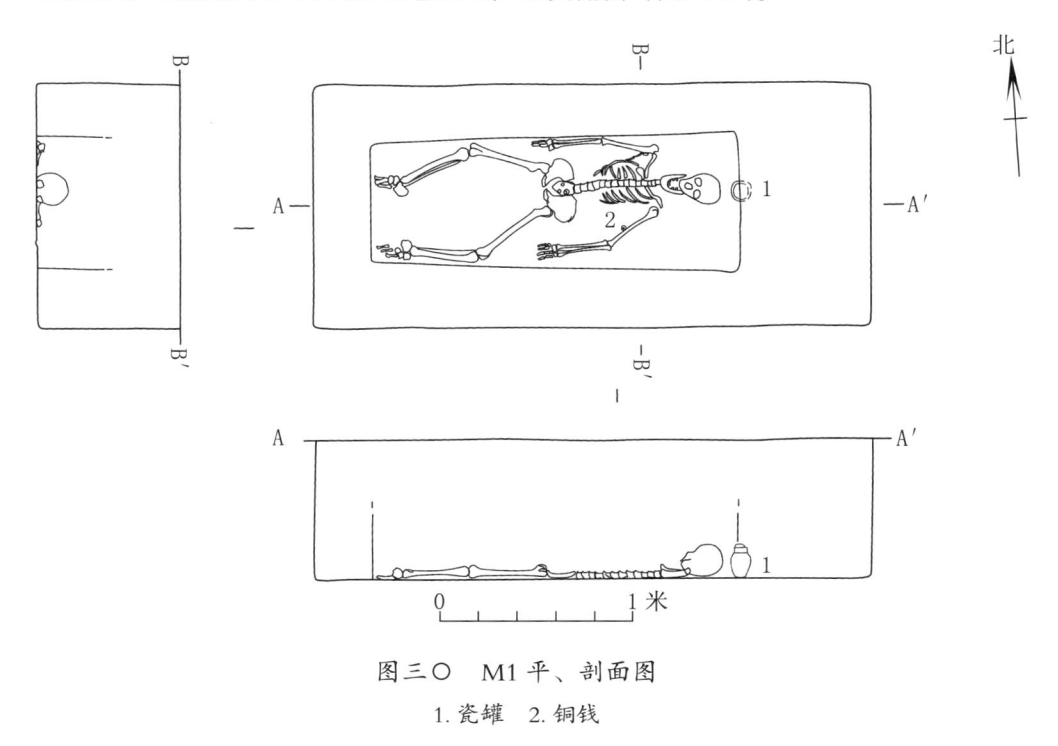

图三〇 M1 平、剖面图
1. 瓷罐 2. 铜钱

葬具为单木棺，腐朽严重，仅存朽痕。棺痕东西长 1.92 厘米、南北宽 0.62 ~ 0.74 厘米、残高 0.34 米。棺内葬人骨 1 具，保存稍差，头向东，面向上，仰身直肢葬，为男性，年龄不明。棺内头骨上方出土瓷罐 1 件，左上肢骨上部内侧出土铜钱 1 枚。

M12 位于发掘区中东部，西邻 M11、东北邻 M13。开口于①层下，南北向，方向为 14°。墓平面呈长方形，竖穴土圹单人葬墓。墓口距地表深 0.3 米，墓底距地表深 0.64 米。墓圹南北长 2.6 米、东西宽 1.44 米、深 0.34 米。四壁规整，墓底较平。内填灰褐色花土，土质疏松（图三一；彩版二一，2）。

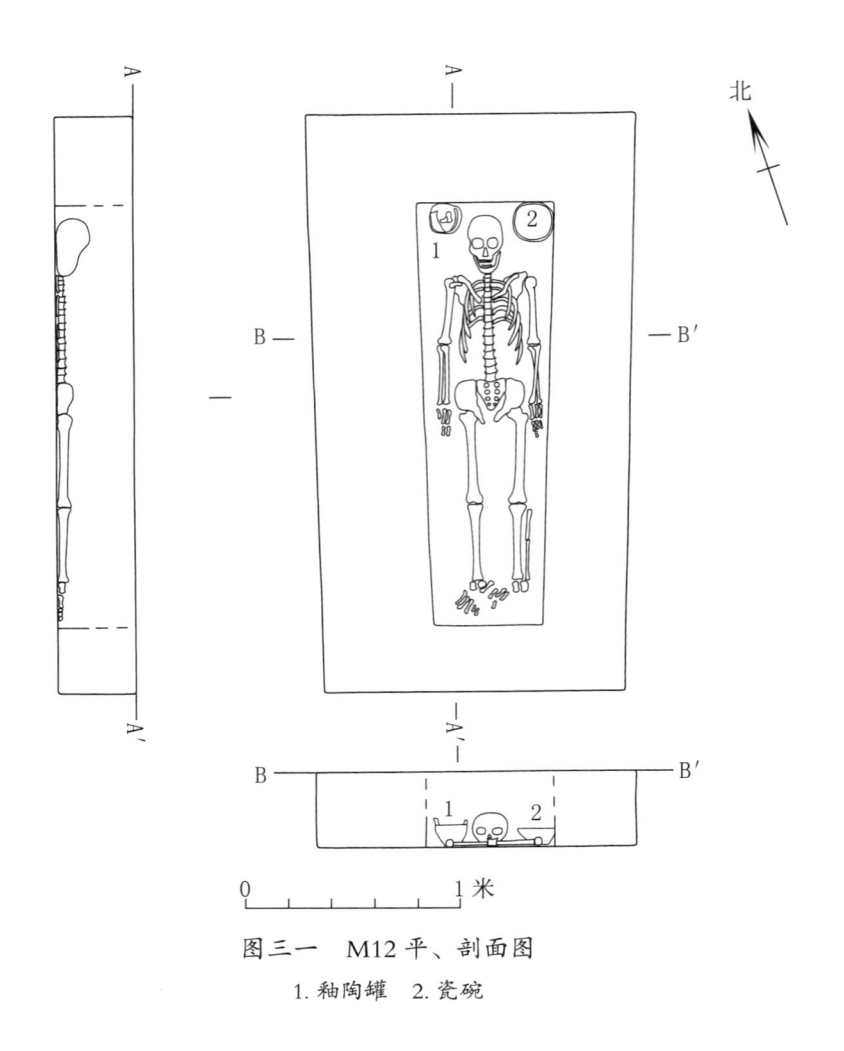

图三一 M12 平、剖面图
1. 釉陶罐　2. 瓷碗

葬具为单木棺，腐朽严重，仅存朽痕。棺痕南北长 1.9 米、东西宽 0.48～0.6 米、残高 0.14 米。棺内葬人骨 1 具，保存较好，头向北，面向上，仰身直肢葬，为男性，年龄不明。棺内头骨右上方出土釉陶罐 1 件，头骨左上方出土瓷碗 1 件。

M13 位于发掘区中东部，东北邻 M14。开口于①层下，南北向，方向为 355°。墓平面呈长方形，竖穴土圹单人葬墓。墓口距地表深 0.3 米，墓底距地表深 0.66 米。墓圹南北长 2.3 米、东西宽 1.62 米、深 0.36 米。四壁规整，墓底较平。内填灰褐色花土，土质疏松（图三二）。

葬具为单木棺，腐朽严重，仅存朽痕。棺痕南北长 1.74 米、东西宽 0.48～0.6 米、残高 0.16 米。棺内葬人骨 1 具，保存较差，头向北，葬式、性别及年龄不明。棺内北部出土陶罐 1 件、铜钱 9 枚。

M14 位于发掘区中东部，西南邻 M13。开口于①层下，南北向，方向为 0°。墓平面呈长方形，竖穴土圹单人葬墓。墓口距地表深 0.3 米，墓底距地表深 0.7 米。墓圹南北长 2.4 米、东西宽 1.2 米、深 0.4 米。四壁规整，墓底较平。内填灰褐色花土，土质疏松（图三三）。

葬具为单木棺，腐朽严重，仅存朽痕。棺痕南北长 1.86 米、东西宽 0.5～0.7 米、残高 0.11 米。棺内葬人骨 2 具，保存较差，上层骨架位于棺北部，杂乱叠放于下层骨架肩部，头向南，面向西，葬式、

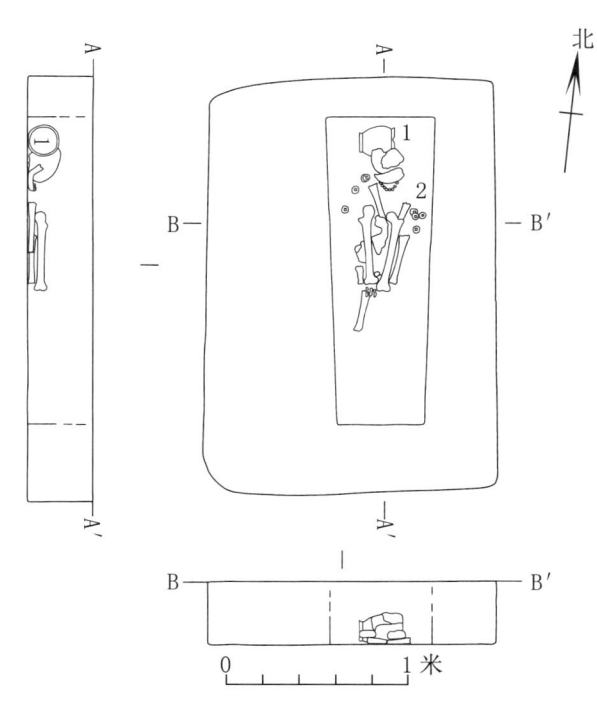

图三二　M13 平、剖面图
1. 陶罐　2. 铜钱

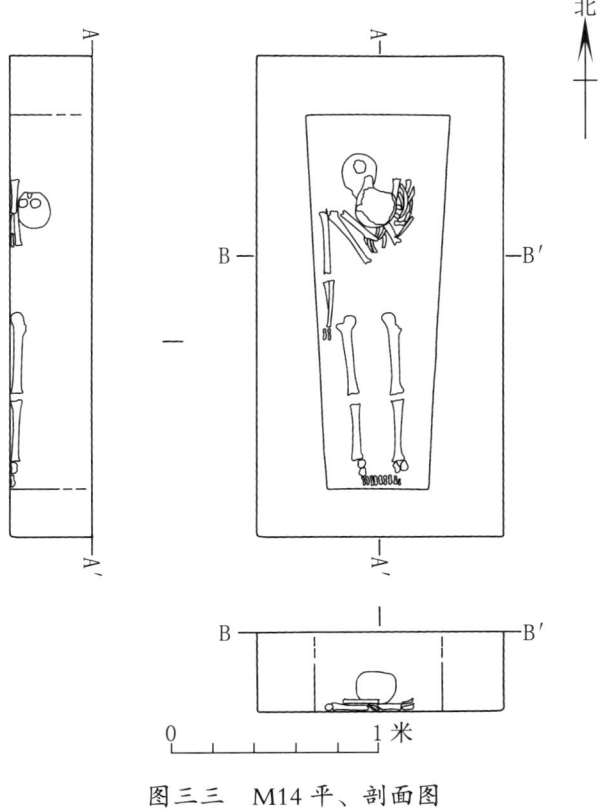

图三三　M14 平、剖面图

性别及年龄不明；下层骨架头向北，面向南，仰身直肢葬，性别及年龄不明。棺内未见随葬品。

M18 位于发掘区东南部，北邻 M16。开口于①层下，南北向，方向为 350°。墓平面呈长方形，竖穴土圹单人葬墓。墓口距地表深 0.3 米，墓底距地表深 0.96 米。墓圹南北长 2.3 米、东西宽 1.18 米、深 0.66 米。四壁规整，墓底较平。内填灰褐色花土，土质疏松（图三四；彩版二二，2）。

葬具为单木棺，腐朽严重，仅存朽痕。棺痕南北长 1.8 米、东西宽 0.52 ~ 0.6 米、残高 0.26 米。棺内葬人骨 1 具，保存较好，头向北，面向上，仰身直肢葬，为男性，年龄不明。棺内未见随葬品。

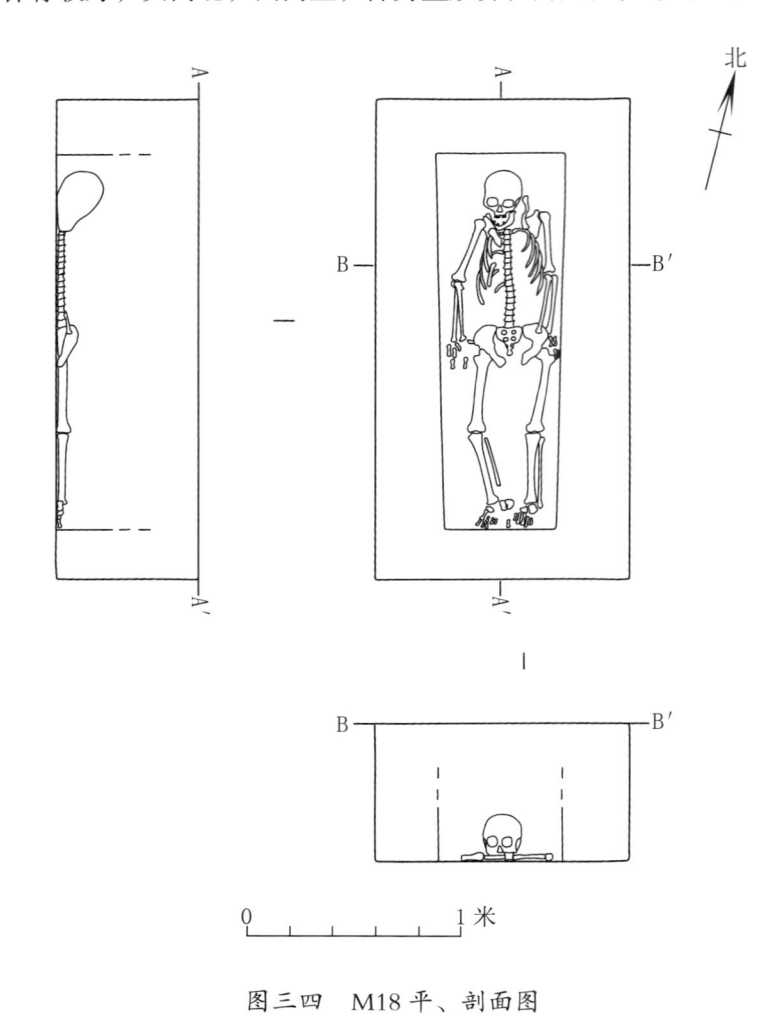

图三四　M18 平、剖面图

2. 双人合葬墓

共 4 座，分别为 M10、M11、M16、M17。

M10 位于发掘区中部，东南邻 M11。开口于①层下，南北向，方向为 355°。墓平面呈近梯形，竖穴土圹双人合葬墓。墓口距地表深 0.3 米，墓底距地表深 0.76 米。墓圹南北长 2.62 米、东西宽 2.05 ~ 2.4 米、深 0.46 米。墓壁规整，墓底较平。内填灰褐色花土，土质疏松（图三五）。

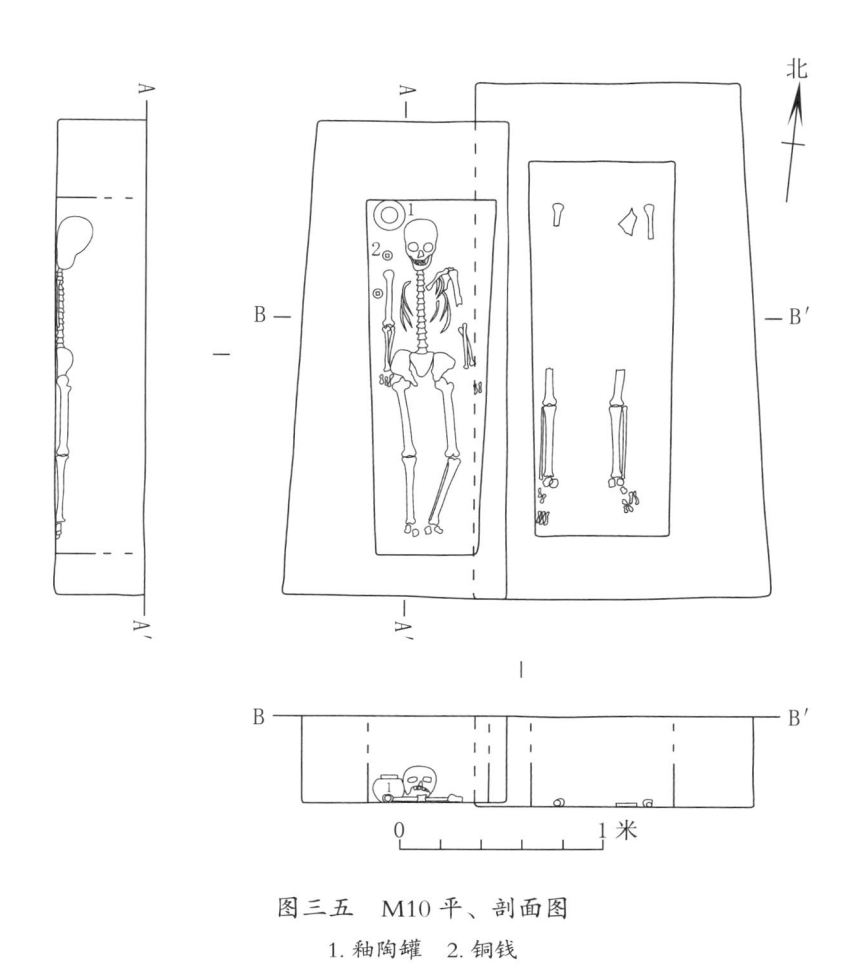

图三五　M10 平、剖面图
1. 釉陶罐　2. 铜钱

葬具为双木棺，腐朽严重，仅存朽痕，西棺打破东棺。东棺棺痕南北长 1.9 米、东西宽 0.66 ~ 0.72 米、残高 0.22 米。棺内葬人骨 1 具，保存较差，葬式、性别及年龄不明。棺内未见随葬品。西棺棺痕南北长 1.8 米、宽 0.5 ~ 0.64 米、残高 0.2 米。棺内葬置人骨 1 具，保存较好，头向北，面向上，仰身直肢葬，为男性，年龄不明。棺内头骨右上方出土釉陶罐 1 件，头骨右侧、上肢骨上部外侧出土铜钱 2 枚。

M11 位于发掘区中东部，东邻 M12。开口于①层下，南北向，方向为 350°。墓平面呈梯形，竖穴土圹双人合葬墓。墓口距地表深 0.3 米，墓底距地表深 1.42 米。墓圹南北长 2.4 米、东西宽 2.06 ~ 2.18 米、深 1.12 米。四壁规整，墓底较平。内填灰褐色花土，土质疏松（图三六；彩版二一，1）。

葬具为双木棺，腐朽严重，仅存朽痕，西棺打破东棺。东棺棺痕南北长 1.8 米、东西宽 0.5 ~ 0.6 米、残高 0.38 米。棺内葬人骨 1 具，保存较好，头向北，面向西，仰身直肢葬，为女性，年龄不明。头骨右上方出土瓷罐 1 件。西棺棺痕南北长 1.76 米、宽 0.5 ~ 0.6 米、残高 0.34 米。棺内葬置人骨 1 具，保存较好，头向北，面向上，仰身直肢葬，为男性，年龄不明。头骨右侧出土瓷罐 1 件。

M16 位于发掘区中东部，东邻 M17。开口于①层下，南北向，方向为 342°。墓平面呈梯形，竖穴土圹双人合葬墓。墓口距地表深 0.3 米，墓底距地表深 1 米。墓圹南北长 2.54 米、东西宽 2.1 ~ 2.5 米、深 0.7 米。四壁规整，墓底较平。内填灰褐色花土，土质疏松（图三七；彩版二二，1）。

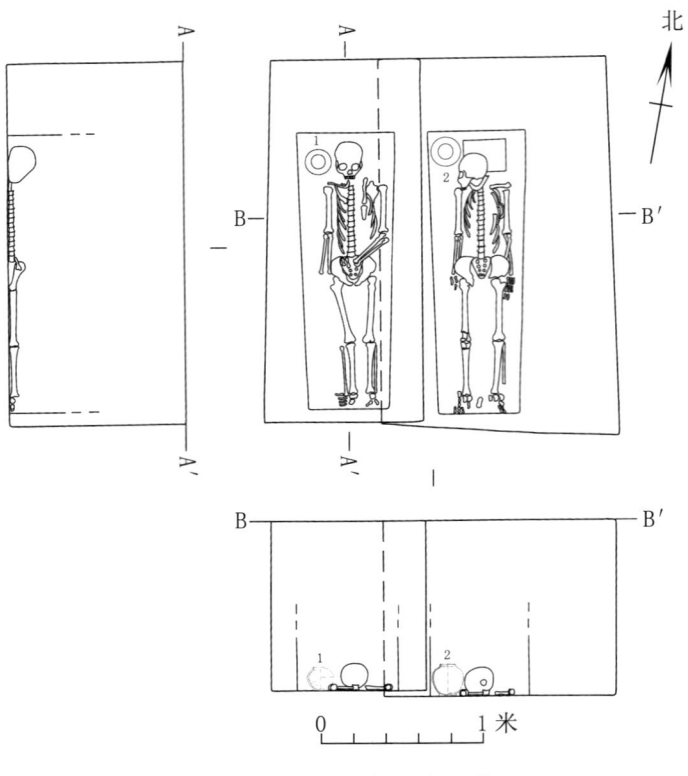

图三六　M11 平、剖面图

1、2. 瓷罐

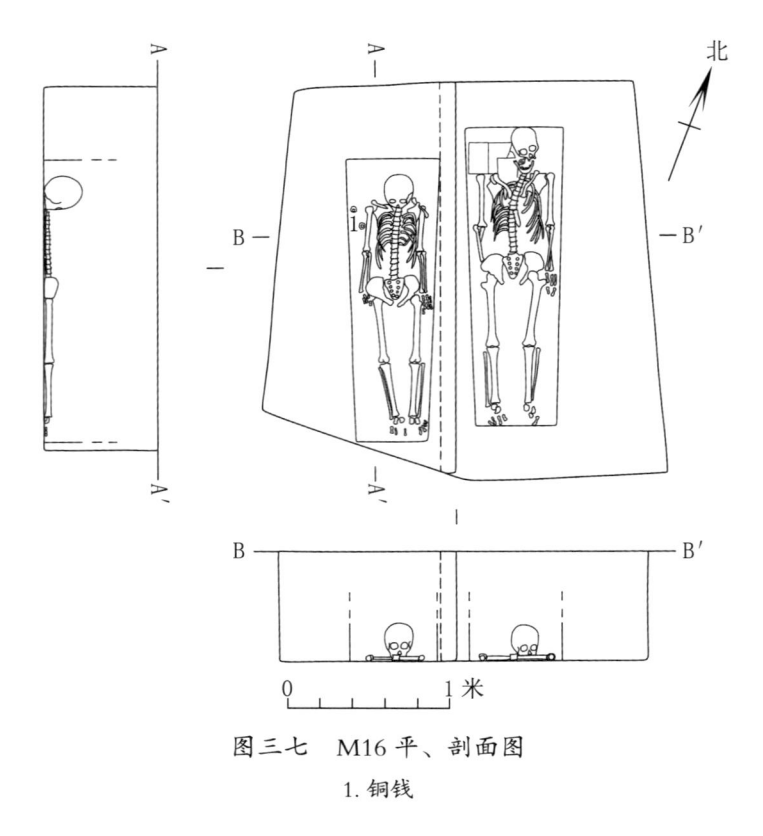

图三七　M16 平、剖面图

1. 铜钱

葬具为双木棺，腐朽严重，仅存朽痕，西棺打破东棺。东棺棺痕南北长 1.9 米、东西宽 0.5 ~ 0.6 米、残高 0.24 米。棺内葬人骨 1 具，保存较好，头向北，面向上，仰身直肢葬，性别为男，年龄不明。棺内未见随葬品。西棺棺痕南北长 1.8 米、东西宽 0.44 ~ 0.58 米、残高 0.24 米。棺内葬人骨 1 具，保存较好，头向北，面向南，仰身直肢葬，性别为女，年龄不明。棺内右上肢骨外侧上部出土铜钱 2 枚。

M17 位于发掘区中东部，西邻 M16。开口于①层下，南北向，方向为 11°。墓平面呈梯形，竖穴土圹双人合葬墓。墓口距地表深 0.3 米，墓底距地表深 0.86 米。墓圹南北长 2.36 米、东西宽 1.6 ~ 1.8 米、深 0.56 米。四壁规整，墓底较平。内填灰褐色花土，土质疏松（图三八）。

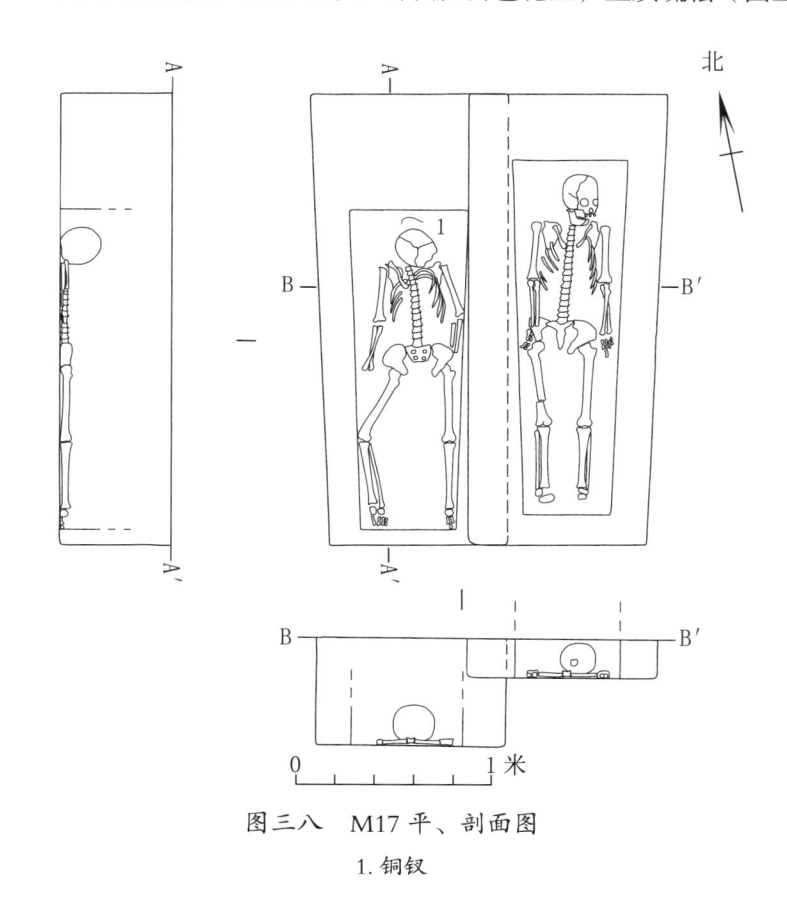

图三八　M17 平、剖面图
1. 铜钗

葬具为双木棺，腐朽严重，仅存朽痕，东棺打破西棺。东棺棺痕南北长 1.86 米、东西宽 0.44 ~ 0.58 米、残高 0.2 米。棺内葬人骨 1 具，保存稍好，头向北，面向东，仰身直肢葬，为男性，年龄不明。棺内未见随葬品。西棺棺痕南北长 1.68 米、东西宽 0.48 ~ 0.6 米、残高 0.2 米。棺内葬人骨 1 具，保存稍差，头向北，面向东，仰身屈肢葬，为女性，年龄不明。棺内头骨上方出土铜钗 1 件。

3. 三人合葬墓

1 座，为 M15。

M15 位于发掘区中部，东邻 M16。开口于①层下，南北向，方向为 347°。墓平面呈梯形，竖穴土圹三人合葬墓。墓口距地表深 0.3 米，墓底距地表深 1.24 米。墓圹南北长 3 米、东西宽 1.9～2.56 米、深 0.94 米。四壁规整，墓底较平。内填灰褐色花土，土质疏松（图三九）。

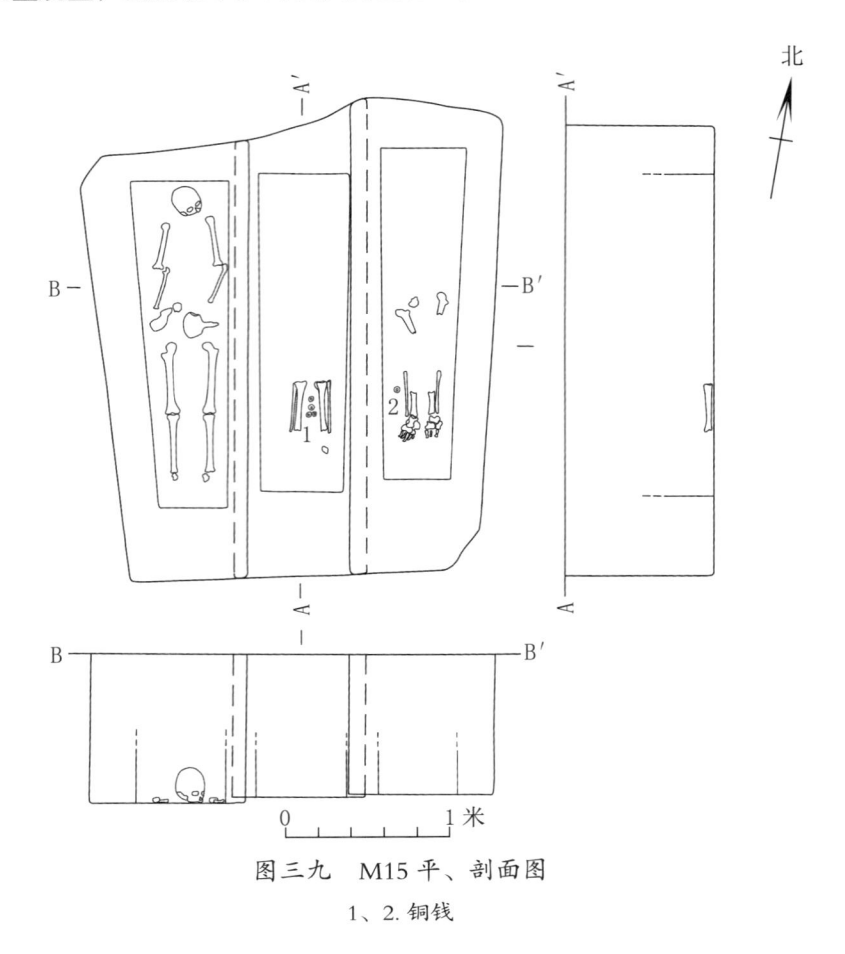

图三九　M15 平、剖面图
1、2. 铜钱

葬具为三木棺，腐朽严重，仅存朽痕，东、西棺打破中棺。东棺棺痕南北长 2.06 米、东西宽 0.4～0.52 米、残高 0.28 米。棺内葬人骨 1 具，保存较差，仅存腿骨，葬式、性别及年龄不明。棺内右腿骨外侧出土铜钱 1 枚。中棺棺痕南北长 1.98 米、东西宽 0.5～0.56 米、残高 0.3 米。棺内葬人骨 1 具，保存较差，仅存腿骨，葬式、性别及年龄不明。棺内两腿骨间出土铜钱 5 枚。西棺棺痕南北长 2.04 米、东西宽 0.42～0.6 米、残高 0.34 米。棺内葬人骨 1 具，保存较差，头向北，面向东南，仰身直肢葬，性别及年龄不明。棺内未见随葬品。

（二）随葬器物

釉陶罐 3 件。M10 : 1，侈口，圆唇，束颈，圆肩，鼓腹，下腹内收，矮圈足。泥质红陶，胎质粗糙。内外壁施黑色釉，釉面大部分已脱落。轮制，通体遗有轮旋痕。口径 8.6 厘米、腹径 14 厘米、底径 8.3 厘米、高 14 厘米（图四〇，3；彩版二三，2）。M12 : 1，直口微敛，方圆唇，束颈，溜肩，弧腹内收，矮圈足。泥质红陶，胎质粗糙。内外壁施黑釉，外壁釉面已脱落。轮制。口径11厘米、腹径13厘米、底径6.5厘米、高13.5厘米（图四〇，5；彩版二三，5）。M13：1，侈口，方唇，束颈，溜肩，弧腹，矮圈足，足内底微凸，颈、肩部置双系，双系皆残。米黄色胎，胎质粗糙。口、颈部施黑色釉，其余部分露胎。轮制。口径12.3厘米、腹径15.1厘米、底径7.8厘米、高15.3厘米（图四〇，4；彩版二三，6）。

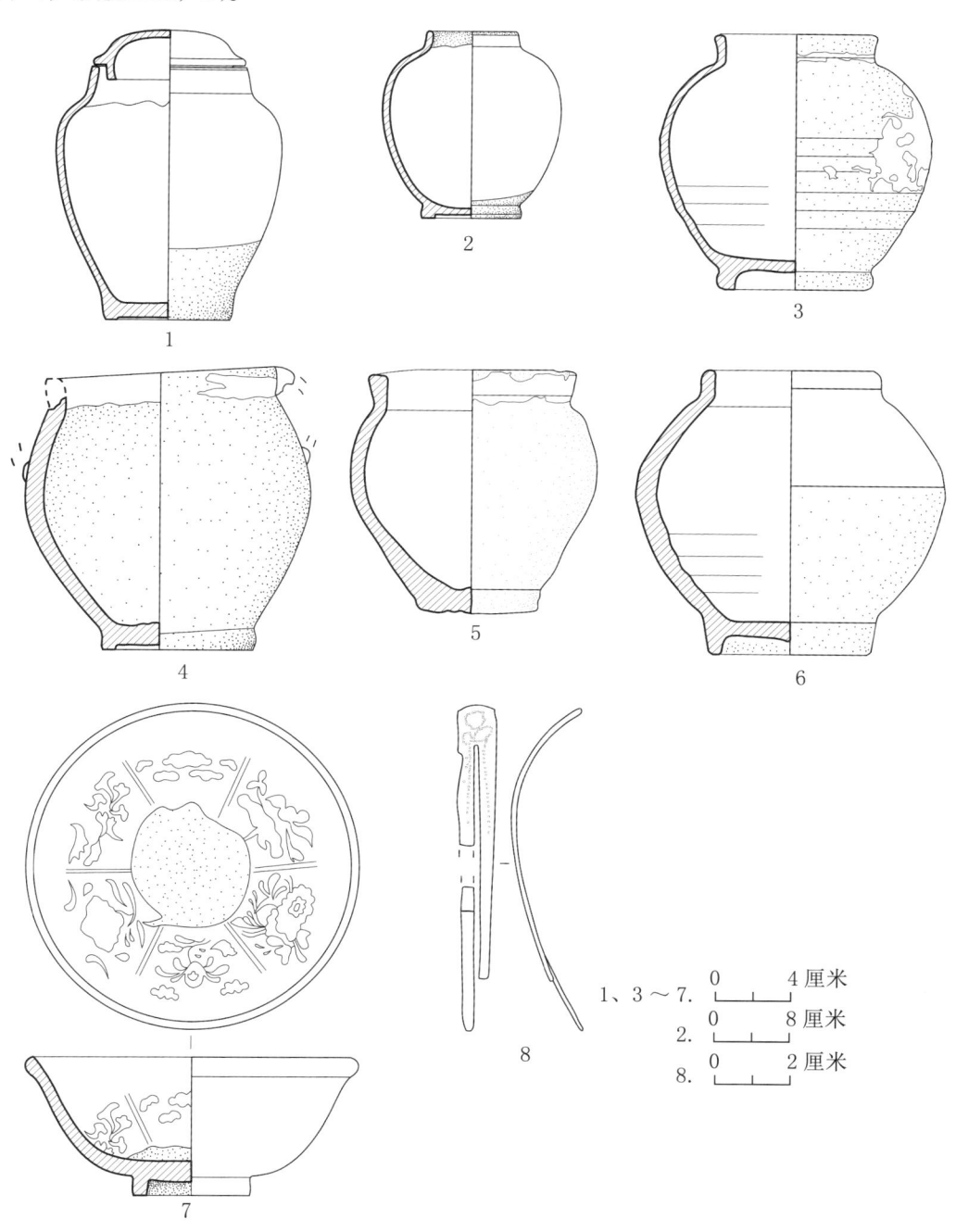

图四〇　出土器物

1、2、6. 瓷罐（M1：1、M11：1、M11：2）　3～5. 釉陶罐（M10：1、M13：1、M12：1）
7. 瓷碗（M12：2）　8. 铜钗（M17：1）

瓷罐3件。M1：1，盖呈伞形，纽残，窄沿，子母口，平唇。外壁施黑色釉。罐口微敛，方圆唇，短颈，溜肩，弧腹内收，隐圈足。米白色胎，胎质粗糙。内外壁施黑色釉，内壁施釉不均匀，外壁施釉至腹部，口沿及下腹部未施釉。轮制。盖口径6.5厘米、罐口径8.4厘米、腹颈12厘米、底径6.6厘米、通高13.9厘米（图四〇，1；彩版二三，1）。M11：1，敛口，圆唇，短颈，溜肩，弧腹内收，圈足。米黄色夹砂胎，胎质粗糙。内外壁施酱绿色釉，内壁满釉，外壁施釉至下腹部，口沿、颈部及圈足未施釉。轮制。口径9.8厘米、腹径19厘米、底径10.5厘米、高20.5厘米（图四〇，2；彩版二三，3）。M11：2，近直口，圆唇，短颈，溜肩，鼓腹，下腹内收，圈足，足内底有乳钉状凸起。米黄色胎，胎质粗糙。内外壁施酱色釉，内壁满釉，外壁施釉至上腹部，下腹及圈足未施釉。轮制，通体遗有轮旋痕。口径9.6厘米、腹径16.8厘米、底径8.8厘米、高15.8厘米（图四〇，6；彩版二三，4）。

瓷碗1件。M12：2，敞口，深弧腹，圈足。内壁模印六组花卉纹。夹砂米黄胎，胎质粗糙。内外壁施青色釉，内壁碗心无釉，外壁满釉，足内底未施釉。轮制，遗有轮旋痕。口径17.8厘米、底径6.2厘米、高7.6厘米（图四〇，7；彩版二四，1、2）。

铜钗1件。M17：1，整体呈"U"形，首饰圆点纹，向后弯曲，体呈扁平锥状。残长7.5厘米、重3.4克（图四〇，8；彩版二四，3）。

铜钱20枚。其中开元通宝2枚、太平通宝1枚、至道元宝1枚、咸平元宝1枚、祥符元宝1枚、天圣元宝2枚、皇宋通宝1枚、嘉祐通宝1枚、熙宁元宝1枚、元丰通宝2枚、元祐通宝2枚、圣宋元宝1枚、崇宁重宝1枚、康熙通宝1枚，其余2枚锈蚀不清。

开元通宝2枚。平钱，圆形，方穿，正、背面皆有内外郭，正面楷书"开元通宝"，对读，光背。M13：2-1，钱径2.37厘米、穿径0.66厘米、郭宽0.19厘米、郭厚0.17厘米，重3.31克（图四一，1）。M13：2-3，钱径2.38厘米、穿径0.66厘米、郭宽0.21厘米、郭厚0.13厘米，重2.26克（图四一，2）。

太平通宝1枚。M13：2-2，平钱，圆形，方穿，正、背面皆有内外郭，正面楷书"太平通宝"，对读，光背。钱径2.4厘米、穿径0.58厘米、郭宽0.27厘米、郭厚0.1厘米，重2.58克（图四一，3）。

至道元宝1枚。M16：1-1，平钱，圆形，方穿，正、背面皆有内外郭，正面行书"至道元宝"，旋读，光背。钱径2.43厘米、穿径0.57厘米、郭宽0.37厘米、郭厚0.12厘米，重3.44克（图四一，4）。

咸平元宝1枚。M15：1-1，平钱，圆形，方穿，正、背面皆有内外郭，正面楷书"咸平元宝"，旋读，光背。钱径2.4厘米、穿径0.55厘米、郭宽0.31厘米、郭厚0.1厘米，重2.76克（图四一，5）。

祥符元宝1枚。M15：1-2，平钱，圆形，方穿，正、背面皆有内外郭，正面楷书"祥符元宝"，旋读，光背。钱径2.3厘米、穿径0.57厘米、郭宽0.32厘米、郭厚0.08厘米，重1.97克（图四一，6）。

天圣元宝2枚。平钱，圆形，方穿，正、背面皆有内外郭，正面书"天圣元宝"，光背。M10：2-1，篆书，旋读。钱径2.46厘米、穿径0.71厘米、郭宽0.27厘米、郭厚0.13厘米，重3.1克（图四一，7）。M13：2-4，楷书，对读。钱径2.47厘米、穿径0.64厘米、郭宽0.23厘米、郭厚0.1厘米，重2.65克（图四一，8）。

皇宋通宝1枚。M15：1-3，平钱，圆形，方穿，正、背面皆有内外郭，正面楷书"皇宋通宝"，对读，光背。钱径2.32厘米、穿径0.64厘米、郭宽0.24厘米、郭厚0.11厘米，重3.06克（图四一，9）。

嘉祐通宝1枚。M13：2-5，平钱，圆形，方穿，正、背面皆有内外郭，正面楷书"嘉祐通宝"，对读，光背。钱径2.54厘米、穿径0.67厘米、郭宽0.29厘米、郭厚0.1厘米，重3.21克（图四一，10）。

熙宁元宝1枚。M10：2-2，平钱，圆形，方穿，正、背面皆有内外郭，正面篆书"熙宁元宝"，旋读，光背。钱径2.37厘米、穿径0.7厘米、郭宽0.22厘米、郭厚0.13厘米，重3.62克（图四一，11）。

元丰通宝2枚。平钱，圆形，方穿，正、背面皆有内外郭，正面行书"元丰通宝"，旋读，光背。M15：1-4，钱径2.4厘米、穿径0.65厘米、郭宽0.25厘米、郭厚0.13厘米，重3.13克（图四一，12）。M15：2，钱径2.38厘米、穿径0.61厘米、郭宽0.26厘米、郭厚0.14厘米，重3.09克（图四一，13）。

元祐通宝2枚。平钱，圆形，方穿，正、背面皆有内外郭，正面书"元祐通宝"，旋读，光背。M15：1-5，篆书。钱径2.4厘米、穿径0.7厘米、郭宽0.23厘米、郭厚0.12厘米，重2.1克（图四一，14）。M16：1-2，行书。钱径2.5厘米、穿径0.66厘米、郭宽0.28厘米、郭厚0.09厘米，重2.8克（图四一，15）。

圣宋元宝1枚。M13：2-6，平钱，圆形，方穿，正、背面皆有内外郭，正面篆书"圣宋元宝"，旋读，光背。钱径2.49厘米、穿径0.62厘米、郭宽0.26厘米、郭厚0.14厘米，重3.55克（图四一，16）。

崇宁重宝1枚。M13：2-7，圆形，方穿，正、背面皆有内外郭，正面隶书"崇宁重宝"，对读，光背。钱径3.3厘米、穿径0.75厘米、郭宽0.24厘米、郭厚0.19厘米，重8.76克（图四一，17）。

康熙通宝1枚。M1：2，圆形，方穿，正、背面皆有内外郭，正面楷书"康熙通宝"，对读。背穿左右为满文"宝泉"纪局。钱径2.56厘米、穿径0.53厘米、郭宽0.35厘米、郭厚0.11厘米，重3.31克（图四一，18）。

图四一 出土铜钱拓片（三）

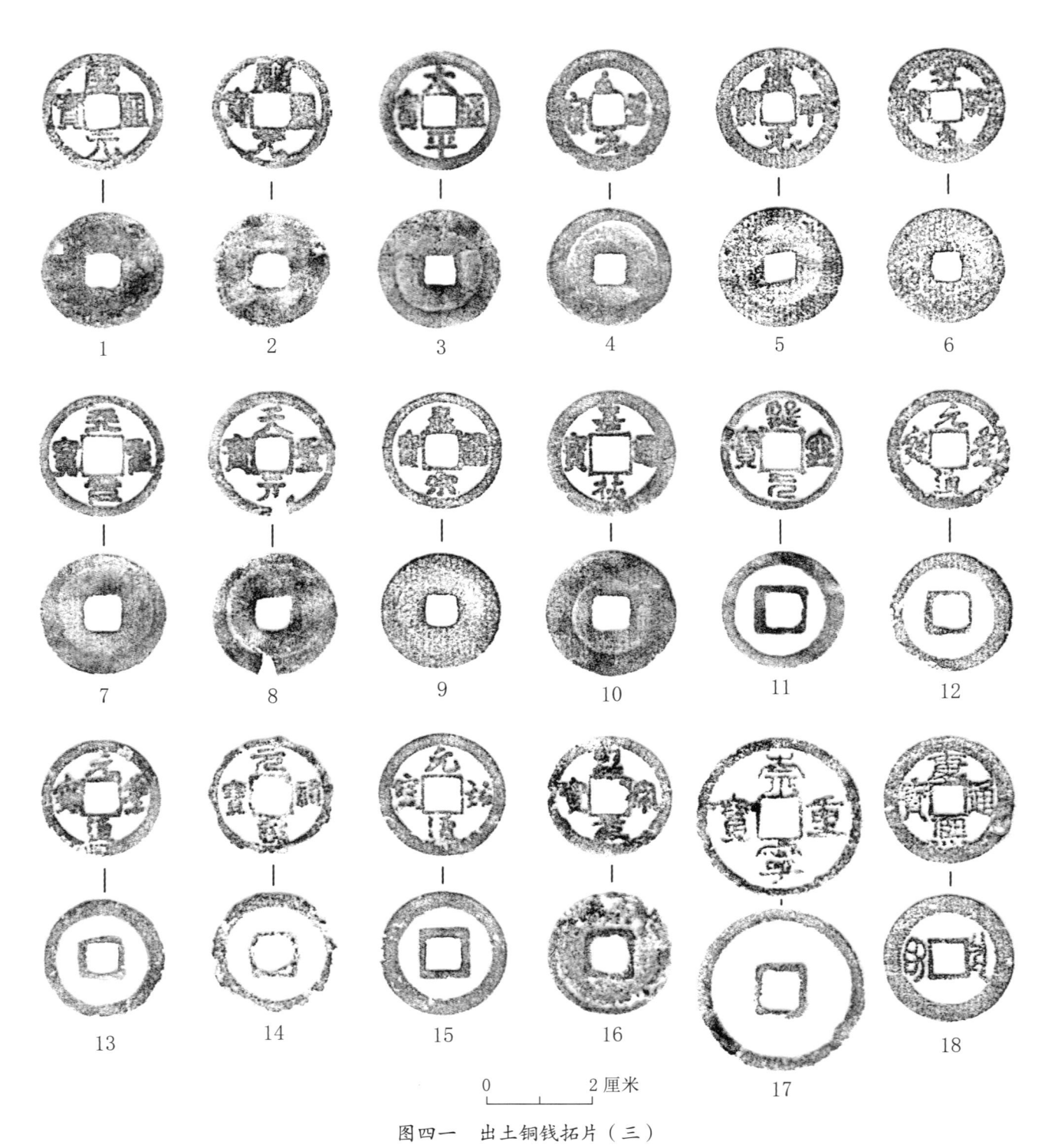

1、2. 开元通宝（M13：2-1、M13：2-3） 3. 太平通宝（M13：2-2） 4. 至道元宝（M16：1-1）
5. 咸平元宝（M15：1-1） 6. 祥符元宝（M15：1-2） 7～8. 天圣元宝（M10：2-1、M13：2-4）
9. 皇宋通宝（M15：1-3） 10. 嘉祐通宝（M13：2-5） 11. 熙宁元宝（M10：2-2）
12、13. 元丰通宝（M15：1-4、M15：2） 14、15. 元祐通宝（M15：1-5、M16：1-2）
16. 圣宋元宝（M13：2-6） 17. 崇宁重宝（M13：2-7） 18. 康熙通宝（M1：2）

四、结语

张家坟墓葬从墓葬形制与出土器物特征，推断 M2～M9 为唐代墓葬，M19～M27 为元代墓葬，M1、M10～M18 为清代墓葬。

唐代墓葬墓室平面均呈圆角方形，根据棺床形制分为半圆形、"凹"字形和曲尺形三型。A 型半月形 M2 形制与海淀八里庄唐墓相近，其中东壁砌筑砖雕仿木结构假门亦与其假门[1] 相似，西壁砌筑一衣架，与大同浑源唐墓的墓室壁面[2] 有相似之处。B 型"凹"字形 M3、M9 形制与亦庄 80 号地 M27[3]、X11 号 10YZM1[4] 相近。C 型曲尺形 M4～M8 形制与亦庄 X11 号 10YZM2[5]、亦庄 79 号 M9[6]、朝阳生物院住宅小区唐墓 M49、M59[7] 等相近。随葬器物方面，唐墓 M2 室内出土 1 件卷草纹花纹砖，应为仿木结构装饰，此种砖雕装饰建墓方式流行于唐中期[8]。M2 出土陶釜和陶盏，均为小型陶明器，与唐墓随葬品特征[9] 相似，釉陶盏 M5∶1 形制与亦庄 69 号地 M13∶1[10] 相近，陶罐 M6∶1 形制与亦庄 69 号地 M4∶1[11] 相近，白瓷碗 M7∶1 斜直腹、玉璧形圈足，形制与亦庄 69 号地 M18∶2[12] 相近；白瓷碗 M7∶2 施半釉、斜弧腹、饼形足略内凹，形制与亦庄 69 号地 M12∶1[13] 相近；铜镜 M7∶3 残存一半，仅能辨别一大型展翅飞鸾，推测为双鸾镜，镜背留白处较少，形制与偃师杏园李郃墓出土镜[14] 相近；陶釜 M9∶1 上腹饰凹弦纹，下腹曲收，形制与亦庄 X11 号地 M1∶2[15] 相近。另外仅 M6、M8 出土"开元通宝"，且背带星月痕，此种特征开始于唐中期[16]，因此将 M3～M9 推断为唐中晚期墓葬。

北京地区在唐代流行的墓葬形制为圆角方形墓室，直至晚唐依旧盛行，随葬器物则以陶器居多，常见罐、碗、四瑴釜等，多为明器，实用器较少。唐代凶礼对各阶级墓葬面积有规定："三品以上官员墓室的长、宽为 4～5 米；五品以上官员墓室的长、宽为 3～4 米；九品以上官员墓室的长、宽为 2.5～3 米；庶人墓大多在 2.5 米以下。"[17] 该批唐墓从墓葬形制及随葬器物来看，属于等级较低的平民墓葬，但墓葬长度均为 4 米左右，最长可达 6 米。这与"诸丧葬不得备礼者，贵得同贱，贱不得同贵"相悖，反映了唐墓葬的显著特点——等级越礼，也可能与北京地域与唐代政治中心相距较远有关。

元代墓葬中 M19、M21、M26、M27 为砖室墓，M20、M22～M25 为砖椁墓。M19 为残砖乱石堆砌而成，在自然石块上砌砖逐层起券，形制与砧子山西墓地 DZXM64[18] 相近。M20、M26 破坏严重且无随葬品，依据墓葬形制以及墓室用砖判断为元墓。M21 仅以几块单砖将墓室分为东、西两室，形制与北京崇文区幸福大街元墓[19] 相似。M22～M25 形制与大兴礼贤苑南村 M25[20]、丰台南苑元墓[21] 相似。M26、M27 形制与东城区望坛项目 M94[22] 相近。随葬器物中，黑釉瓷罐 M19∶3、M22∶4、M23∶1、M24∶1、M25∶1 形制与大兴礼贤苑南村 M23∶1、M24∶1、M25∶1[23] 相近；瓷瓶 M19∶2 形制与大兴礼贤苑南村 M24∶2[24] 相近；发钗 M19∶5、M19∶7、M22∶2、M22∶6、M24∶4 形制与大兴礼贤苑南村 M26∶3、M26∶4[25] 相近；耳挖发簪 M21∶4、M22∶7、M24∶7、M24∶8、M27∶1 形制与嘉祥县曹元用墓出土发簪[26] 相近。铜镜 M19∶4 为"家常贵富"八鸟镜，纹饰不仅模仿汉代家常富贵镜，同时还采用了汉代晚期至新莽时期流行的"八鸟镜"纹饰[27]，镜中四字铭文稍显笨拙，且纹饰乳钉顶几乎已平，与西汉凸起乳钉差别较大，该类仿制铜镜常见于金。海兽葡萄镜 M24：3 纹饰模糊，技艺粗糙，瑞兽鸟纹等呆滞僵硬，无生动感，与唐海兽葡萄镜精细工艺截然不同，伏兽钮起伏感强，犹如刀削，为金代翻范铸造的仿镜工艺所留下的痕迹，且镜缘侧面加刻验记[28]，推测为金仿唐镜。金代铜资源紧缺，铸币亦用铜，因此金政府多次发布禁私铸铜镜并在其上加刻验记以规范铜镜流通[29]。以上两面铜镜应为金代所制流传于元代。金耳环 M24：5 形制推测为八珠环，金丝半圆处原应穿系有珍珠，现在已掉落不存。八珠环是宋元传统样式，元人熊梦祥《析津志》载："环……或是天生葫芦，或四珠，或天生茄儿，或一珠。"[30] 此墓出土的金耳环，金丝粗，与元末张士诚母曹氏墓出土的金葫芦环环脚形态相似，累丝形态与元代累丝饰件[31]相似。故推测其为元代饰物。此外元墓中出土铜钱以宋钱为主，这反映出宋代商品经济的发展繁荣。

  清代墓葬均为竖穴土圹墓，为北京地区清墓的常见形制。单人葬墓 M1、M12、M13、M14、M18 形制与丰台亚林西三期 M4、M6、M11、M14[32]相似；双人合葬墓 M10、M11、M16、M17 形制与大兴西红门 M31、M87、M100[33]相似，三人合葬墓 M15 形制与机场南线工程 M2、M10[34]相似。出土器物中，瓷罐 M1：1 与丽泽墓地 M100：1[35]形制相近；釉陶罐 M10：1 与丽泽墓地 M197：1[36]形制相近；瓷罐 M11：2 形制与五棵松篮球馆 M34：3[37]相近；釉陶罐 M13：1 与丽泽墓地 M142：1[38]形制相近。该批墓葬除 M1 外，M10～M18 分布集中，方向基本一致，且无叠压打破关系，推测应属于同一家族墓地。

发掘：张智勇
绘图：杨茜 刘晓贺
摄影：张智勇 祝志锋
执笔：张智勇

注释

[1] 北京市海淀区文物管理所：《北京市海淀区八里庄唐墓》，《文物》1995 年第 11 期。
[2] 大同市考古研究所：《山西大同浑源唐墓发掘简报》，《文物世界》2011 年第 5 期。
[3] 北京市文物研究所：《北京亦庄考古发掘报告（2003～2005 年）》，科学出版社，2009 年，第 186 页。
[4] 北京市文物研究所：《北京亦庄 X11 号地考古发掘报告》，科学出版社，2012 年，第 110 页。
[5] 北京市文物研究所：《北京亦庄 X11 号地考古发掘报告》，科学出版社，2012 年，第 113 页。
[6] 北京市文物研究所：《北京亦庄考古发掘报告（2003～2005 年）》，科学出版社，2009 年，第 145 页。
[7] 北京市文物研究所：《北京朝阳区生物院住宅小区唐代墓葬发掘简报》，载北京市文物研究所编《北京考古》（第一辑），北京燕山出版社，2008 年。

⑧ 北京市文物研究所：《北京大学第一医院唐墓发掘简报》，《中国国家博物馆馆刊》2021年第10期。
⑨ 宋大川：《北京考古发现与研究（1949～2009）》，科学出版社，2009年，第204页。
⑩ 北京市文物研究所：《北京亦庄考古发掘报告（2003～2005年）》，科学出版社，2009年，第216页。
⑪ 北京市文物研究所：《北京亦庄考古发掘报告（2003～2005年）》，科学出版社，2009年，第205页。
⑫ 北京市文物研究所：《北京亦庄考古发掘报告（2003～2005年）》，科学出版社，2009年，第219页。
⑬ 北京市文物研究所：《北京亦庄考古发掘报告（2003～2005年）》，科学出版社，2009年，第214页。
⑭ 中国社会科学院考古研究所：《偃师杏园唐墓》，科学出版社，2001年，第486页。
⑮ 北京市文物研究所：《北京亦庄X11号地考古发掘报告》，科学出版社，2012年，第111页。
⑯ 朱活：《古钱小辞典》，文物出版社，2020年，第64页。
⑰ 秦浩：《隋唐考古》，南京大学出版社，1992年。
⑱ 李树国：《内蒙古地区蒙元时期墓葬的初步研究》，内蒙古大学硕士学位论文，2011年，第27页。
⑲ 孙勐：《北京考古史（元代卷）》，上海古籍出版社，2013年，第74页。
⑳ 北京市文物研究所：《大兴礼贤苑南村元墓发掘简报》，《北京文物与考古》（第8辑），北京燕山出版社，2021年。
㉑ 黄秀纯、雷少雨：《北京地区发现的元代墓葬》，《北京文物与考古》（第二辑），北京燕山出版社，1991年。
㉒ 北京市文物研究所：《东城区望坛项目元代墓葬发掘简报》，《北京文博文丛》2021年第1辑。
㉓ 北京市文物研究所：《大兴礼贤苑南村元墓发掘简报》，《北京文物与考古》（第8辑），北京燕山出版社，2021年。
㉔ 北京市文物研究所：《大兴礼贤苑南村元墓发掘简报》，《北京文物与考古》（第8辑），北京燕山出版社，2021年。
㉕ 北京市文物研究所：《大兴礼贤苑南村元墓发掘简报》，《北京文物与考古》（第8辑），北京燕山出版社，2021年。
㉖ 高洁：《内蒙古地区出土的元代金银首饰》，内蒙古大学硕士学位论文，2015年，第13页。
㉗ 蔡航：《金代仿古铜镜研究》，陕西师范大学硕士学位论文，2013年，第9页。
㉘ 蔡航：《金代仿古铜镜研究》，陕西师范大学硕士学位论文，2013年，第49页。
㉙ 蔡航：《金代仿古铜镜研究》，陕西师范大学硕士学位论文，2013年，第27、28页。
㉚ ［元］熊梦祥：《析津志辑佚》，北京古籍出版社，1983年，第206页。
㉛ 苏州市文物保管委员会、苏州博物馆：《苏州吴张士诚母曹氏墓清理简报》，《考古》1965年第6期。
㉜ 北京市文物研究所：《北京市丰台区亚林西三期明清墓葬发掘简报》，《北京文博文丛》2014年第1辑。
㉝ 北京市文物研究所：《小营与西红门——北京大兴考古发掘报告》，上海古籍出版社，2018年，第152～176页。
㉞ 北京市文物研究所：《机场南线工程考古发掘报告》，《北京考古》（第二辑），北京燕山出版社，2008年。
㉟ 北京市文物研究所：《丽泽墓地——丽泽金融商务区园区规划绿地工程发掘报告》，科学出版社，2016年，第153页。
㊱ 北京市文物研究所：《丽泽墓地——丽泽金融商务区园区规划绿地工程发掘报告》，科学出版社，2016年，第300页。
㊲ 北京市文物局、北京市文物研究所：《北京奥运场馆考古发掘报告》，科学出版社，2007年，第50页。
㊳ 北京市文物研究所：《丽泽墓地——丽泽金融商务区园区规划绿地工程发掘报告》，科学出版社，2016年，第213页。

附表一 唐代墓葬登记表

墓号	层位	方向	形状与结构	墓道 长×宽-深（米）			墓室 长×宽-深（米）			葬具	葬式	人骨保存情况	性别	随葬品	年代
M2	③层下	170°	"凸"字形，竖穴土圹单室砖室墓	1.66	1.5~2.7	0.9	3.2	2.8	0.84~0.96	不明	不明	不明	不明	陶釜1件、瓷碗1件	唐
M3	③层下	185°	"凸"字形，竖穴土圹单室砖室墓	1.56	1.05~1.98	0~0.6	3.4	3.6	0.6	不明	不明	不明	不明	无	唐
M4	③层下	195°	"凸"字形，竖穴土圹单室砖室墓	1	0.94~1.36	0.26~1.18	2.86	3.2	1.2	不明	不明	不明	不明	无	唐
M5	③层下	178°	"凸"字形，竖穴土圹单室砖室墓	1.24	0.5~1.9	0~1	2.08	2.16~2.5	1	不明	不明	不明	不明	釉陶盏1件	唐
M6	③层下	183°	"凸"字形，竖穴土圹单室砖室墓	1.1	0.66~1.24	0.24~0.9	1.4	1.54~1.94	0.76	不明	不明	不明	不明	陶罐1件、铜饰件1套、铜钱1枚	唐
M7	③层下	176°	"凸"字形，竖穴土圹单室砖室墓	1.36	0.76~1.02	0.2~1.1	2	1.3~2.1	1.14	不明	不明	不明	不明	瓷碗2件、铜镜1件	唐
M8	③层下	173°	"凸"字形，竖穴土圹单室砖室墓	2.1	1~1.4	0.12~1.5	1.9~2.38	2.18~2.9	1.5	不明	不明	不明	不明	陶器底1件、陶盆1件、陶盏1件、铜镜1件、铜钱3枚	唐
M9	③层下	176°	"凸"字形，竖穴土圹单室砖室墓	2.28	0.8~1.02	0.3~1.3	2.5	2.3~2.5	0.12~0.42	不明	不明	不明	不明	陶釜1件	唐

丰台区张家坟唐、元、清墓发掘报告 | 69

附表二　元代墓葬登记表（一）

墓号	层位	方向	形状与结构	墓道 长×宽-深（米）	墓室 长×宽-深（米）	葬具	葬式	人骨保存情况	性别	随葬品	年代
M19	②层下	169°	"凸"字形，竖穴土圹单室砖石混筑墓	2.4　0.9～1.24　0.14～1.1	3.86　3.16～3.56　1	不明	不明	不明	不明	陶钵1件、瓷瓶1件、瓷罐1件、铜镜2件、铜钗2件、铜钱17枚	元
M27	②层下	175°	"凸"字形，竖穴土圹单室砖墓	2.6　0.7～1.08　0～1.7	2.7　2.5～2.7　1.88	不明	不明	不明	不明	银簪2件、铜簪1件、铜钱8枚	元
M26	②层下	170°	"凸"字形，竖穴土圹单室砖墓	3.6　0.94～1.4　0.2～2.2	2.62　2.58　1.1	不明	不明	不明	不明	无	元

附表三　元代墓葬登记表（二）

墓号	层位	方向	形状与结构	墓圹 长×宽-深（米）	棺 长×宽-深（米）	葬具	葬式	人骨保存情况	性别	随葬品	年代	备注
M20	②层下	175°	梯形，竖穴土圹单棺砖椁墓	3.2　1.1～1.5　0.4	2.05×（0.6～0.8）-0.1	砖椁单木棺	不明	不明	不明	无	元	
M21	②层下	358°	长方形，竖穴土圹双室砖椁墓	3.2　1.78　0.7	东室：2.02×0.58-0.64 西室：2.16×0.8-0.64	砖椁双木棺	仰身直肢葬，头向北，面向上	东棺较好，西棺较差	东棺男性，西棺女性	瓷罐1件、银簪2件、铜钱3枚	元	
M22	②层下	9°	长方形，竖穴土圹双砖室合葬墓	2.6　1.82～2.1　0.6～0.68	东棺：2.0×（0.46～0.6）-0.1 西棺：2.1×（0.4～0.6）-0.18	砖椁双木棺	仰身直肢葬，东棺头向北，面向西，西棺头向北，面向上	较好	东棺女性，西棺男性	釉陶罐1件、铜钗2件、铜簪1件、铜饰件1件、铜钱5枚	元	
M23	②层下	358°	长方形，竖穴土圹单砖椁墓	2.62　1.2～1.26　0.5	1.9×（0.46～0.6）	砖椁单木棺	仰身直肢葬，头向北，面向上	较好	男性	瓷罐1件、铜饰件1件、铜钱3枚	元	
M24	②层下	354°	梯形，竖穴土圹砖椁双棺合葬墓	2.95　1.72～1.98　0.6	东棺：2×（0.46～0.6） 西棺：1.9×（0.46×0.6）-0.1	砖椁双木棺	仰身直肢葬，东棺头向北，面向上，西棺头向北，面向西	稍差	东棺男性，西棺女性	瓷罐1件、金耳环1副、铜镜1件、银簪3件、铜钗1件、铜钱15枚	元	

续表

墓号	层位	方向	形状与结构	墓圹 长×宽-深（米）		棺 长×宽×（深）	葬具	葬式	人骨保存情况	性别	随葬品	年代备注
M25	②层下	358°	梯形，竖穴土圹砖椁木棺墓	2.7	1.0~1.14 0.3	1.9×（0.44~0.58）-0.2	砖椁单木棺	仰身直肢葬，头向北，面向上	较好	男性	瓷罐1件	元

附表四　清代墓葬登记表

墓号	层位	方向	形状与结构	墓圹 长×宽-深（米）		葬具	葬式	人骨保存情况	性别	随葬品	年代
M1	①层下	95°	长方形，竖穴土圹	2.9	1.32 0.74	单木棺	仰身直肢葬，头向东，面向上	稍差	男性	瓷罐1件、铜钱1枚	清
M10	①层下	355°	近梯形，竖穴土圹双棺合葬墓	2.62	2.05~2.4 0.46	双木棺	东棺不明；西棺仰身直肢葬，头向北，面向上	东棺较差西棺较好	东棺不明、西棺男性	釉陶罐1件、铜钱2枚	清
M11	①层下	350°	梯形，竖穴土圹双棺合葬墓	2.4	2.06~2.18 1.12	双木棺	仰身直肢葬，东棺头向北，面向西，西棺头向北，面向上	较好	东棺女性、西棺男性	瓷碗2件	清
M12	①层下	14°	长方形，竖穴土圹单棺墓	2.6	1.44 0.34	单木棺	仰身直肢葬，头向北，面向上	较好	男性	釉陶罐1件、瓷碗1件	清
M13	①层下	355°	长方形，竖穴土圹单棺墓	2.3	1.62 0.36	单木棺	不明	较差	不明	陶罐1件、铜钱9枚	清
M14	①层下	0°	长方形，竖穴土圹单棺墓	2.4	1.2 0.4	单木棺	人骨两具，上层骨架头向南，面向西，葬式不明；下层骨架仰身直肢葬，头向北，面向南	较差	不明	无	清
M15	①层下	347°	梯形，竖穴土圹三棺合葬墓	3.0	1.9~2.56 0.94	三木棺	东棺、中棺不明；西棺仰身直肢葬，头向北，面向北	较差	不明	铜钱6枚	清
M16	①层下	342°	梯形，竖穴土圹双棺合葬墓	2.54	2.1~2.5 0.7	双木棺	仰身直肢葬，东棺头向北，面向北，西棺头向北，面向南	较好	东棺男性、西棺女性	铜钱2枚	清
M17	①层下	11°	梯形，竖穴土圹双棺合葬墓	2.36	1.6~1.8 0.56	双木棺	东棺仰身直肢葬，头向东；西棺仰身屈肢葬，头向北，面向东	稍好	东棺男性、西棺女性	铜钗1件	清
M18	①层下	350°	长方形，竖穴土圹单棺墓	2.3	1.18 0.66	单木棺	仰身直肢葬，头向北，面向上	较好	男性	无	清

大兴区礼贤明代墓葬发掘报告

大兴区礼贤明代墓葬位于大兴区礼贤镇，东邻大安路、南邻航兴路、西邻航泰街、北邻永兴河。GPS 坐标为北纬 39°31′48″，东经 116°25′15.6″（图一）。2018 年 1 月 21 日至 22 日，北京市考古研究院（原北京市文物研究所）为配合北京新机场口岸项目建设，对勘探发现的 4 座墓葬进行了考古发掘，发掘面积为 45 平方米（图二）。

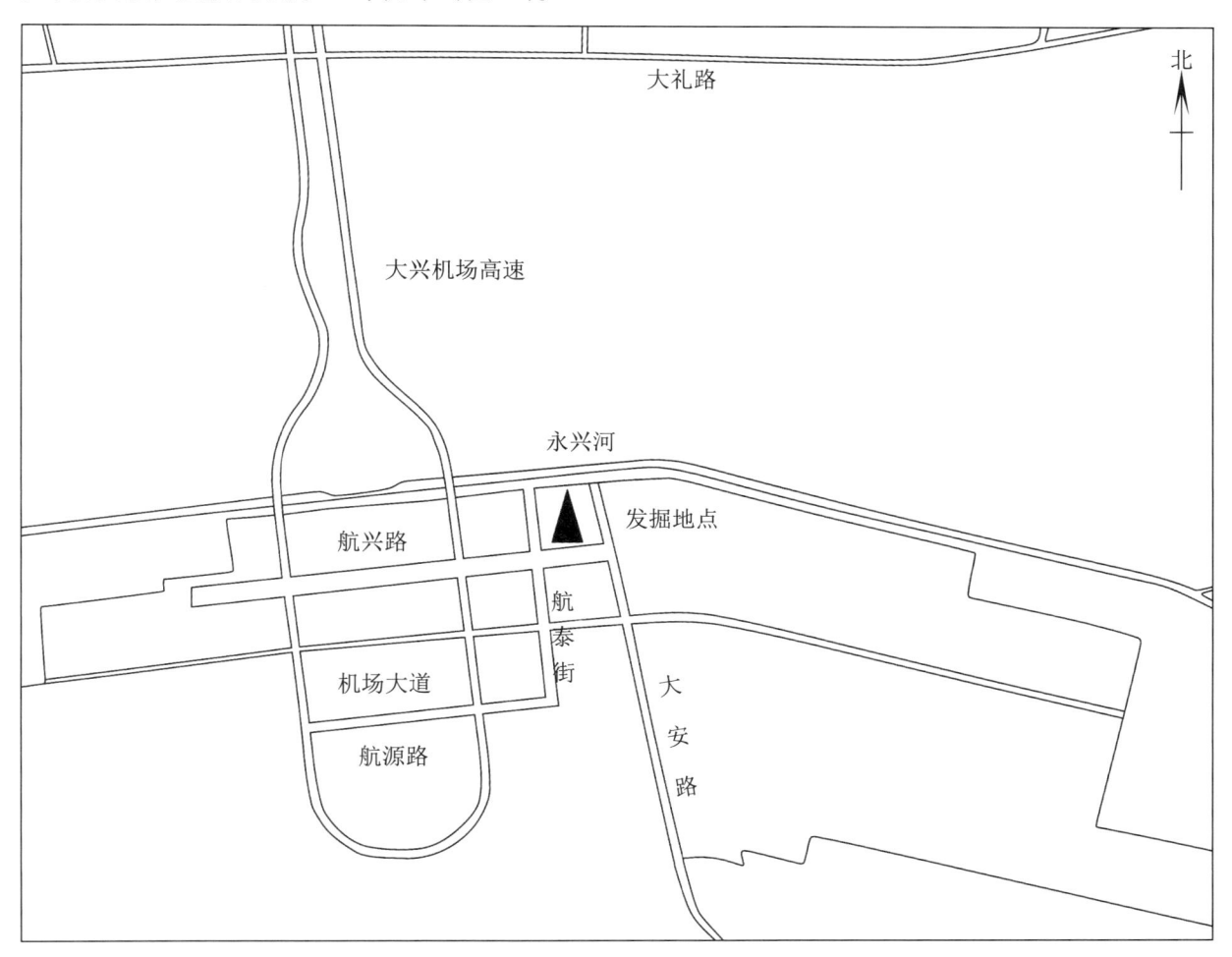

图一　发掘地点位置示意图

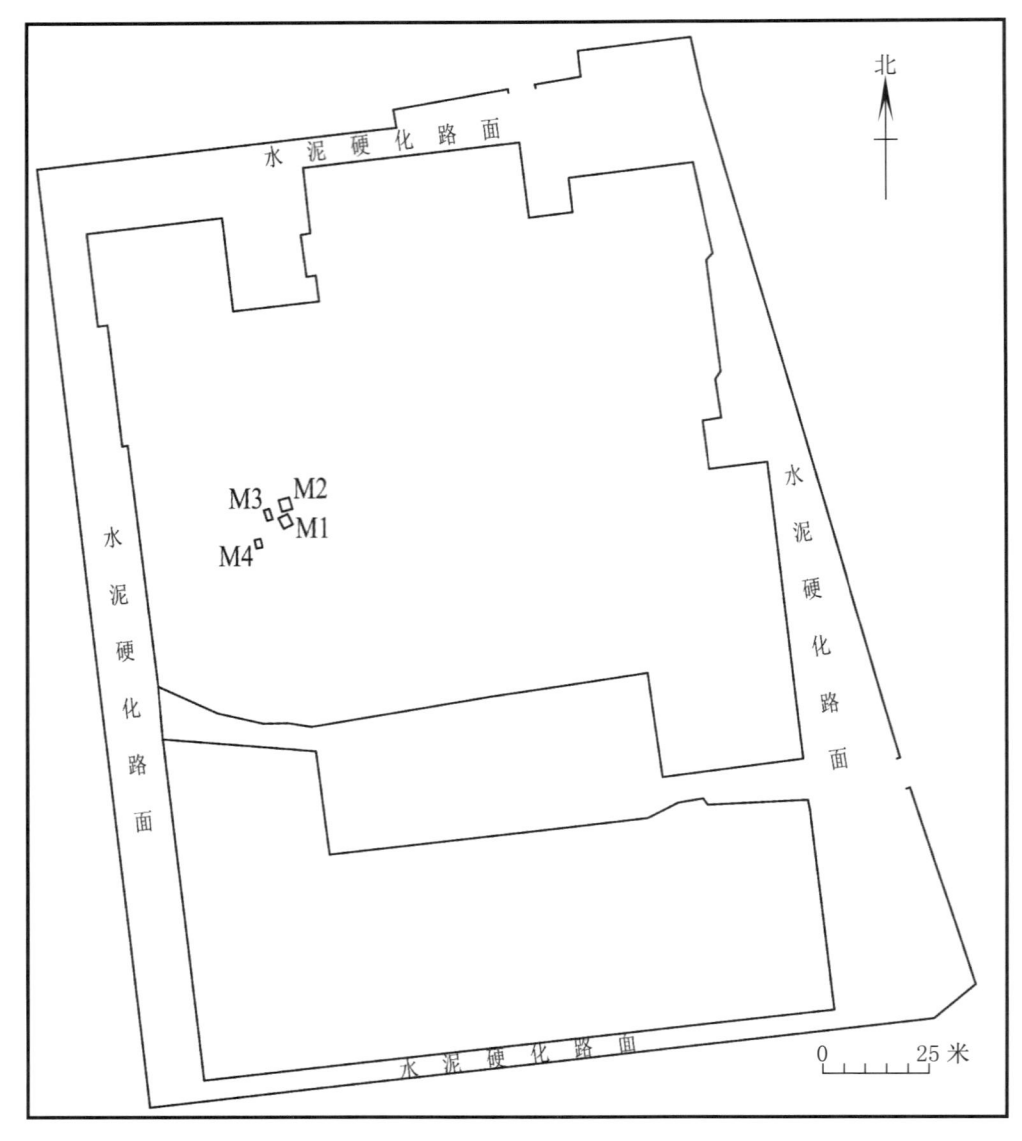

图二 遗迹分布图

一、墓葬

本次发掘的 4 座墓葬均为竖穴土圹墓，皆开口于①层下，可分为单人葬墓和双人合葬墓。其中 M3、M4 为单人葬墓，M1、M2 为双人合葬墓。

（一）单人葬墓

M3 位于发掘区的中部偏西，东邻 M2。方向为 150°。墓圹平面近长方形，墓口距地表为 0.3

米、长 2.8 米、宽 1.1~1.2 米、深 1 米。墓壁较直，平底。内填花土，土质较松。

葬具为木棺，已朽，仅显痕迹，平面呈梯形。棺长 1.86 米、宽 0.4~0.52 米、残高 0.2 米。棺内人骨保存较差，仰身直肢葬，头向南，面向不详，性别男（图三；彩版二五，1）。未发现随葬器物。

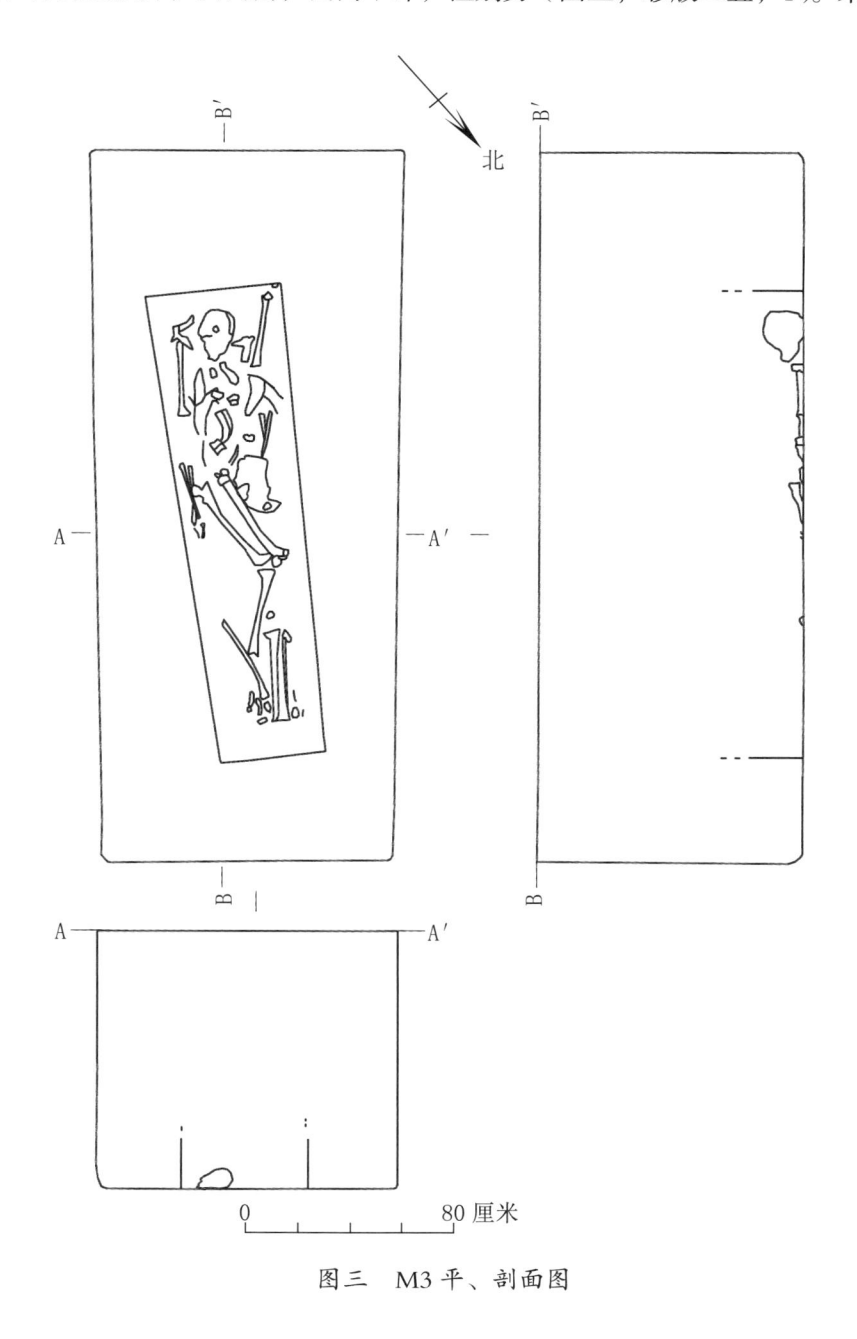

图三　M3 平、剖面图

M4 位于发掘区的中部偏西。方向为 150°。墓圹平面近长方形，墓口距地表深 0.3 米、长 2.4 米、宽 1.1~1.2 米、深 0.7 米。墓壁较直，平底。内填花土，土质较松。

葬具为木棺，已朽，仅显痕迹，平面呈梯形。棺长 1.85 米、宽 0.42~0.56 米、残高 0.2 米。棺内人骨保存较差，仰身直肢葬，头向南，面向上，性别男（图四；彩版二五，2）。未发现随葬器物。

图四　M4 平、剖面图

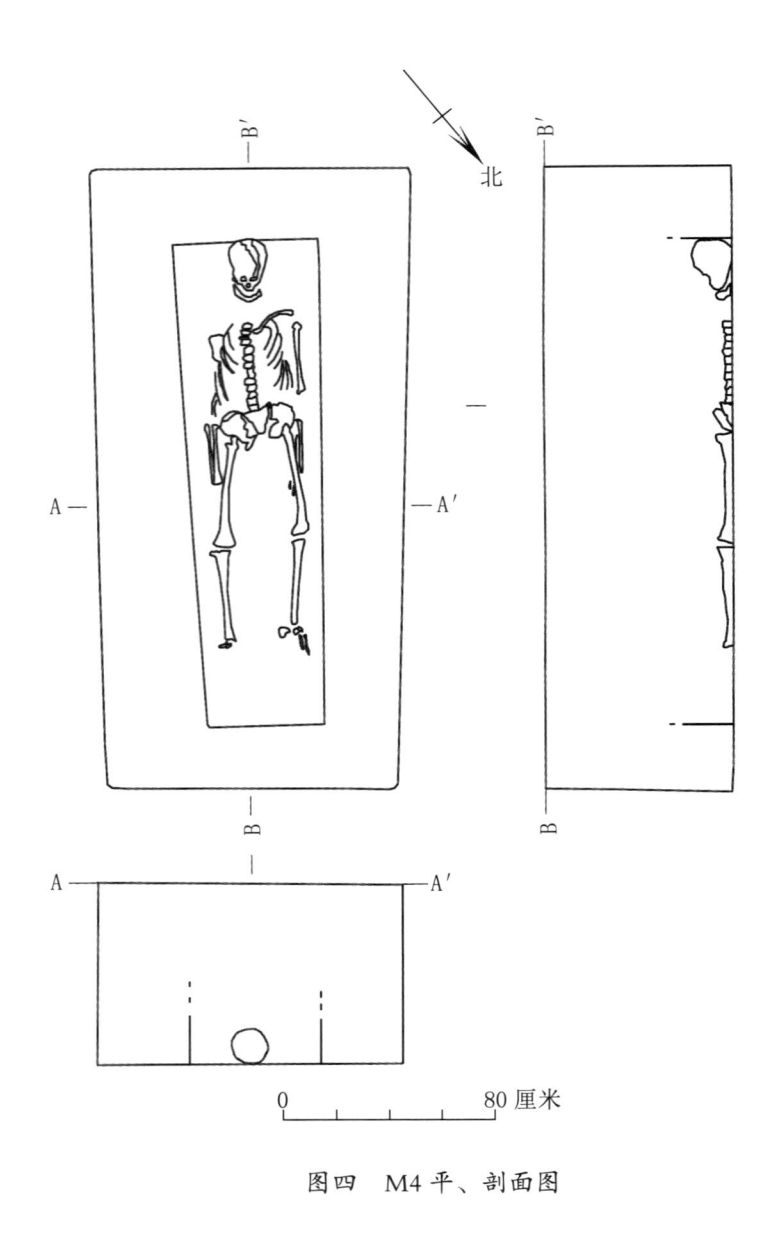

(二) 双人合葬墓

M1 位于发掘区的中部偏西，北邻 M2。方向为 152°。墓圹平面呈不规则形，墓口距地表深 0.3 米、长 2.9 米、宽 2.05～2.4 米、深 1 米。墓壁较直，平底。内填花土，土质较松。

葬具均为木棺，已朽，仅显痕迹。东侧棺打破西侧棺。西侧棺呈梯形。棺长 1.9 米、宽 0.5～0.56 米、残高 0.2 米。棺内人骨保存较差，仰身直肢葬，头向南，面向上，性别男。棺外前方随葬瓷罐 1 件。东侧棺呈梯形。棺长 1.9 米、宽 0.5～0.54 米、残高 0.2 米。棺内人骨保存较差，仰身直肢葬，头向南，面向上，性别女。人骨右手下方随葬铜钱 2 枚，左手下方随葬铁器 1 件（图五；彩版二六，1）。

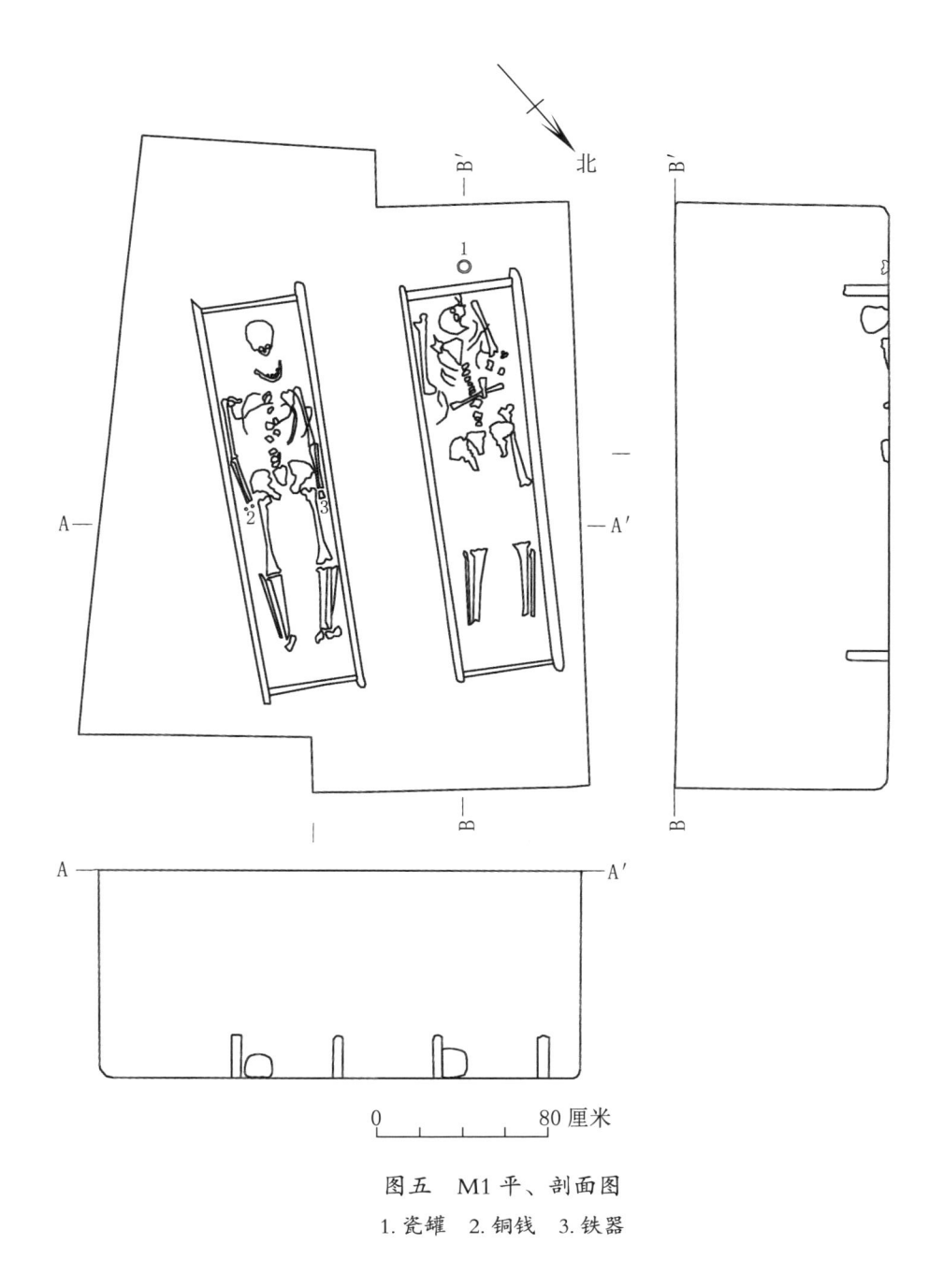

图五　M1平、剖面图
1.瓷罐　2.铜钱　3.铁器

M2位于发掘区的中部偏西，南邻M1。方向为153°。墓圹平面呈不规则形，墓口距地表深0.3米、长2.4～2.9米、宽1.9～2.2米、深1米。墓壁较直，平底。内填花土，土质较松。

葬具均为木棺，已朽，仅显痕迹。东侧棺打破西侧棺。西侧棺呈梯形。棺长1.92米、宽0.46～0.54米、残高0.2米。棺内人骨保存较差，仰身直肢葬，头向南，面向上，性别男。棺外前方随葬瓷罐1件。东侧棺呈梯形。棺长1.8米、宽0.5～0.58米、残高0.2米。棺内人骨保存较差，仰身直肢葬，头向南，面向上，性别女。人骨右手下方随葬铜钱2枚，左手下方随葬铁铃铛1件（图六；彩版二六，2）。

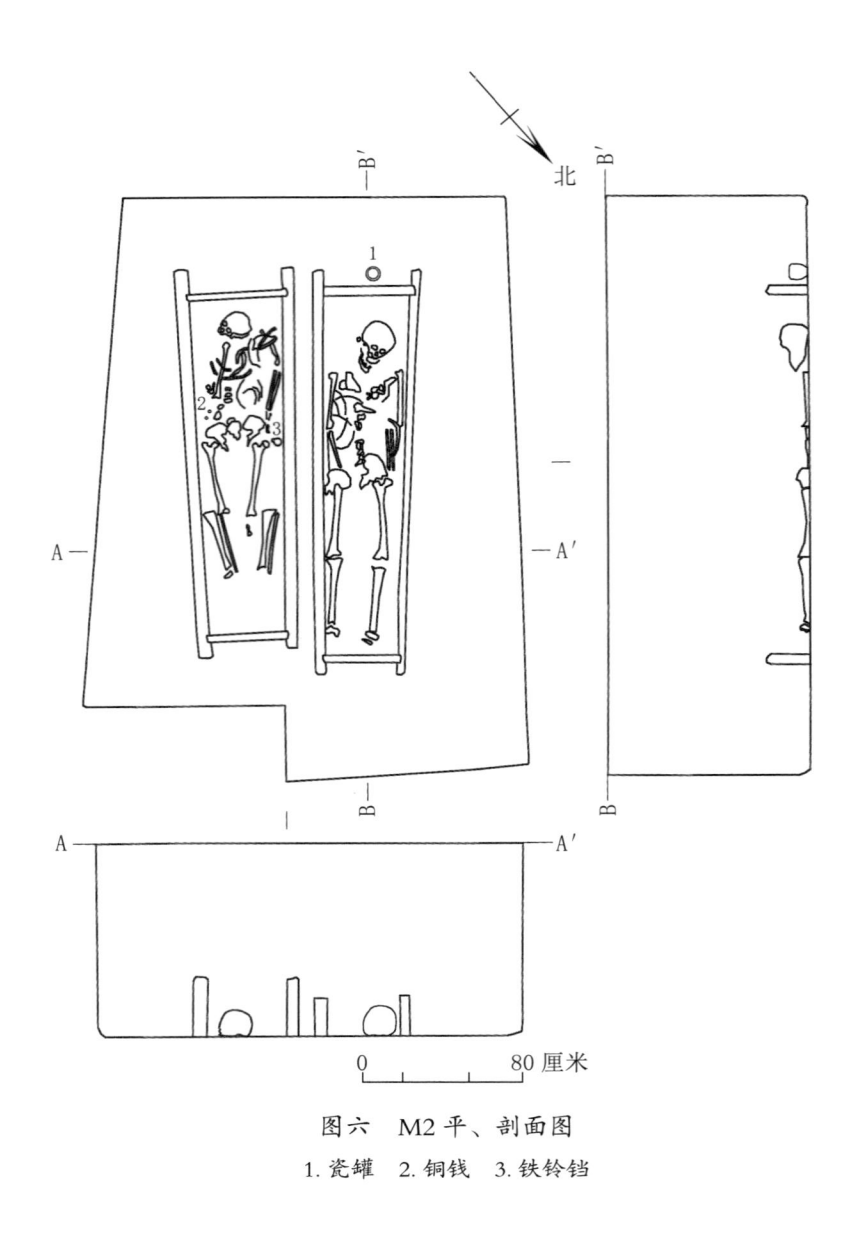

图六　M2平、剖面图
1.瓷罐　2.铜钱　3.铁铃铛

二、遗物

共出土随葬品4件，包括瓷器、铁器，另出土铜钱4枚，介绍如下。

（一）瓷器

2件，均为瓷罐。

M1:1，残存底部，弧腹，平底，矮圈足。底径6.8厘米、残高4.4厘米（图七，1；彩版二七，1）。

M2∶3，轮制，通体遗有轮旋痕。方圆唇，敛口，斜直颈，圆肩，弧腹，平底，矮圈足，颈肩部置对称双系。肩部以上及内壁施酱色釉，腹部、圈足露灰褐色胎，胎质较粗。口径9.5厘米、腹径13.6厘米、底径6.9厘米、高16.3厘米（图七，3；彩版二七，2）。

（二）铁器

2件，包括铁器与铁铃铛。

M1∶3，呈不规则长方形，长8厘米、宽6.7厘米、厚1.5～1.9厘米，锈蚀严重（图七，4；彩版二七，3）。

M2∶2，铁铃铛，近半球形，直径4.5厘米、通高5.8厘米，锈蚀严重（图七，2；彩版二七，4）。

（三）铜钱

共计4枚，均为万历通宝。

标本M1∶2，圆形，方穿，正面有郭，铸"万历通宝"四字，楷书，对读；背面有郭，光背。直径2.51厘米、穿径0.53厘米、郭厚0.11厘米（图七，5）。

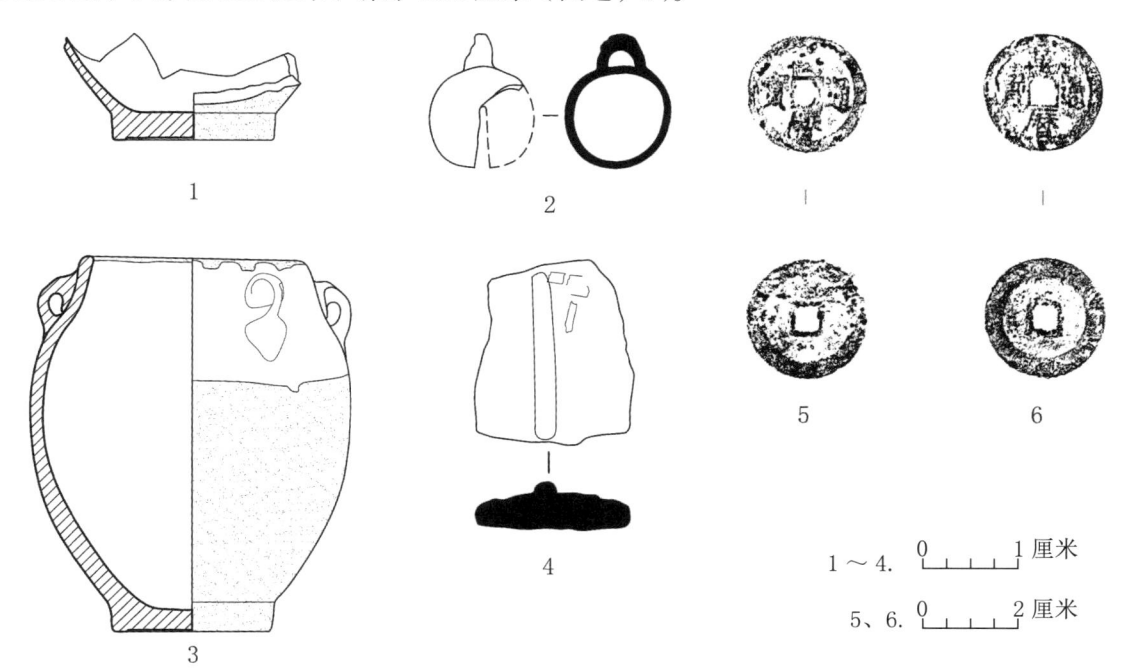

图七　M1、M2出土器物

1、3.瓷罐（M1∶1、M2∶3）2.铁铃铛（M2∶2）4.铁器（M1∶3）5、6.万历通宝（M1∶2、M2∶1）

标本 M2:1，圆形，方穿，正面有郭，铸"万历通宝"四字，楷书，对读；背面有郭，光背。直径 2.52 厘米、穿径 0.52 厘米、郭厚 0.12 厘米（图七，6）。

三、结语

M1、M2 形制与大兴康庄 C 地块 M3[①] 相似。M3、M4 形制与大兴康庄 C 地块 M1[②] 相似。4 座墓葬均为竖穴土圹墓，头向均为南。四系瓷罐 M1:1 与大兴采育西组团 M37:3 形制相似[③]。依据墓葬形制、瓷罐形制以及出土的万历通宝，可推断以上 4 座墓葬均为明代墓葬，可能为家族墓葬。其中 M1、M2 可能为夫妻合葬墓。对上述墓葬的发掘，为了解大兴地区明代墓葬的形制提供了实物资料。

发掘：张智勇
摄影：王宇新
绘图：张志伟　古艳兵　刘雨婧
执笔：刘雨婧　张智勇

注释

① 北京市文物研究所：《大兴古墓葬考古发掘报告集》，科学出版社，2020 年，第 204 页。
② 北京市文物研究所：《大兴古墓葬考古发掘报告集》，科学出版社，2020 年，第 201 页。
③ 北京市文物研究所：《大兴古墓葬考古发掘报告集》，科学出版社，2020 年，第 74 页。

附表　明代墓葬登记表

墓号	方向	墓口 长×宽×深（米）	墓底 长×宽×深（米）	深度（米）	棺数	葬式	人骨保存情况	头向及面向	性别	随葬品（件）
M1	152°	2.9×（2.05~2.4）×0.3	2.9×（2.05~2.4）×1.3	1	双棺	仰身直肢葬	较差	皆头向南，面向上	西棺男性；东棺女性	铁器1，瓷罐1，铜钱2
M2	153°	（2.4~2.9）×（1.9~2.2）×0.3	（2.4~2.9）×（1.9~2.2）×1.3	1	双棺	仰身直肢葬	较差	皆头向南，面向上	西棺男性；东棺女性	铁铃铛1，瓷罐1，铜钱2
M3	150°	2.8×（1.1~1.2）×0.3	2.8×（1.1~1.2）×1.3	1	单棺	仰身直肢葬	较差	头向南，面向不详	男性	无
M4	150°	2.4×（1.1~1.2）×0.3	2.4×（1.1~1.2）×1	0.7	单棺	仰身直肢葬	较差	头向南，面向上	男性	无

密云区南陈各庄明代墓葬、石砌遗迹发掘报告

南陈各庄遗址位于密云区河南寨镇东北部，西邻潮河支流、南邻河东路、地理坐标为东经 116°51′23.47″、北纬 40°20′25.78″（图一）。

2015 年 10 月 30 日至 12 月 17 日，为配合密云新城 0306 街区河东路北侧土地储备项目建设，北京市考古研究院（原北京市文物研究所）对该范围内的古代遗迹进行了考古发掘，发掘面积共 35 平方米（图二）。

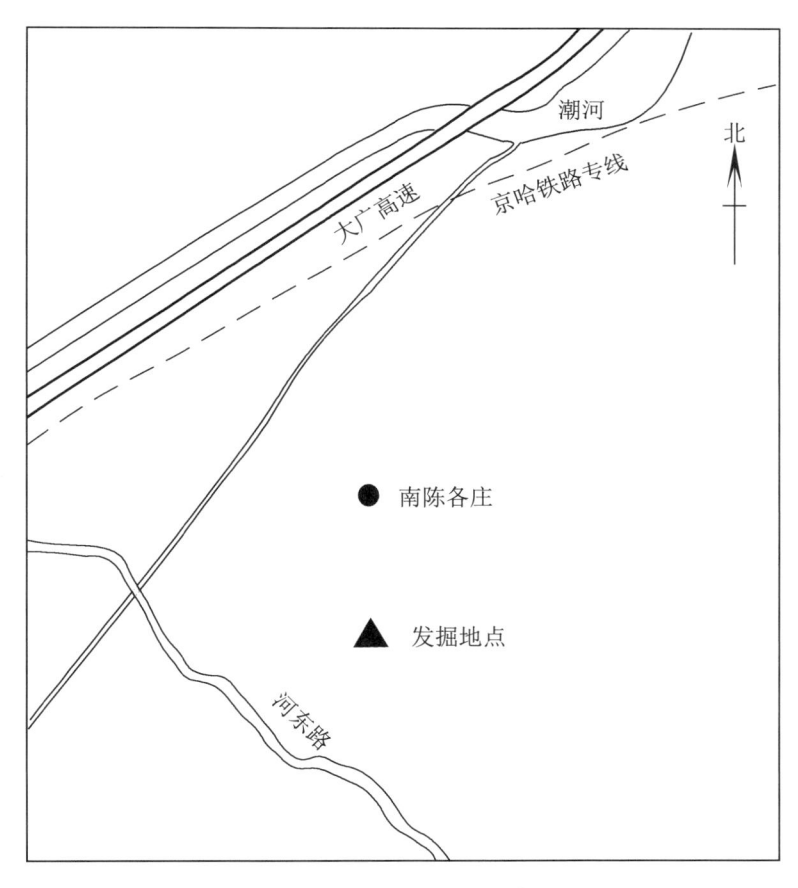

图一　发掘地点位置示意图

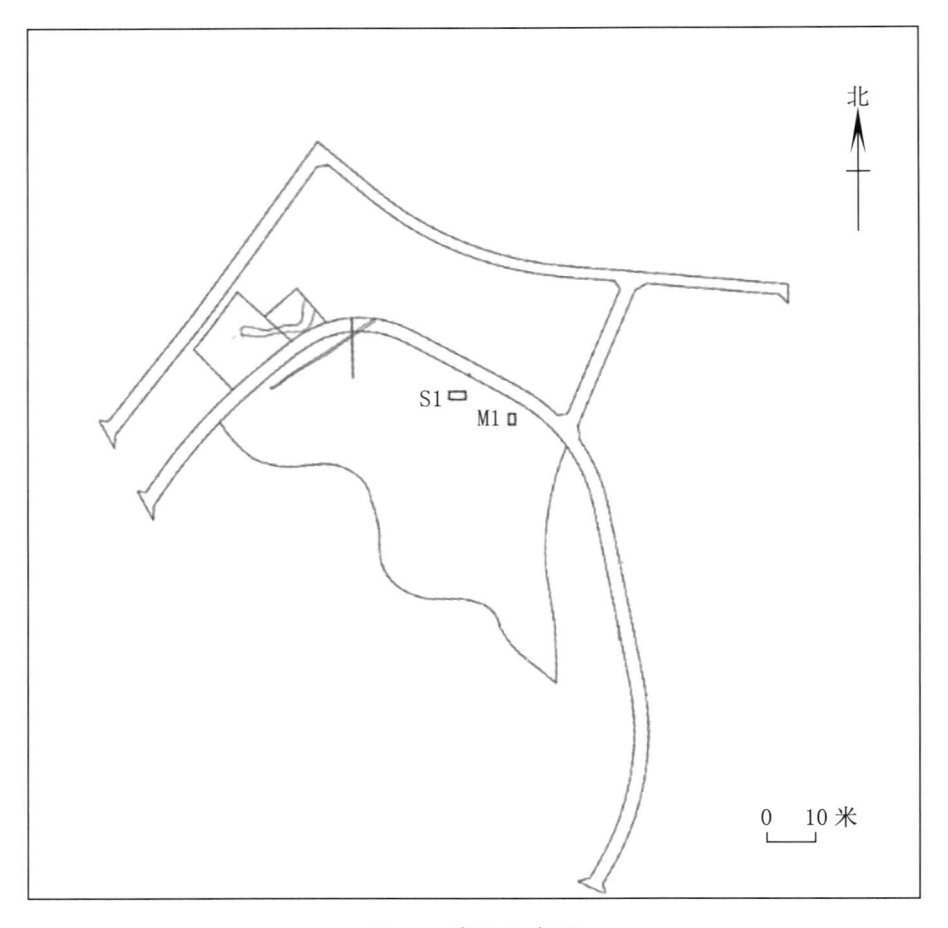

图二　遗迹分布图

一、遗迹

共发掘古代墓葬 1 座、石砌遗址 1 处，现分述如下。

（一）M1

M1 位于发掘区北部。方向为 10°。长方形竖穴土圹砖室墓，开口于①层下，墓口距地表深 0.25 米。墓圹平面呈长方形，直壁，平底，因盗扰致墓底中部形成下凹，长 1.9 米、宽 1 米、深 0.55 米（图三）。墓圹内用青砖砌成墓室，因盗扰被破坏严重，青砖全部凌乱分布在填土中。在墓圹东壁下发现长条砖 1 件，其上用朱砂书写有"喷火山"三字，砖长 0.3 米、宽 0.15 米、厚 0.05 米（彩版二八，6）。

因被盗扰严重，葬具、人骨已无存。在墓室底部发现铜钱 30 枚。

图三　M1 平、剖面图
1. 铜钱

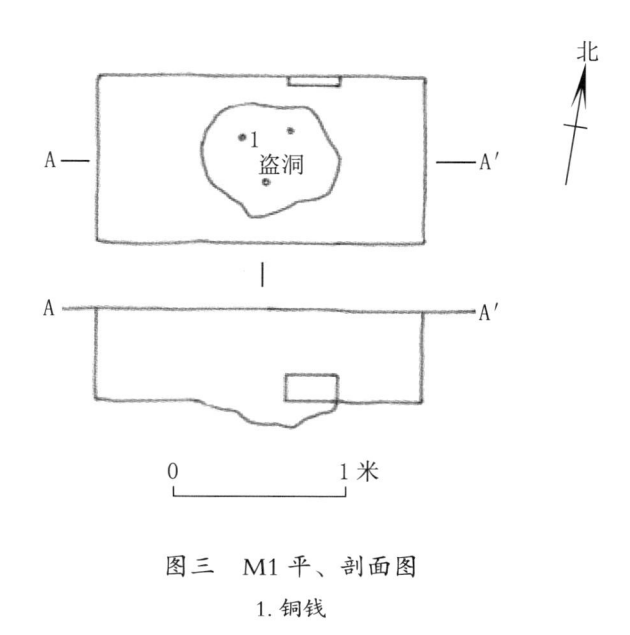

（二）S1

S1 位于发掘区域东部。方向为 90°。开口于①层下，开口距地表深 0.3 米。遗迹整体呈缓坡状，南高北低。平面呈长方形，残长 4.2 米、宽 1.8 米、厚 0.6 米（图四）。用形状不同、大小不等的石块砌成，石块长、宽 0.1 ~ 0.65 米。遗迹西端经解剖，残存 2 ~ 3 层石块不等。

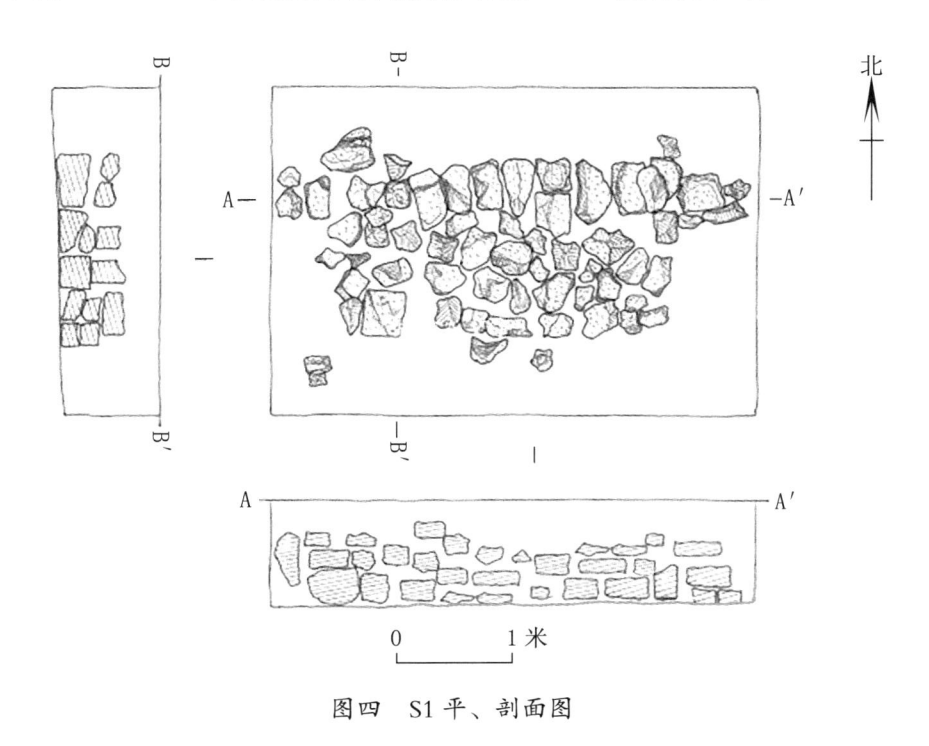

图四　S1 平、剖面图

二、遗物

铜钱，3枚，均出土于M1。为咸平元宝、弘治通宝、万历通宝（彩版二八，1～3）。

咸平元宝，1枚。M1：1-1，圆形、方穿，正面有郭，楷书"咸平元宝"四字，旋读；背面有郭，光背。钱径2.51厘米、穿径0.61厘米、郭厚0.1厘米。

弘治通宝，1枚。M1：1-2，圆形、方穿，正面有郭，楷书"弘治通宝"四字，对读；背面有郭，光背。钱径2.64厘米、穿径0.57厘米、郭厚0.2厘米。

万历通宝，1枚。M1：1-3，圆形、方穿，正面有郭，楷书"万历通宝"四字，对读；背面有郭，光背。钱径2.59厘米、穿径0.48厘米、郭厚0.14厘米。

其余27枚均不可辨认。

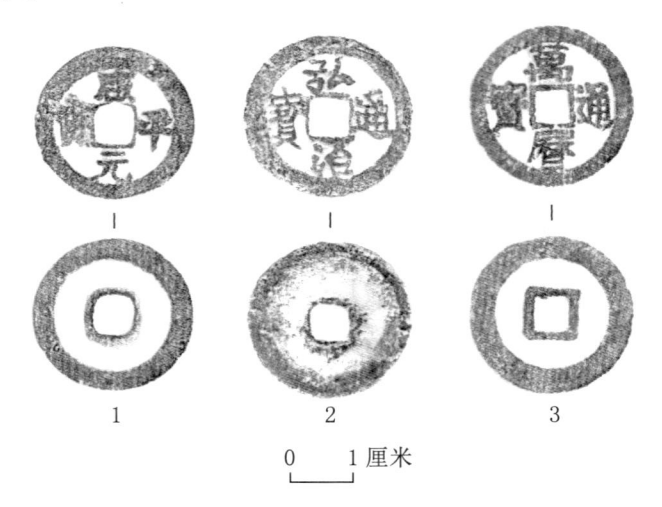

图五　出土铜钱拓片
1. 咸平元宝（M1：1-1）2. 弘治通宝（M1：1-2）3. 万历通宝（M1：1-2）

三、结语

因墓葬被盗扰严重，墓室砖墙已被破坏，无法从形制和建造材料来判断年代。残留的出土遗物有咸平通宝、弘治通宝、万历通宝等铜钱，年代最晚者为万历通宝，依此初步推断该墓为明晚期墓葬。

石砌遗迹根据遗址开口层位分析，初步推断该遗迹与墓葬时代相近。

发掘：张智勇
执笔：司丽媛　张智勇

朝阳区塔营街辽金、清代窑址及明清墓葬发掘报告

塔营街遗址位于朝阳区管庄乡南侧、双桥东路 5 号院西侧，北邻塔营北街 2 号院，东邻塔营东路，南接京哈铁路与京承铁路，地理坐标为东经 116°59′88.39″，北纬 39°90′51.44″（图一）。

2015 年 4 月 1 日至 10 日，为配合朝阳区通惠上河嘉园二期 003 地块建设，北京市考古研究院（原北京市文物研究所）对其用地范围内的古代遗迹进行了考古发掘，共发掘古代墓葬 11 座、窑址 4 座，发掘面积 143 平方米（图二）。

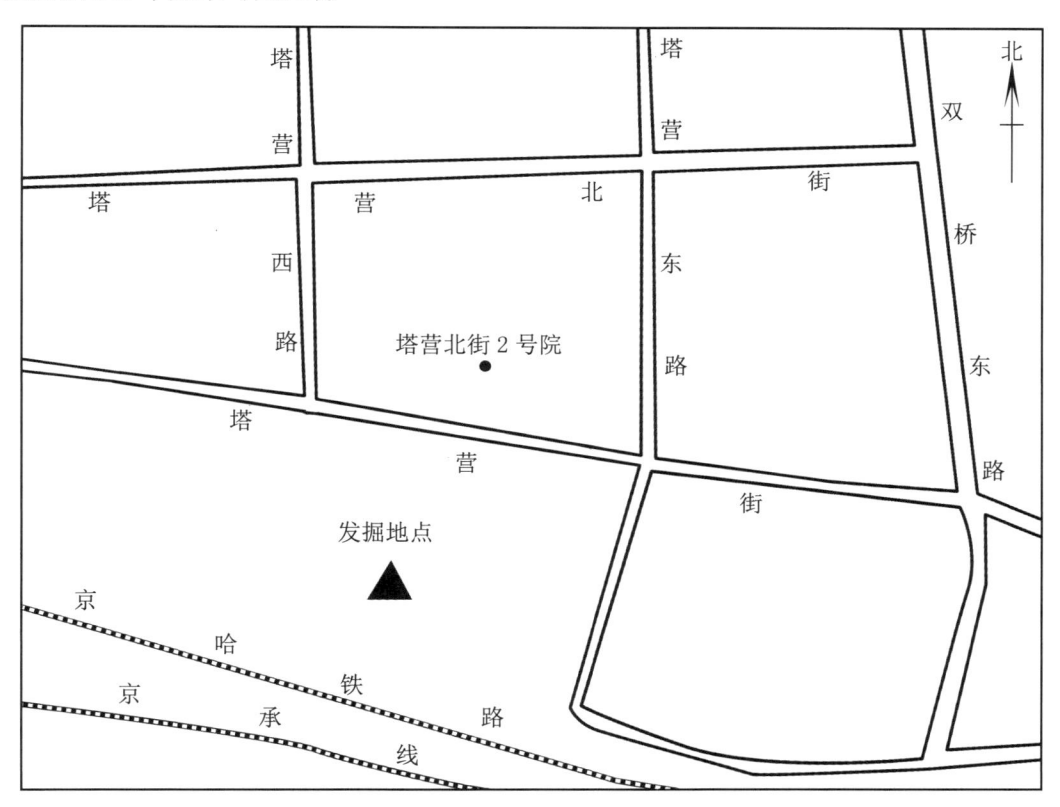

图一 发掘地点位置示意图

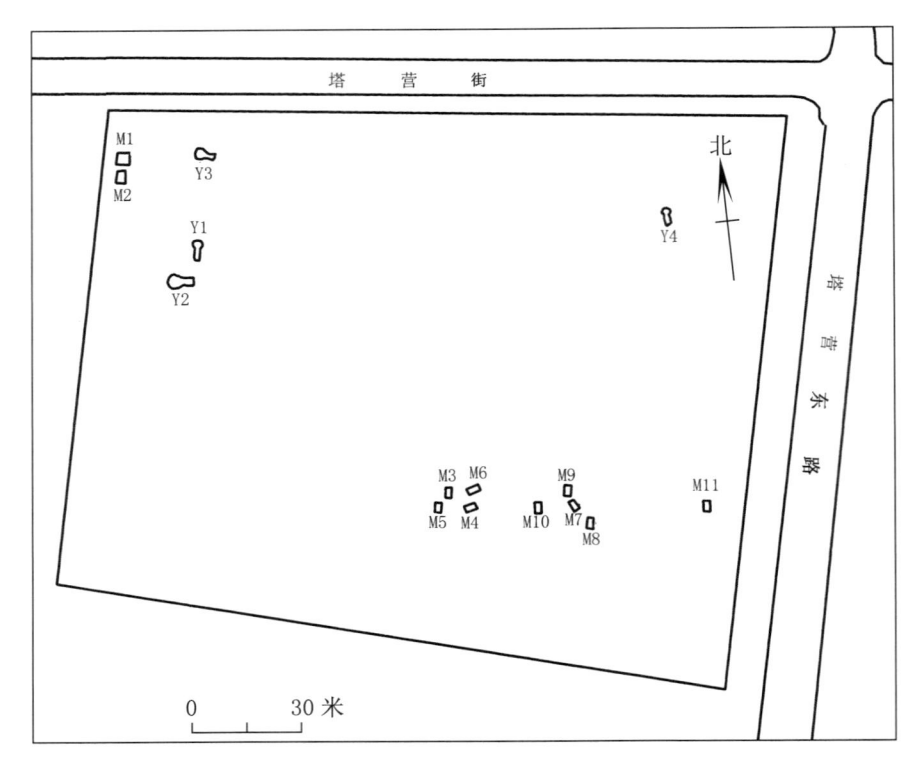

图二　遗迹分布图

一、遗迹

（一）墓葬

共发掘墓葬 11 座，为 M1 ~ M11。M1、M2 为砖室墓，M3 ~ M11 为竖穴土坑墓。分别介绍如下。

1. 砖室墓

M1 位于发掘区西北部，南邻 M2。方向为 240°。开口于①层下，墓口距地表深 0.2 米。墓圹平面呈长方形，长 3.9 米、宽 3.2 米、深 1.1 米。墓室平面呈长方形，四壁用青砖砌成，顶部已被破坏，长 3 米、宽 2.3 米、残高 0.16 ~ 0.6 米。底部用青砖错缝平铺墁地（图三；彩版二九，1）。墓室中部放置双木棺。南侧棺残长 2.2 米、宽 0.7 ~ 0.8 米、残高 0.6 ~ 0.7 米。棺内人骨保存较差，仰身直肢葬，头西足东，面向上，男性。头骨北侧放置一件陶罐，右臂处可见铜扣与铜钱。北侧棺残长 2.1 米、宽 0.6 ~ 0.7 米、残高 0.4 ~ 0.5 米。棺内人骨保存较差，仰身直肢葬，头西足东，面向上，女性。脚下方发现数枚铜钱（图四）。

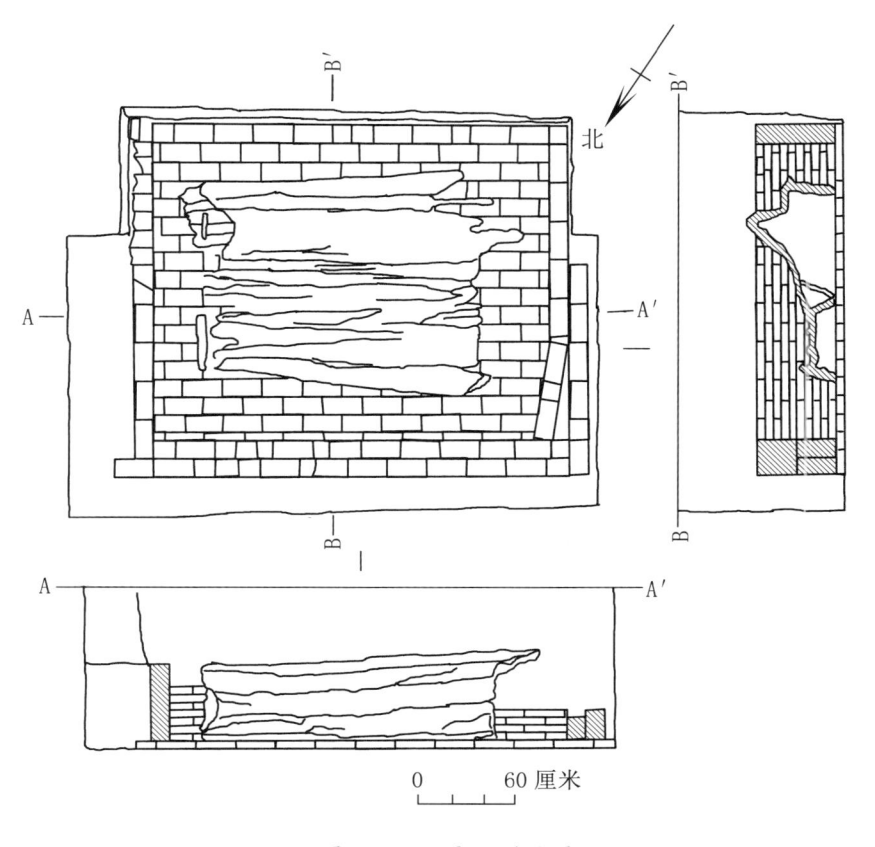

图三　M1 平、剖面图

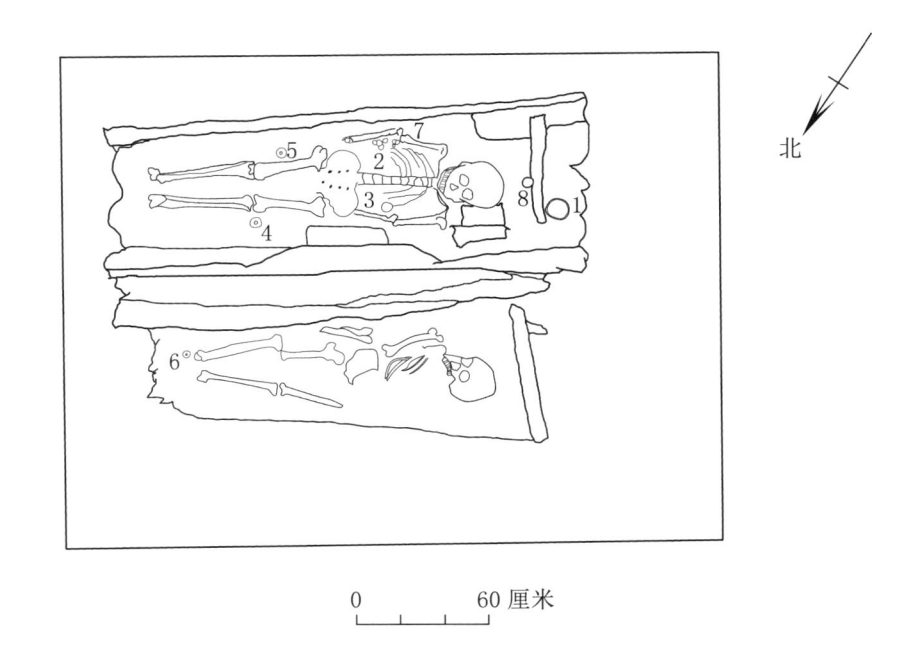

图四　M1 棺内平面图
1. 釉陶罐　2、6. 铜钱　3～5. 冥币　7. 铜扣　8. 铁环

M2 位于发掘区西北部，北邻 M1。方向为 330°。开口于①层下，墓口距地表深 0.2 米。平面呈长方形，墓圹东西长 3.9 米、宽 2.8 米、深 1.1 米。墓室底部呈长方形，长 3 米、宽 1.6 米、残高 0.12～0.36 米。墓室顶部与四壁破坏严重，南壁残存五层，用青砖错缝平砌。东壁仅存与南壁接壤一段，残存四层。墓室北部东壁处剩余两块青砖铺地。墓室内未发现人骨、葬具与随葬品（图五；彩版二九，2）。

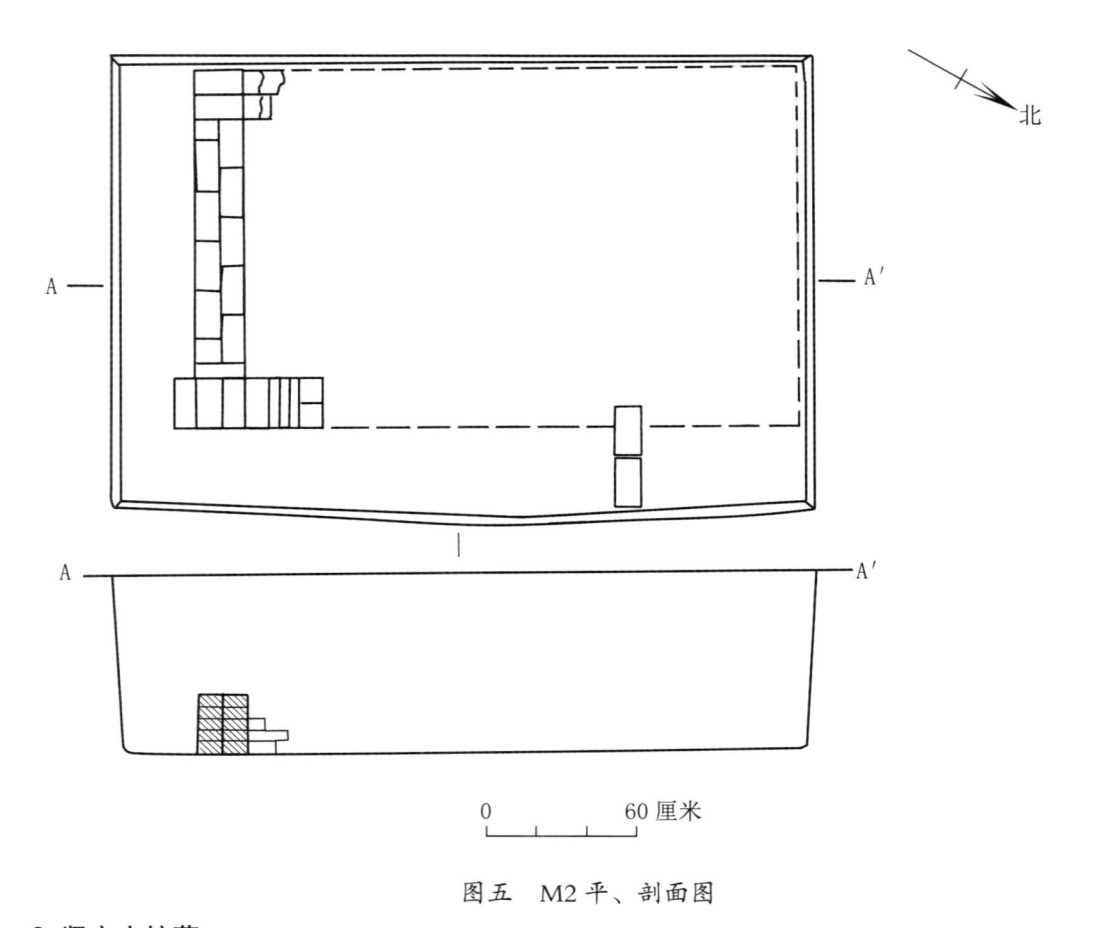

图五　M2 平、剖面图

2. 竖穴土坑墓

可分为单人葬墓与双人合葬墓。

（1）单人葬墓

共三座，M3、M7、M11。

M3 位于发掘区东南部，南邻 M5、东邻 M6。方向为 350°。开口于①层下，墓口距地表深 0.3 米。平面呈长方形，直壁，平底，长 2.8 米、宽 1.2～1.3 米、深 0.6 米。

葬具为木棺，已朽，仅存痕迹，平面呈梯形，长 2 米、宽 0.5～0.6 米、残高 0.2 米。棺内有人骨 1 具，保存较差，仰身直肢葬，头北足南，面向上，男性。头骨东侧随葬陶罐 1 件，盆骨南侧随葬数枚铜钱（图六；彩版三〇，1）。

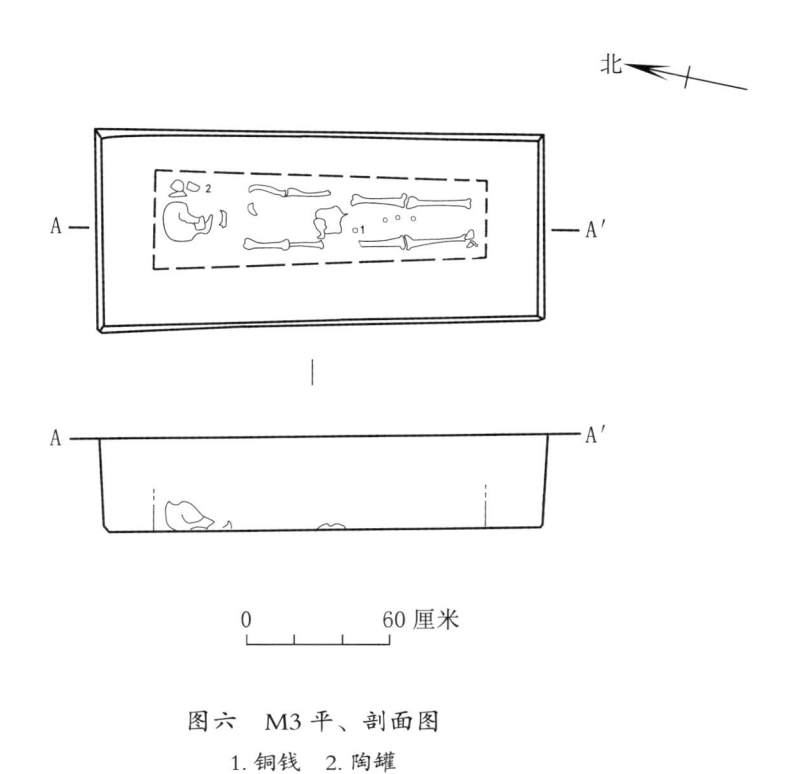

图六　M3平、剖面图
1. 铜钱　2. 陶罐

M7位于发掘区东南部，北邻M9、西邻M10。方向为340°。开口于①层下，墓口距地表深0.2米。平面呈长方形，直壁，平底，长2.8米、宽1.06~1.2米、深0.6米。

葬具为木棺，已朽，仅存痕迹，平面呈梯形，长1.9米、宽0.5~0.6米、残高0.1米。棺内有人骨1具，保存较好，仰身直肢葬，头北足南，面向上，女性。未发现随葬品（图七；彩版三〇，2）。

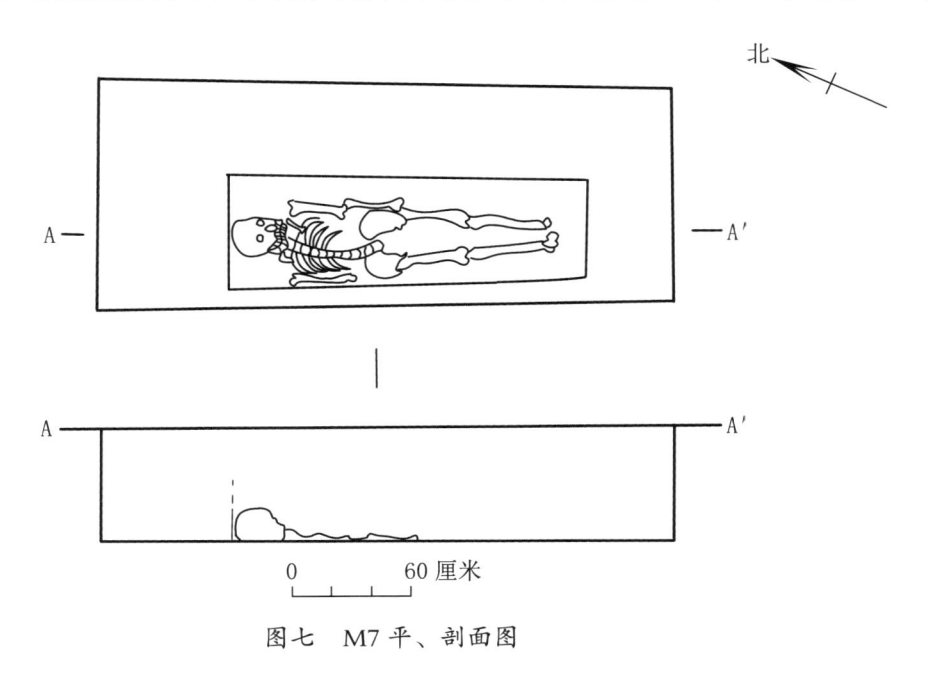

图七　M7平、剖面图

M11 位于发掘区东南部,西邻 M8。方向为 350°。开口于①层下,墓口距地表深 0.3 米。平面呈长方形,直壁,平底,长 2.7 米、宽 1 ~ 1.1 米、深 0.7 米。

葬具为木棺,已朽,仅存痕迹,平面呈梯形,长 2 米、宽 0.6 ~ 0.7 米、残高 0.1 米。棺内有人骨 1 具,保存较好,仰身直肢葬,头北足南,面向西,男性。墓室中部出土 2 枚铜钱(图八;彩版三〇,3)。

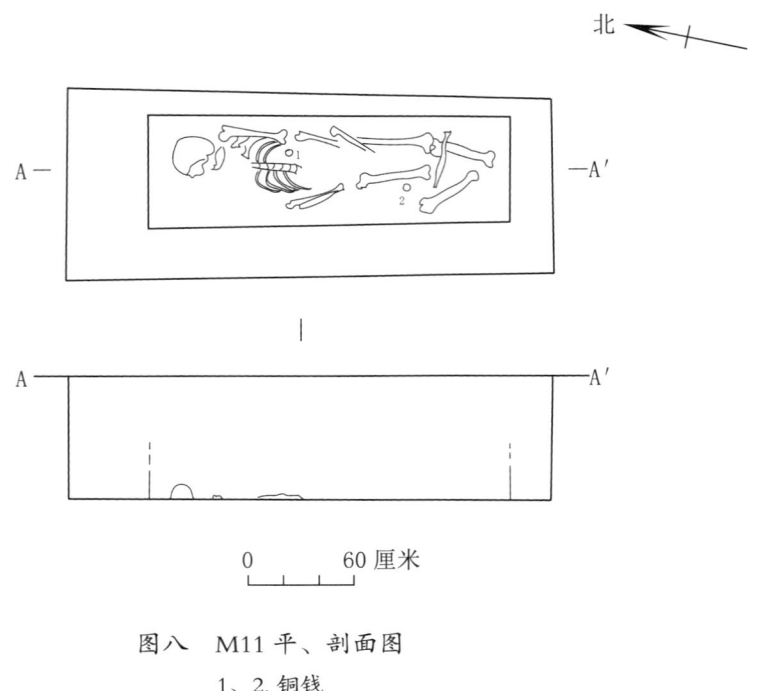

图八 M11 平、剖面图
1、2. 铜钱

(2)双人合葬墓

共 6 座,分别为 M4 ~ M6、M8 ~ M10。

M4 位于发掘区的东南部,北邻 M6、西邻 M5。方向为 50°。开口于①层下,墓口距地表深 0.4 米。平面呈长方形,长 2.3 ~ 2.6 米、宽 1.5 ~ 1.8 米、深 0.4 米。墓室直壁,内填五花土,土质较松。葬具均为木棺,已朽,仅存痕迹,平面呈梯形。北侧棺残长 2 米、宽 0.4 ~ 0.5 米、残高 0.15 米。棺内人骨保存较差,仰身直肢葬,头向东北,面向上,女性。头骨东侧放置 1 件瓷罐。南侧棺残长 1.8 米、宽 0.45 ~ 0.7 米、残高 0.2 米。棺内人骨保存较差,仰身直肢葬,头向东北,面向上,男性。头骨东侧放置 1 件绿釉陶罐,棺内中部出土数枚铜钱(图九;彩版三一,1)。

M5 位于发掘区的东南部,北邻 M3、东邻 M4。方向为 10°。开口于①层下,墓口距地表深 0.4 米。平面呈长方形,墓室南部被现代沟打破一部分,现墓开口长 1.8 米、宽 1.5 ~ 1.8 米,墓底长 2.4 米,深 0.2 ~ 0.6 米。墓室直壁,内填五花土,土质较松。葬具均为木棺,已朽,仅存痕迹,平面呈梯形。东侧棺残长 2 米、宽 0.45 ~ 0.55 米、残高 0.1 米。棺内人骨保存较差,仰身直肢葬,头向、面向不明,男性。头骨东侧放置 1 件绿釉陶罐。西侧棺残长 2 米、宽 0.4 ~ 0.6 米、残高 0.1 米。棺内人骨保存较差,仰身直肢葬,头向、面向不明,女性(图一〇;彩版三一,2)。

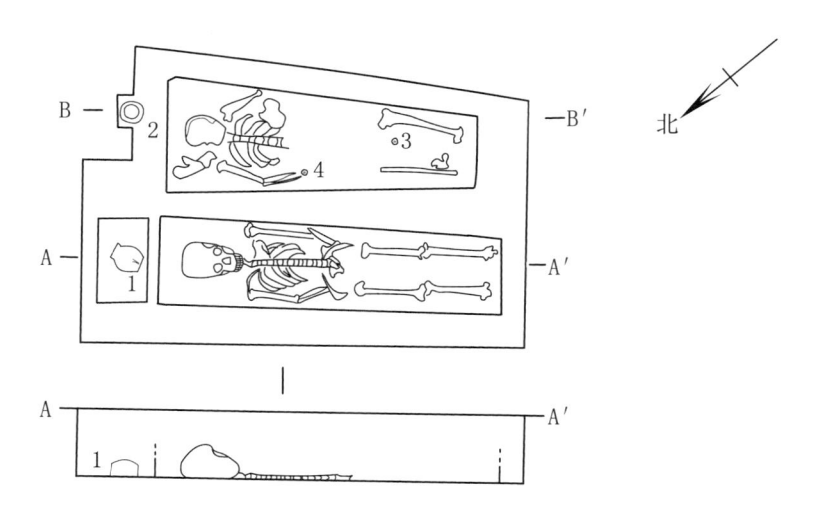

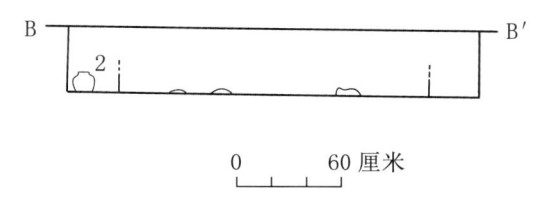

图九　M4平、剖面图

1. 瓷罐　2. 绿釉陶罐　3、4. 铜钱

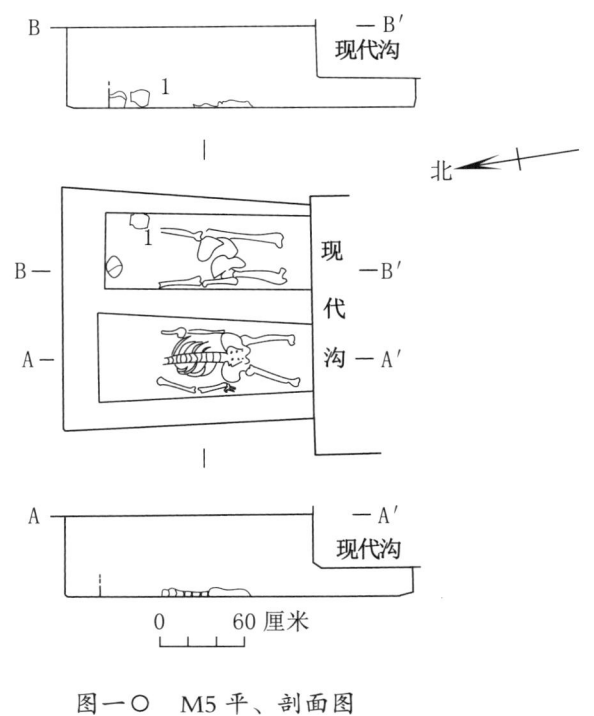

图一〇　M5平、剖面图

1. 绿釉陶罐

M6 位于发掘区的东南部，西邻 M3、南邻 M4。方向为 50°。开口于①层下，墓口距地表深 0.2 米。平面呈长方形，长 2~2.3 米、宽 1.7 米、深 0.3 米。墓室直壁，内填五花土，土质较松。葬具均为木棺，已朽，仅存痕迹，平面呈梯形。北侧棺残长 2.1 米、宽 0.5~0.6 米、残高 0.3 米。棺内人骨仅余下肢骨，仰身直肢葬，头向、面向不明，男性。南侧棺残长 1.9 米、宽 0.5~0.55 米、残高 0.3 米。棺内人骨保存一般，仰身直肢葬，头向东，面向北，女性。棺内中部出土 2 枚铜钱（图一一；彩版三一，3）。

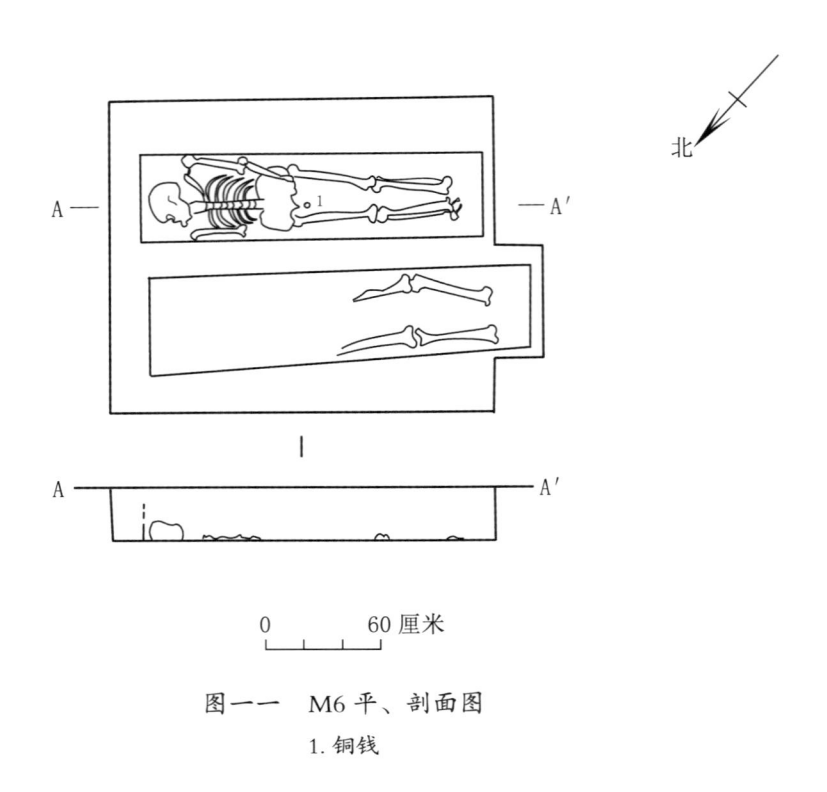

图一一 M6 平、剖面图
1. 铜钱

M8 位于发掘区的东南部，北邻 M7、东邻 M11。方向为 350°。开口于①层下，墓口距地表深 0.4 米。平面呈长方形，长 2.5~2.9 米、宽 1.5~1.8 米、深 0.4 米。墓室直壁，内填五花土，土质较松。葬具均为木棺，已朽，仅存痕迹，平面呈梯形。西侧棺残长 2 米、宽 0.7~0.8 米。棺内人骨保存较差，葬式不明。北侧放置绿釉陶罐 1 件，棺内中部出土数枚铜钱。东侧棺残长 2 米、宽 0.7~0.8 米。棺内人骨保存较差，葬式不明。棺内北部放置绿釉陶罐 1 件、中部出土数枚铜钱（图一二；彩版三二，1）。

M9 位于发掘区的东南部，南邻 M7。方向为 340°。开口于①层下，墓口距地表深 0.2 米。平面呈长方形，长 2.4~2.7 米、宽 1.7~1.9 米、深 1 米。墓室直壁，内填五花土，土质较松。葬具均为木棺，已朽，仅存痕迹，平面呈梯形。东侧棺残长 2 米、宽 0.6~0.7 米、残高 0.2 米。棺内人骨保存较差，仰身直肢葬，头北足南、面向上，女性。盆骨下方发现数枚铜钱，足骨附近出土 1 件陶纺轮。西侧棺残长 2 米、宽 0.5~0.6 米、残高 0.2 米。棺内人骨保存较差，仰身直肢葬，头北足南、面向上，男性。棺内北部放置绿釉陶罐 1 件、中部出土数枚铜钱（图一三；彩版三二，2）。

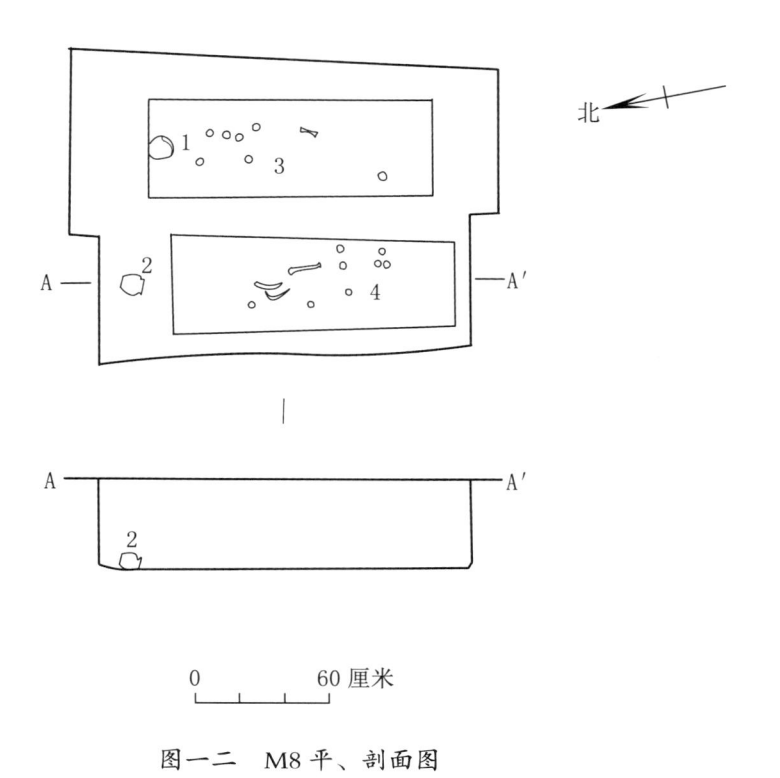

图一二　M8 平、剖面图
1、2. 绿釉陶罐　3、4. 铜钱

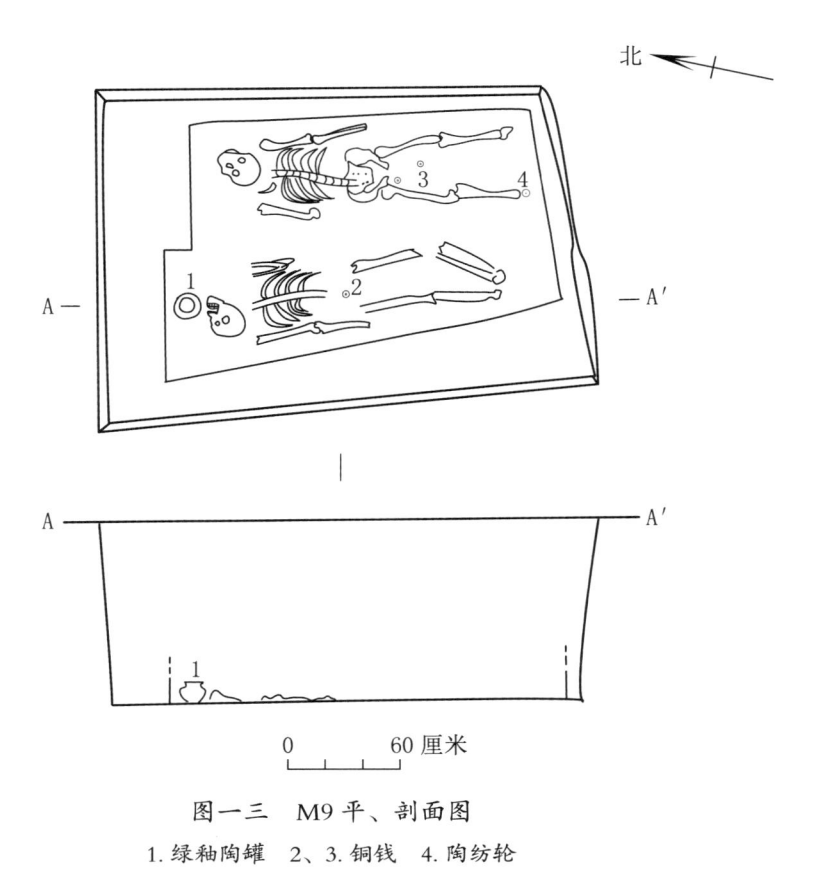

图一三　M9 平、剖面图
1. 绿釉陶罐　2、3. 铜钱　4. 陶纺轮

M10 位于发掘区的东南部，东邻 M7、西邻 M4。方向为 350°。开口于①层下，墓口距地表深 0.5 米。平面呈长方形，长 2.7 米、东西宽 2 ~ 2.3 米、深 0.6 米。墓室直壁，内填五花土，土质较松。葬具均为木棺，已朽，仅存痕迹，平面呈梯形。东侧棺残长 2.1 米、东西宽 0.6 ~ 0.7 米、残高 0.3 米。棺内人骨保存较差，仰身直肢葬，头向、面向不明。棺内北侧放置陶罐 1 件，盆骨下方出土数枚铜钱。西侧棺残长 2 米、宽 0.7 米、残高 0.25 米。棺内人骨保存较差，葬式不明。腿骨中部出土数枚铜钱（图一四；彩版三二，3）。

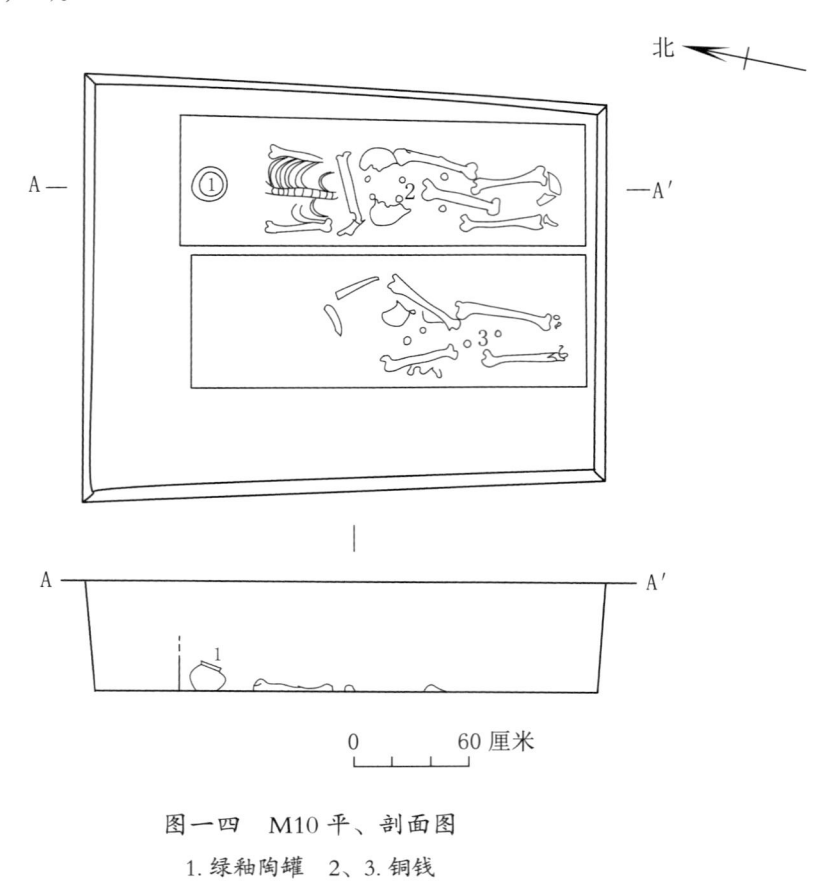

图一四 M10 平、剖面图
1. 绿釉陶罐 2、3. 铜钱

（二）窑址

Y1 位于发掘区的西北部，北邻 Y3，南邻 Y2，方向为 200°。开口于②层下。开口距地表深 0.4 米。平面呈球拍状，南北总长 6.5 米、宽 0.6 ~ 3.5 米，顶部已被破坏，由操作间、窑门、火膛、窑室组成，烟道不详（图一五；彩版三三，1）。

操作间位于窑室的南侧，平面呈长方形，上宽下窄，口部南北长 2.9 米、宽 0.6 ~ 1.2 米，底部长 3 米、宽 0.6 米。内填黄灰色土和较多的草木灰，红烧土块和颗粒，包含残瓦片和残砖块等。

窑门位于火膛和操作间之间，平面呈三角形，现只残剩火门口，宽 0.2 米、高 0.6 米、进深 0.7

米，火门口的南部顶部已被破坏，底部两壁用砖块砌成长1.1米、宽0.2米、残高0.06~0.24米的砖道。

火膛位于窑室的南侧，平面呈椭圆形，平底，东西长1.7米、南北宽0.9米、底低于窑床0.6米。火膛壁用0.3米×0.16米×0.06米规格的青砖，错缝平铺弧砌而成。火膛的底部竖立一周0.36米×0.17米×0.07米规格青砖。

窑室位于火膛的北侧，平面呈半月形，顶部已残，东西长3米、南北残宽1.7米、残高0.06~0.3米。窑床平面有多道凹槽，在窑床上平铺垫砖。窑壁用青砖错缝直砌，砖的规格为0.3米×0.16米×0.06米。

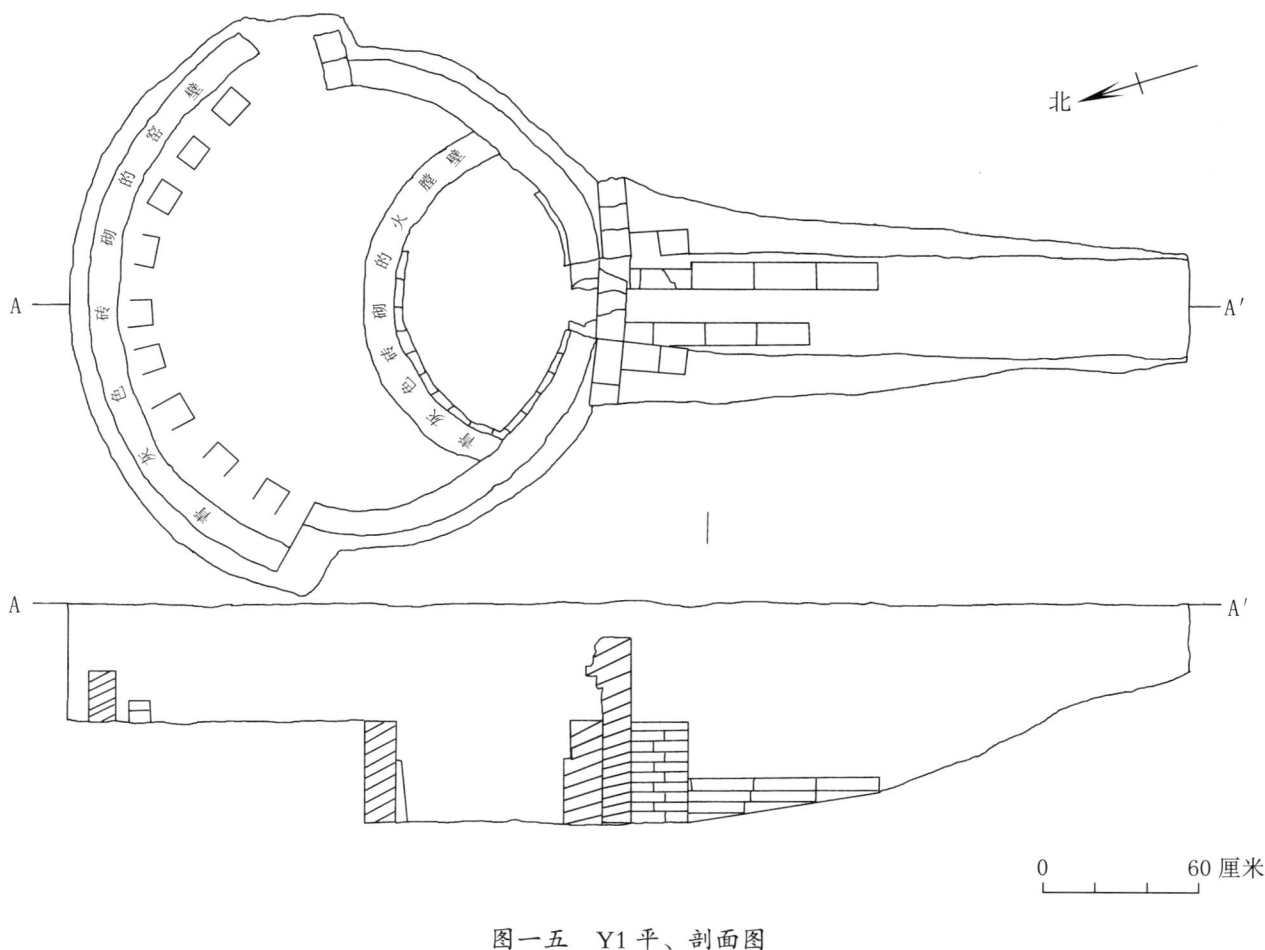

图一五　Y1平、剖面图

Y2位于发掘区的西北部，北邻Y1，方向为135°。开口于②层下。窑口距地表深0.4米。平面呈球拍状，南北总长10米、宽1~4.8米，顶部已被破坏，由操作间、火道、窑门、火膛、窑室及烟道组成（图一六；彩版三三，2）。

操作间位于窑室的南侧，平面呈长方形，上宽下窄，口部南北长1~1.35米、东西宽0.6~1.2米，底部长1~1.1米、宽0.6米。内填黄灰色土和较多的草木灰以及红烧土块，包含残砖块。

火道位于操作间的北侧，连接窑门，平面呈长方形，长1.2米、宽1.1米、深0.7米。火道两壁用青砖错缝砌筑。

窑门位于火膛和操作间之间，呈拱形，宽0.8米，高0.8米。

火膛位于窑室的北侧，平面呈半圆形，平底，长3.4米、宽1.1米、深1.05米。膛壁用青砖按两顺一丁堆砌而成。

窑室位于火膛的北侧，平面呈圆角长方形，顶部已残，长4.4米、宽2.2米、残深0.7米。

烟道位于窑室的北侧，连接窑室，共三条，以青砖隔开。每个烟道有两个排烟孔，每个排烟孔长约0.2米，烟道宽、高均被破坏，详情不明。

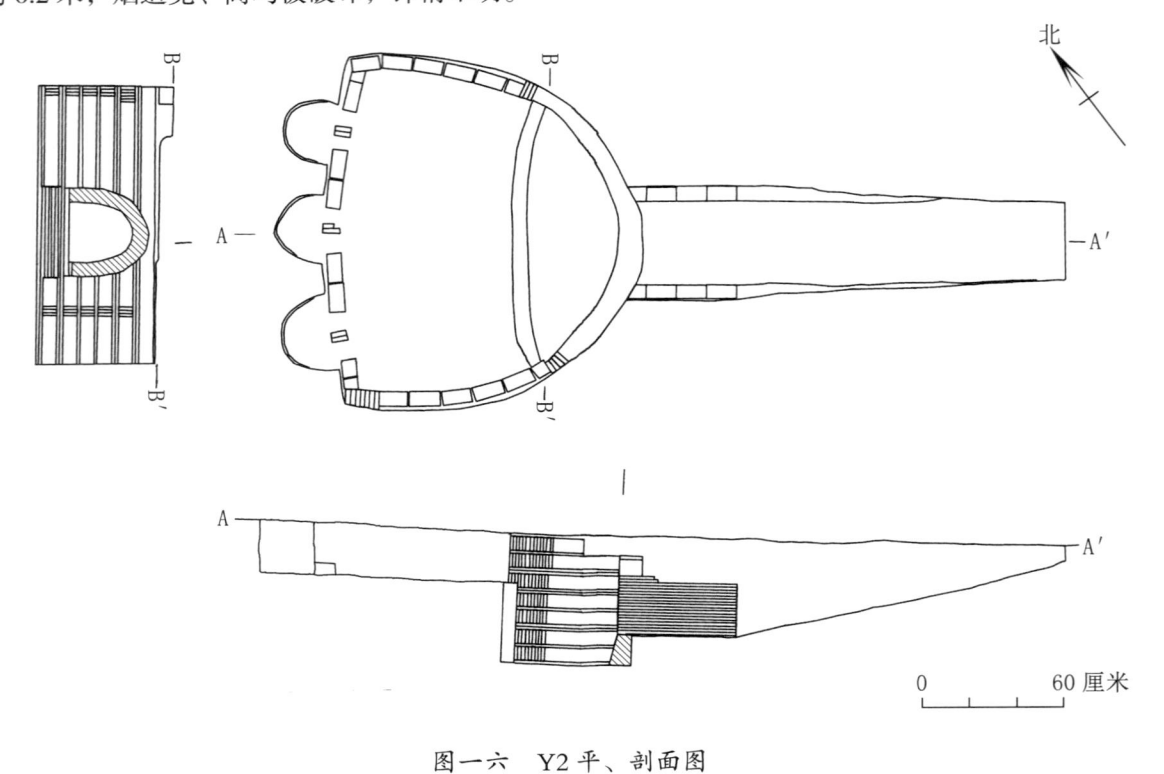

图一六　Y2平、剖面图

Y3位于发掘区的西北部，南邻Y1、西邻M1，方向为130°。开口于②层下。窑口距地表深0.4米。平面呈球拍状，东西总长6.5米、宽0.6~3.2米，顶部已被破坏，由操作间、火膛、窑室组成，烟道及窑门不详（图一七；彩版三四，1）。

操作间位于窑室的南侧，平面呈长方形，上宽下窄，东西长2.9米、宽0.6~1米。内填黄灰色土，含较多的草木灰、红烧土块、残砖块。

火膛位于窑室的南侧，平面呈半圆形，平底，长2.8米、宽0.94米，底低于窑床0.8米。火膛仅存北壁，底部用青砖错缝平砌六层，顶部侧砌一层。

窑室位于火膛的北侧，平面呈半圆形，顶部与窑壁已残，仅存窑室底部烧结面，长3.2米、宽1.8米、残高0.03~0.05米。

图一七　Y3 平、剖面图

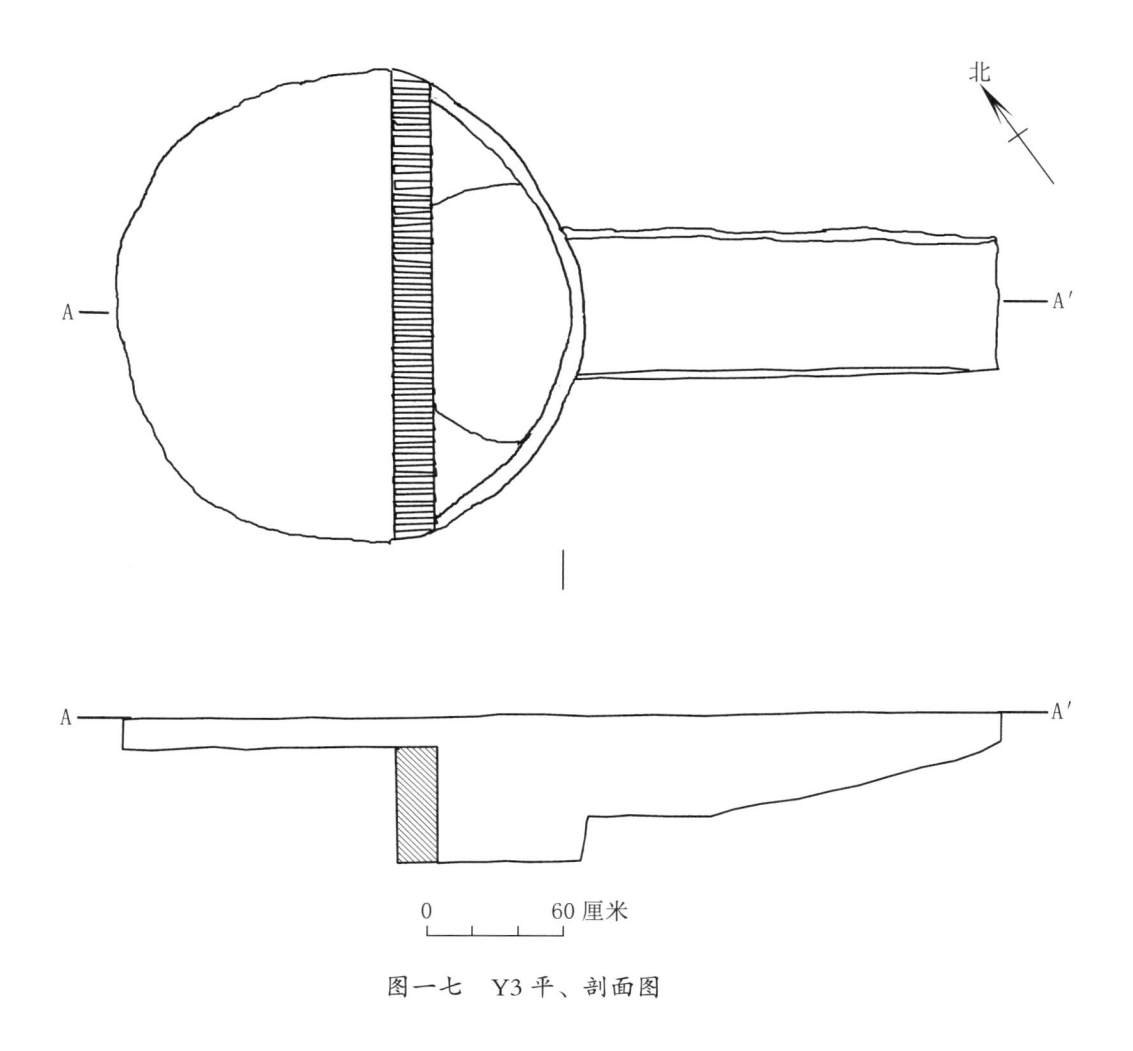

Y4 位于发掘区的东北部，方向为350°。开口于①层下。窑口距地表深0.2米。平面呈"8"形，总长6.3米、宽0.8~2.55米，顶部与四壁已被破坏，由操作间、窑门、火膛、窑室组成，未发现烟道（图一八；彩版三四，2）。

操作间位于窑室的南侧，平面呈圆角长方形，上宽下窄，上口长3米、宽0.8~1.7米，下口长3米、宽0.4~0.6米。内填黄灰色土，夹杂粉红色的烧土灰和灰褐色的窑灰，包含素面布纹瓦片。

窑门位于火膛和操作间之间，平面呈长方形，现只残剩火门口长0.56米、宽0.24米，东西两壁用青砖错缝平砌而成。

火膛位于窑室的南侧，平面呈椭圆形，平底，东西长1.9米、南北宽1.3米、深0.8米。火膛壁错缝平铺弧砌而成。

窑室位于火膛的北侧，平面呈半月形，顶部与窑室壁已残，残存底部青灰色烧结面与烧结面周围的红烧土面。烧结面东西长2.5米、南北宽1.6米、厚度0.03~0.05米。红烧土面宽0.2~0.35米。

图一八　Y4 平、剖面图

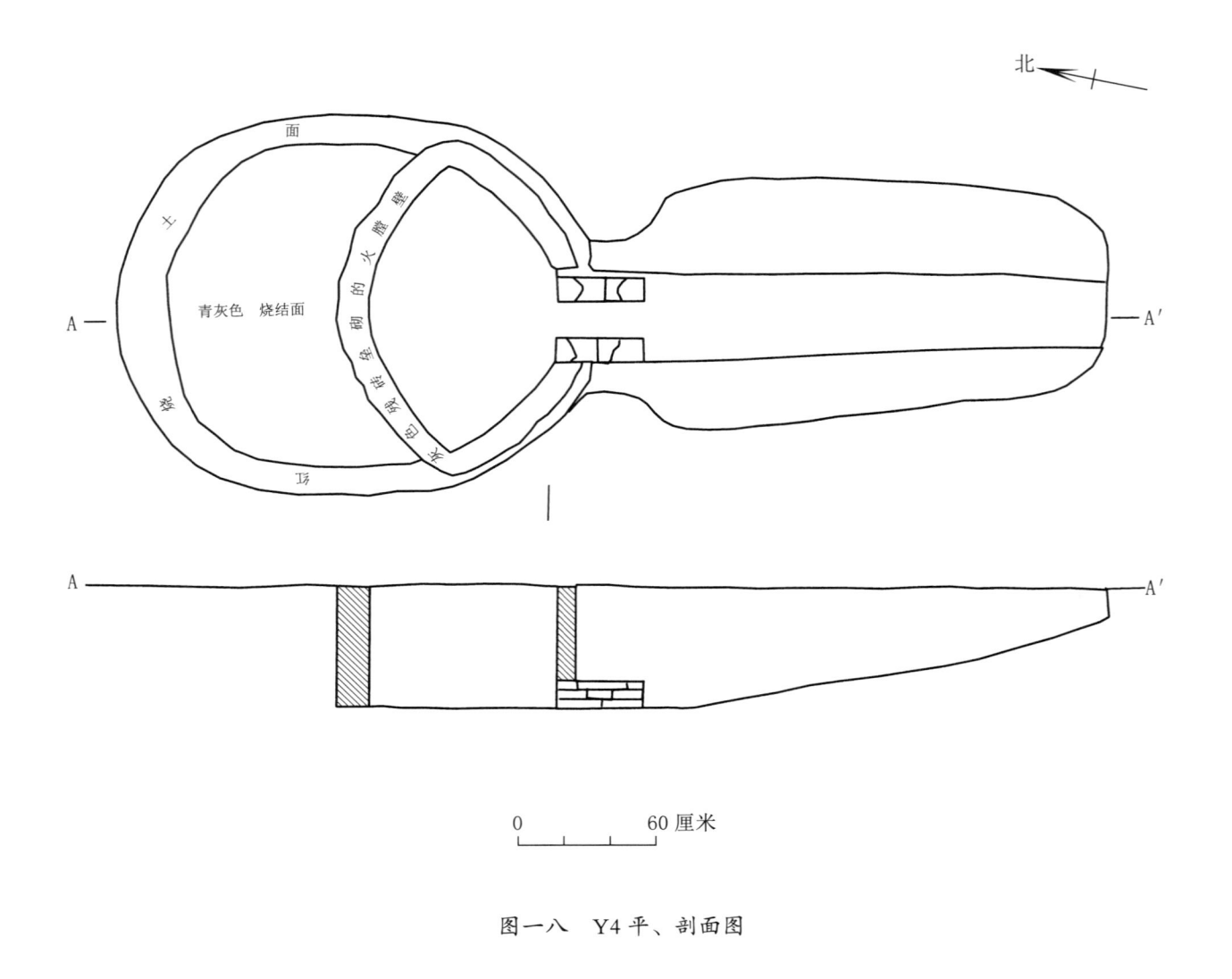

二、出土器物

共出土各类遗物35件，有金器、铜器、铁器、釉陶、陶器等，另出土铜钱79枚，介绍如下。

（一）金器

9件，包括金簪、金耳环和金头饰。

挖耳形金簪2件。M1：3，黄色，勺上翘，与勺柄之间有一细颈呈螺丝状，勺柄呈锥形，细直，通体光滑素面。通长12.4厘米、宽0.7厘米，重10.55克（图一九，1；彩版三五，1）。M1：4，黄色，勺上翘，与勺柄之间有一细颈呈螺丝状，勺柄呈锥形，尾部弯曲，通体光滑，素面。通长12.4厘米、宽0.6厘米，重10.63克（图一九，2；彩版三五，1）。

如意形金簪 1 件。M1∶5，首为如意形，雕刻蝴蝶图案。体为素面，扁长，弯曲。通长 8.5 厘米，重 7.79 克（图一九，3；彩版三五，2）。

金耳环 4 件。M1∶8，4 件形制、大小、重量均相同。手工打造。圆环形。素面。直径 1.5 厘米、厚 0.2 厘米，重 2.49 克（图一九，4；彩版三五，3）。

金头饰 2 件。M1∶11-1，由金丝镂空、锤揲而成，头饰顶部饰草叶，镶嵌宝石，叶脉等细部图案以细金丝掐成，下部为镂空元宝形香囊。整体造型栩栩如生，使用锤揲、累丝等工艺。长 5.3 厘米，宽 4.5 厘米，重 14.53 克（图二〇，2；彩版三六，2）。M1∶11-2，头饰锤揲、錾刻成折枝石榴花形状，叶脉以细金丝掐成，叶上镶嵌红色宝石。长 8.6 厘米、宽 3.2 厘米，重 12.51 克（图二〇，3；彩版三六，3）。

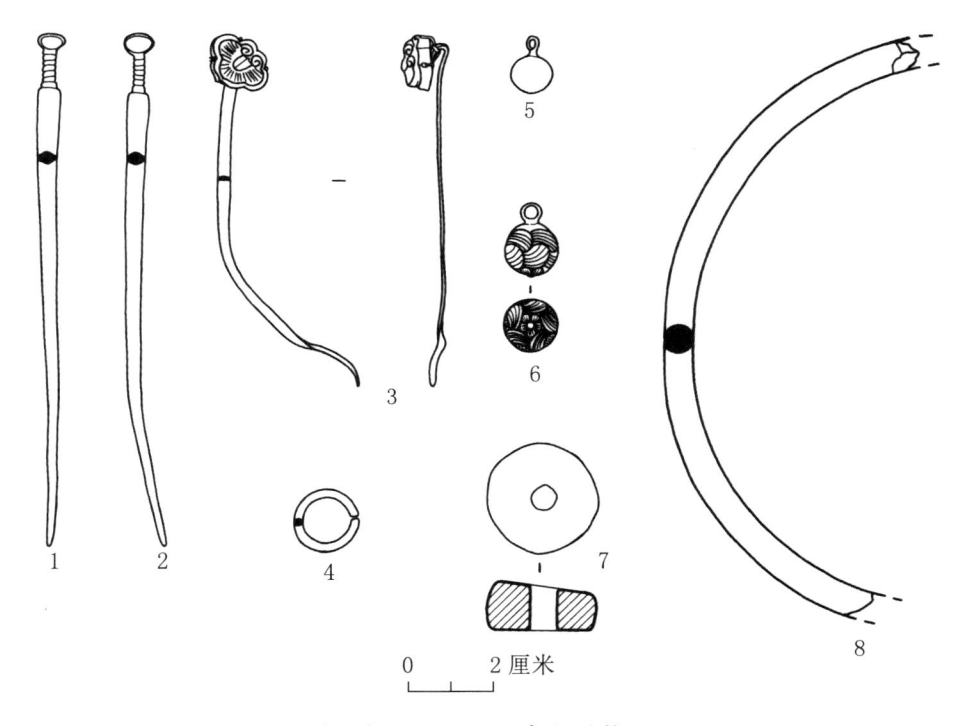

图一九　M1、M9 出土器物
1、2. 挖耳形金簪（M1∶3、M1∶4）　3. 如意形金簪（M1∶5）　4. 金耳环（M1∶8）
5、6. 铜扣（M1∶9-1、M1∶9-2）　7. 陶纺轮（M9∶4）　8. 铁环（M1∶10）

（二）铜器

7 件，包括铜扣、铜烛台。

铜扣 6 件。标本 M1∶9-1，扣体呈圆球形，素面，顶部作环状。通长 1.4 厘米、扣体直径 1 厘米（图一九，5；彩版三五，4）。标本 M1∶9-2，扣体呈圆球形，上饰有花朵纹饰，顶部作环状。通长 1.8 厘米、扣体直径 1.25 厘米（图一九，6；彩版三五，4）。

铜烛台 1 件。M1：1，已残。口径长 4.4 厘米、支柱残长 7.9 厘米（图二〇，1；彩版三六，1）。

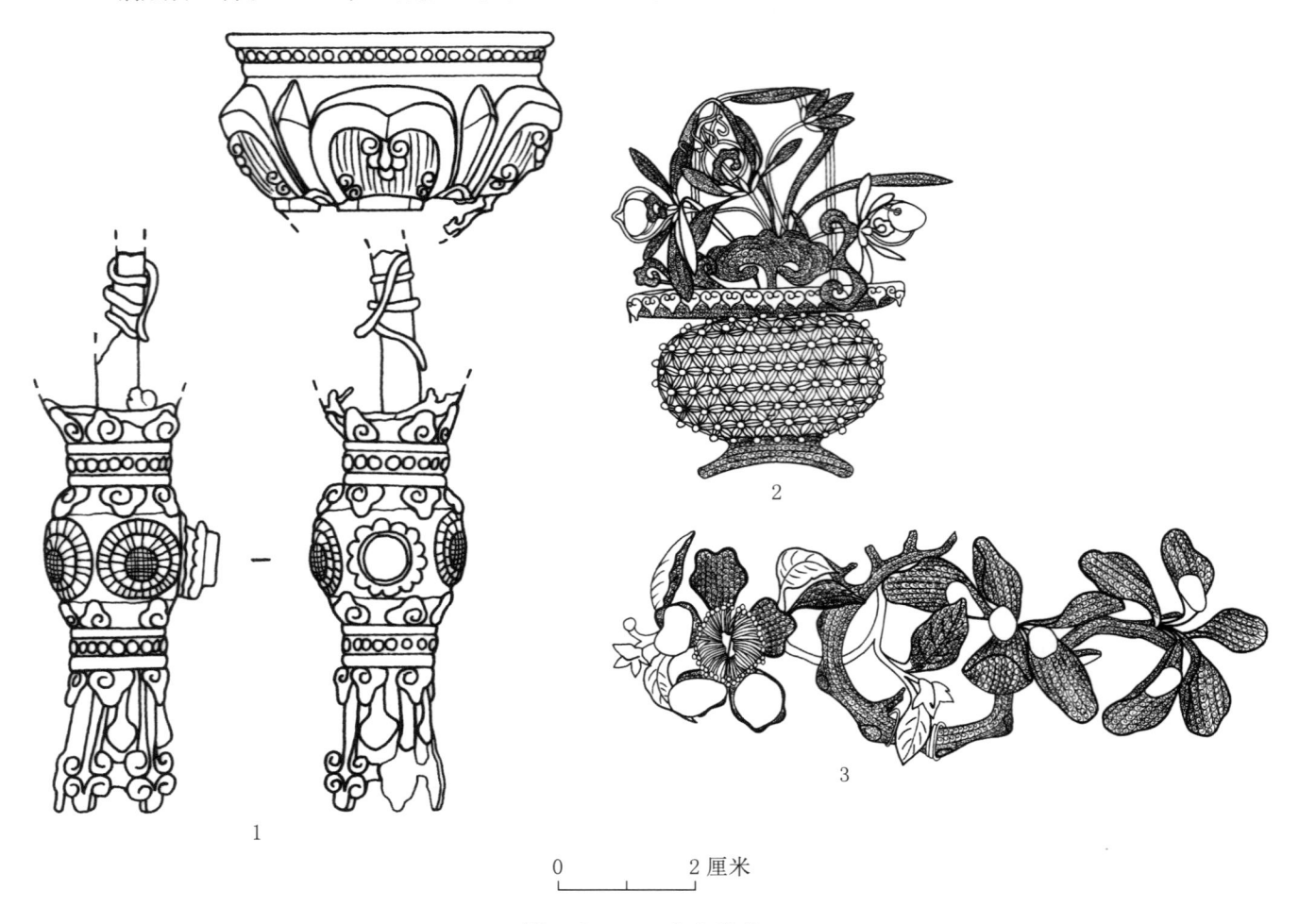

图二〇　M1 出土器物
1. 铜烛台（M1：1）　2、3. 金头饰（M1：11-1、M1：11-2）

（三）铁器

铁环 1 件。M1：10，已残。呈圆环形，素面，锈蚀严重。直径 12.2 厘米、厚 0.5 厘米（图一九，8；彩版三五，5）。

（四）瓷器

瓷罐 1 件。M4：1，方唇，敛口，平沿，斜腹微弧，矮圈足。肩部有四系。素面。缸瓦胎。黑釉，口沿、腹外壁和底部未施釉。口径 9.7 厘米、腹径 12.9 厘米、底径 7.5 厘米、通高 14.1 厘米（图二一，6；彩版三七，1）。

（五）釉陶器

绿釉陶罐 6 件。M5 : 1，方唇，直口，短颈，溜肩，鼓腹，矮圈足。素面，通体施绿釉，剥片严重。口径 8 厘米、腹径 13 厘米、底径 7 厘米、通高 14.9 厘米（图二一，7；彩版三七，2）。M4 : 2，尖唇，直口，溜肩，斜腹，平底。素面。腹部和底部未施釉。口径 8.8 厘米、腹径 11.6 厘米、底径 8 厘米、通高 11.9 ~ 12.3 厘米（图二一，3；彩版三七，3）。M8 : 1，方唇，直口，溜肩，斜弧腹，平底。素面。腹部和底部未施釉。口径 8.5 厘米、腹径 12.1 厘米、底径 7.4 厘米、通高 11.8 厘米（图二一，4；彩版三七，4）。M1 : 12，尖唇，直口微撇，高领，斜直腹微弧，平底。素面。腹部和底部未施釉。口径 9.5 厘米、腹径 9.7 厘米、底径 6.3 厘米、通高 10.5 厘米（图二一，1；彩版三七，

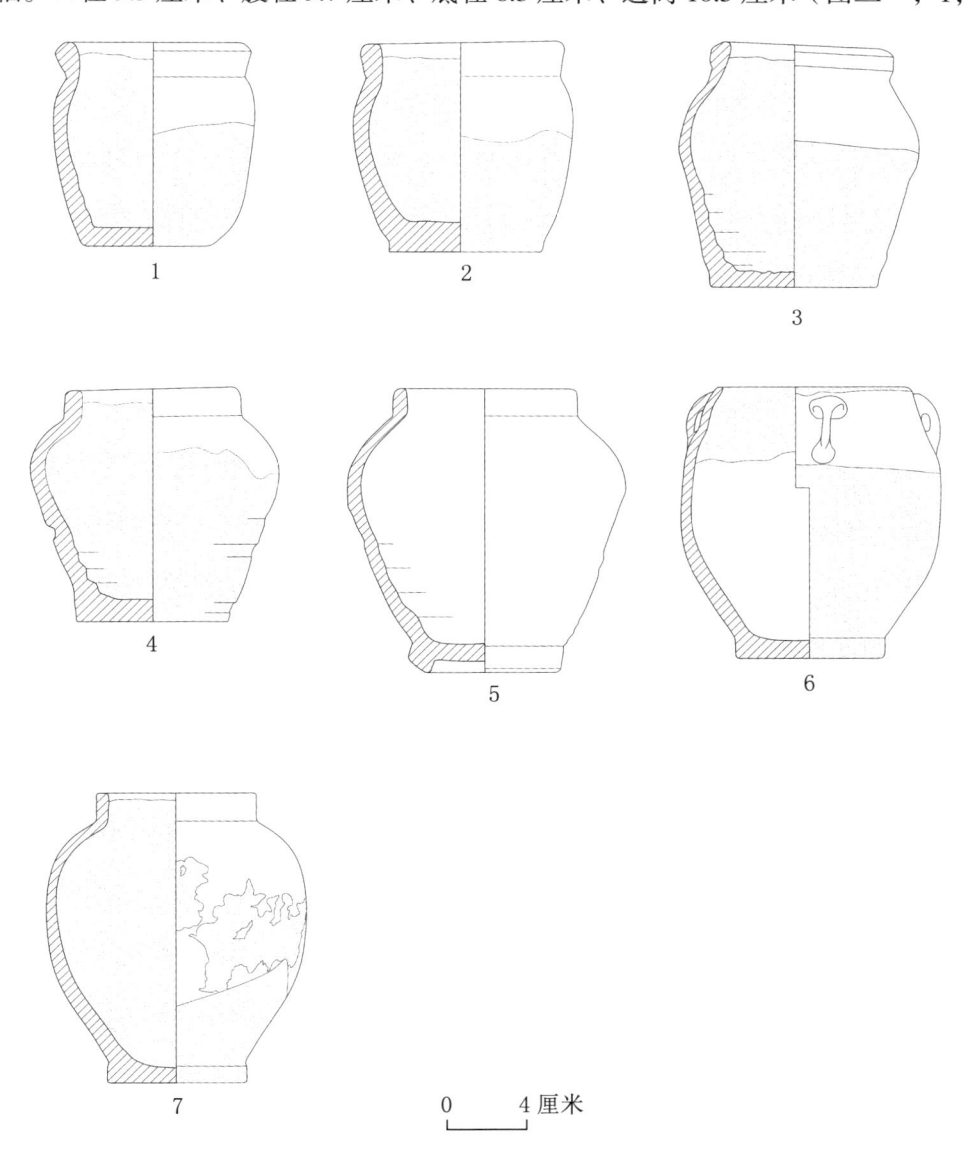

图二一　出土陶器、瓷器

1 ~ 5、7. 绿釉陶罐（M1 : 12、M1 : 13、M4 : 2、M8 : 1、M9 : 1、M5 : 1）　6. 瓷罐（M4 : 1）

5）。M1∶13，圆唇，直口微撇，高领，圆肩，弧腹，平底。素面。腹部和底部未施釉。口径10厘米、腹径10.8厘米、底径7.6厘米、通高11.7厘米（图二一，2；彩版三七，6）。M9∶1，圆唇，直口，溜肩，斜弧腹，平底。素面。带流釉，腹部和底部未施釉。口径9.1厘米、腹径13.8厘米、底径7.6厘米、通高14.6厘米（图二一，5；彩版三七，7）。

（六）陶器

陶纺轮1件。M9∶4，平面呈圆形，中部穿孔。泥质灰陶。素面。直径1.2厘米、孔径2.6厘米、厚0.6厘米（图一九，7；彩版三五，6）。

（七）其他

西方正路冥钱7枚。冥钱形制、大小均相同。标本M1∶6-1，锡质，圆形、方穿。正面有郭，铸"西方正路"四字，楷书，对读。直径4.3厘米、穿径0.5厘米、郭厚0.5厘米（图二三，9、10）。

沟纹砖1件。Y2采集，一面饰沟纹，为37厘米×18.5厘米×5厘米规格的青砖（图二二）。

图二二　Y2沟纹砖拓片

（八）铜钱

共计79枚，可辨识者有53枚，包括天圣元宝、政和通宝、天启通宝、泰昌通宝、万历通宝、嘉靖通宝、康熙通宝。

政和通宝1枚。M9：2-1，圆形、方穿。正面有郭，铸"政和通宝"四字，篆书，对读；背面有郭，光背。直径2.3厘米、穿径0.65厘米、郭厚0.1厘米（图二三，8）。

天圣元宝1枚。M4：3-1，圆形、方穿。正面有郭，铸"天圣元宝"四字，楷书，顺读；背面有郭，光背。直径2.4厘米、穿径0.7厘米、郭厚0.2厘米（图二三，5）。

嘉靖通宝5枚。标本M10：2-1，圆形、方穿。正面有郭，铸"嘉靖通宝"四字，楷书，对读；背面有郭，光背。直径2.4厘米、穿径0.6厘米、郭厚0.2厘米（图二三，1）。标本M10：3-1，圆形、方穿。正面有郭，铸"嘉靖通宝"四字，楷书，对读；背面有郭，光背。直径2.4厘米、穿径0.6厘米、郭厚0.15厘米（图二三，2）。

万历通宝17枚。标本M8：3-1，圆形、方穿。正面有郭，铸"万历通宝"四字，楷书，对读；背面有郭。直径2.5厘米、穿径0.6厘米、郭厚0.3厘米（图二三，3）。

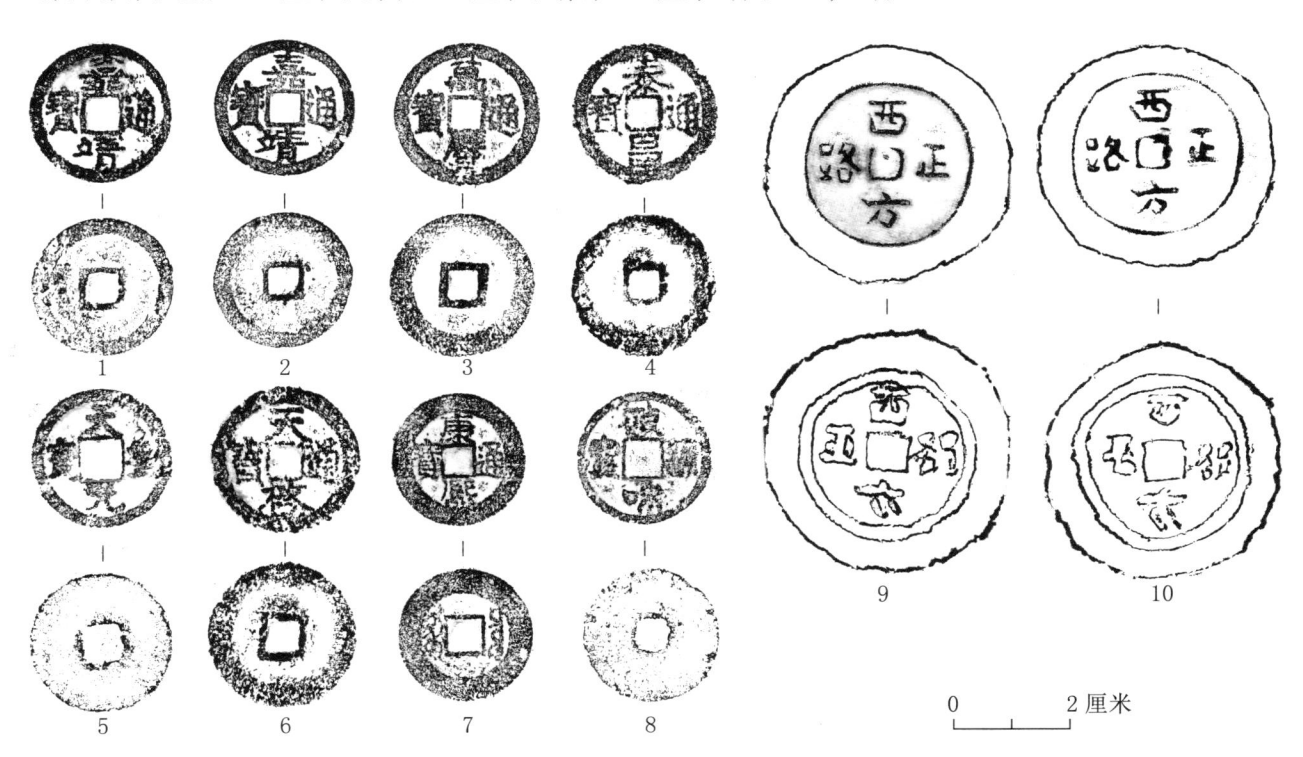

图二三　出土钱币拓片

1、2.嘉靖通宝（M10：2-1、M10：3-1）3.万历通宝（M8：3-1）4.泰昌通宝（M8：3-2）
5.天圣元宝（M4：3-1）6.天启通宝（M8：3-3）7.康熙通宝（M1：2-1）8.政和通宝（M9：2-1）
9、10.西方正路冥钱（M1：6-1、M1：6-2）

泰昌通宝 1 枚。M8：3-2，圆形、方穿。正面有郭，铸"泰昌通宝"四字，楷书，对读；背面有郭。直径 2.45 厘米、穿径 0.6 厘米、郭厚 0.3 厘米（图二三，4）。

天启通宝 4 枚。标本 M8：3-3，圆形、方穿。正面有郭，铸"天启通宝"四字，楷书，对读；背面有郭。直径 2.6 厘米、穿径 0.6 厘米、郭厚 0.4 厘米（图二三，6）。

康熙通宝 26 枚。标本 M1：2-1，圆形、方穿。正面有郭，铸"康熙通宝"四字，楷书，对读；背面有郭，背穿左右为满文"宝泉"，纪局名。直径 2.3 厘米、穿径 0.6 厘米、郭厚 0.3 厘米（图二三，7）。

三、结语

本次考古发掘出 11 座墓葬和 4 座窑址，其中墓葬可分为砖室墓与竖穴土坑墓，竖穴土坑墓按葬人数量又可分为单人葬墓与双人合葬墓。砖室墓 2 座、竖穴土坑单人葬墓 3 座、竖穴土坑双人合葬墓 6 座。竖穴土坑墓 M3～M11 与奥运一期工程及北京射击场工程的竖穴土坑明墓形制十分相似[1]。墓葬形制均为北京地区常见的明清墓葬形制。其中 M1、M2 两座砖室墓形制相似，分布集中于遗址西北部，推测应为一处小型的家族墓地；M3～M11 皆为竖穴土坑墓，分布集中于遗址东南部，应是不同时代的另一处家族墓地。

出土器物方面，金头饰 M1：11 与奥运一期工程 M37：8、M37：9[2] 及五棵松棒球场工程出土的 M21：22 鎏金簪首形制、工艺相似[3]；M1：11 所使用的镂空、累丝金属工艺也常在一些清代器物中发现。金耳环 M1：8 与郑常庄燃气热电工程出土 M6：1、M7：2 相似[4]；挖耳形金簪与北京射击场墓葬出土 M16：5 相似[5]；如意形金簪 M1：5 与通州东石村与北小营村 B1 地块出土 M15：1 形制相似[6]。

M4、M8～M10 所出铜钱，最早为嘉靖时期，最晚为天启时期，因此 M4、M8、M9、M10 应为明代中晚期墓葬。M1 出土康熙通宝，因此判断该墓年代不早于康熙年间。

Y1～Y3 平面形制相似，且分布位置集中，根据其开口层位与窑室内采集的沟纹砖判断三座窑址年代应为辽金时期。Y4 火膛平面呈椭圆形，与海淀区学院路清代窑址发掘简报的 Y6 形制相似[7]，根据其开口层位和形制判断其年代应为清代。

此次发掘，为研究北京地区明末清初墓葬的形制、丧葬习俗及物质文化提供了新的资料。

发掘：张智勇
摄影：王宇新
绘图：张志伟　赵夏峰
执笔：温梦砥　张智勇

注释

① 北京市文物研究所:《奥运一期工程考古发掘报告》《北京射击场考古发掘报告》,《北京奥运场馆考古发掘报告》,科学出版社,2007年。

② 北京市文物研究所:《奥运一期工程考古发掘报告》彩版四七,《北京奥运场馆考古发掘报告》,科学出版社,2007年,第312页。

③ 北京市文物研究所:《五棵松棒球工程考古发掘报告》彩版六六,《北京奥运场馆考古发掘报告》,科学出版社,2007年,第395页。

④ 北京市文物研究所:《郑常庄燃气热电工程考古发掘报告》彩版七八、七九,《北京奥运场馆考古发掘报告》,科学出版社,2007年,第411页。

⑤ 北京市文物研究所:《北京射击场工程考古发掘报告》,《北京奥运场馆考古发掘报告》,科学出版社,2007年,第629页。

⑥ 北京市考古研究院:《通州东石村与北小营村——北京轻轨L2线通州段次渠站等土地开发项目考古发掘报告》,科学出版社,2007年,第39页。

⑦ 于璞、朱志刚:《北京市海淀区中坞村清代窑址发掘简报》,《北京文博文丛》2014年第2辑。

附表　墓葬登记表

墓号	层位	形制	方向	墓口 长×宽×深（米）	墓底 长×宽×深（米）	葬具	葬式	人骨保存情况	性别	随葬品（件）
M1	①层下	长方形砖室	240°	3.9×3.2×0.2	3.9×3.2×1.3	双棺	皆仰身直肢葬	较差	北棺女性；南棺男性	釉陶罐2、铜钱55、冥币7、铁环1、铜烛台1、金耳环4、金簪3、金头饰2、铜扣6
M2	①层下	长方形砖室	330°	3.9×2.8×0.2	3.9×2.8×1.3	无	无	无	无	无
M3	①层下	长方形竖穴土坑	350°	2.8×(1.2~1.3)×0.3	2.8×(1.2~1.3)×0.9	单棺	仰身直肢葬	较差	男性	陶罐1、铜钱7
M4	①层下	梯形竖穴土坑	50°	(2.3~2.6)×(1.5~1.8)×0.4	(2.3~2.6)×(1.5~1.8)×0.8	双棺	皆仰身直肢葬	较差	北棺女性；南棺男性	釉陶罐1、瓷罐1、铜钱2
M5	②层下	长方形竖穴土坑	10°	1.8×(1.5~1.8)×0.4	2.4×(1.5~1.8)×1	双棺	皆仰身直肢葬	较差	东棺男性；西棺女性	陶罐1
M6	①层下	长方形竖穴土坑	50°	(2~2.3)×1.7×0.2	(2~2.3)×1.7×0.5	双棺	皆仰身直肢葬	较差	北棺男性；南棺女性	铜钱2
M7	①层下	长方形竖穴土坑	340°	2.8×(1.06~1.2)×0.2	2.8×(1.06~1.2)×0.8	单棺	仰身直肢葬	较好	女性	无
M8	①层下	长方形竖穴土坑	350°	(2.5~2.9)×(1.5~1.8)×0.4	(2.5~2.9)×(1.5~1.8)×0.8	双棺	不详	差	不详	陶罐2、铜钱32
M9	①层下	长方形竖穴土坑	340°	(2.4~2.7)×(1.7~1.9)×0.2	(2.4~2.7)×(1.7~1.9)×1.2	双棺	仰身直肢葬	较好	东棺女性；西棺男性	陶罐1、铜钱4、陶纺轮1
M10	①层下	长方形竖穴土坑	350°	2.7×(2~2.3)×0.5	2.7×(2~2.3)×1.1	双棺	仰身直肢葬	较差	不详	陶罐1、铜钱10
M11	①层下	长方形竖穴土坑	350°	2.7×(1.0~1.1)×0.3	2.7×(1.0~1.1)×1	单棺	仰身直肢葬	较差	男性	铜钱2

大兴区海户新村明清古井发掘报告

海户新村位于大兴区黄村镇，东邻广平大街、南邻清泰路、西邻广阳大街、北邻福海东路。地理坐标为 X：20119.418，Y：41161.240（图一）。2010 年 11 月 25 日至 26 日，北京市考古研究院（原北京市文物研究所）为配合大兴新城海户新村 B 组团项目建设，对勘探发现的一口古井进行了考古发掘（图二）。

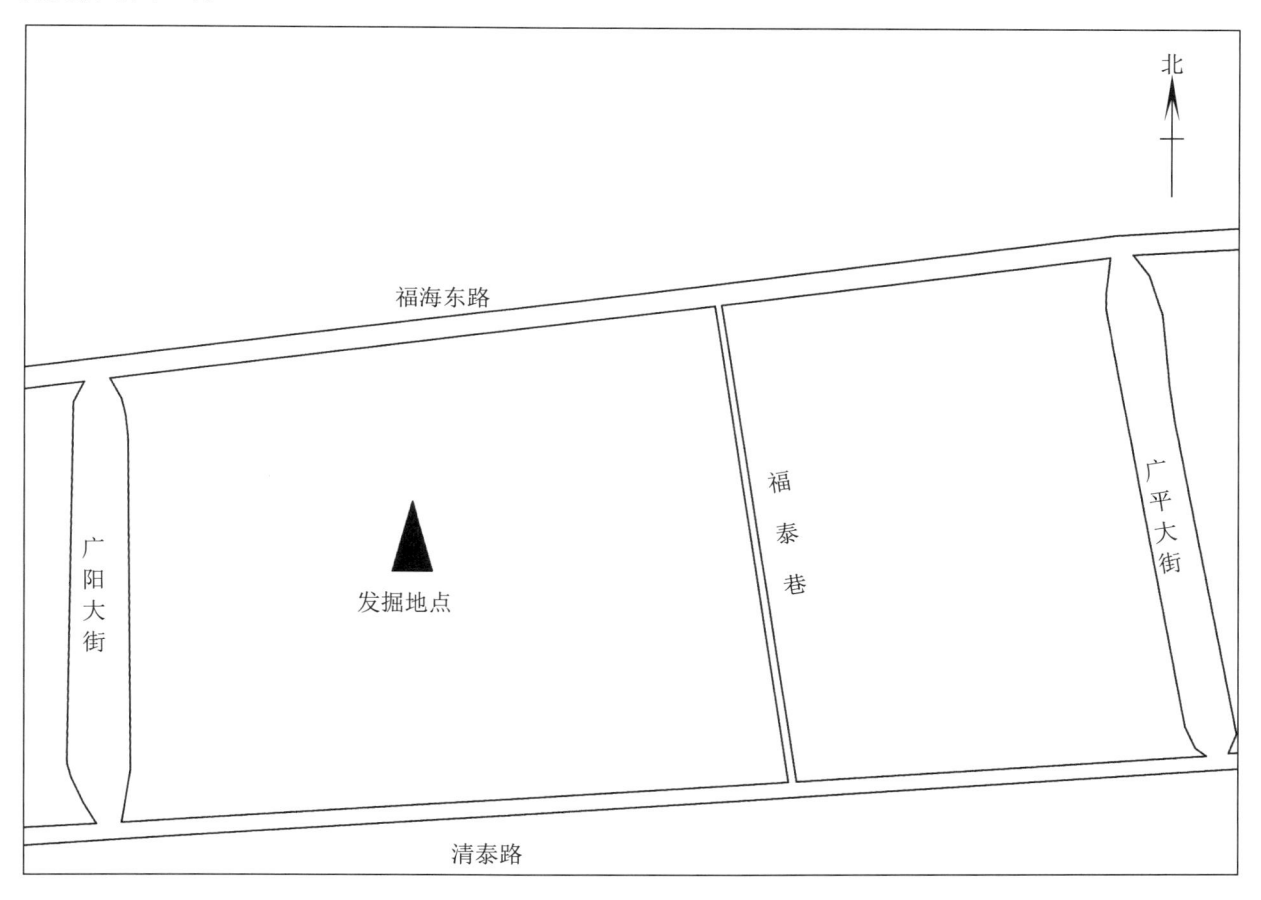

图一　发掘地点位置示意图

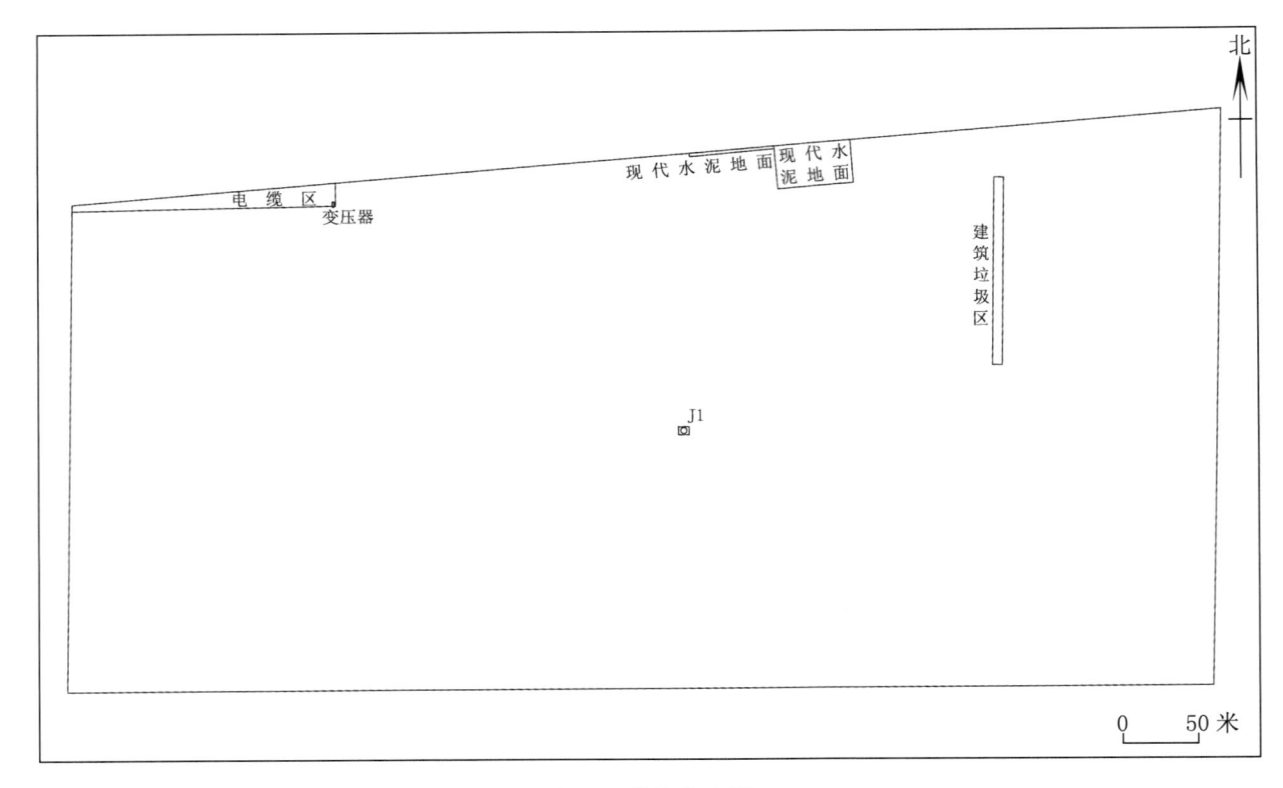

图二　遗迹分布图

一、古井形制

J1 为青砖砌筑的圆形砖井（图三；彩版三八），由土圹和井筒两部分构成。土圹平面呈圆形，井口距地表深 0.3 米，底部建有二层台。台上直径 3.4 米、距地表深 1.7 米；台下直径 2 米、底面距地表深 2.6 米。土圹内填五花土，土质松散。井筒上部为砖砌井壁，平面呈圆形，顶部为残砖立砌，以下为青砖逐层错缝平砌，内径 1.8 米，砖壁残存 28 层，高 1.38~1.5 米。井筒下部为木质井圈，内径 1.8 米、高 0.1 米。井内填淤土，土质较硬，夹杂碎砖块、兽骨及零星炭屑等。井壁所用青砖规格为长 26 厘米、宽 12 厘米、厚 5 厘米。

图三　J1平、剖面图

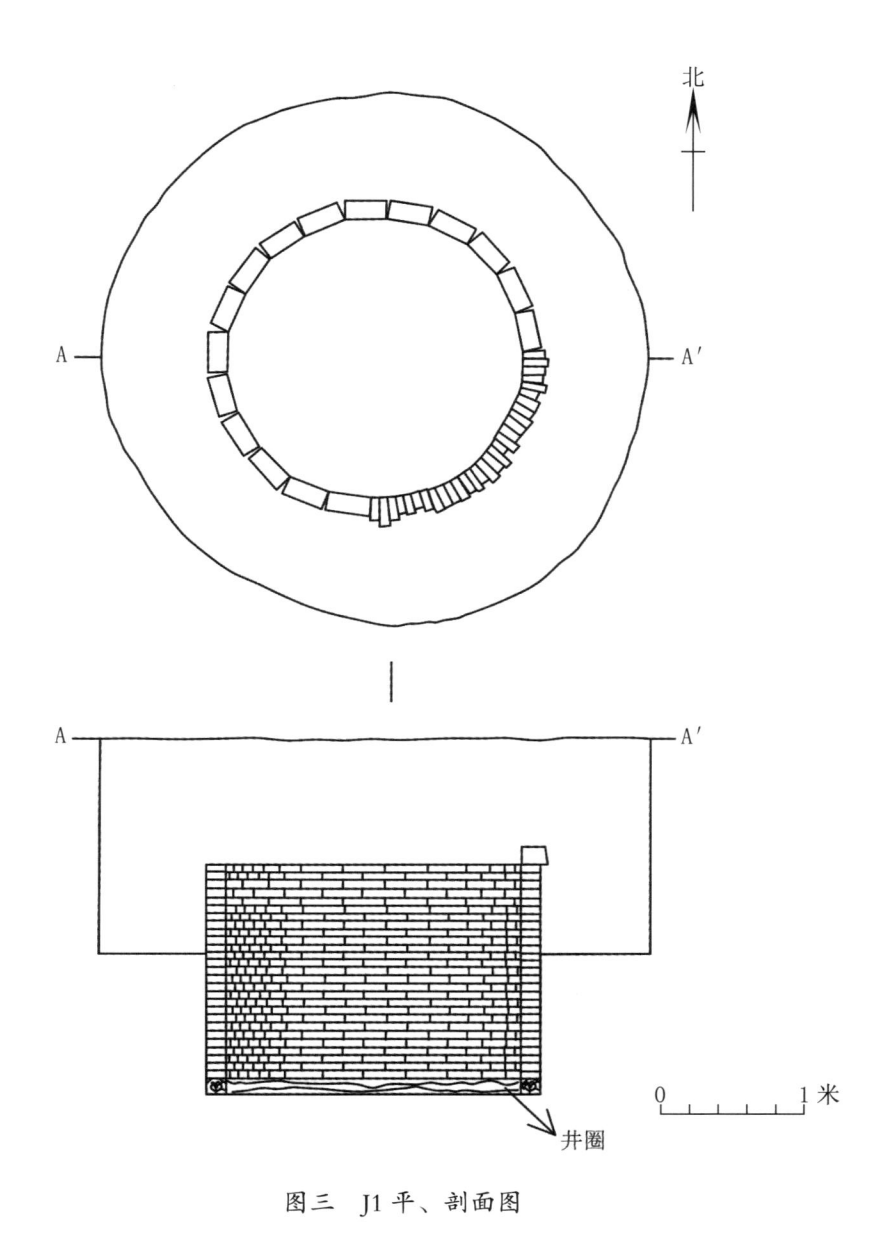

二、结语

大兴新城海户新村 B 组团项目发掘的砖井，与亦庄 X11 号地 J1[①]、北运河故道 J1[②] 形制相似，推测为明清时期水井。中国古代水井的形制发展，由早期的土井、木构井、陶井，至汉代以后多为砖井[③]。相比于土井、陶井等形制，砖井的井壁更为坚固，过滤效果更好。木质井圈出现于商代，置于井底，可防井壁坍塌，并保持井水清洁[④]。

该项目发掘的古井年代较晚，结构相对完整，可为研究明清时期水井的修筑方法提供实物资料。

发掘：尚珩

绘图：刘雨婧

执笔：刘雨婧　尚珩

注释

① 北京市文物研究所：《北京亦庄X11号地》，科学出版社，2012年，第129页。
② 北京市考古研究院：《北京通州小圣庙遗址与北京运河故道考古发掘简报》，《运河学研究》2022年第1期。
③ 刘诗中：《中国古代水井形制初探》，《农业考古》1991年第3期。
④ 同③。

附表　古井登记表　　　　　　　　　　　　　　　　　　　　单位：米

井	形制	土圹 开口（直径×距地表深）	土圹 二层台（直径×距地表深）	土圹 底部（直径×距地表深）	井筒 砖砌井壁（内径×高）	井筒 木质井圈（内径×高）	青砖规格（长×宽×厚）
J1	圆形砖井	3.4×0.3	3.4×1.7	2×2.6	1.8×（1.38~1.5）	1.8×0.1	0.26×0.12×0.05

顺义区天竺村清代墓葬发掘报告

天竺村清代墓葬位于顺义区天竺镇原天竺村所在地，西邻天竺公园、东邻天竺大街。地理坐标为东经116°35′11.63″，北纬40°3′27.1836″（图一）。

2015年9月11日至10月14日，为配合顺义区第28街区SY00-0028-6014地块建设，北京市考古研究院（原北京市文物研究所）对勘探发现的古代墓葬进行了考古发掘，发掘面积170平方米，发掘明清时期墓葬20座（图二）。

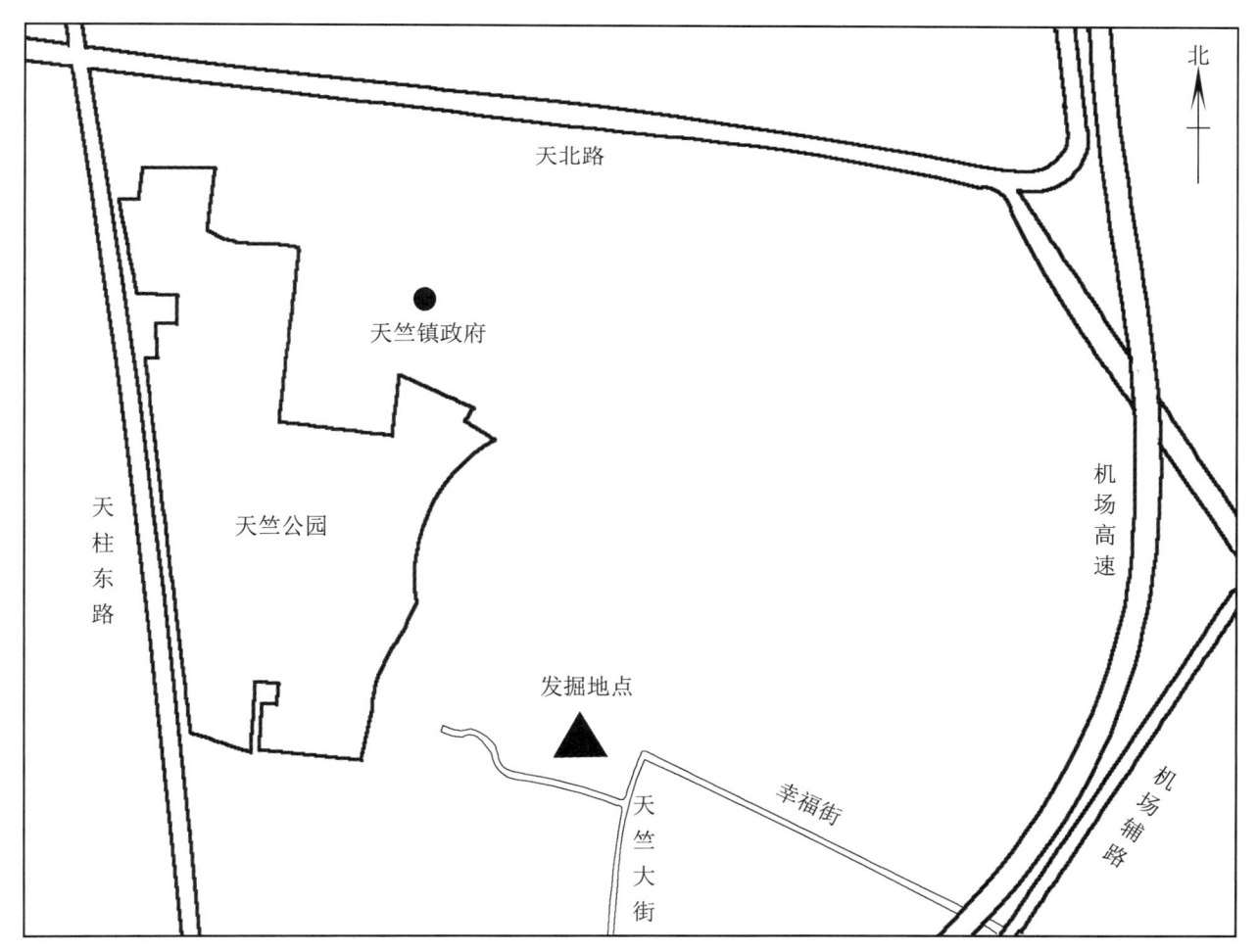

图一 发掘地点位置示意图

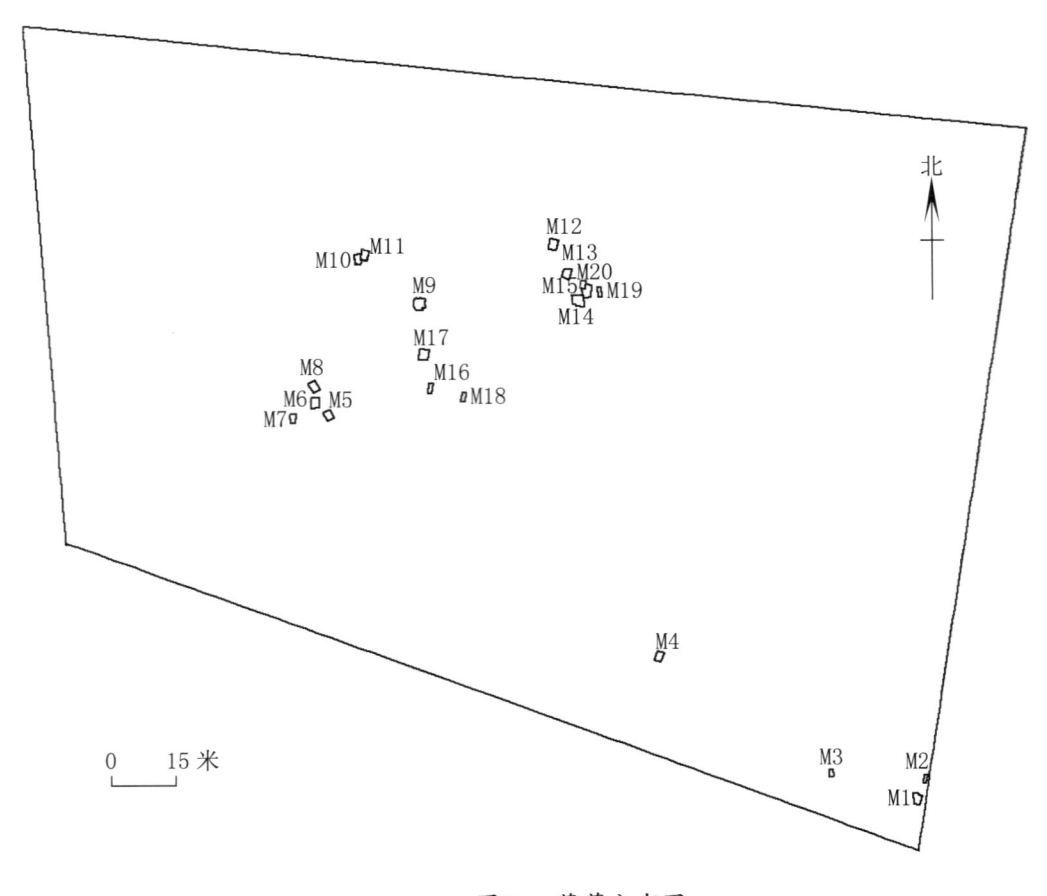

图二　墓葬分布图

一、地层堆积

发掘区内地层堆积共分为两层。

第①层：厚 0.5～3.5 米，黑灰色土，较致密，含石块、红烧土颗粒、黑灰点，局部含大量建筑垃圾、混凝土块。墓葬均开口于该层下。

第②层：红褐色土，厚 0.8～1.7 米，致密，局部呈深褐色斑点。

该层下为生土。

二、墓葬

共 20 座，均为竖穴土圹墓，分为单人葬墓、双人合葬墓、四人合葬墓三种类型。

（一）单人葬墓

7座。分别为M2、M3、M7、M16、M18～M20。

M2 位于发掘区东南部，南邻M1。方向为20°。开口于①层下，墓口距地表深1.1米。墓圹平面呈梯形，长2.3米、宽0.8～0.9米、深0.62米（图三；彩版三九，2）。直壁，平底，内填浅黄褐色花土，土质疏松。

葬具为木棺，保存较差，仅存棺痕，平面呈梯形，长1.7米、宽0.56～0.64米。棺底见草木灰，厚0.04米。棺内葬人骨1具，保存状况较差，仰身直肢葬，头北足南，面向不明，女性。未发现随葬品。

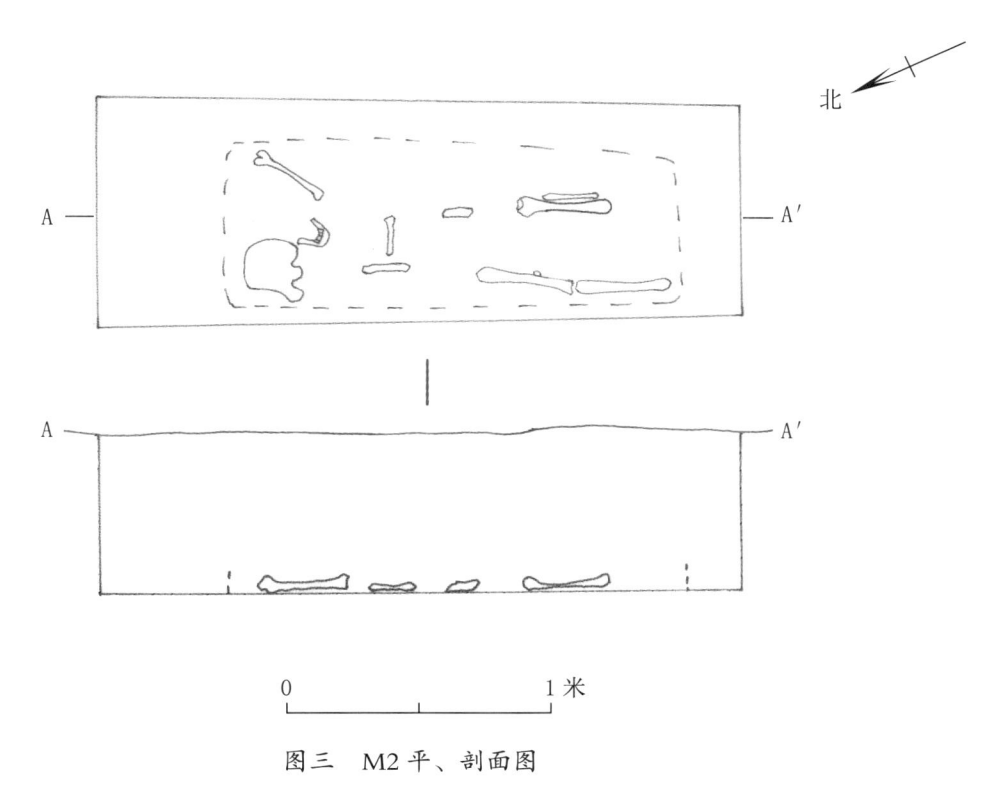

图三 M2平、剖面图

M3 位于发掘区东南部，东邻M1、M2。方向为5°。开口于①层下，墓口距地表深1.1米。墓圹平面呈梯形，长2.1米、宽0.8～1米、深0.84米（图四；彩版三九，3）。壁较直，平底，内填浅黄褐色花土，土质疏松。

葬具为木棺，保存较差，仅存棺痕，平面呈梯形，长1.7米、宽0.58～0.64米。棺底见草木灰，厚0.04米。棺内葬人骨1具，保存较完整，仰身直肢葬，头北足南，面向上，男性。未见随葬品。

M7 位于发掘区西南部，东邻M5、M6。方向为25°。开口于①层下，墓口距地表深1.1米。墓圹平面近梯形，长2.5米、宽1.2～1.27米、深1米（图五；彩版四二，1）。直壁，平底，内填较松散的浅黄褐色五花土。

图四　M3 平、剖面图

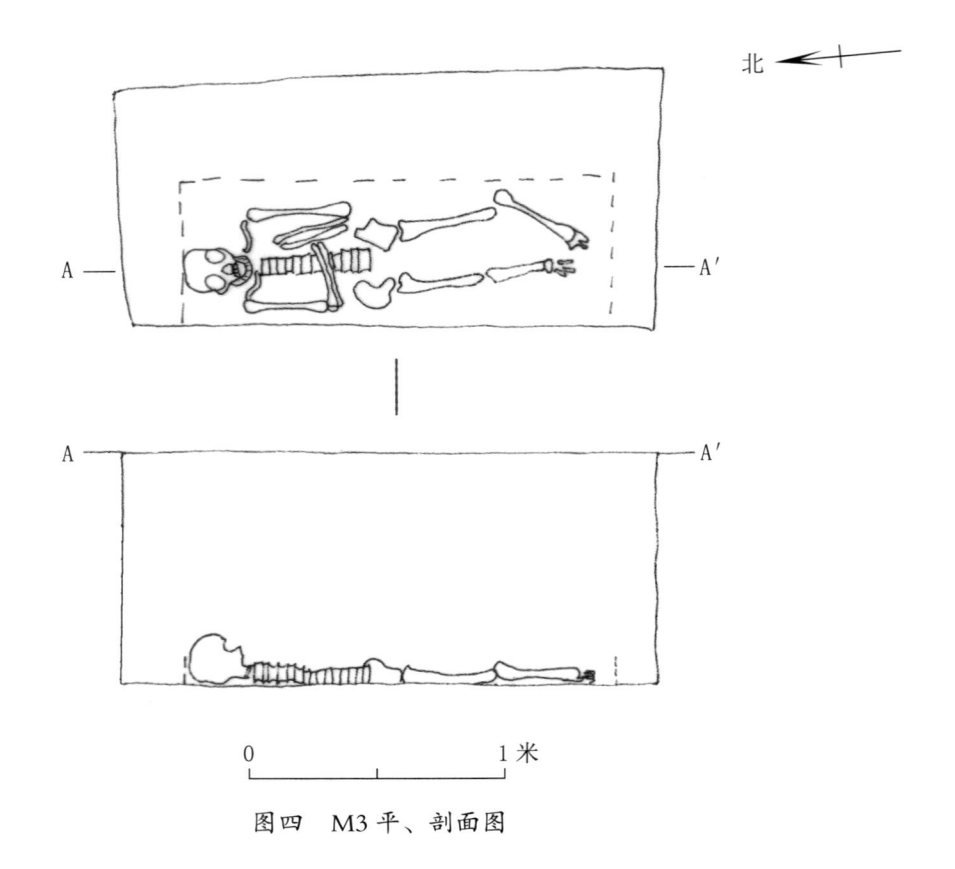

葬具为木棺，保存较好，平面呈梯形，长 2.03 米、宽 0.6～0.73 米、残高 0.3～0.38 米。棺底见草木灰，厚 0.03 米。棺内葬人骨 1 具，仰身直肢葬，头北足南，面向上，男性。未见随葬品。

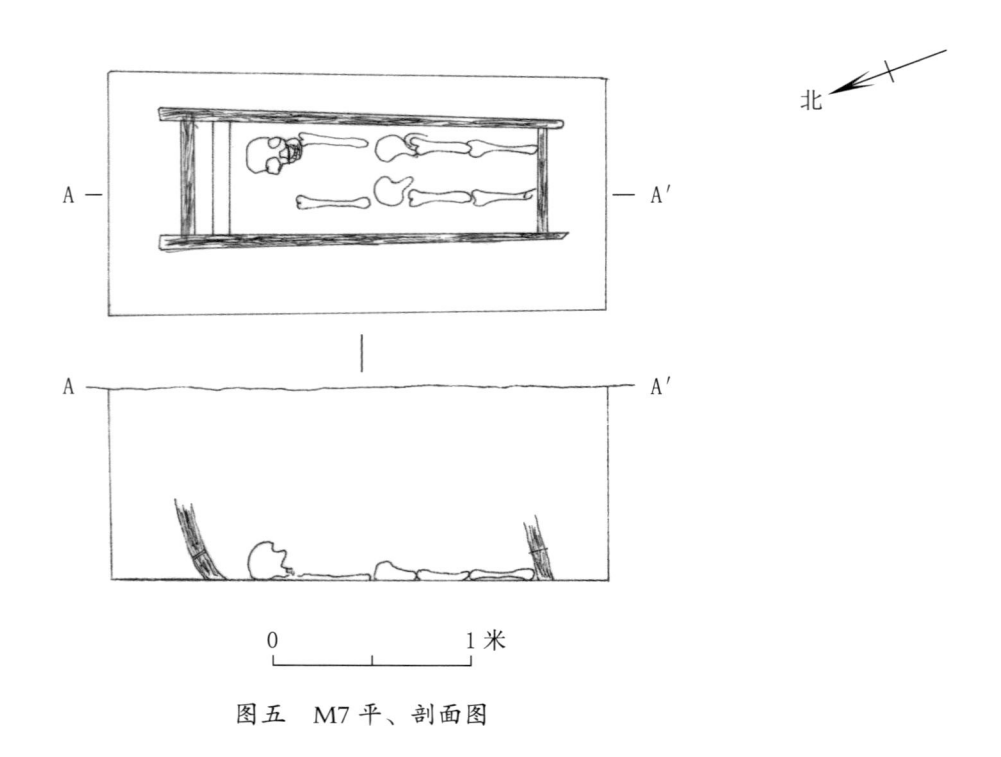

图五　M7 平、剖面图

M16 位于发掘区中部偏南，东邻 M18、北邻 M17。方向为 20°。开口于①层下，墓口距现地表深 1.1 米。墓圹平面呈曲尺形，长 2.66 米、宽 1～1.36 米、深 0.96 米（图六；彩版四四，2）。四壁较直，底部较平坦，内填较松散的黄褐色五花土。

葬具为木棺，腐朽严重，棺痕不清。棺底见草木灰，厚 0.04 米。棺内葬人骨 1 具，保存较完整，仰身直肢葬，头北足南，面向西，男性。未见随葬品。

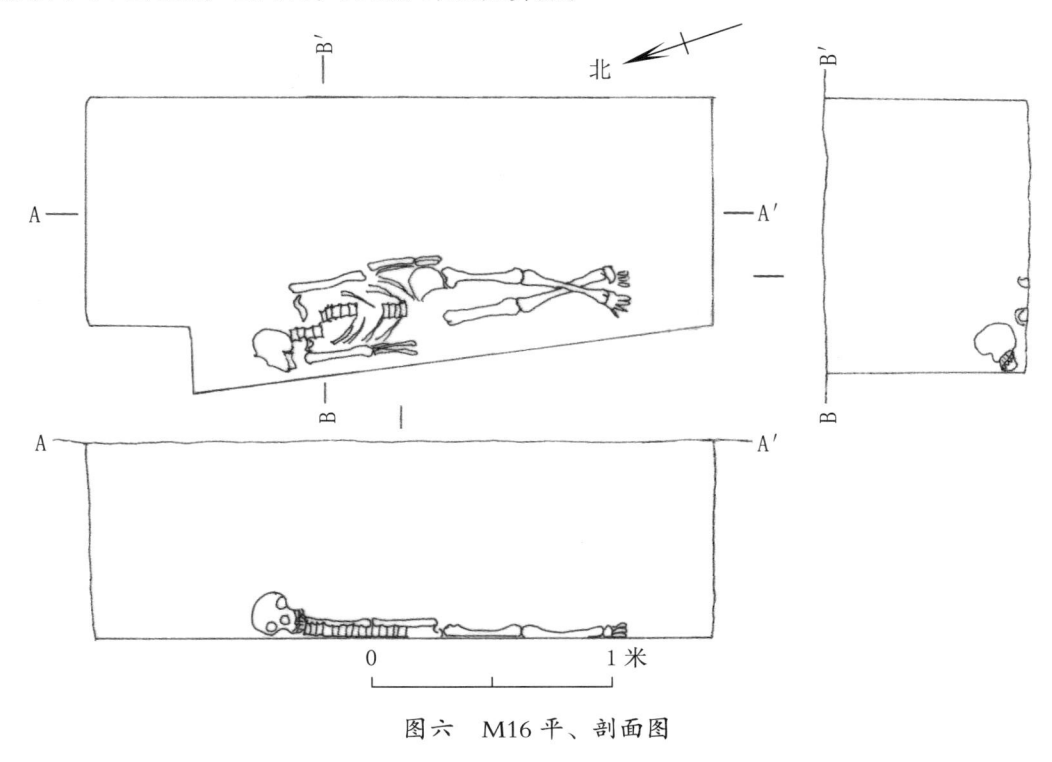

图六　M16 平、剖面图

M18 位于发掘区中部偏南，西邻 M16。方向为 25°。开口于①层下，墓口距现地表深 1 米。墓圹平面近平行四边形，长 2.36 米、宽 1 米、深 1.42 米（图七；彩版四四，3）。直壁，平底，内填较松散的黄褐色五花土。

葬具为木棺，保存状况较差，仅存棺痕，平面近梯形，长 1.88 米、宽 0.5～0.6 米。棺底见草木灰，厚 0.04 米。棺内葬人骨 1 具，保存较完整，仰身直肢葬，头北足南，面向上，男性。人骨下见铜钱 3 枚。

M19 位于发掘区中部偏北，西邻 M14、M15、M20。方向为 10°。开口于①层下，墓口距现地表深 1.1 米。墓圹平面呈梯形，长 2.5 米、宽 0.9～1.04 米、深 0.72 米（图八；彩版四五，2）。直壁，平底，内填较松散的黄褐色五花土。

葬具为木棺，保存状况较差，南北两端仅存棺痕，东西两侧可见残存棺板。平面呈梯形，长 2.15 米、宽 0.75～0.9 米、侧板残长 1.8～2.05 米、残高 0.13～0.3 米。棺底见草木灰，厚 0.04 米。棺内葬人骨 1 具，保存较差，头骨破碎，仰身直肢葬，头北足南，面向不明，男性。棺外北侧发现瓷罐 1 件，头骨处出土铜钱 1 枚。

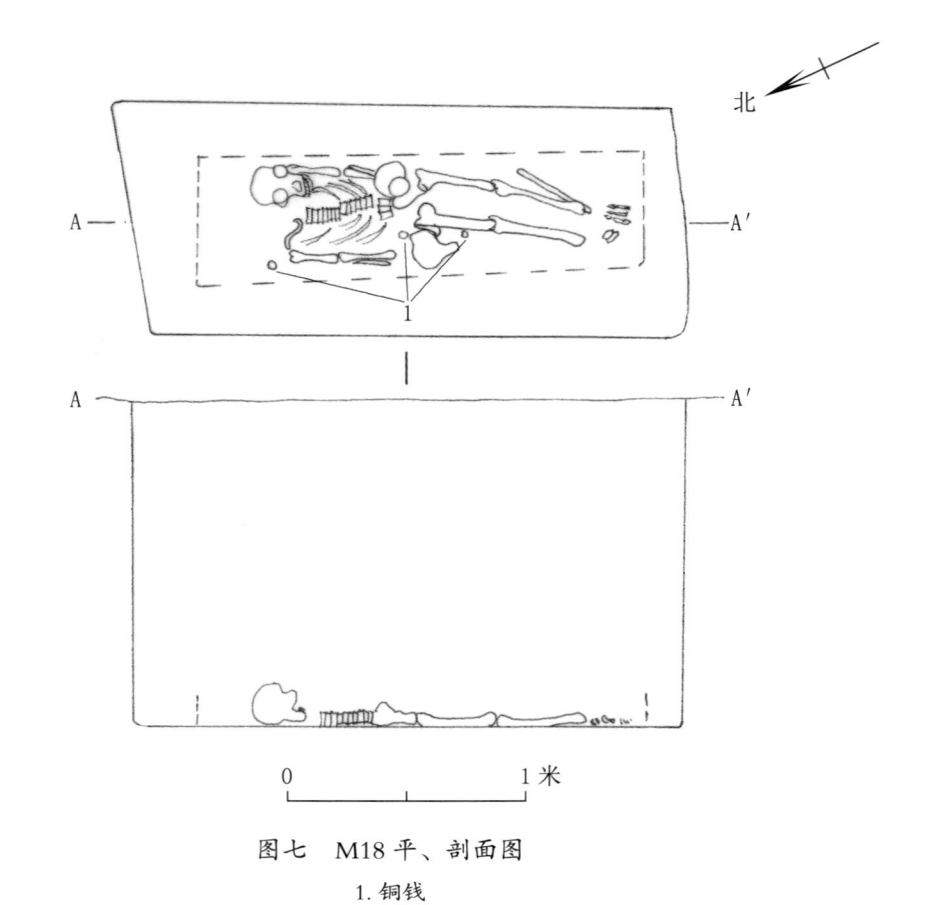

图七　M18 平、剖面图
1. 铜钱

图八　M19 平、剖面图
1. 瓷罐　2. 铜钱

M20 位于发掘区中部偏北，打破 M15，东邻 M19。方向为 25°。开口于①层下，墓口距现地表深 1.1 米。墓圹平面近长方形，长 2.2 米、宽 1.6 米、深 0.92 米（图九；彩版四五，3）。直壁，平底，内填较松散的黄褐色五花土。

葬具为木棺，保存状况较差，仅存棺痕，平面呈梯形，长 1.8 米、宽 0.64 ~ 0.8 米。棺底见草木灰，厚 0.04 米。棺内葬人骨 1 具，保存状况较差，头骨破碎，仰身直肢葬，头北足南，面向不明，男性。棺外北侧出土瓷罐 1 件，棺内人骨下见铜钱 5 枚。

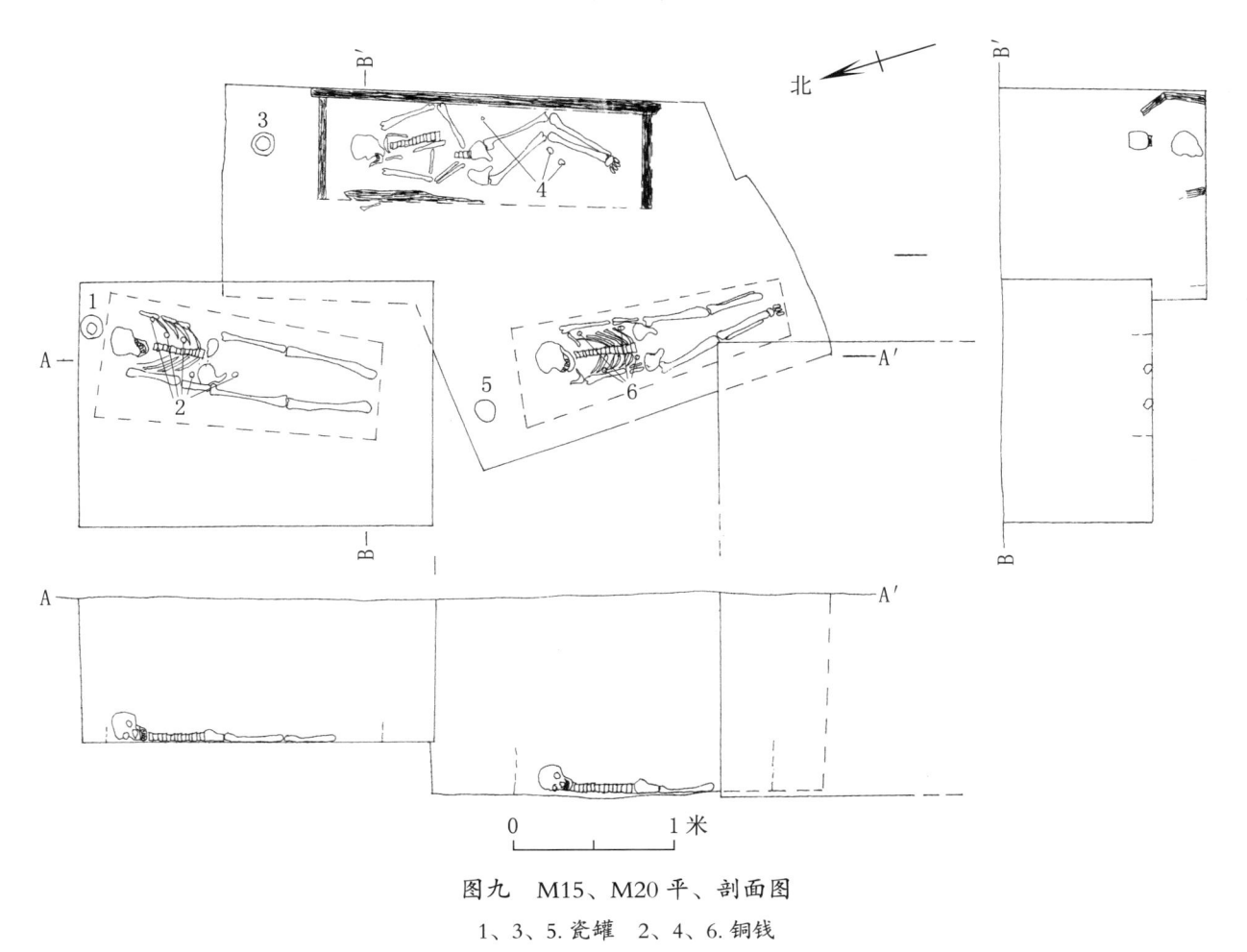

图九　M15、M20 平、剖面图
1、3、5. 瓷罐　2、4、6. 铜钱

（二）双人合葬墓

12 座。分别为 M1、M4 ~ M6、M8 ~ M13、M15、M17。

M1 位于发掘区东南部，北邻 M2。方向为 10°。开口于①层下，墓口距现地表深 1.1 米。墓圹平面不规则，长 2.6 ~ 2.8 米、宽 1.4 ~ 2.2 米、深 0.5 ~ 0.66 米（图一〇；彩版三九，1）。墓圹四壁较平整，内填较致密的黑色土。

葬具均为木棺，南北向并列放置，保存状况较差，仅留棺痕。

东侧棺平面呈梯形，长 1.8 米、宽 0.55~0.65 米。棺底见草木灰，厚约 0.04 米。棺内葬人骨 1 具，保存状况较差，头骨破碎，仰身直肢葬，头北足南，面向不明，女性。头骨左侧发现银耳钉 1 枚，人骨下见铜钱 3 枚，人骨中部出土铜簪 2 件。

西侧棺平面呈梯形，长 1.9 米、宽 0.5~0.6 米。棺内不见人骨或随葬品。

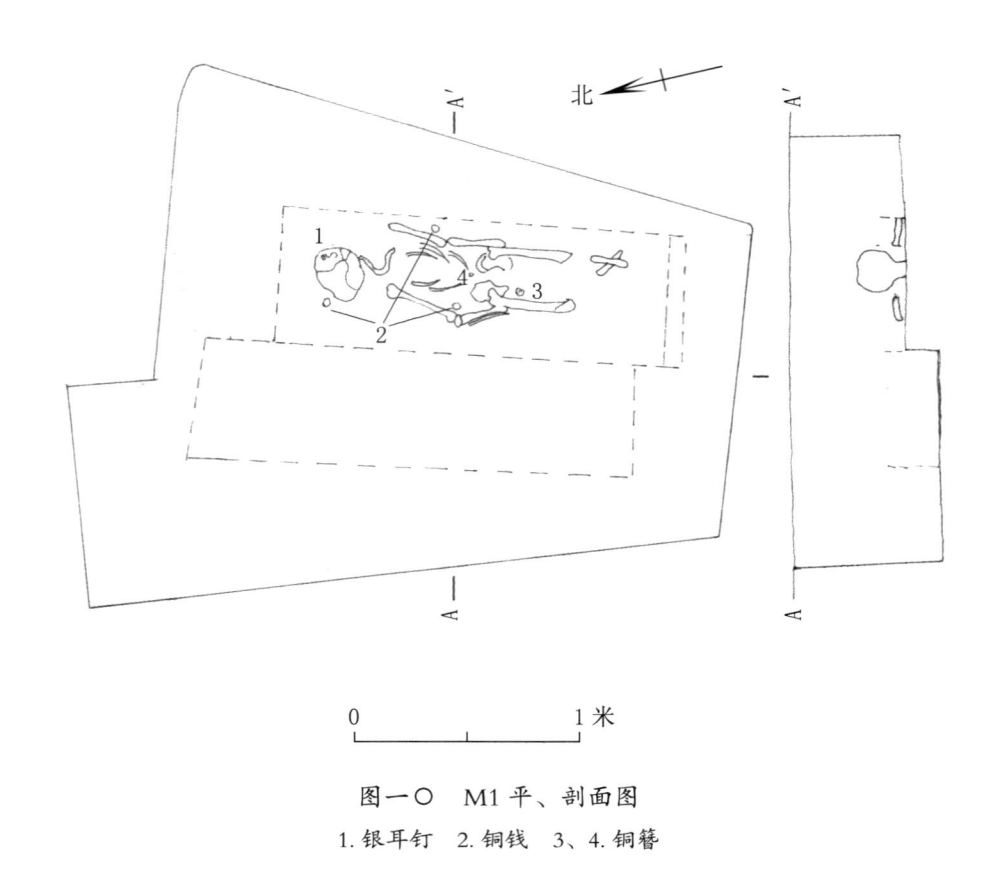

图一〇　M1 平、剖面图
1. 银耳钉　2. 铜钱　3、4. 铜簪

M4 位于发掘区东南部。方向为 30°。开口于①层下，墓口距现地表深 1.1 米。墓圹平面近梯形，长 2.6 米、宽 1.7~1.8 米、深 1.06 米（图一一；彩版四〇，1）。四壁较平整，底部较平坦，内填较松散的浅黄褐色五花土。

葬具均为木棺，南北向并列放置。

东侧棺保存状况较差，仅存棺痕。平面呈梯形，长 1.86 米、宽 0.42~0.64 米、残高 0.24 米。棺底见草木灰，厚 0.04 米。棺内葬人骨 1 具，保存状况较好，头骨破碎，仰身直肢葬，头北足南，面向不明，女性。棺外北侧出土瓷碗 1 件，人骨下见铜钱 2 枚。

西侧棺保存状况较好，平面呈梯形，长 2.24 米、宽 0.64~0.76 米、厚 0.05~0.06 米、残高 0.28~0.3 米。棺底见草木灰，厚 0.04 米。棺内葬人骨 1 具，保存较差，头骨破碎，仰身直肢葬，头北足南，面向不明，男性。棺外北侧出土瓷罐 1 件，人骨下见铜钱 3 枚。

图一一　M4 平、剖面图
1. 瓷碗　2、3. 铜钱　4. 瓷罐

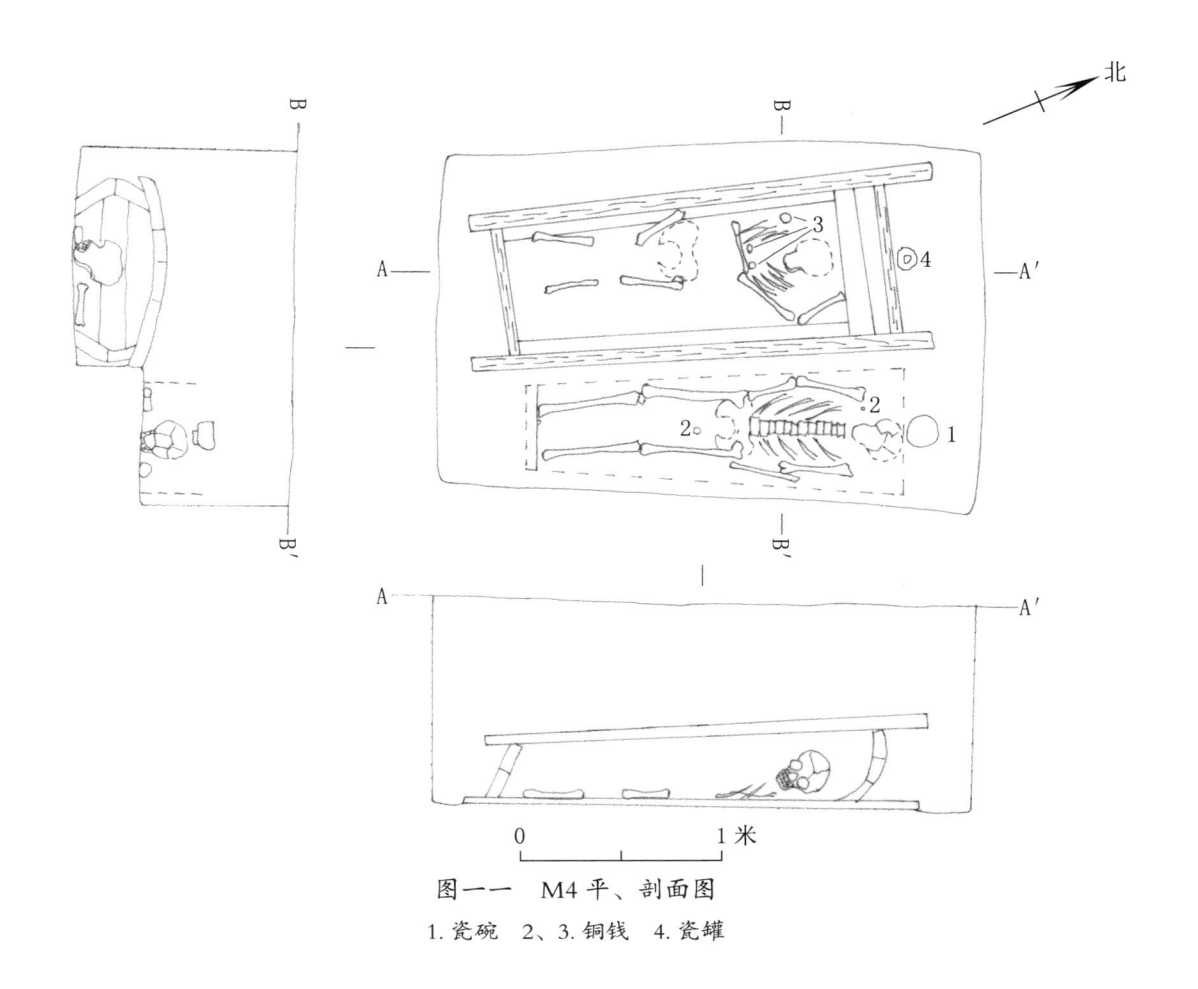

M5 位于发掘区西南部，西北邻 M6。方向为 340°。开口于①层下，墓口距现地表深 1 米。墓圹平面近梯形，长 2.5 米、宽 1.8～2 米、深 1.18 米（图一二；彩版四〇，2）。四壁较平整，底部较平坦，内填较松散的浅黄褐色五花土。

葬具均为木棺，南北向并列放置。

东侧棺保存状况较差，仅存部分棺痕。平面呈梯形，长 1.95 米、宽 0.67～0.88 米、残高 0.3 米。棺底见草木灰，厚 0.04 米。棺内葬人骨 1 具，仰身直肢葬，头北足南，面向西，女性。头骨上侧发现铜元 1 枚，头骨右侧出土银押发 1 件，肋骨处见铜钱 1 枚。

西侧棺保存状况较好，平面呈梯形，长 2.2 米、宽 0.6～0.64 米、残高 0.42～0.56 米、厚 0.06 米。棺底见草木灰，厚 0.04 米。棺内葬人骨 1 具，保存状况较差，人骨零乱，仰身直肢葬，头北足南，面向不明，男性。未见随葬品。

M6 位于发掘区西南部，北邻 M8、东南邻 M5，西南邻 M7。方向为 10°。开口于①层下，墓口距现地表深 1 米（图一三；彩版四〇，3）。墓圹平面近梯形，长 2.5 米、宽 1.9～2 米、深 1.25 米。四壁较平整，底部较平坦，内填较松散的浅黄褐色五花土。

葬具均为木棺，南北向并列放置，保存状况较好。

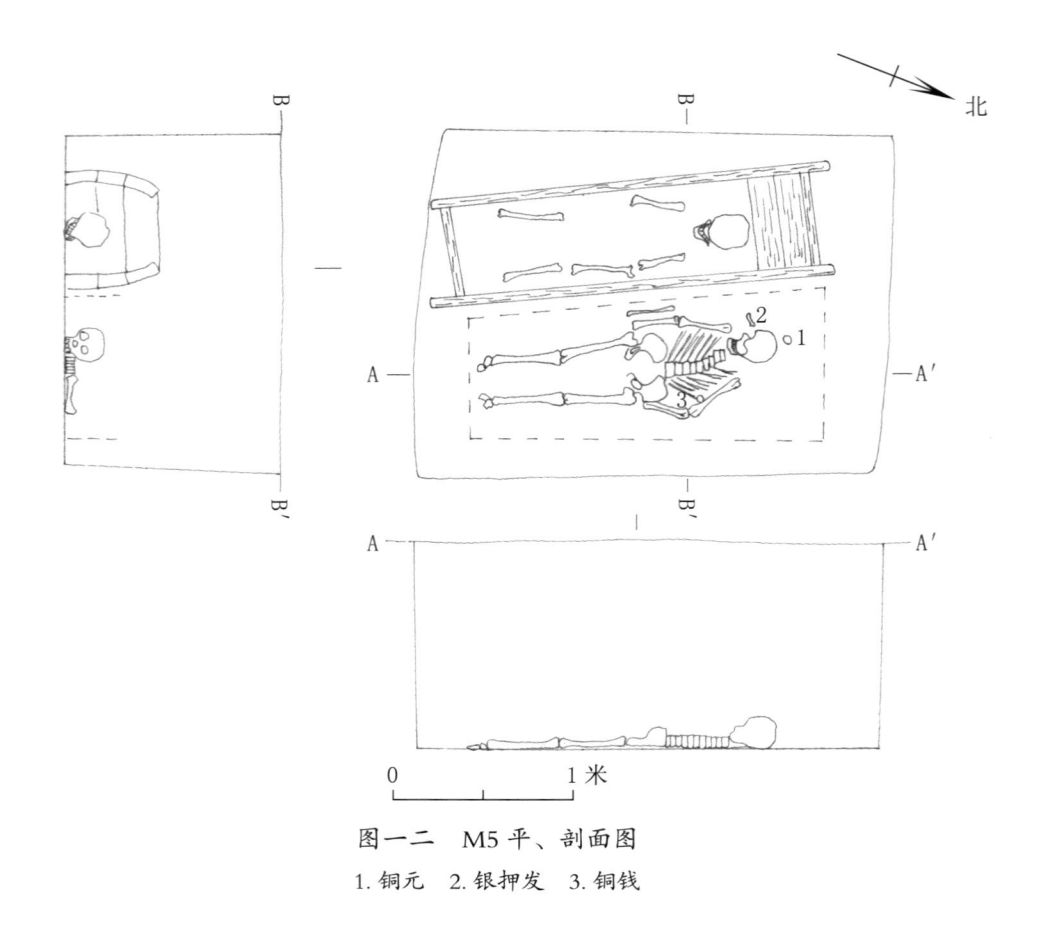

图一二　M5 平、剖面图
1. 铜元　2. 银押发　3. 铜钱

东侧棺平面呈梯形，棺盖长 2.03 米、宽 0.65 ~ 0.8 米、厚 0.06 ~ 0.08 米；棺木长 2.06 米、宽 0.5 ~ 0.68 米，侧板厚 0.06 ~ 0.08 米、残高 0.4 ~ 0.6 米，前后挡板厚 0.07 米、残高 0.32 ~ 0.52 米。棺底见草木灰，厚 0.03 米。棺内葬人骨 1 具，保存状况较好，仰身直肢葬，头北足南，面向上，男性。未见随葬品。

西侧棺平面呈梯形，长 2.13 米、宽 0.62 ~ 0.7 米，侧板厚 0.06 ~ 0.08 米，前后挡板厚 0.05 ~ 0.06 米，残高 0.32 ~ 0.4 米。棺底见草木灰，厚 0.04 米。棺内葬人骨 1 具，保存状况较差，仰身直肢葬，头北足南，面向不明，女性。肱骨附近发现银镯 1 件，头骨附近出土银耳钉 1 枚。

M8 位于发掘区西南部，南邻 M6。方向为 340°。开口于①层下，墓口距现地表深 1 米。墓圹平面近梯形，长 2.8 米、宽 1.8 ~ 2 米、深 0.8 米（图一四；彩版四二，2、3）。直壁，平底，内填较松散的浅黄褐色五花土。

葬具均为木棺，南北向并列放置，保存状况较好。

东侧棺平面呈梯形，棺盖长 2.1 米、宽 0.42 ~ 0.58 米、厚 0.08 米；棺木长 2.2 米、宽 0.76 ~ 0.86 米，侧板厚 0.06 ~ 0.08 米、残高 0.4 ~ 0.48 米，前后挡板厚 0.05 米、残高 0.17 ~ 0.28 米。棺底见草木灰，厚 0.03 米。棺内葬人骨 1 具，较零乱，仰身直肢葬，头北足南，面向不明，女性。头骨左侧出土银簪 1 件、银扁方 1 件，右侧发现银耳钉 1 枚，肋骨附近发现银镯 1 件，人骨下见铜钱 4 枚。

图一三　M6 平、剖面图
1. 银镯　2. 银耳钉

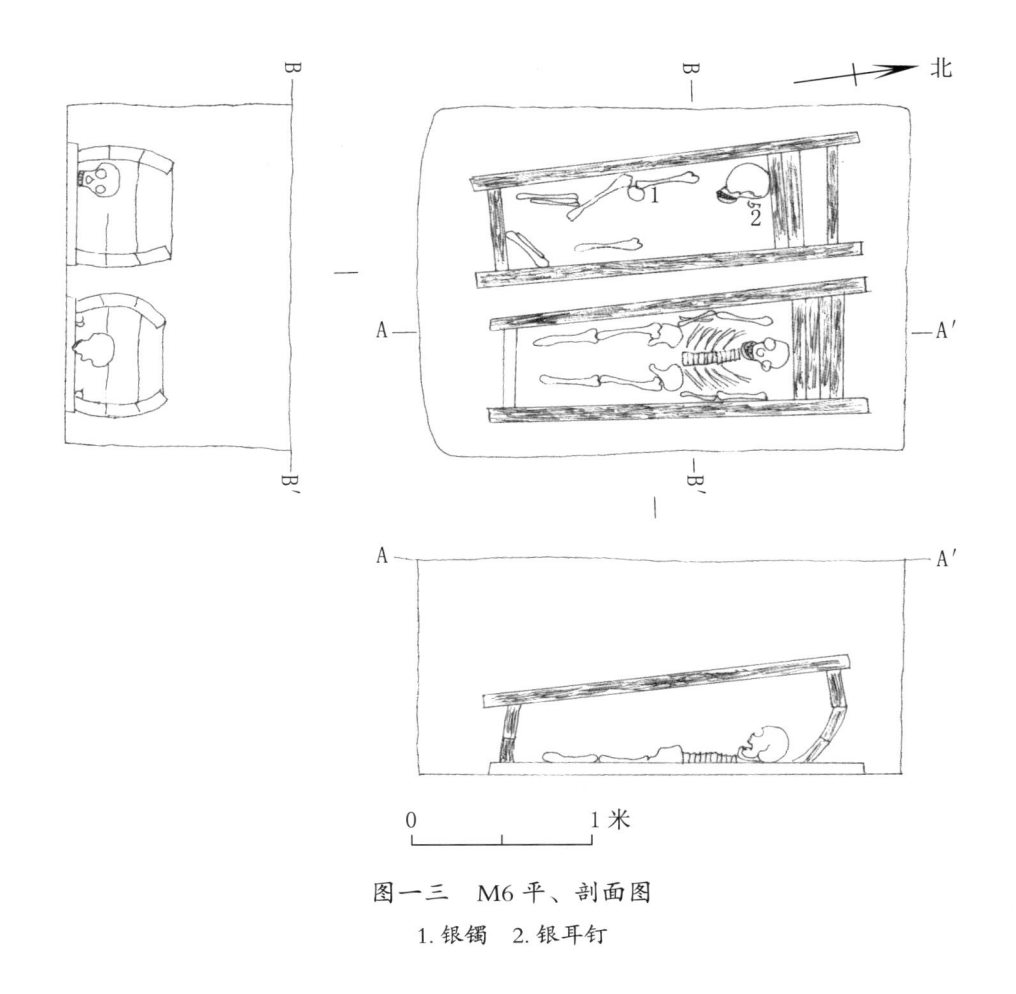

西侧棺平面呈梯形，棺盖长 2.28 米、宽 0.64～0.7 米、厚 0.05～0.08 米；棺木长 2.1 米、宽 0.64～0.88 米、厚 0.06～0.08 米、残高 0.17 米。棺底见草木灰，厚 0.05 米。棺内葬人骨 1 具，保存较完整，头骨破碎，侧身屈肢葬，头北足南，面向西，男性。未见随葬品。

M9 位于发掘区中部偏西，南邻 M17。方向为 5°。开口于①层下，墓口距现地表深 1 米。墓圹平面呈不规则形，长 2.2～3.2 米、宽 3.1 米、深 1.1 米（图一五；彩版四一，1）。四壁较平整，底部较平坦，内填较松散的浅黄褐色五花土。

葬具均为木棺，南北向放置，保存状况较差，仅存棺痕。

东侧棺平面呈梯形，长 1.8 米、宽 0.6～0.62 米、残高 0.34 米。棺底见草木灰，厚 0.03 米。棺内葬人骨 1 具，保存状况较好，仰身直肢葬，头北足南，面向西，女性。棺外北侧出土陶罐 1 件。

西侧棺平面呈梯形，长 1.75 米、宽 0.4～0.56 米、残高 0.25 米。棺底见草木灰，厚 0.04 米。棺内葬人骨 1 具，保存状况较好，头骨破碎，仰身直肢葬，头北足南，面向上，男性。棺外北侧出土瓷罐 1 件。在两棺之间发现陶罐 1 件。

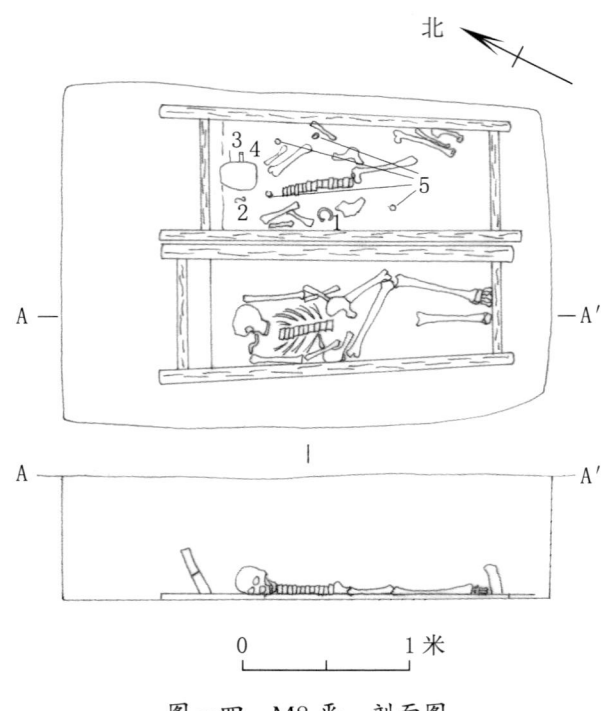

图一四　M8平、剖面图
1. 银镯　2. 银耳钉　3. 银簪　4. 银扁方　5. 铜钱

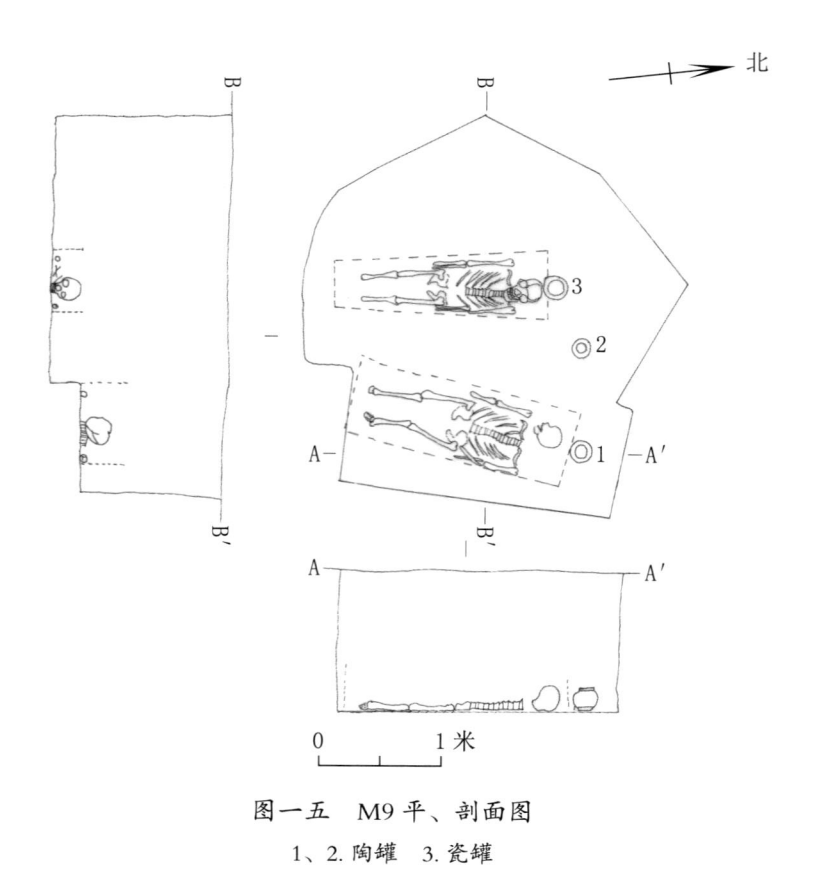

图一五　M9平、剖面图
1、2. 陶罐　3. 瓷罐

M10 位于发掘区西北部，被 M11 打破。方向为 5°。开口于①层下，墓口距现地表深 1 米。墓圹平面近梯形，长 2.3 米、宽 1.5～1.8 米、深 1.65 米（图一六；彩版四一，2）。四壁较平整，底部较平坦，内填较松散的浅黄褐色五花土。

葬具均为木棺，南北向并列放置，保存情况较差，仅存棺痕。

东侧棺平面呈梯形，长 1.95 米、宽 0.4～0.5 米、残高 0.25 米。棺底见草木灰，厚 0.03 米。棺内葬人骨 1 具，保存状况较好，仰身直肢葬，头北足南，面向上，女性。棺外北侧出土瓷罐 1 件，棺内人骨下见铜钱 3 枚。

西侧棺平面呈梯形，长 1.9 米、宽 0.4～0.5 米、残高 0.25 米。棺底见草木灰，厚 0.04 米。棺内葬人骨 1 具，保存状况较差，头骨破碎，盆骨腐朽严重，头北足南，葬式、面向不明，男性。棺外北侧出土瓷罐 1 件。

M11 位于发掘区西北部，打破 M10。方向为 35°。开口于①层下，墓口距现地表深 1.1 米。墓圹平面近梯形，长 2.5 米、宽 1.78～2 米、深 1.72 米（图一七；彩版四一，3）。四壁较平整，底部较平坦，内填较松散的黄褐色五花土。

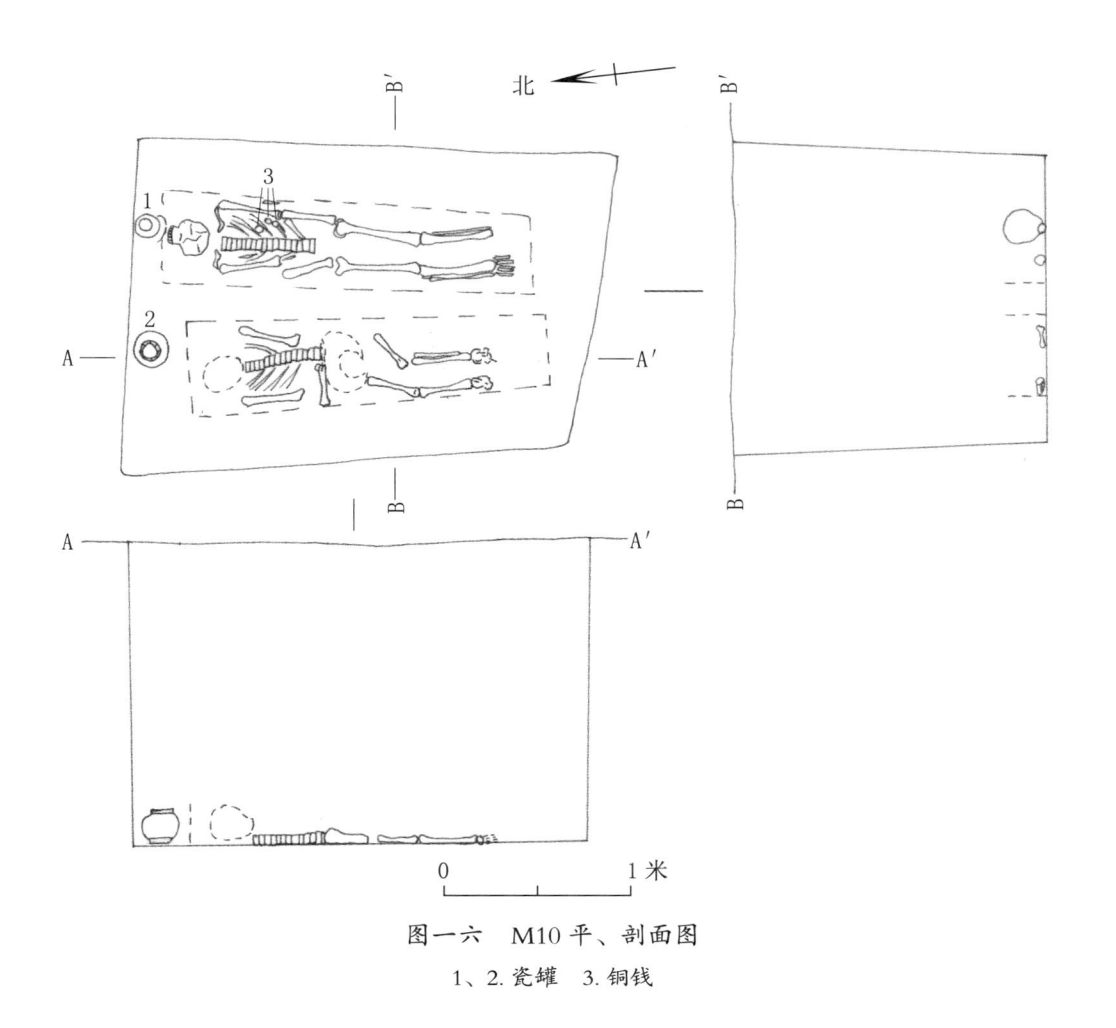

图一六　M10 平、剖面图
1、2. 瓷罐　3. 铜钱

葬具均为木棺，南北向并列放置，保存状况较差，仅存棺痕。

东侧棺平面呈梯形，长1.7米、宽0.4~0.5米。棺底见草木灰，厚0.03米。棺内葬人骨1具，保存较差，仰身直肢葬，头北足南，面向不明，女性。棺外北侧出土瓷罐1件。

西侧棺平面呈梯形，长1.75米、宽0.5~0.68米。棺底见草木灰，厚0.04米。棺内葬人骨1具，保存较差，仰身直肢葬，头北足南，面向不明，男性。棺外北侧出土陶罐1件。

M12位于发掘区北部，东南邻M13。方向为20°。开口于①层下，墓口距现地表深1.1米。平面呈不规则形，长2.9~3米、宽1.3~2.26米、深1.25米（图一八；彩版四三，1）。四壁较平整，底部较平坦，内填较松散的黄褐色五花土。

葬具均为木棺，南北向并列放置，保存状况较好。

东侧棺平面呈梯形，长2.05米、宽0.75~0.8米、残高0.18~0.27米。棺底见草木灰，厚0.03米。棺内葬人骨1具，保存状况较差，头骨破碎，骨盆、肋骨腐朽严重，仰身直肢葬，头北足南，面向不明，女性。棺外北侧出土瓷罐1件，棺内人骨下见铜钱4枚。

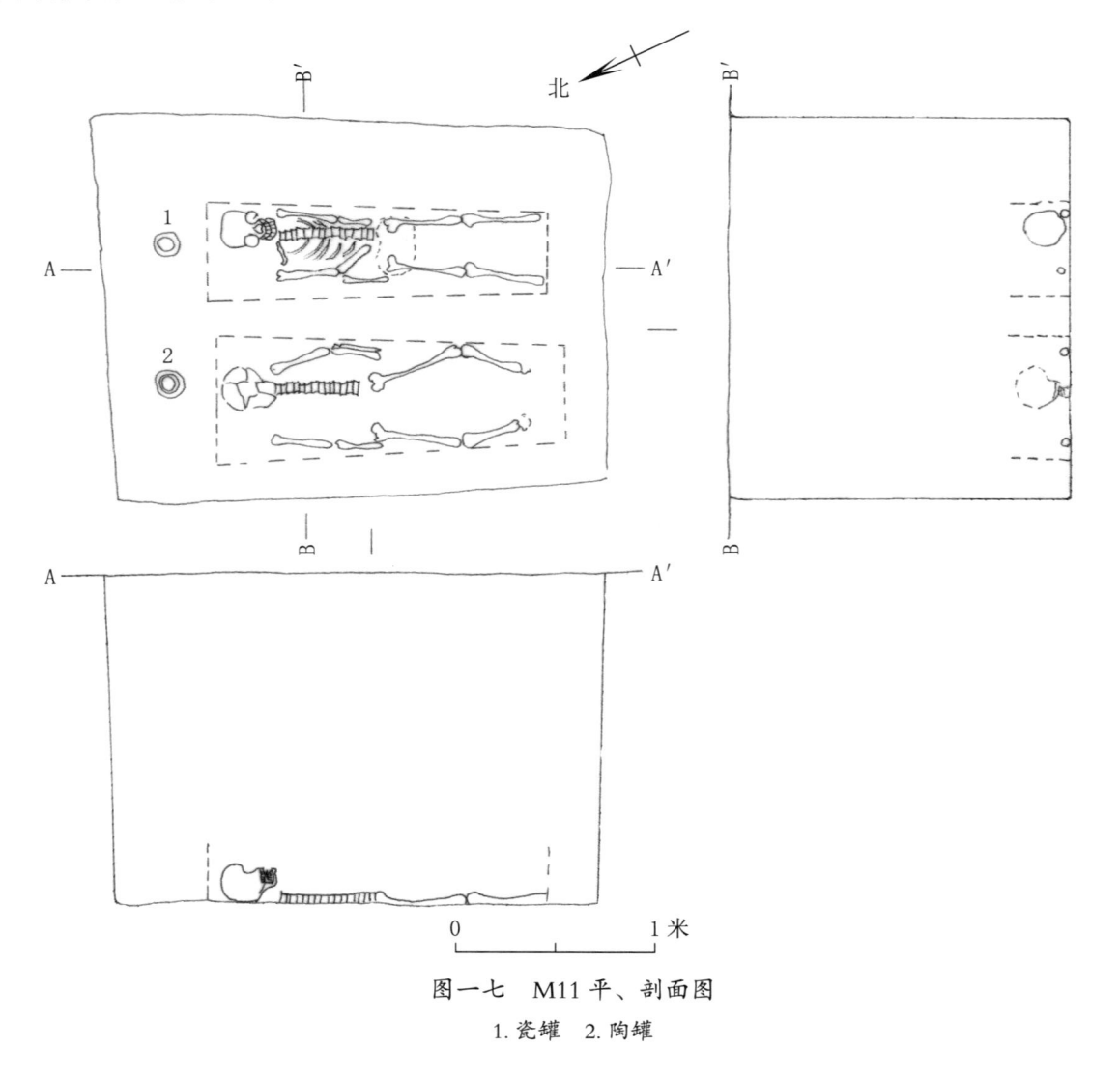

图一七　M11平、剖面图

1. 瓷罐　2. 陶罐

西侧棺平面呈梯形，长1.9米、宽0.7～0.8米、残高0.2～0.27米。棺底见草木灰，厚0.04米。棺内葬人骨1具，保存状况较差，头骨破碎，骨盆腐朽严重，仰身直肢葬，头北足南，面向不明，性别不详。人骨四周出土铜钱7枚。

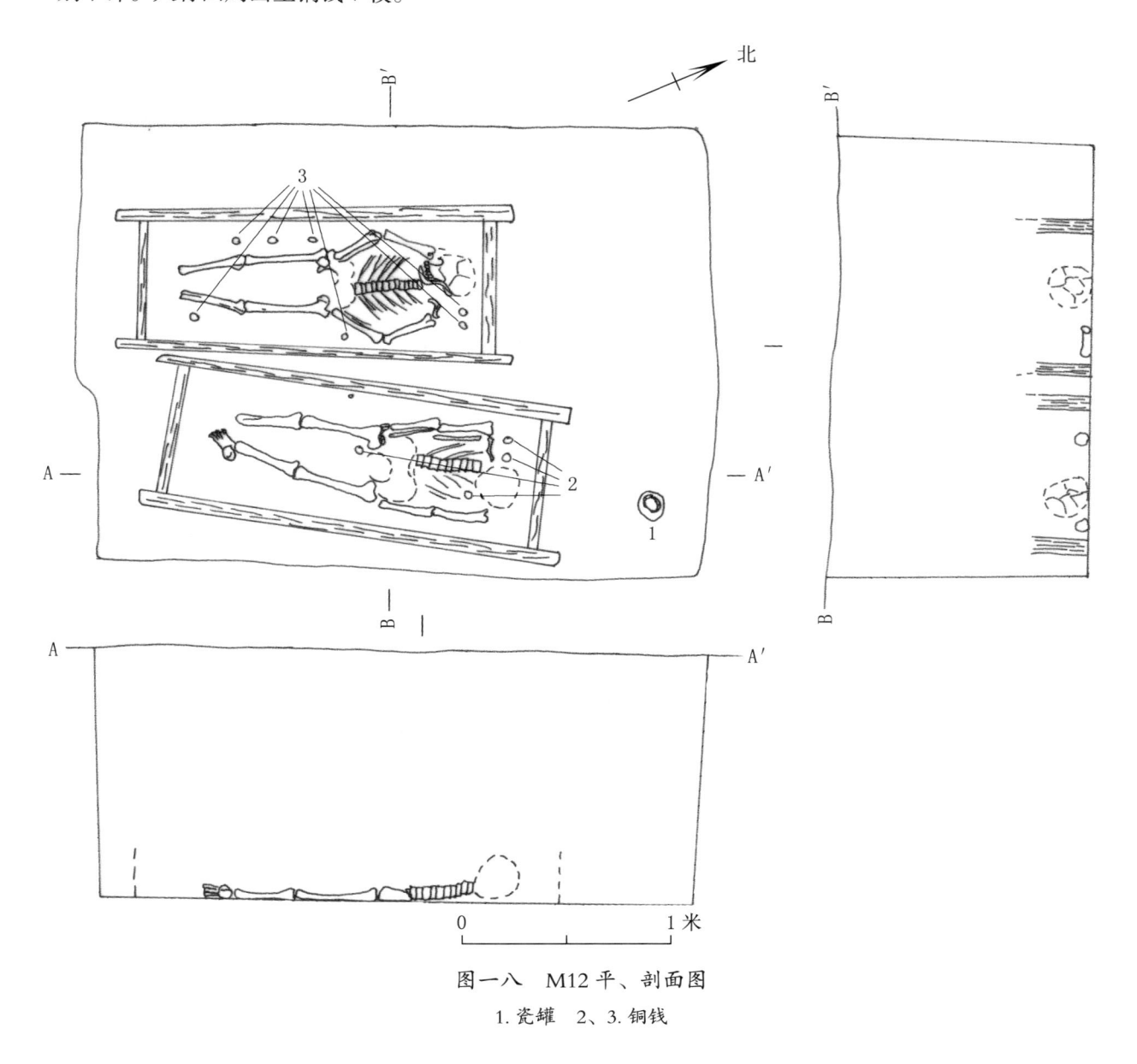

图一八　M12平、剖面图
1. 瓷罐　2、3. 铜钱

M13位于发掘区中部偏北处，东南邻M20、西北邻M12。方向为30°。开口于①层下，墓口距现地表深1.1米。墓圹平面呈不规则形，长2.3～3米、宽0.85～2米、深0.92米（图一九；彩版四三，2）。四壁较平整，底部较平坦，内填较松散的黄褐色五花土。

葬具均为木棺，南北向并列放置，保存状况较差，仅存棺痕。

东侧棺平面呈梯形，长1.8米、宽0.4～0.64米、残高0.12米。棺底见草木灰，厚0.04米。棺内葬人骨1具，保存状况较差，摆放较零乱，侧身屈肢葬，头北足南，面向不明，女性。棺外北侧出土瓷罐 1 件、镇墓瓦 1 件，人骨下见铜钱 3 枚。

西侧棺平面呈梯形，长 2.08 米、宽 0.5~0.68 米、残高 0.12 米。棺底见草木灰，厚 0.03 米。棺内葬人骨 1 具，保存状况较差，仰身直肢葬，头北足南，面向不明，男性。棺外北侧出土瓷罐 1 件，人骨下发现铜钱 4 枚。

M15 位于发掘区中部偏北处，被 M14、M20 打破。方向为 25°。开口于①层下，墓口距现地表深 1.1 米。墓圹平面呈曲尺形，长 2.3~3.5 米、宽 1~2.67 米、深 1.28 米（图九；彩版四四，1）。四壁较平整，底部较平坦，内填较松散的黄褐色五花土。

葬具均为木棺，南北向放置，平面皆呈梯形。

东侧棺保存状况较差，长 2.2 米、宽 0.7 米、残高 0.4 米。棺底见草木灰，厚 0.04 米。棺内葬人骨 1 具，保存状况较差，侧身屈肢葬，头北足南，面向西，男性。棺外北侧出土瓷罐 1 件，棺内人骨下见铜钱 3 枚。

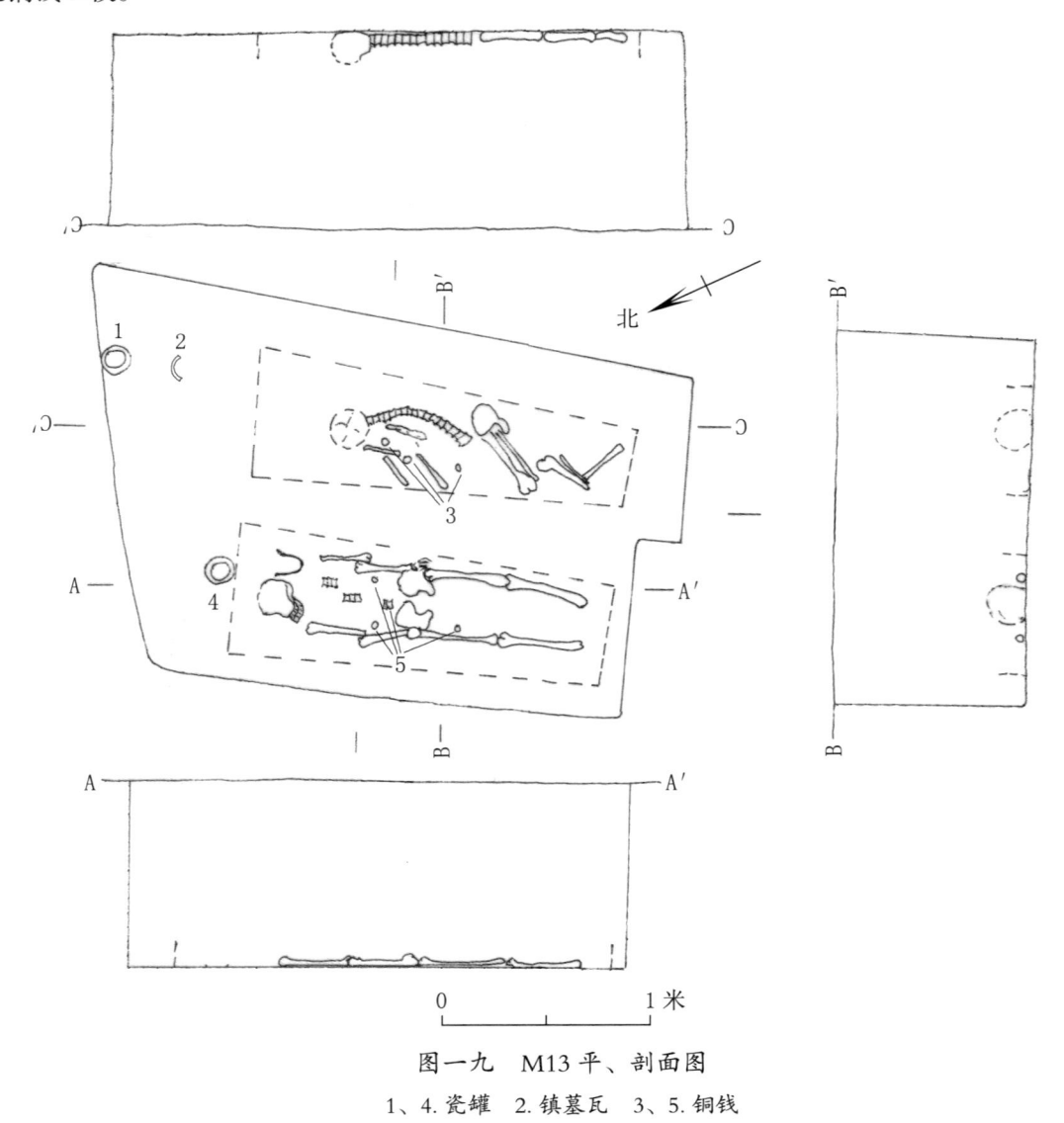

图一九　M13 平、剖面图
1、4. 瓷罐　2. 镇墓瓦　3、5. 铜钱

西侧棺保存状况较差，长 1.73 米、宽 0.4 ~ 0.66 米、残高 0.1 米。棺底见草木灰，厚 0.03 米。棺内葬人骨 1 具，保存状况较差，头骨被扰动，仰身直肢葬，头北足南，面向西，性别不详。棺外北侧出土瓷罐 1 件，棺内人骨下发现铜钱 4 枚。

M17 位于发掘区西南部，北邻 M9，南邻 M16。方向为 25°。开口于①层下，墓口距现地表深 1 米。墓圹平面近梯形，长 2.63 米、宽 2 ~ 2.4 米、深 0.72 米（图二〇；彩版四五，1）。四壁较直，底部较平坦，内填较松散的黄褐色五花土。

葬具均为木棺，南北向并列放置。

东侧棺保存状况较差，仅存棺痕，平面呈梯形，长 2.06 米、宽 0.58 ~ 0.68 米。棺底见草木灰，厚 0.04 米。棺内葬人骨 1 具，保存状况较差，头骨被扰动，仰身直肢葬，头北足南，面向北，女性。棺外北侧出土瓷罐 1 件。

西侧棺保存状况较好，平面呈梯形，长 2 米、宽 0.45 ~ 0.64 米、残高 0.26 米，前后挡板厚 0.05 米，侧板厚 0.7 米。棺底见草木灰，厚 0.03 米。棺内葬人骨 1 具，保存较差，较为零散，头部被扰动，葬式、面向不明，头北足南，男性。头骨处出土银耳钉 1 件。

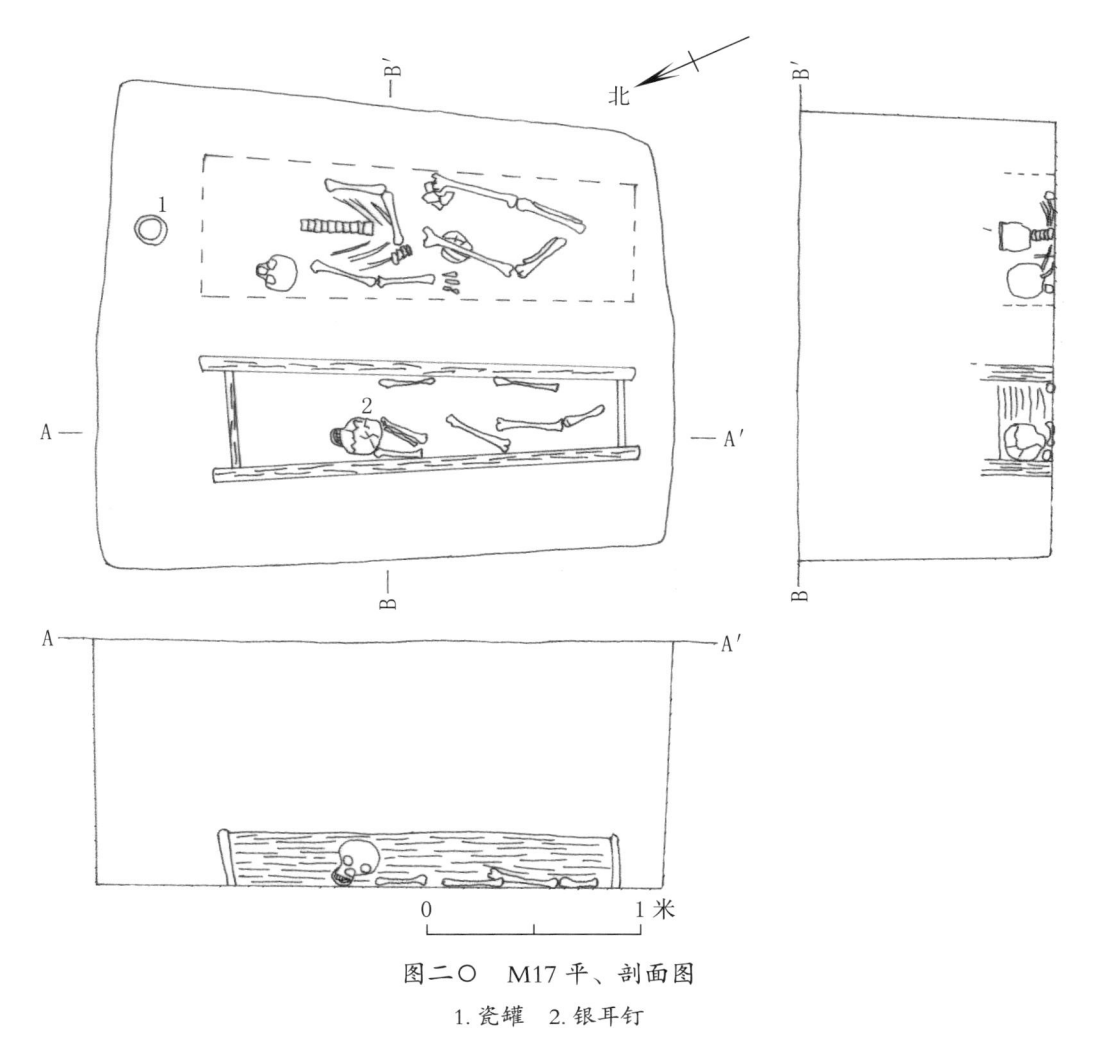

图二〇　M17 平、剖面图

1. 瓷罐　2. 银耳钉

（三）四人合葬墓

M14 为四人合葬墓。位于发掘区中部偏北处，打破 M15。方向为 10°。开口于①层下，墓口距现地表深 1.1 米。墓圹平面呈不规则形，长 2.55~3 米、宽 1.66~2.8 米、深 1.32 米（图二一；彩版四三，3）。四壁较平整，底部较平坦，内填较松散的黄褐色五花土。

葬具均为木棺，南北向并列放置，平面皆呈梯形，保存状况较差，仅存棺痕。自东向西依次编号。

第 1 棺长 1.75 米、宽 0.5~0.7 米、残高 0.04 米。棺底见草木灰，厚 0.04 米。棺内葬人骨 1 具，保存状况较差，头骨被扰动且破碎，仰身直肢葬，头北足南，面向不明，女性。棺外北侧出土瓷罐 1 件，棺内人骨下见铜钱 8 枚。

第 2 棺长 1.9 米、宽 0.5~0.55 米、残高 0.03 米。棺底见草木灰，厚 0.02 米。棺内葬人骨 1 具，保存状况较好，头骨破碎，仰身直肢葬，头北足南，面向不明，女性。棺外北侧出土瓷罐 1 件。

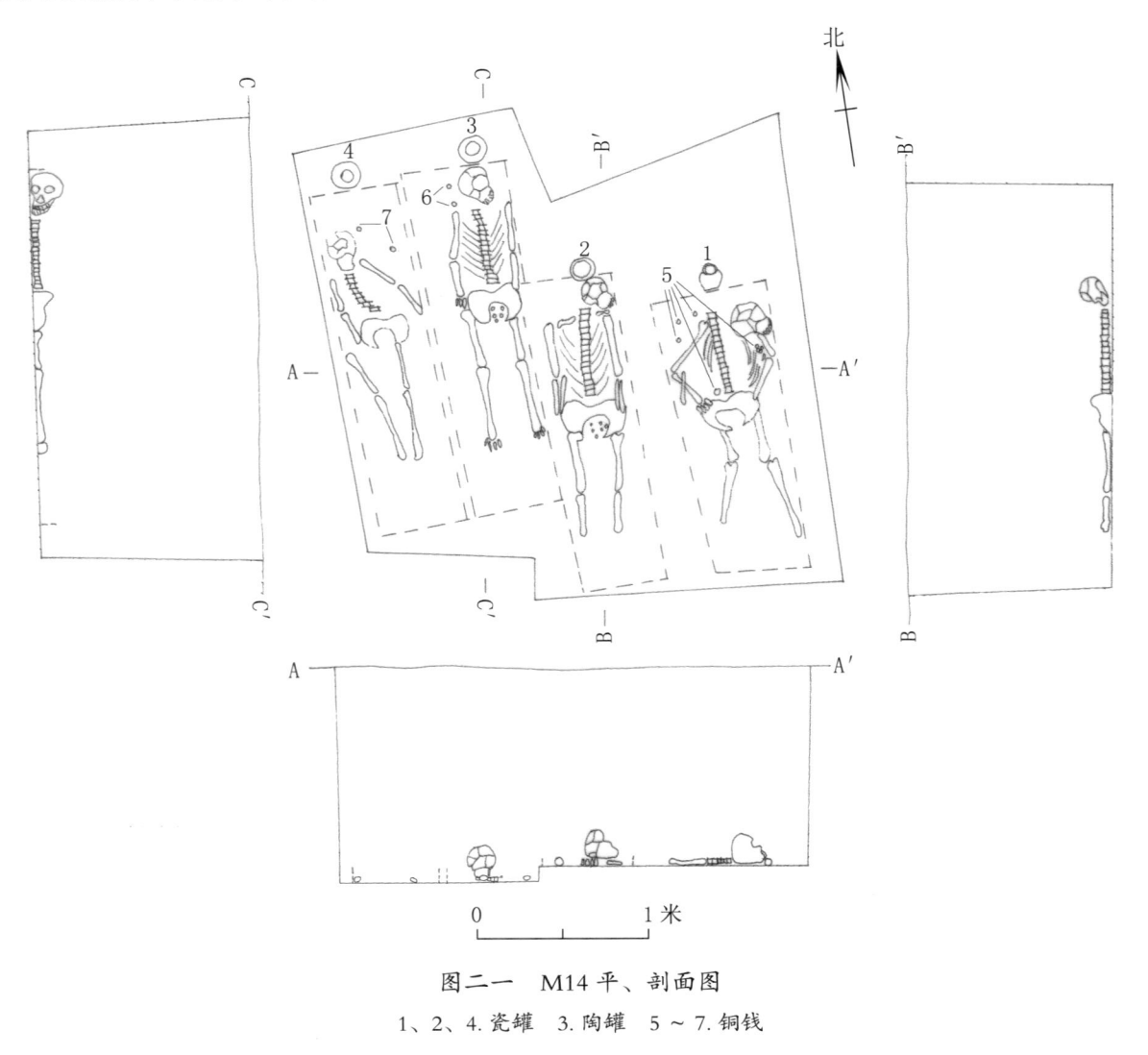

图二一　M14 平、剖面图
1、2、4. 瓷罐　3. 陶罐　5~7. 铜钱

第 3 棺长 2.17 米、宽 0.5 ~ 0.6 米、高 0.12 米。棺底见草木灰，厚 0.03 米。棺内葬人骨 1 具，保存状况较好，头骨破碎，仰身直肢葬，头北足南，面向不明，男性。棺外北侧出土陶罐 1 件，头骨右侧发现铜钱 2 枚。

第 4 棺长 2.15 米、宽 0.48 ~ 0.5 米、残高 0.12 米。棺底见草木灰，厚 0.03 米。棺内葬人骨 1 具，保存状况较差，头骨破碎，骨盆、肋骨腐朽严重，仰身直肢葬，头北足南，面向不明，女性。棺外北侧出土瓷罐 1 件，头骨左侧发现铜钱 2 枚。

三、遗物

本次发掘共出土器物 33 件，包括陶器、瓷器、银器、铜器四类。另出土铜钱 76 枚。分述如下。

（一）陶器

共 5 件。包括灰陶罐、红陶罐、镇墓瓦。

泥质灰陶罐 3 件。M9:1，方圆唇，直口，鼓肩，腹部斜收，平底略内凹。素面。口径 12.7 厘米、腹径 16.7 厘米、底径 12 厘米、通高 11.3 厘米（图二二，16；彩版四七，6）。M9:2，圆唇，侈口，肩部微鼓，鼓腹，下腹斜收，平底。素面。口径 7.2 厘米、腹径 12.8 厘米、底径 6.1 厘米、通高 9.3 厘米（图二二，14；彩版四八，1）。M14:3，方圆唇，直口，鼓肩，腹部弧收，平底略内凹。破损严重。素面。口径 12 厘米、腹径 18.2 厘米、底径 11 厘米、通高 11.3 厘米（图二二，20）。

泥质红陶罐 1 件。M11:2，方唇，直口微敞，短束颈，鼓肩，弧腹，平底。素面。口径 10.8 厘米、腹径 12.5 厘米、底径 8.2 厘米、通高 12.7 厘米（图二二，10）。

镇墓瓦 1 件。M13:2，泥质灰陶，正面中间有凹弦纹两道，其上文字除右侧一"寿"字外已磨损不可辨认，背面有布纹。长 23.4 厘米、宽 18.5 ~ 20.5 厘米、厚 1.3 厘米（图二二，22；彩版四九，6）。

（二）瓷器

共 17 件。包括青花瓷碗、酱釉瓷罐、黑釉瓷罐、白地褐彩瓷罐、青白釉瓷罐。

青花瓷碗 1 件。M4:1，圆唇，侈口，弧壁，矮圈足。施青白色釉。内底绘蕉叶纹，对称装饰花卉纹；外壁绘连枝花卉纹，口沿和圈足处饰弦纹。口径 13.4 厘米、底径 6.1 厘米、通高 7.3 厘米（图二二，2；彩版四七，1、2）。

酱釉瓷罐 7 件。M11:1，圆唇，直口微侈，鼓腹，圈足。内壁施酱釉，外壁施酱釉及腹部，泛绿，其余露红灰色胎。口径 8.5 厘米、腹径 14.1 厘米、底径 8.8 厘米、通高 12.6 厘米（图二二，13；

彩版四八，3）。M4：4，圆唇，直口微敞，腹壁斜直，平底。外壁施酱釉及腹部，釉剥落严重，露红灰色胎。有明显的轮制痕迹，口径11.5厘米、腹径11.6厘米、底径7.8厘米、通高11.5厘米（图二二，3）。M12：1，圆唇，直口，鼓腹，圈足。内壁施酱釉，外壁施酱釉及腹部，泛绿，其余露红灰色胎。口径7.8厘米、腹径13.5厘米、底径7.4厘米、通高11.6厘米（图二二，19；彩版四八，4）。M13：1，方圆唇，侈口，束颈，直腹，平底。胎质较粗糙，外壁上部及内壁口沿施酱釉，泛绿，其余露黄灰色胎。有明显的轮制痕迹。口径11.3厘米、腹径11.5厘米、底径7.5厘米、通高12厘米（图二二，4；彩版四八，5）。M13：4，方圆唇，敛口，腹壁较直，平底。胎质较粗糙，外壁上部及内壁口沿施酱釉，泛绿，其余露黄灰色胎。有明显的轮制痕迹。口径10.2厘米、腹径10.9厘米、底径8.2厘米、通高10.8厘米（图二二，11；彩版四八，6）。M14：2，方圆唇，直口微敞，腹壁斜直，平底。外壁施酱釉及腹部，泛绿，其余露黄灰色胎。有明显的轮制痕迹，口径10.8厘米、腹径11.9厘米、底径8.2厘米、通高13.1厘米（图二二，6；彩版四八，8）。M17：1，圆唇，直口微敞，腹壁较直，平底。外壁施酱釉及腹部，泛绿，其余露黄灰色胎。有明显的轮制痕迹，口径10.7厘米、腹径11.6厘米、底径8.2厘米、通高12.4厘米（图二二，7；彩版四九，5）。

黑釉瓷罐7件。M9：3，圆唇，直口，鼓肩，腹部斜收，矮圈足。施黑釉，外壁施釉不及底，底部未施釉。口径11.5厘米、腹径16.7厘米、底径12.2厘米、通高15.3厘米（图二二，12；彩版四八，2）。M10：1，方唇，直口微侈，鼓肩，弧腹，矮圈足。施黑釉，外壁施釉不及底，底部未施釉。肩部可见五点花朵状装饰。口径11.5厘米、腹径16.5厘米、底径11.2厘米、通高14.5厘米（图二二，8）。M19：1，方圆唇，直口，鼓肩，腹部斜收，矮圈足。施黑釉，外壁施釉不及底，底部未施釉。口径8.8厘米、腹径11.5厘米、底径6.8厘米、通高12.2厘米（图二二，15；彩版四九，3）。M20：1，方圆唇，直口微侈，肩部微鼓，腹部斜收，矮圈足。施黑釉，外壁施釉不及底，底部未施釉。口径7.5厘米、腹径11厘米、底径6.1厘米、通高12.8厘米（图二二，9；彩版四九，4）。M14：1，圆唇，直口，鼓肩，弧腹，矮圈足。内壁施黑釉，外壁施黑釉不及底，口沿刮釉一圈。口径7.9厘米、腹径12.5厘米、底径7.4厘米、通高10.8厘米（图二二，18；彩版四八，7）。M15：1，圆唇，直口微敛，鼓肩，弧腹，矮圈足。内壁施酱釉，外壁施黑釉不及底，口沿刮釉一圈。口径9.5厘米、腹径12.9厘米、底径8.2厘米、通高8.2厘米（图二二，21；彩版四九，1）。M15：3，圆唇，敛口，鼓肩，弧腹，矮圈足。内壁施酱釉，外壁施黑釉不及底，口沿刮釉一圈。口径8.4厘米、腹径12.6厘米、底径7.8厘米、通高8.3厘米（图二二，5；彩版四九，2）。

白地褐彩瓷罐1件。M10：2，圆唇，直口，鼓肩，下腹弧收，平底露胎。内壁施酱釉；外壁施白釉褐彩，三组六道褐彩弦纹将纹饰分为两组，即肩部的锦地纹和腹部的花草纹。口径9.6厘米、腹径14.7厘米、底径9.6厘米、通高10.5厘米（图二二，1；彩版四七，3、4）。

青白釉瓷罐1件。M14：4，方圆唇，直口，鼓肩，腹部斜收，矮圈足。外壁施青白色釉，足部刮釉一圈。内壁有轮制痕迹。口径7厘米、腹径13.8厘米、底径8厘米、通高12.2厘米（图二二，17；彩版四七，5）。

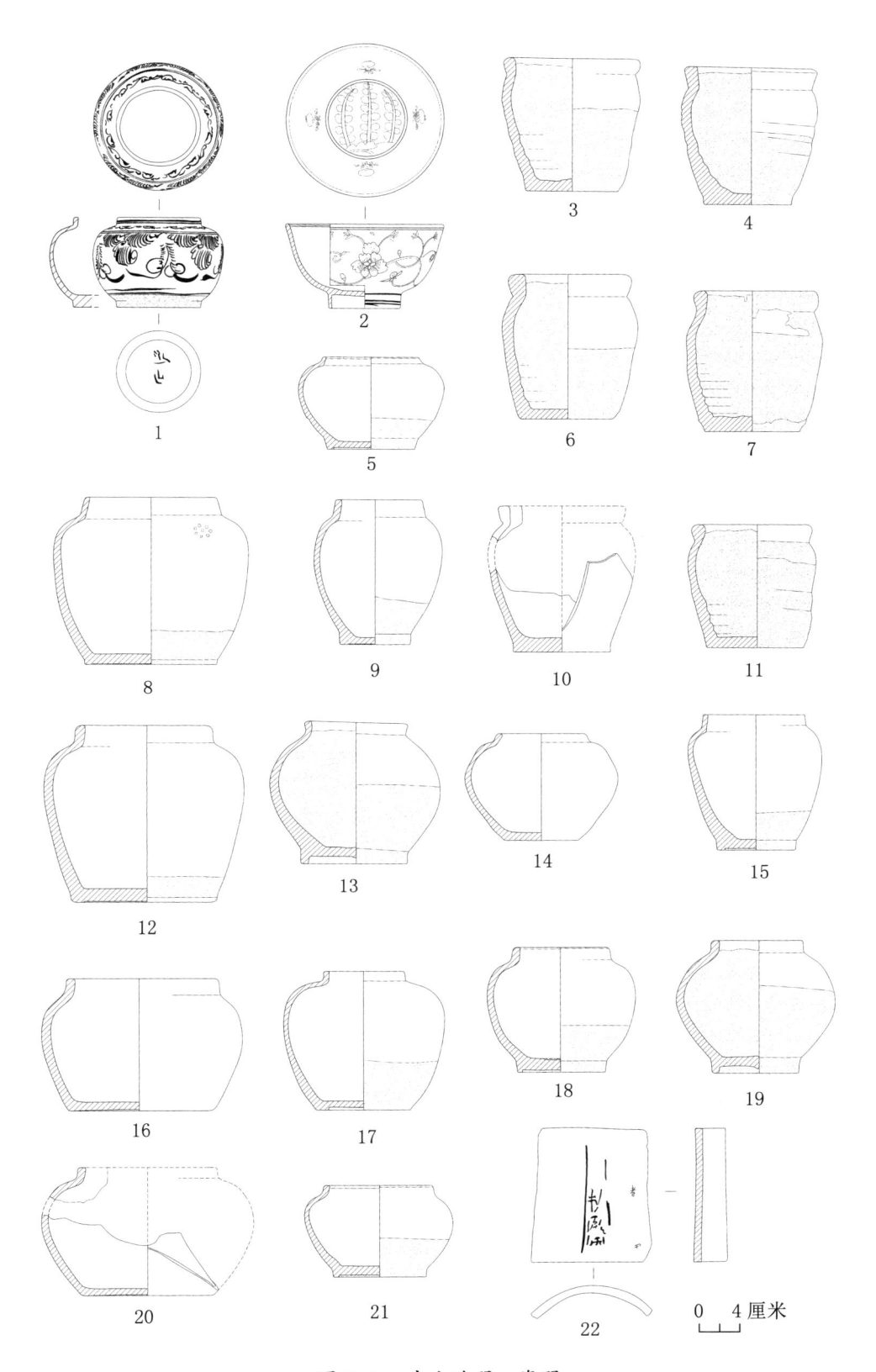

图二二　出土陶器、瓷器

1. 白地褐彩瓷罐（M10：2）　2. 青花瓷碗（M4：1）　3～9、11～13、15、17～19、21. 瓷罐（M4：4、M13：1、M15：3、M14：2、M17：1、M10：1、M20：1、M13：4、M9：3、M11：1、M19：1、M14：4、M14：1、M12：1、M15：1）　10、14、16、20. 陶罐（M11：2、M9：2、M9：1、M14：3）　22. 镇墓瓦（M13：2）

（三）银器

共9件。包括银耳钉、银镯、银扁方、银押发、银簪。

银耳钉4件。可根据端首形状分为两类。一类整体呈"S"形，一端为圆饼形，一端尖细。素面。M1∶1，通长2.6厘米（图二三，1；彩版四六，1）。M6∶2，通长2厘米（图二三，2；彩版四六，5）。M8∶2，通长1.9厘米（图二三，10；彩版四六，6）。另一类整体呈"S"形，一端为蘑菇首状，一端圆弧。素面。M17∶2，通长2.1厘米（图二三，3；彩版四六，7）。

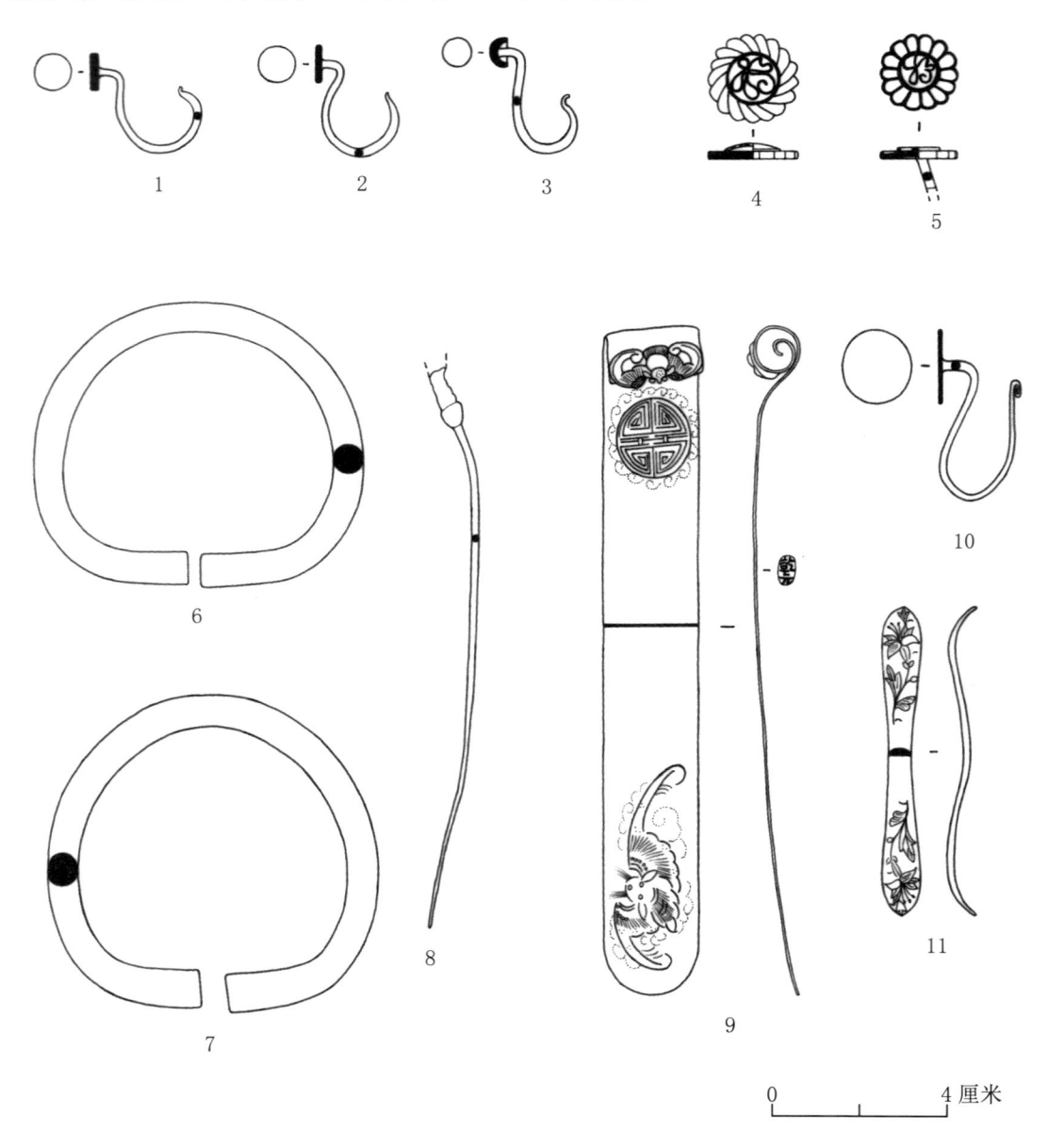

图二三　出土银器、铜器

1～3、10. 银耳钉（M1∶1、M6∶2、M17∶2、M8∶2）　4、5. 铜簪（M1∶4、M1∶3）
6、7. 银镯（M6∶1、M8∶1）　8. 银簪（M8∶3）　9. 银扁方（M8∶4）　11. 银押发（M5∶2）

银镯 2 件。形制相近。整体为扁圆环形，两端对接，素面无纹。M6：1，长 7.7 厘米、宽 6.9 厘米、截面直径 0.7 厘米（图二三，6；彩版四六，3）。M8：1，长 7.6 厘米、宽 6.8 厘米、截面直径 0.7 厘米（图二三，7；彩版四六，4）。

银簪 1 件。M8：3，首残，颈为圆柱状，颈下圆凸。体呈圆锥状，尾尖。首残高 1.3 厘米、宽 0.4 厘米，残长 12.1 厘米（图二三，8；彩版四六，9）。

银扁方 1 件。M8：4，首部錾刻有蝙蝠纹，方体，正面上方錾刻一圆形"福"字纹，尾部线刻一展翅蝙蝠。方体背部有铭文"乾元"二字，竖行。体呈长方形。首部卷曲，尾呈圆弧形。通长 14.4 厘米、宽 2.2 厘米、厚 0.05 厘米（图二三，9；彩版四九，7）。

银押发 1 件。M5：2，扁长体，两端为圆弧尖状，束腰。面锤揲花草纹。通长 7.4 厘米，宽 0.2 厘米（图二三，11；彩版四六，8）。

（四）铜器

共 2 件。

铜簪 2 件。皆仅余簪首。首为葵圆形，截面为"凸"字形。首内铸"福"字。M1：3，首宽 1.8 厘米、高 0.3 厘米（图二三，5；彩版四六，2）。M1：4，可见鎏金痕迹，首宽 2.1 厘米、高 0.4 厘米（图二三，4；彩版四六，2）。

（五）铜钱

共出土铜钱 76 枚。可辨认 59 枚，包括天启通宝、崇祯通宝、顺治通宝、康熙通宝、乾隆通宝、嘉庆通宝、道光通宝、咸丰通宝、光绪元宝等。

天启通宝，1 枚。M14：6，磨损严重，圆形、方穿，正面有郭，楷书"天启通宝"四字，对读；背面有郭，光背。钱径 2.4 厘米、穿径 0.6 厘米、郭厚 0.1 厘米（图二四，10）。

崇祯通宝，16 枚。标本 M10：3，圆形、方穿，正面有郭，楷书"崇祯通宝"四字，对读；背面有郭，光背。钱径 2.65 厘米、穿径 0.5 厘米、郭厚 0.15 厘米（图二四，6）。标本 M12：2，圆形、方穿，正面有郭，楷书"崇祯通宝"四字，对读；背面有郭，光背。钱径 2.6 厘米、穿径 0.5 厘米、郭厚 0.1 厘米（图二四，7）。标本 M12：3，圆形、方穿，正面有郭，楷书"崇祯通宝"四字，对读；背面有郭，光背。钱径 2.6 厘米、穿径 0.5 厘米、郭厚 0.08 厘米（图二四，8）。标本 M14：7-1，圆形、方穿，正面有郭，楷书"崇祯通宝"四字，对读；背面有郭，穿上饰星纹。钱径 2.65 厘米、穿径 0.55 厘米、郭厚 0.1 厘米（图二四，12）。标本 M15：2-1，圆形、方穿，正面有郭，楷书"崇祯通宝"四字，对读；背面有郭，光背。钱径 2.5 厘米、穿径 0.65 厘米、郭厚 0.1 厘米（图二四，15）。标本 M20：2，圆形、方穿，正面有郭，楷书"崇祯通宝"四字，对读；背面有郭，光背。钱径 2.7

厘米、穿径 0.5 厘米、郭厚 0.15 厘米（图二四，20）。

顺治通宝，2 枚。标本 M4：2，圆形、方穿，正面有郭，楷书"顺治通宝"四字，对读；背面有郭，穿左右为满文"宝泉"，纪局名。钱径 2.75 厘米、穿径 0.5 厘米、郭厚 0.1 厘米（图二四，3）。

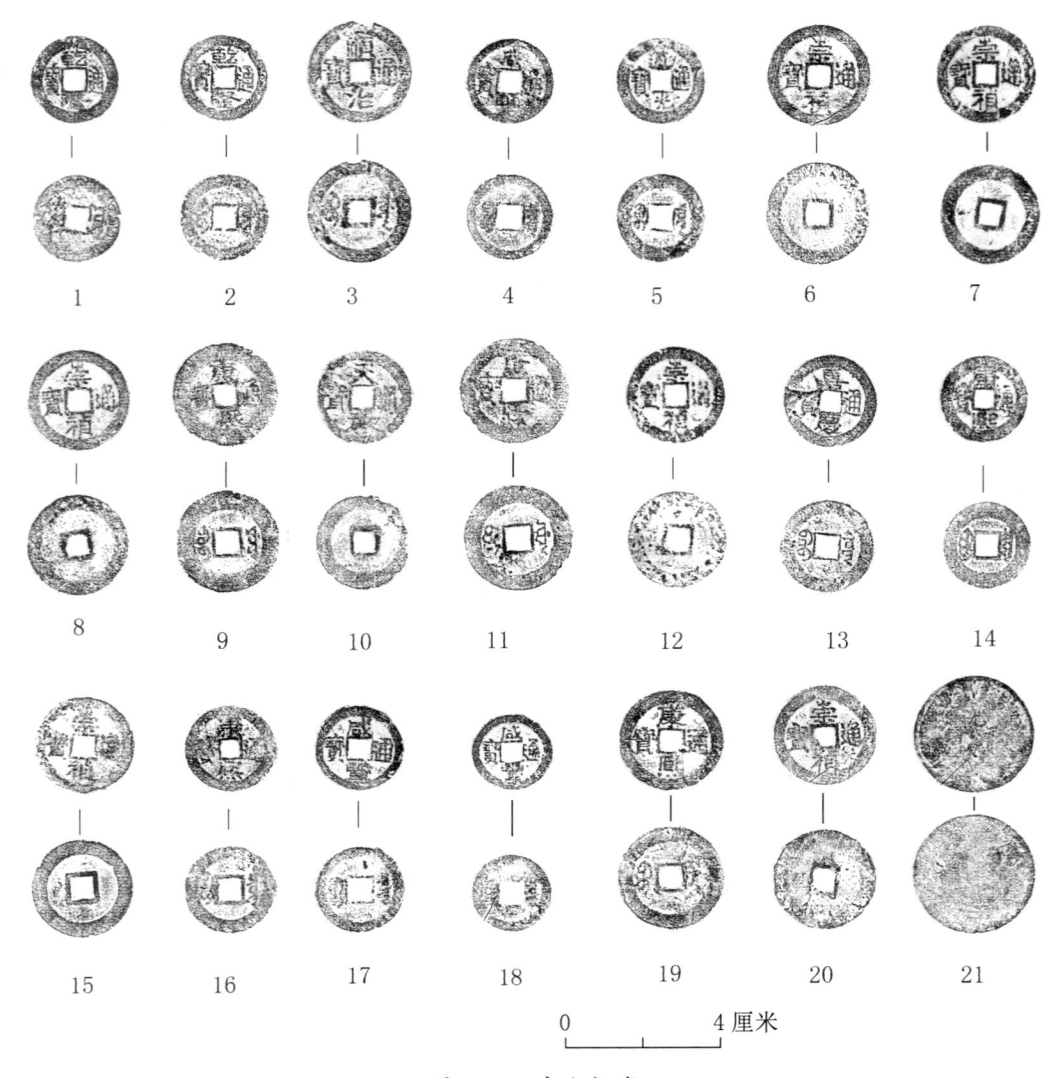

图二四　出土铜钱

1、2. 乾隆通宝（M1：2-1、M1：2-2）　3. 顺治通宝（M4：2）　4、17、18. 咸丰通宝（M4：3、M18：1-1、M18：1-2）　5. 道光通宝（M8：5）　6～8、12、15、20. 崇祯通宝（M10：3、M12：2、M12：3、M14：7-1、M15：2-1、M20：2）　9、11、14、16、19. 康熙通宝（M13：3、M14：5-1、M14：5-2、M15：2-2、M19：2）　10. 天启通宝（M14：6）　13. 嘉庆通宝（M14：7-2）　21. 光绪元宝（M5：1）

康熙通宝，30 枚。标本 M13：3，圆形、方穿，正面有郭，楷书"康熙通宝"四字，对读；背面有郭，穿左右为满文"宝源"，纪局名。钱径 2.7 厘米、穿径 0.55 厘米、郭厚 0.1 厘米（图二四，9）。标本 M14：5-1，圆形、方穿，正面有郭，楷书"康熙通宝"四字，对读；背面有郭，穿左右为满文"宝源"，纪局名。钱径 2.4 厘米、穿径 0.5 厘米、郭厚 0.08 厘米（图二四，11）。标本 M14：5-2，圆形、方穿，正面有郭，楷书"咸丰通宝"四字，对读；背面有郭，穿左右为满文"宝泉"，纪局名。钱径

2.4 厘米、穿径 0.5 厘米、郭厚 0.1 厘米（图二四，14）。标本 M15∶2-2，圆形、方穿，正面有郭，楷书"康熙通宝"四字，对读；背面有郭，穿左右为满文"宝泉"，纪局名。钱径 2.3 厘米、穿径 0.5 厘米、郭厚 0.1 厘米（图二四，16）。标本 M19∶2，圆形、方穿，正面有郭，楷书"康熙通宝"四字，对读；背面有郭，穿左右为满文，纪局名不清。钱径 2.8 厘米、穿径 0.55 厘米、郭厚 0.1 厘米（图二四，19）。

乾隆通宝，4 枚。标本 M1∶2-1，圆形、方穿，正面有郭，楷书"康熙通宝"四字，对读；背面有郭，穿左右为满文"宝源"，纪局名。钱径 2.4 厘米、穿径 0.5 厘米、郭厚 0.1 厘米（图二四，1）。标本 M1∶2-2，圆形、方穿，正面有郭，楷书"康熙通宝"四字，对读；背面有郭，穿左右为满文，纪局名不清。钱径 2.4 厘米、穿径 0.45 厘米、郭厚 0.12 厘米（图二四，2）。

嘉庆通宝，1 枚。M14∶7-2，圆形、方穿，正面有郭，楷书"嘉庆通宝"四字，对读；背面有郭，穿左右为满文"宝泉"，纪局名。钱径 2.5 厘米、穿径 0.5 厘米、郭厚 0.1 厘米（图二四，13）。

道光通宝，1 枚。M8∶5，圆形、方穿，正面有郭，楷书"道光通宝"四字，对读；背面有郭，穿左右为满文"宝泉"，纪局名。钱径 2.3 厘米、穿径 0.55 厘米、郭厚 0.08 厘米（图二四，5）。

咸丰通宝，3 枚。M4∶3，圆形、方穿，正面有郭，楷书"咸丰通宝"四字，对读；背面有郭，穿左右为满文"宝泉"，纪局名。钱径 2.2 厘米、穿径 0.55 厘米、郭厚 0.1 厘米（图二四，4）。M18∶1-1，圆形、方穿，正面有郭，楷书"咸丰通宝"四字，对读；背面有郭，穿左右为满文"宝泉"，纪局名。钱径 2.4 厘米、穿径 0.55 厘米、郭厚 0.15 厘米（图二四，17）。M18∶1-2，圆形、方穿，正面有郭，楷书"咸丰通宝"四字，对读；背面有郭，穿左右为满文"宝泉"，纪局名。钱径 2.2 厘米、穿径 0.5 厘米、郭厚 0.1 厘米（图二四，18）。

光绪元宝，1 枚。M5∶1，铜元，磨损严重，正面楷书"光绪元宝"四字，对读；背面磨损不清。钱径 3.25 厘米、厚 0.15 厘米（图二四，21）。

四、结语

此次共发掘墓葬 20 座，多位于发掘区的中部。部分墓葬之间存在叠压打破关系。随葬品多为银簪、银耳钉、铜簪、铜钱、陶罐、瓷罐等。

（一）葬俗

墓葬规模较小，形制均为竖穴土圹结构，有 7 座单人葬墓和 13 座合葬墓，合葬墓又可分为 12 座双人合葬墓和 1 座四人合葬墓。葬式多为仰身直肢葬，少数为侧身屈肢葬。一般头向为南北向。葬具均为木棺。根据墓葬形制、尺寸及陪葬品初步判断，双人合葬墓多为一夫一妻合葬，而四人合葬墓应为一夫多妻合葬，合葬形式多为同穴异棺葬。部分墓葬为二次迁葬。

（二）随葬品

随葬品种类较丰富，数量较多，包括铜钱、铜簪、银簪、银耳钉、银镯、陶罐、瓷罐、瓷碗等。铜钱时代跨度较大，包括崇祯通宝、康熙通宝、咸丰通宝、光绪元宝等，时间涵盖明末至清代晚期。

（三）墓葬年代

M13、M14出土的瓷罐形制相近，侈口，颈微束，肩部略凸，平底，与之相近的瓷罐还见于丽泽M15∶3[1]、鲁谷M1∶4[2]、通州田家府村M1∶3[3]等。M8出土的银扁方首部卷曲，方体，尾呈圆弧形，采用蝙蝠题材装饰，与通州东石村与北小营村M27∶2[4]等形态相近。M1出土的"福"字铜簪与通州东石村与北小营村M34∶2-1、M34∶2-2[5]以及通州田家府村M13∶9[6]等形态相近。再结合墓葬出土铜钱情况，这批墓葬年代最早可达清初，最晚已至清末时期。

墓葬分布排列似有规律可循，随葬品中又多为生活用具，金银器等贵重物品较少，根据墓葬分布、形制、尺寸及随葬品等方面判断，推测此处应为清代平民家族墓地。本次发掘为了解该地区明清墓葬的形制、葬俗提供了线索，出土的文物为进一步了解该地区当时社会发展状况、丧葬习俗提供了实物资料。

发掘：张智勇

绘图：张志伟　赵夏锋

拓片：古艳兵

摄影：王宇新

执笔：司丽媛　张智勇

注释

[1] 北京市文物研究所：《丽泽墓地：丽泽金融商务区园区规划绿地工程发掘报告》，科学出版社，2016年。
[2] 北京市文物研究所：《鲁谷金代吕氏家族墓葬发掘报告》，科学出版社，2010年。
[3] 北京市文物研究所：《通州田家府村——通州文化旅游区A8、E1、E6地块考古发掘报告》，上海古籍出版社，2020年。
[4] 北京市考古研究院：《通州东石村与北小营村——北京轻轨L2线通州段次渠站等土地开发项目考古发掘报告》，上海古籍出版社，2022年。
[5] 北京市考古研究院：《通州东石村与北小营村——北京轻轨L2线通州段次渠站等土地开发项目考古发掘报告》，上海古籍出版社，2022年。
[6] 北京市文物研究所：《通州田家府村——通州文化旅游区A8、E1、E6地块考古发掘报告》，上海古籍出版社，2020年。

附表　墓葬登记表

墓号	方向	墓口 长×宽×深（米）	墓底 长×宽×深（米）	深度	棺数	葬式	人骨保存情况	头向及面向	性别	随葬品（件）
M1	10°	(2.6~2.8)×(1.4~2.2)×1.1	(2.6~28)×(1.4~22)×(1.6~1.76)	0.5~0.66	双棺	东棺为仰身直肢葬，西棺不明	较差，西棺未见人骨	东棺人骨头向北，面向不明	东棺为女性	银耳钉1，铜簪2
M2	20°	2.3×(0.8~0.9)×1.1	2.3×(0.8~0.9)×1.72	0.62	单棺	仰身直肢葬	较差	头向北，面向不明	女性	无
M3	5°	2.1×(0.8~1.)×1.1	2.1×(0.8~1.)×1.94	0.84	单棺	仰身直肢葬	较好	头向北，面向上	男性	无
M4	30°	2.6×(1.7~1.8)×1.1	2.6×(1.7~1.8)×2.16	1.06	双棺	皆为仰身直肢葬	东棺较好，西棺较差	皆头向北，面向不明	东棺为女性，西棺为男性	瓷碗1，瓷罐1，铜钱5
M5	340°	2.5×(1.8~2)×1	2.5×(1.8~2)×2.18	1.18	双棺	皆为仰身直肢葬	东棺较好，西棺较差	皆头向北，西棺面向西，东棺面向不明	东棺为女性，西棺为男性	银押发1，铜瓦1
M6	10°	2.5×(1.9~2)×1	2.5×(1.9~2)×2.25	1.25	双棺	皆为仰身直肢葬	东棺较好，西棺较差	皆头向北，东棺面向上，西棺面向不明	东棺为女性，西棺为男性	银镯1，银耳钉1
M7	25°	2.5×(1.2~1.27)×1.1	2.5×(1.2~1.27)×2.1	1	单棺	仰身直肢葬	较差	头向北，面向上	男性	无
M8	340°	2.8×(1.8~2)×1	2.8×(1.8~2)×1.8	0.8	双棺	东棺仰身直肢葬，西棺仰身屈肢葬	东棺为女性，西棺为男性	皆头向北，西棺面向西，东棺面向不明	东棺为女性，西棺为男性	银簪1，银扁方1，耳钉1，银镯1，铜钱4
M9	5°	3.1×(2.2~3.2)×1	3.1×(2.2~3.2)×2.1	1.1	双棺	皆为仰身直肢葬	较好	皆头向北，西棺面向西	东棺为女性，西棺为男性	瓷罐1，陶罐2
M10	5°	2.3×(1.5~1.8)×1	2.3×(1.5~1.8)×2.65	1.65	双棺	东棺仰身直肢葬，西棺不明	东棺较好，西棺较差	皆头向北，东棺面向上，西棺面向不明	东棺为女性，西棺为男性	瓷罐2，铜钱3
M11	35°	2.5×(1.78~2)×1.1	2.5×(1.78~2)×2.82	1.72	双棺	皆为仰身直肢葬	较差	皆头向北，面向上	东棺为女性，西棺为男性	瓷罐1，陶罐1
M12	20°	(2.9~3)×(1.3~2.26)×1.1	(2.9~3)×(1.3~2.26)×2.35	1.25	双棺	皆为仰身直肢葬	较差	皆头向北，面向不明	东棺为女性，西棺不详	瓷罐1，铜钱11
M13	30°	(2.3~3)×(0.85~2)×1.1	(2.3~3)×(0.85~2)×2.02	0.92	双棺	皆为仰身直肢葬	较差	皆头向北，面向西	男性	瓷罐2，镇墓瓦1，铜钱7
M14	10°	(2.55~3)×(1.66~2.8)×1.1	(2.55~3)×(1.66~2.8)×2.42	1.32	四棺	东棺仰身屈肢葬，西棺仰身直肢葬	第1、四棺较差，第2、3棺较好	皆头向北，西棺面向西，东棺面向不明	第3棺为男性，其余皆为女性	瓷罐3，陶罐1，铜钱12
M15	25°	(2.3~3.5)×(1~2.67)×1.1	(2.3~3.5)×(1~2.67)×2.38	1.28	双棺	东棺仰身直肢葬，西棺仰身直肢葬	较差	皆头向北，面向不明	东棺为女性，西棺不详	瓷罐2，铜钱7
M16	20°	2.66×(1~1.36)×1.1	2.66×(1~1.36)×2.06	0.96	单棺	仰身直肢葬	较好	头向北，面向西	男性	无
M17	25°	2.63×(2~2.4)×1	2.63×(2~2.4)×1.72	0.72	双棺	东棺仰身直肢葬，西棺不明	较差	皆头向北，西棺面向不明	东棺为男性，西棺为男性	银耳钉1，瓷罐1
M18	25°	2.36×1×1	2.36×1×2.42	1.42	单棺	仰身直肢葬	较好	头向北，面向上	男性	瓷罐3
M19	10°	2.5×(0.9~1.04)×1.1	2.5×(0.9~1.04)×1.82	0.72	单棺	仰身直肢葬	较差	头向北，面向不明	男性	铜钱1，瓷罐1
M20	25°	2.2×1.6×1.1	2.2×1.6×2.02	0.92	单棺	仰身直肢葬	较差	头向北，面向不明	男性	瓷罐1，铜钱5

朝阳区黑庄户清代墓葬、明堂发掘报告

一、概况

黑庄户定向安置房项目位于朝阳区东部，东邻双桥西路、南邻万通路、西邻荣晨路、北邻青青南街（图一）。2016年8月17日至25日，为配合基本建设，北京市考古研究院（原北京市文物研究所）对朝阳区黑庄户定向安置房项目开展了考古发掘工作，发掘面积153平方米，发掘清代墓葬13座及明堂1座。

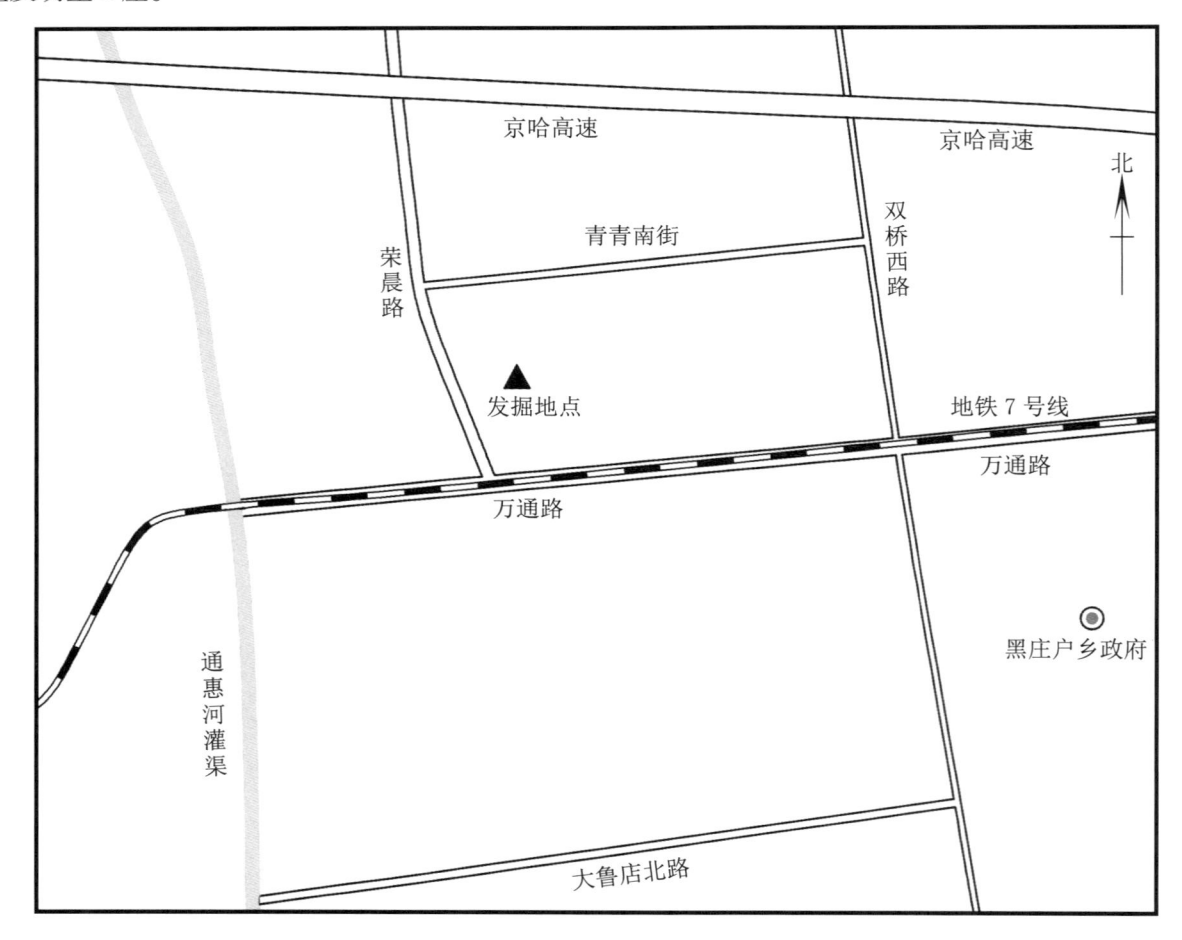

图一　发掘地点位置示意图

二、遗迹

共发掘清代墓葬 13 座及明堂 1 座，皆开口于①层下。墓葬均为竖穴土坑墓，分为单人葬墓、双人合葬墓及搬迁墓。明堂 1 座（图二）。

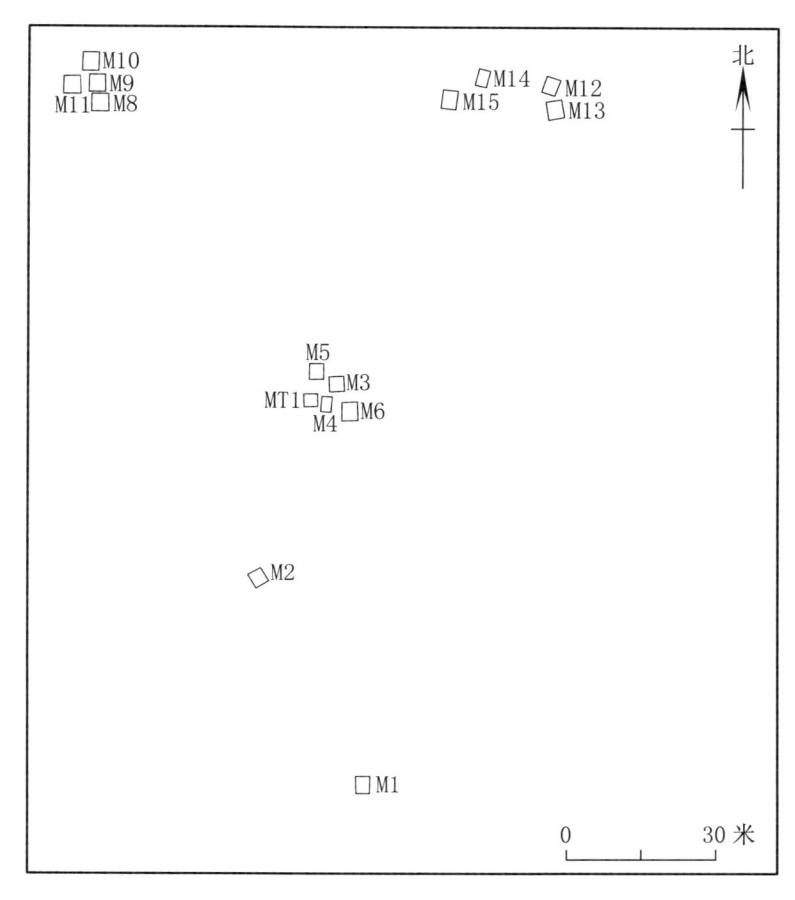

图二　遗迹分布图

（一）墓葬

1. 单人葬墓

共 2 座：M4、M14。

M4 位于发掘区中部，西邻 MT1。方向为 345°。平面呈长方形，墓口距地表深 0.2 米。平面呈长方形，长 2.5 米、宽 0.9 米、深 1.6 米。墓壁平直，平底，内填花土，含沙量较大，土质疏松（图三；彩版五〇，1）。

葬具为木棺，已朽，平面近梯形，长 2.2 米、宽 0.56 ~ 0.64 米。棺内置人骨 1 具，保存较差，仅存头骨和肢骨，仰身直肢葬，男性。

随葬品为铜钱 3 枚，出土于底板中部及北部。

M14 位于发掘区北部偏东，南邻 M15。方向为 50°。墓口距地表深 0.2 米。平面呈梯形，长 2.8 米、宽 0.7 ~ 0.8 米、深 1.6 米。墓壁平直，平底，内填花土，含沙量较大，土质疏松（图四；彩版五〇，2）。

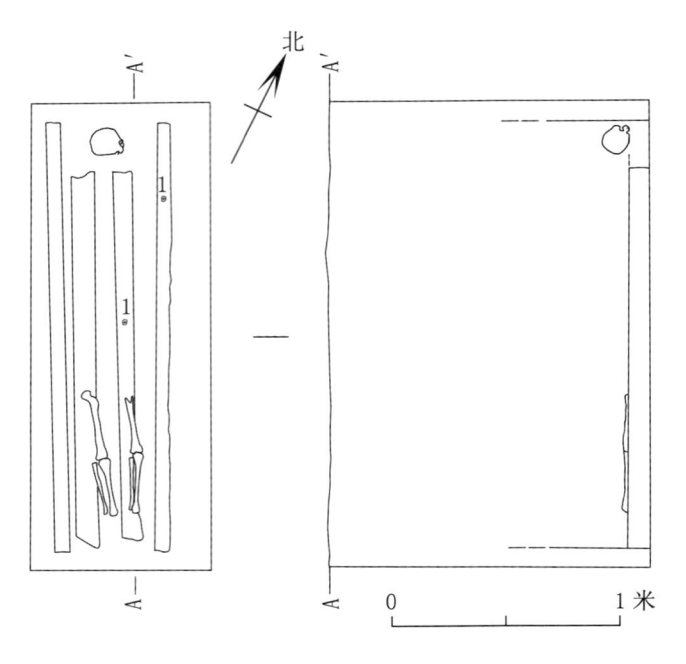

图三　M4 平、剖面图
1. 铜钱

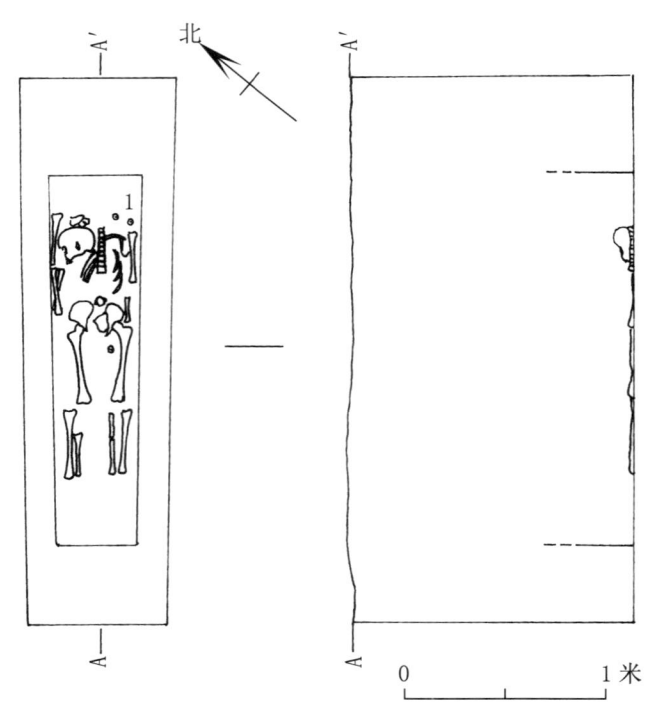

图四　M14 平、剖面图
1. 铜钱

葬具为木棺，已朽，平面近梯形，长1.9米，宽0.4~0.47米。棺内置人骨1具，保存较差，仰身直肢葬，头向北，面向西，男性。

随葬品为铜钱4枚，出土于上肢骨北侧。

2. 双人合葬墓

共9座：M1~M3、M5、M6、M9、M11~M13。

M1位于发掘区南部。方向为18°。墓口距地表深0.2米。平面呈长方形，长2.6米、宽1.9米、深0.61~1.01米。墓壁平直，平底，内填花土，含沙量较大，土质疏松（图五；彩版五〇，3）。

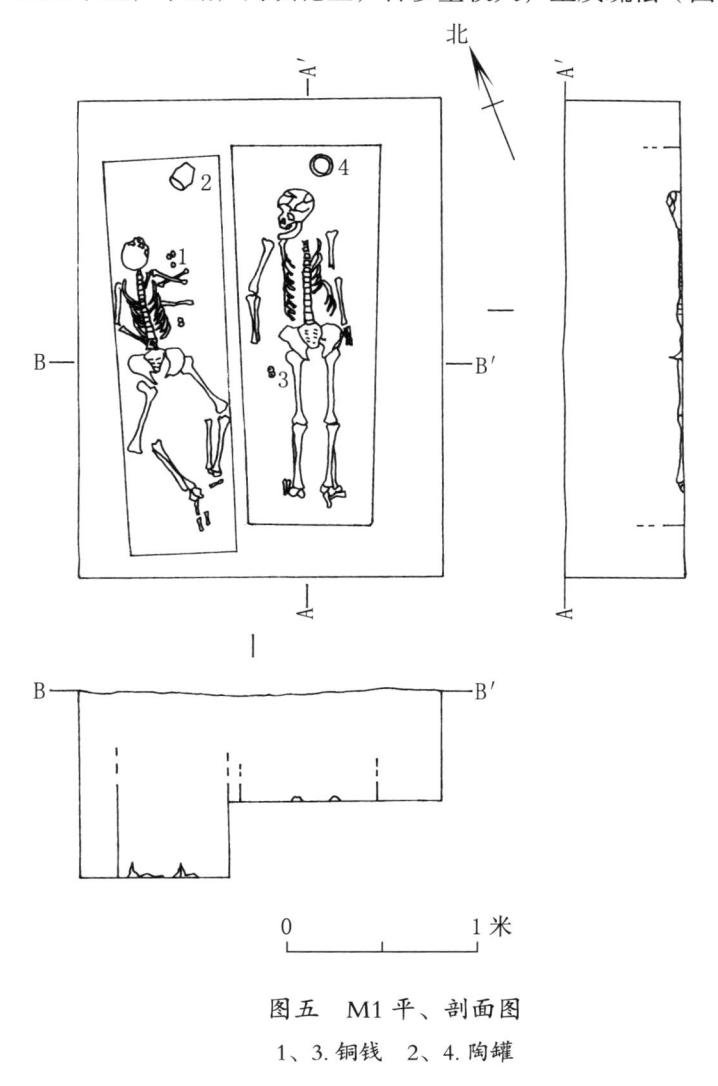

图五 M1平、剖面图
1、3.铜钱 2、4.陶罐

葬具为木棺，已朽。东侧棺平面近梯形，长2.05米、宽0.65~0.79米。棺内置人骨1具，保存较好，仰身直肢葬，头向北，面向西，男性。随葬品为陶罐1件，出土于头骨北侧；铜钱1枚，出土于人股骨西侧。

西侧棺平面近梯形，长2.15米、宽0.55~0.61米；棺内置人骨1具，保存较好，仰身直肢葬，头向北，面向北，女性。随葬品为陶罐 1 件，出土于头骨北侧；铜钱 10 枚，出土于头骨东侧及胸骨东侧。

M2 位于发掘区南部偏中。方向为 315°。墓口距地表深 0.2 米。平面呈不规则长方形，长 2.5 ~ 2.7 米、宽 1.68 ~ 1.76 米、深 0.78 米。墓壁平直，平底，内填花土，含沙量较大，土质疏松（图六；彩版五一，1）。

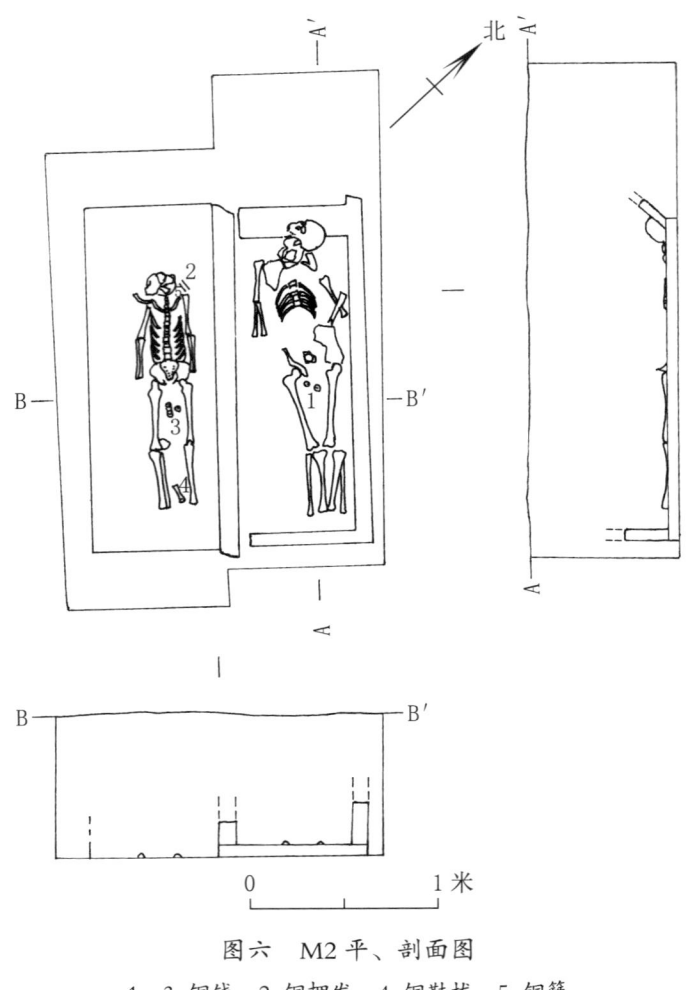

图六 M2 平、剖面图
1、3. 铜钱 2. 铜押发 4. 铜鞋拔 5. 铜簪

葬具为木棺，已朽。北侧棺平面近梯形，长 1.97 米、宽 0.79 ~ 0.82 米、残高 0.2 ~ 0.3 米、厚 0.09 米；棺内置人骨 1 具，保存较好，仰身直肢葬，头向北，面向西，男性。随葬品为铜钱 2 枚，出土于棺内股骨之间。

南侧棺平面呈长方形，长 1.9 米、宽 0.68 米；棺内置人骨 1 具，保存较好，仰身直肢葬，头向北，面向不详，女性。随葬品为铜簪、铜押发各 1 件，出土于头骨东侧；铜钱 6 枚，出土于股骨之间；铜鞋拔 1 件，出土于下肢骨之间。

M3 位于发掘区中部，南邻 M6。方向为 320°。墓口距地表深 0.2 米。平面呈梯形，长 2.8 米、宽 1.94～2.03 米、深 1.17 米。墓壁平直，平底略斜，内填花土，含沙量较大，土质疏松（图七；彩版五一，2）。

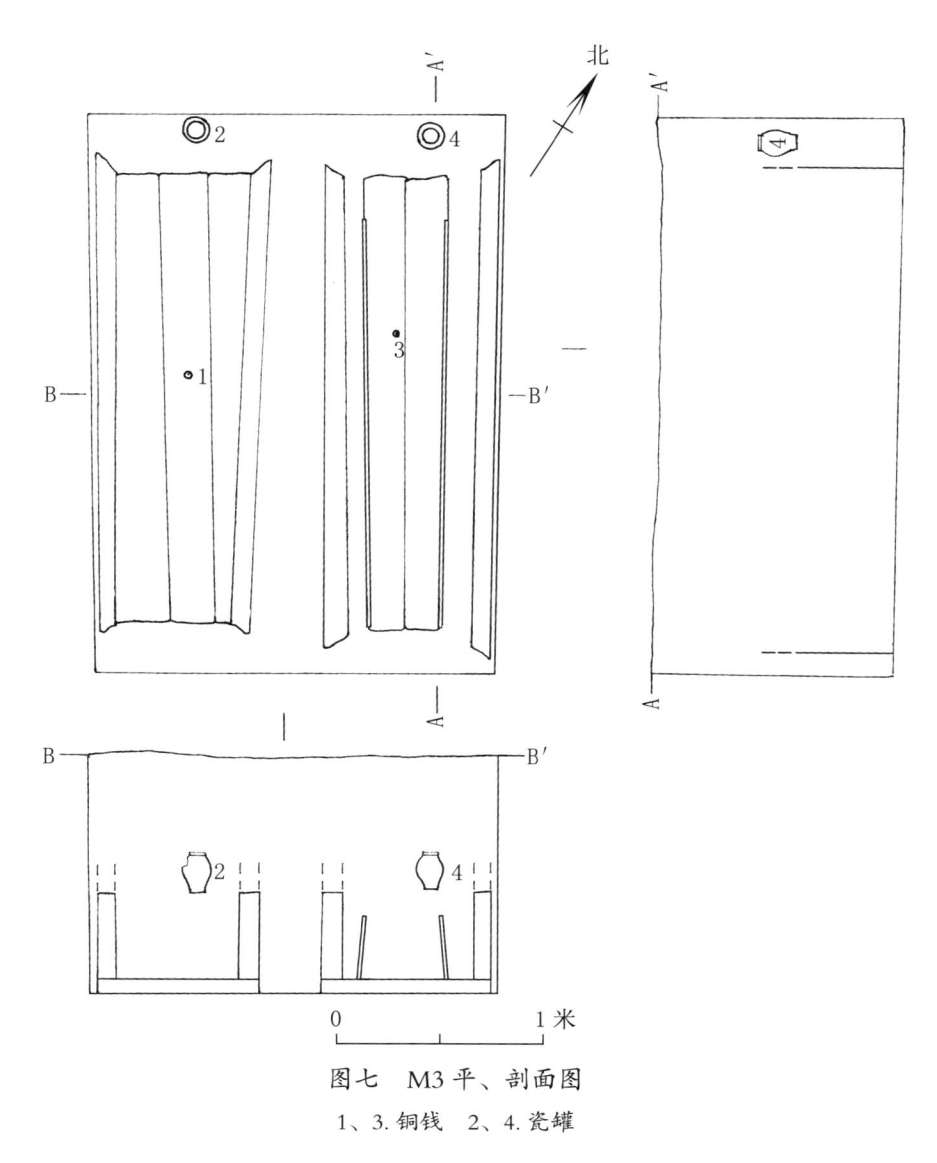

图七　M3 平、剖面图
1、3. 铜钱　2、4. 瓷罐

葬具为木棺，已朽。东侧棺平面近梯形，长 2.5 米、宽 0.8～0.85 米、残高 0.5 米、厚 0.09 米；棺内未发现人骨。随葬品有铜钱 1 枚，出土于棺内底板中部；瓷罐 1 件，出土于棺外北部。

西侧棺平面近梯形，长 2.39 米、宽 0.73～0.85 米、残高 0.5 米、厚 0.09 米；棺内未发现人骨。随葬品有铜钱 1 枚，出土于棺内底板中部；瓷罐 1 件，出土于棺外北侧。

M5 位于发掘区中部偏北，东南邻 M3。方向为 356°。墓口距地表深 0.2 米。平面呈不规则长方形，长 2.23～2.51 米、宽 1.71～1.84 米、深 0.73～1.13 米。墓壁平直，平底略斜，内填花土，含沙量较大，土质疏松（图八；彩版五一，3）。

葬具为木棺，已朽。东侧棺平面近梯形，长 1.67 米、宽 0.58～0.69 米、残高 0.08～0.17 米、厚 0.08 米；棺内置人骨 1 具，保存较差，仅存头骨和部分肢骨。随葬品为瓷罐 1 件，出土于棺外北侧；铜钱 3 枚，出土于棺内底部中心。

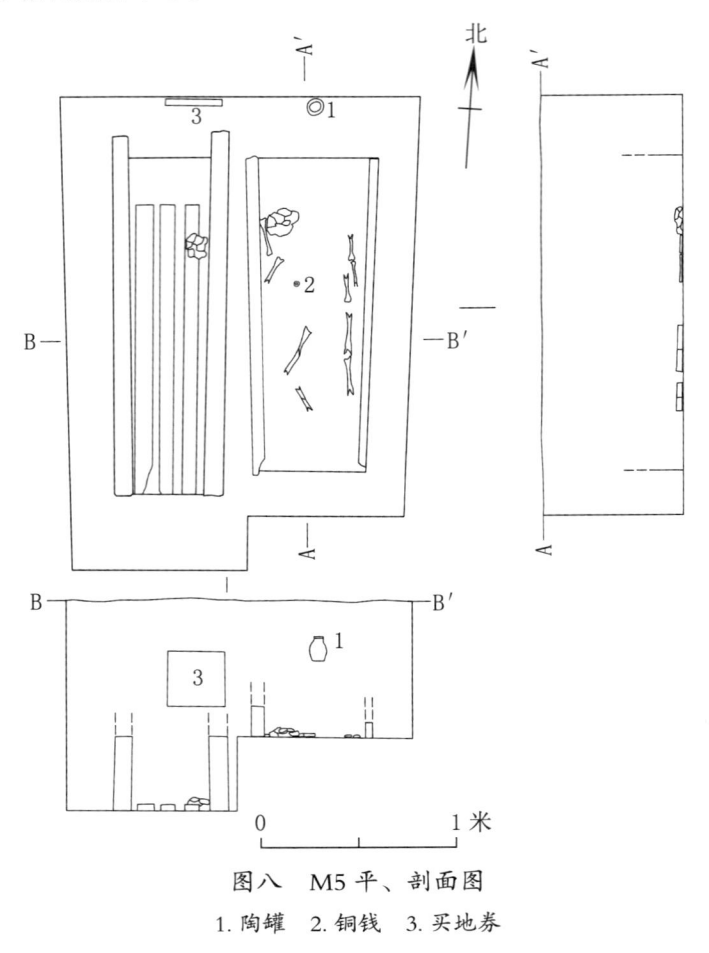

图八 M5 平、剖面图
1. 陶罐 2. 铜钱 3. 买地券

西侧棺平面近梯形，长 1.9 米、宽 0.56 ~ 0.6 米、高 0.4 米，厚 0.09 米；棺内置人骨 1 具，保存较差，仅存部分头骨。随葬品为买地券 1 件，出土于棺外北侧。

M6 位于发掘区中部偏北，西邻 M4。方向为 340°。墓口距地表深 0.2 米。平面呈梯形，长 2.25 米、宽 1.39 ~ 1.42 米、深 1 米。墓壁平直，平底略斜，内填花土，含沙量较大，土质疏松（图九；彩版五二，1）。

葬具为木棺，已朽。东侧棺平面近梯形，长 1.9 米、宽 0.47 ~ 0.53 米、残高 0.25 米、厚 0.07 米；棺内置人骨 1 具，保存较差，仅存头骨和部分肢骨。随葬品为铜钱 3 枚，出土于棺内底部中心。

西侧棺平面近梯形，长 1.6 米、宽 0.49 ~ 0.54 米、残高 0.25 米、厚 0.07 米；棺内置人骨 1 具，保存较差，仰身直肢葬，头向北，面向下，性别不详。随葬品为铜钱 2 枚，出土于棺内底部中心。

M9 位于发掘区西北部，北邻 M10。方向为 350°。墓口距地表深 0.2 米。平面呈不规则长方形，长 2.42 米、宽 1.81 米、深 0.4 ~ 0.88 米。墓壁平直，平底，内填花土，含沙量较大，土质疏松（图一〇）。

图九　M6 平、剖面图
1、2. 铜钱

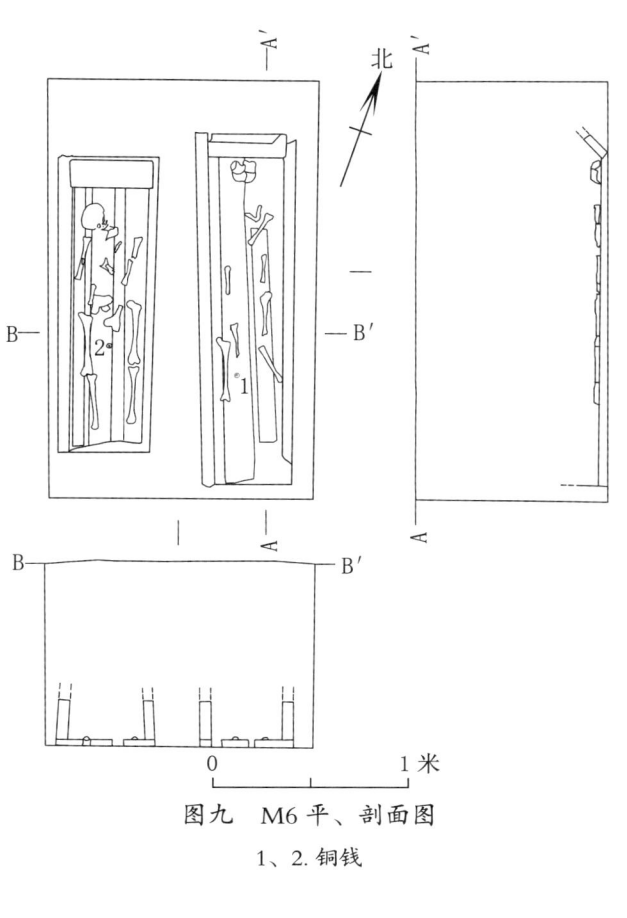

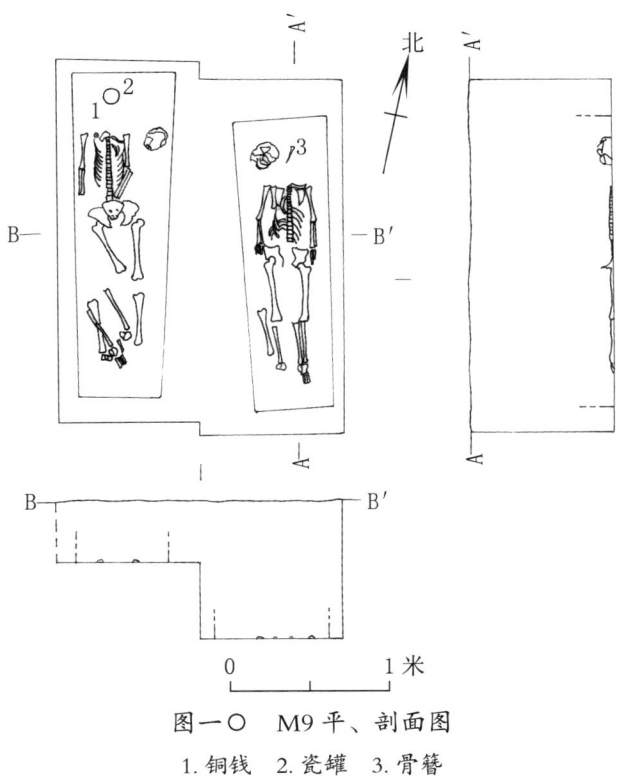

图一〇　M9 平、剖面图
1. 铜钱　2. 瓷罐　3. 骨簪

葬具为木棺，已朽。东侧棺平面近梯形，长 1.88 米、宽 0.49～0.59 米；棺内置人骨 1 具，保存较差，头向北，面向不详，仰身直肢葬，女性。随葬品为骨簪 1 件，出土于人头骨东侧。

西侧棺平面近梯形，长 2.09 米、宽 0.52～0.65 米；棺内置人骨 1 具，保存较差，头向北，面向不详，仰身直肢葬，男性。随葬品铜钱 1 枚，出土于胸骨北侧；瓷罐 1 件，出土于人骨北侧。

M11 位于发掘区西北部，东邻 M9。方向为 353°。墓口距地表深 0.2 米。平面呈梯形，长 2.47～2.7 米、宽 1.69 米、深 0.79 米。墓壁平直，平底，内填花土，含沙量较大，土质疏松（图一一；彩版五二，2）。

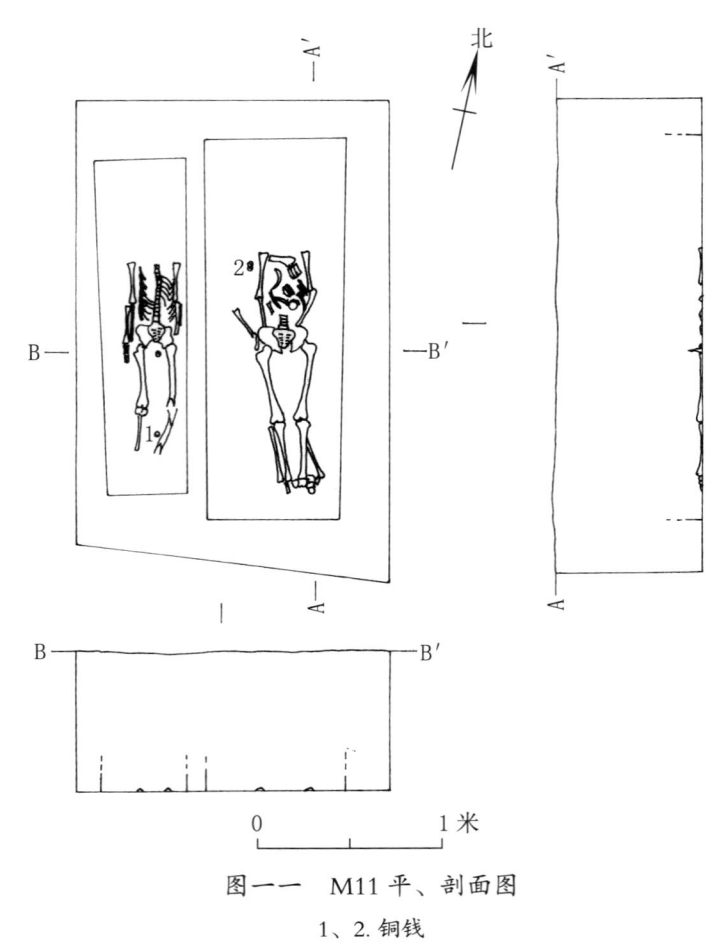

图一一　M11 平、剖面图
1、2. 铜钱

葬具为木棺，已朽。东侧棺平面近梯形，长 2.13 米、宽 0.72～0.77 米；棺内置人骨 1 具，保存较差，仰身直肢葬，男性。随葬品为铜钱 3 枚，出土于棺内上肢骨西侧。

西侧棺平面近梯形，长 1.88 米、宽 0.44～0.5 米；棺内置人骨 1 具，保存较差，仰身直肢葬，女性。随葬品为铜钱 3 枚，出土于棺内下肢骨之间。

M12 位于发掘区东北部，南邻 M13。方向为 60°。墓口距地表深 0.2 米。平面呈梯形，长 2.7 米、宽 1.71～1.81 米、深 1.38 米。墓壁平直，平底，内填花土，含沙量较大，土质疏松（图一二；彩版五三，1）。

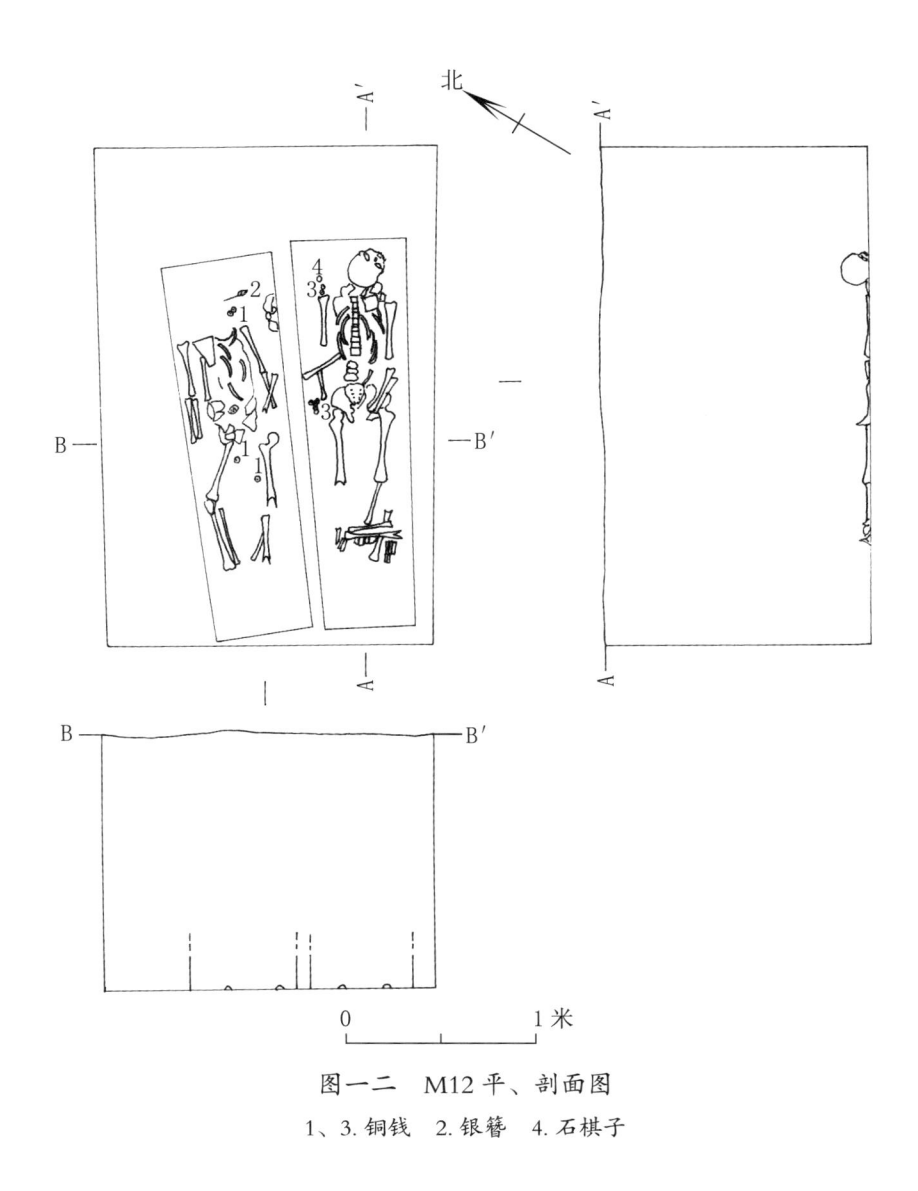

图一二 M12 平、剖面图
1、3. 铜钱 2. 银簪 4. 石棋子

葬具为木棺，已朽。东侧棺平面近梯形，长2.1米、宽0.47～0.61米；棺内置人骨1具，保存较好，仰身直肢葬，头向北，面向东，男性。随葬品为铜钱8枚，出土于头骨西侧及盆骨西侧；石棋子1枚，出土于头骨西侧。

西侧棺平面近梯形，长2.03米、宽0.51～0.59米；棺内置人骨1具，保存较差，面向不详，仰身直肢葬，女性。随葬品包括铜钱8枚，出土于人骨北侧及股骨之间；银簪1件，出土于人骨北侧。

M13位于发掘区东北部，北邻M12。方向为30°。墓口距地表深0.2米。平面呈梯形，长2.61米、宽1.79～1.81米、深1.1米。墓壁平直，平底，内填花土，含沙量较大，土质疏松（图一三；彩版五三，2）。

葬具为木棺，已朽。东侧棺平面近梯形，长1.81米、宽0.58～0.61米；棺内置人骨1具，保存较好，仰身直肢葬，头向北，面向上，女性。随葬品为铜钱3枚，出土于胸骨西侧；银簪1件，出土于头骨北侧。

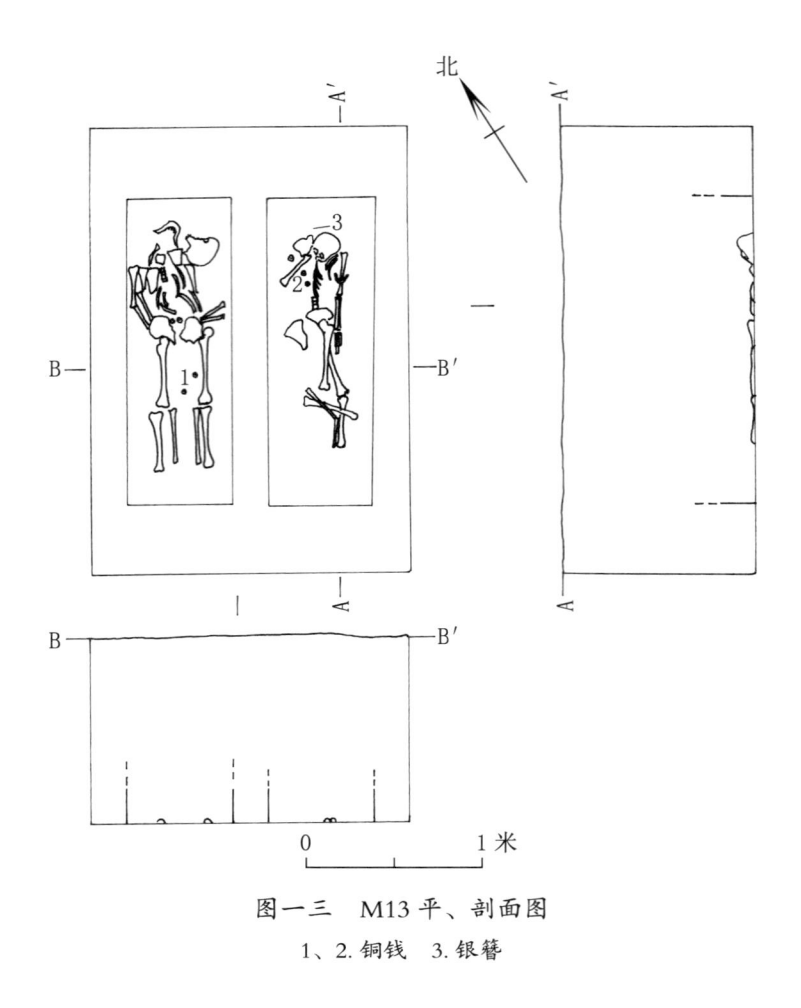

图一三　M13 平、剖面图
1、2. 铜钱　3. 银簪

西侧棺平面近长方形，长 1.79 米、宽 0.59 米；棺内置人骨 1 具，保存较好，仰身直肢葬，头向北，面向上，女性。随葬品为铜钱 8 枚，出土于股骨之间。

3. 搬迁墓

共 3 座：M8、M10、M15。

M8 位于发掘区西北部，北邻 M9。方向为 352°。墓口距地表深 0.2 米。平面呈梯形，长 1.9 米、宽 1.28～1.42 米、深 0.85 米。墓壁平直，平底，内填花土，含沙量较大，土质疏松（图一四；彩版五三，3）。

葬具为木棺，已朽。东侧棺平面近梯形，长 1.5 米、宽 0.37～0.41 米、残高 0.34 米、厚 0.05 米；棺内置人骨 1 具，保存较差，仅存部分肢骨。西侧棺平面近梯形，长 1.55 米、宽 0.41～0.48 米、残高 0.34 米、厚 0.07 米；棺内未发现人骨。

未出土随葬品。

M10 位于发掘区西北部，南邻 M9。方向为 350°。墓口距地表深 0.2 米。平面呈不规则长方形，长 2.61～2.71 米、宽 1.79～1.88 米、深 0.97 米。墓壁平直，平底，内填花土，含沙量较大，土质疏松（图一五；彩版五四，1）。

图一四　M8平、剖面图

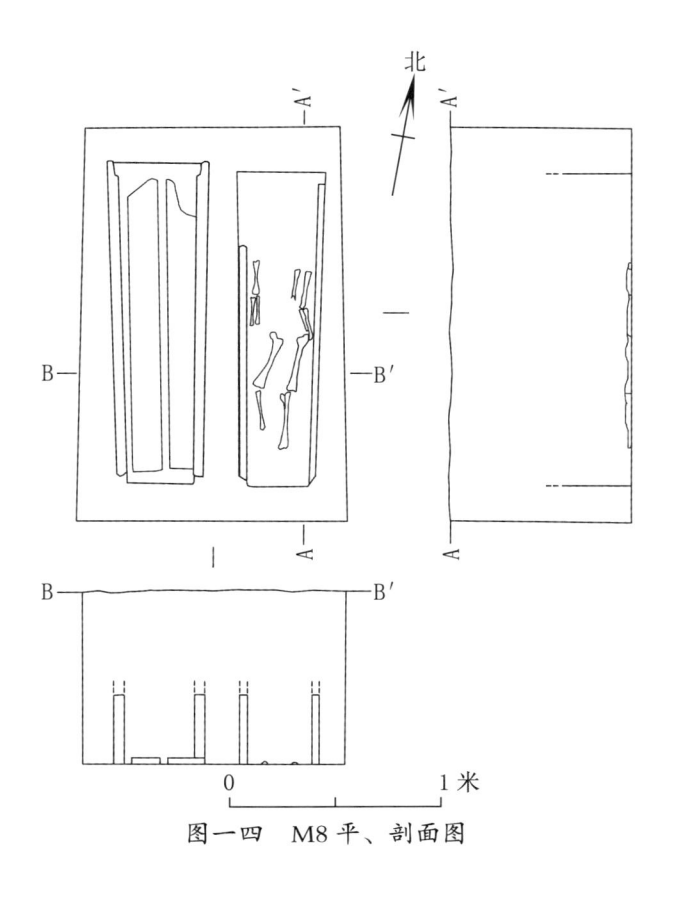

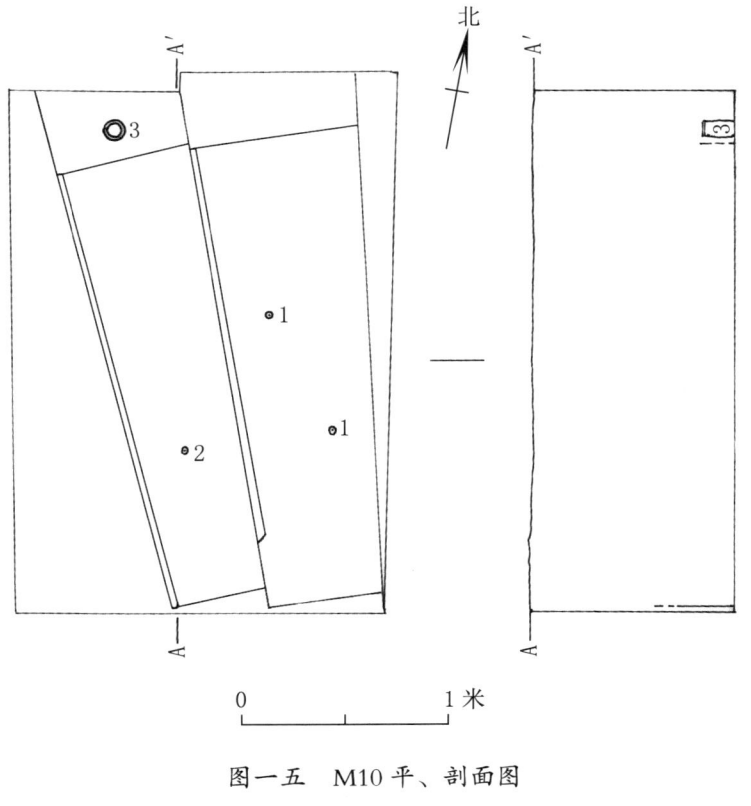

图一五　M10平、剖面图
1、2. 铜钱　3. 陶罐

葬具为木棺，已朽。东侧棺平面近梯形，长2.32米、宽0.55~0.79米；棺内未发现人骨。随葬品为铜钱3枚，出土于棺内底部。

西侧棺平面近梯形，长2.23米、宽0.46~0.66米；棺内未发现人骨。随葬品为铜钱1枚，出土于棺内底部；陶罐1件，出土于棺外北侧。

M15位于发掘区北部偏东，东北邻M14。方向为40°。墓口距地表深0.2米。平面呈不规则长方形，长2.6~2.68米、宽1.4~1.5米、深1.2米。墓壁平直，平底，内填花土，含沙量较大，土质疏松（图一六；彩版五四，2）。

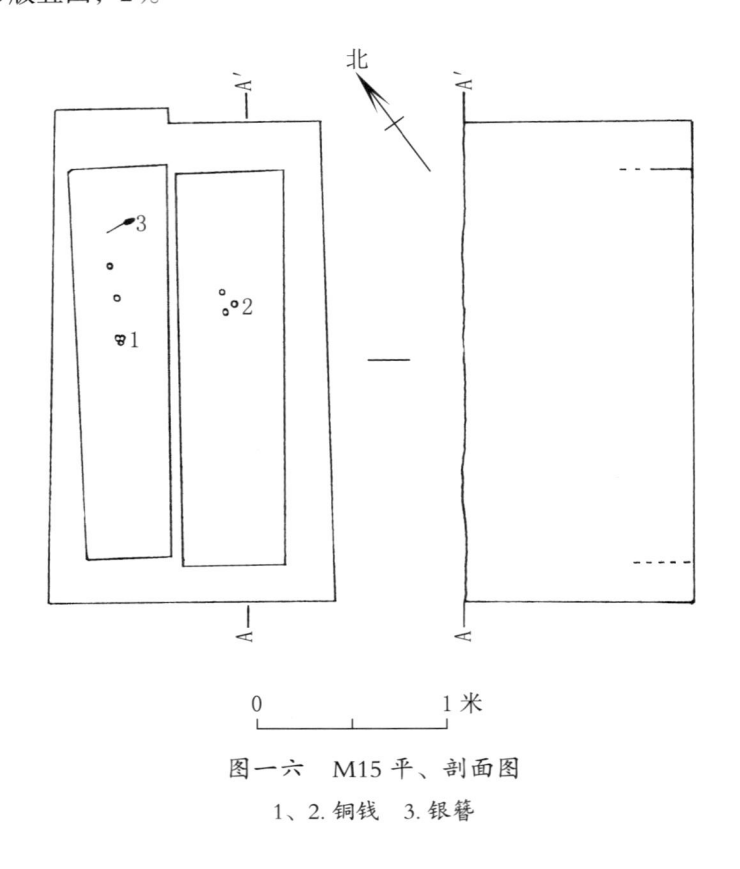

图一六　M15平、剖面图
1、2.铜钱　3.银簪

葬具为木棺，已朽。东侧棺平面近梯形，长2.12米、宽0.53~0.57米；棺内未发现人骨。随葬品为铜钱10枚，出土于棺内北部。

西侧棺平面近梯形，长2.11米、宽0.44~0.52米；棺内未发现人骨。随葬品为铜钱20枚，出土于棺内中部偏北；银簪1件，出土于棺内北部。

（二）明堂

共1座，为MT1（原M7）。

MT1位于发掘区中部，东邻M4。方向为180°。开口距地表深0.2米。平面呈方形，边长1.7

米、深 0.61 米。墓壁平直，平底，内填花土，含沙量较大，土质疏松（图一七；彩版五四，3）。

明堂位心为砖砌六边形结构，顶部已被破坏。壁为立砖垒砌三层，包围成六边形，并在每边之间插入斜向立砖垒砌三层，南部斜向立砖为并列两排，其余为一排。底部为青砖一顺两丁错缝平铺一层。位心内部放置墓志砖一块，规格为 30 厘米 × 30 厘米 × 6 厘米。用砖规格 30 厘米 × 14 厘米 × 6 厘米。

出土遗物为铜镜 1 件，出土于明堂内南部；买地券 1 件，出土于明堂内东部。

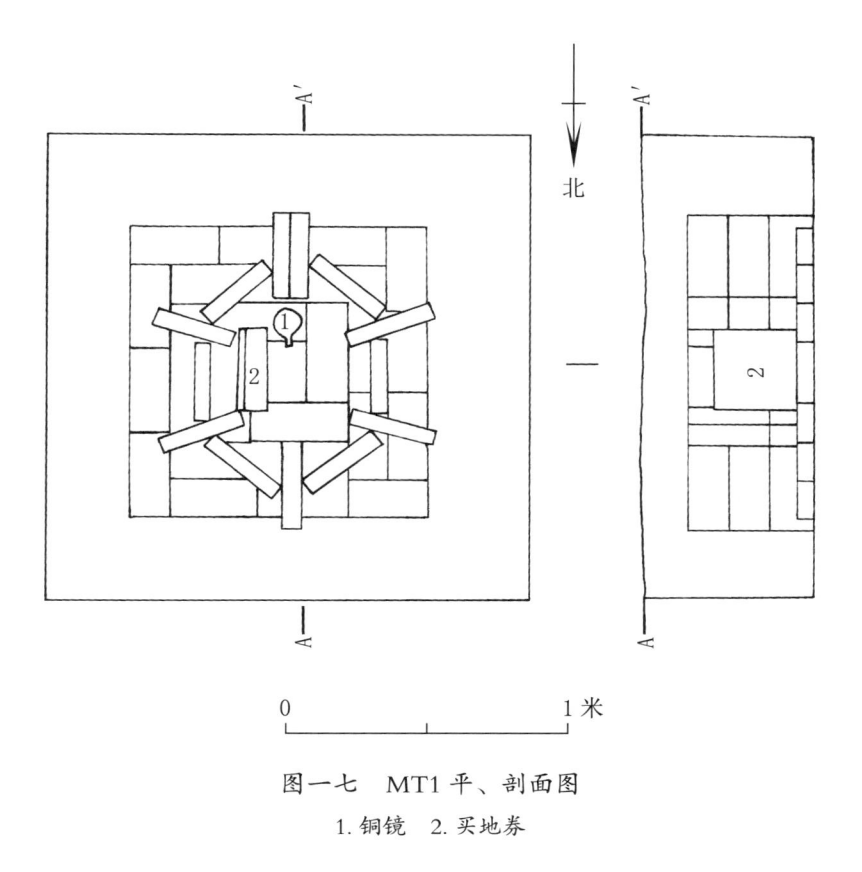

图一七　MT1 平、剖面图
1. 铜镜　2. 买地券

三、遗物

共出土随葬品 49 件，有瓷罐、陶罐、铜押发、铜簪、铜鞋拔、铜镜、铜钱、银簪、骨簪、买地券等。

瓷罐 3 件。M3:2，圆唇、直口、短颈、鼓肩、圆腹，下腹弧收，近底部折收，平底略内凹。通体施白釉，制作较精细。内壁腹部至底部有明显轮旋痕迹。素面。口径 7.6 厘米、肩径 11.5 厘米、底径 8.6 厘米、通高 13.2 厘米（图一八，4；彩版五五，4）。M3:4，圆唇、直口、短颈、鼓肩、圆腹，下腹弧收，近底部折收，平底略内凹。通体施白釉制作较精细。内壁腹部至底部有明显轮旋痕迹。

素面。口径 7.5 厘米、肩径 11.9 厘米、底径 8.2 厘米、通高 13.4 厘米（图一八，5；彩版五五，5）。M9：2，半釉罐，仅口沿及肩部施酱釉，胎质较粗糙，颈、肩部附有四桥形系。圆唇、直口，短颈，溜肩，斜弧腹内收，平底略内凹。颈、肩部附有四桥形系，其中一系已残损。胎质较粗糙。口沿及肩部施酱釉，其余部分露灰胎。肩部有支钉痕迹。素面。口径 9.6 厘米、肩径 12.4 厘米、底径 6.8 厘米、通高 13.7 厘米（图一八，6；彩版五五，6）。

陶罐 4 件。M1：2，圆唇、敞口，短颈，溜肩，斜弧腹，平底。口沿及肩部施酱黄釉，其余部分露灰胎。肩部有支钉痕迹。素面。口径 10.9 厘米、肩径 11.6 厘米、底径 7.5 厘米、通高 12.3 厘米（图一八，1；彩版五五，1）。M1：4，厚圆唇、敞口，短颈，溜肩，斜弧腹，平底。胎质较粗糙。口沿及肩部施酱黄釉，其余部分露灰胎。肩部有支钉痕迹。素面。口径 10.5 厘米、肩径 10.6 厘米、底径 7.8 厘米、通高 12.1 厘米（图一八，2；彩版五五，2）。M5：1，圆唇、敞口，短颈，溜肩，斜弧腹，平底。胎质较粗糙。口沿及肩部施酱黄釉，其余部分露灰胎。肩部有支钉痕迹。素面。口径 10.4 厘米、肩径 10.8 厘米、底径 7.2 厘米、通高 10.7 厘米（图一八，3；彩版五五，3）。M10：3，泥质红陶，圆唇、敞口，短颈，溜肩，斜弧腹，平底。胎质较粗糙。外表有轮旋痕迹。素面。口径 10.6 厘米、肩径 11.2 厘米、底径 9.3 厘米、通高 11.7 厘米（图一八，7；彩版五六，1）。

银簪 3 件。M12：2，首用银丝缠绕成六面形禅杖，上套数个圆环，顶作葫芦状。末端圆尖。体细长弯曲，为锥形，上段略鼓，饰一周凸弦纹。首残宽 1.9 厘米，通长 13.8 厘米（图一九，5；彩版五六，2）。M15：3，首用银丝缠绕成六面形禅杖，上套数个圆环，顶作葫芦状。末端圆尖。体细直，为锥形，上段略鼓，饰一周凸弦纹。首残宽 2.1 厘米，通长 15.2 厘米（图一九，2；彩版五六，3）。M13：3，整体细长呈棍状。簪首有一圆形穿，末端尖锐。素面。穿径 0.2 厘米，长 12 厘米（图一九，3；彩版五六，4）。

骨簪 1 件。M9：3，整体呈扁条形，由首至尾逐渐变窄。末端圆尖。首处饰三道刻划纹。长 11.8 厘米、宽 0.3~0.8 厘米、厚 0.4 厘米（图一九，6；彩版五六，5）。

铜押发 1 件。M2：2，体扁平，两端呈圆弧较尖状，略宽；束腰。素面。宽 0.4~0.6 厘米、厚 0.15 厘米、通长 6.8 厘米（图一八，8；彩版五六，6）。

铜簪 1 件。M2：5，体扁平，一端呈圆弧较尖状，一端呈尖状。素面。宽 0.6 厘米，长 5.7 厘米（图一八，9；彩版五七，1）。

铜鞋拔 1 件。M2：4，体扁平，整体呈条片状，两端呈圆弧状，较宽。体略弯曲。手提处有一圆形穿。素面。宽 2.2~4.5 厘米、厚 0.14 厘米、穿径 0.5 厘米、通长 6.8 厘米（图一八，10；彩版五七，2）。

铜镜 1 件。M7：1，正面锈蚀，抛光较差。背面高沿凹背，由凸弦纹分为内外两区，外区素面。内区为浮雕纹饰，左上饰天鹅，上方饰云朵，中间及下方饰水草、树木，纹饰平均分布于镜面。镜面下附一长方形柄，素面。镜面直径 8.1 厘米、厚 0.3 厘米，柄长 6.7 厘米、宽 1.5 厘米、厚 0.2 厘米（图一九，1；彩版五七，3）。

图一八　出土器物（一）

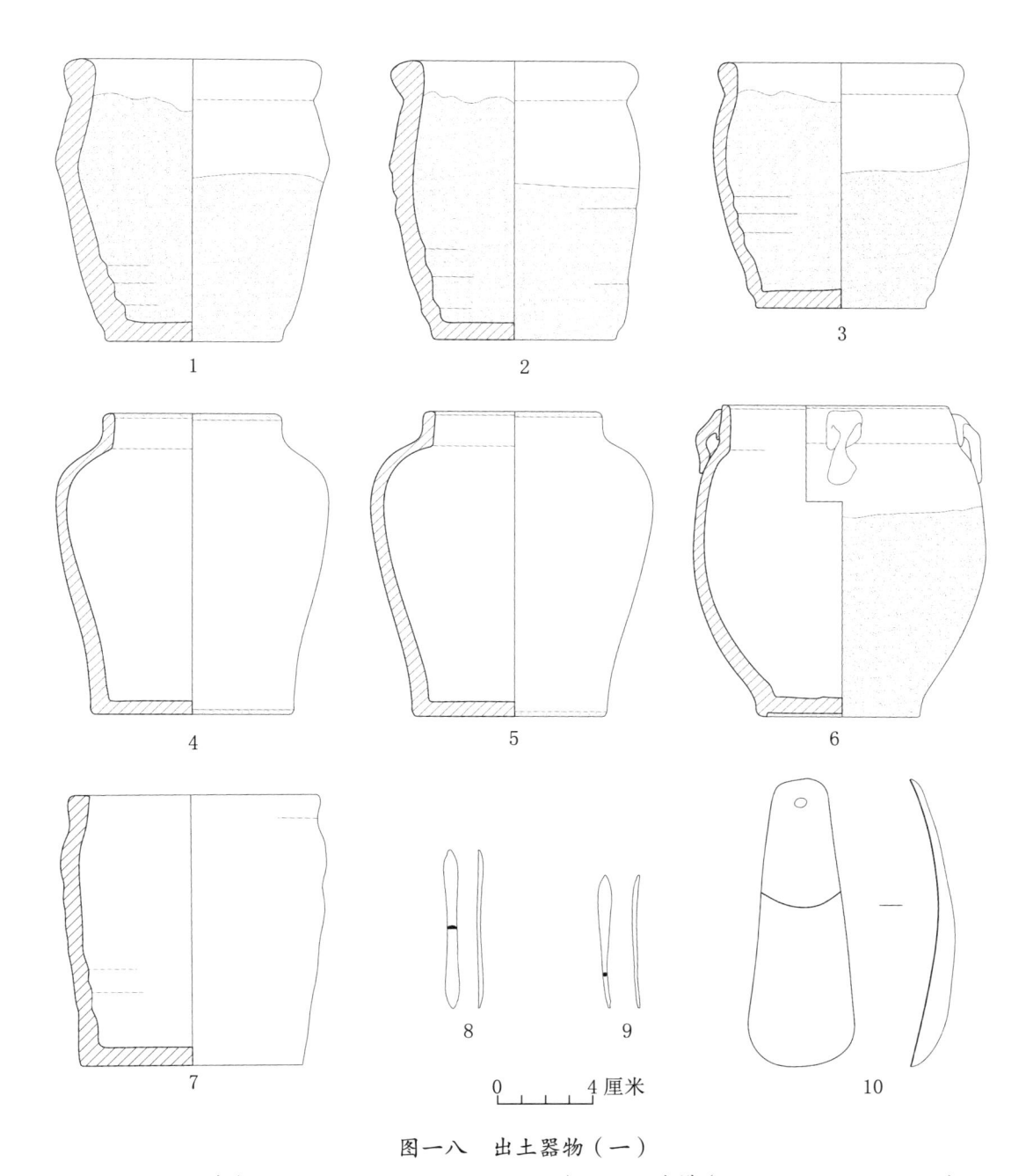

1~3、7. 陶罐（M1:2、M1:4、M5:1、M10:3）　4~6. 瓷罐（M3:2、M3:4、M9:2）
8. 铜押发（M2:2）　9. 铜簪（M2:5）　10. 铜鞋拔（M2:4）

石棋子 1 枚。M12:4，整体呈圆形，白色，截面为半圆形。制作较粗糙。素面。直径 2.2 厘米、厚 0.5 厘米（图一九，4；彩版五七，4）。

买地券 2 方。均为泥质，青灰色，平面正方形，正面光滑，已不见书写痕迹，背面粗糙。M5:3，边长 38 厘米、厚 7.2 厘米（彩版五七，5）。M7:2，边长 38.2 厘米、厚 7.3 厘米（彩版五七，6）。

铜钱有五铢、大观通宝、顺治通宝、康熙通宝、雍正通宝、乾隆通宝、嘉庆通宝、道光通宝、咸丰通宝、光绪元宝等。

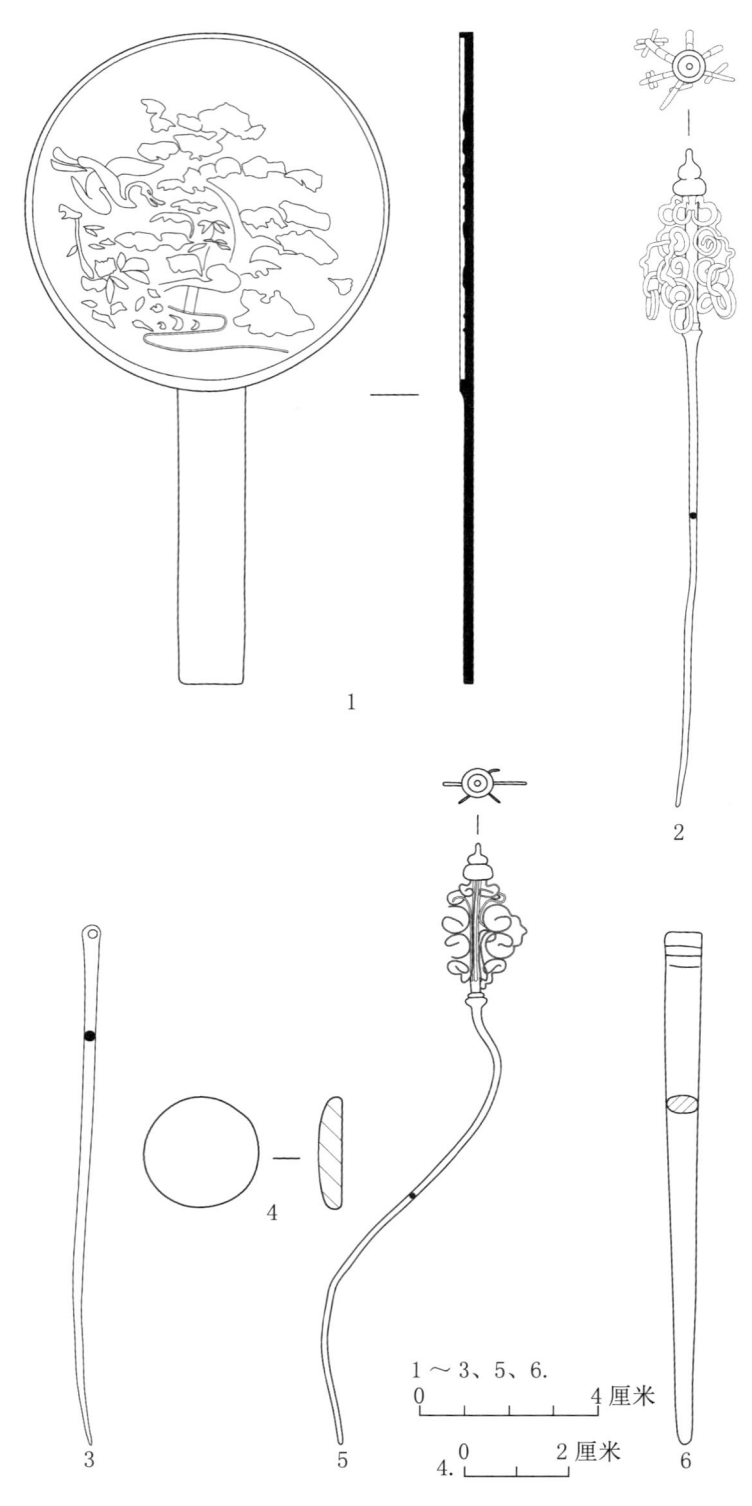

图一九　出土器物（二）

1. 铜镜（M7：1）　2、3、5. 银簪（M15：3、M13：3、M12：2）　4. 石棋子（M12：4）　6. 骨簪（M9：3）

五铢1枚。M6：2-1，模制、完整、圆形、方穿。正面无郭，铸"五铢"二字，篆书，对读。背面无郭，光背。直径2.51厘米、穿径1.02厘米、厚0.15厘米（图二〇，1）。

大观通宝1枚。M6：2-2，模制、完整、圆形、方穿。正面有郭，铸"大观通宝"四字，瘦金体，对读。背面有郭，光背。直径2.5厘米、穿径0.67厘米、郭厚0.16厘米（图二〇，2）。

顺治通宝1枚。M1：3-1，模制、完整、圆形、方穿。正面有郭，铸"顺治通宝"四字，楷书，对读。背面有郭，穿左右为满文"宝泉"，纪局名。直径2.72厘米、穿径0.63厘米、郭厚0.3厘米（图二〇，3）。

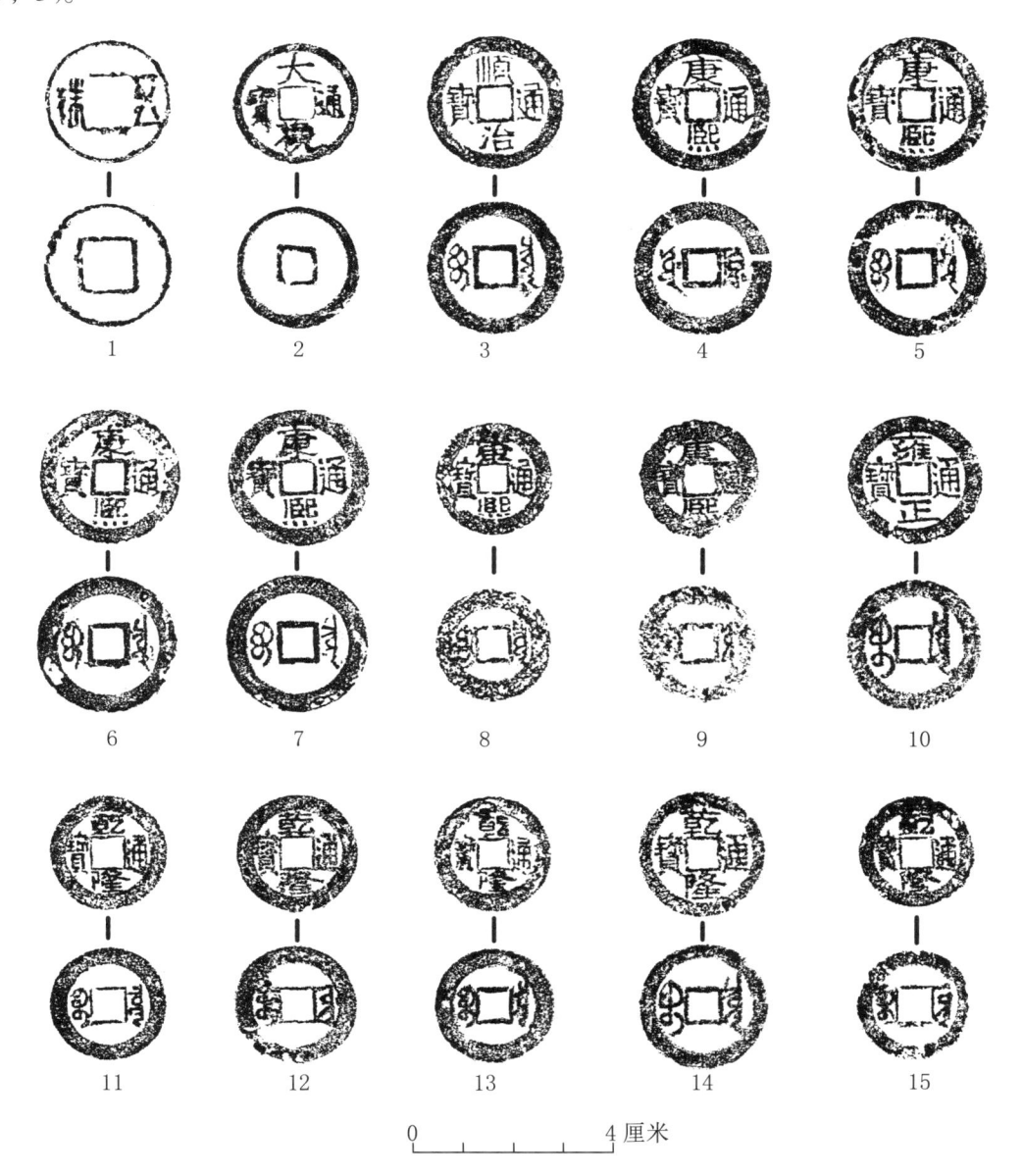

图二〇　出土铜钱拓片（一）
1. 五铢（M6：2-1）　2. 大观通宝（M6：2-2）　3. 顺治通宝（M1：3-1）
4～9. 康熙通宝（M1：1、M1：3-2、M3：1、M3：3、M5：2、M10：2）　10. 雍正通宝（M10：1）
11～15. 乾隆通宝（M4：1、M6：1、M6：2-3、M9：1、M11：1）

康熙通宝 6 枚。均模制、完整、圆形、方穿。M1∶1，正面有郭，铸"康熙通宝"四字，楷书，对读。背面有郭，穿左右为满汉"原"字，纪局名。直径 2.75 厘米、穿径 0.59 厘米、郭厚 0.32 厘米（图二〇，4）。M1∶3-2，正面有郭，铸"康熙通宝"四字，楷书，对读。背面有郭，穿左右为满文"宝源"，纪局名。直径 2.75 厘米、穿径 0.59 厘米、郭厚 0.31 厘米（图二〇，5）。M3∶1，正面有郭，铸"康熙通宝"四字，楷书，对读。背面有郭，穿左右为满文"宝源"，纪局名。直径 2.75 厘米、穿径 0.59 厘米、郭厚 0.33 厘米（图二〇，6）。M3∶3，正面有郭，铸"康熙通宝"四字，楷书，对读。背面有郭，穿左右为满文"宝源"，纪局名。直径 2.75 厘米、穿径 0.58 厘米、郭厚 0.33 厘米（图二〇，7）。M5∶2，正面有郭，铸"康熙通宝"四字，楷书，对读。背面有郭，穿左右为满文"宝源"，纪局名。直径 2.35 厘米、穿径 0.59 厘米、郭厚 0.36 厘米（图二〇，8）。M10∶2，正面有郭，铸"康熙通宝"四字，楷书，对读。背面有郭，穿左右为满文，字迹不清。直径 2.36 厘米、穿径 0.6 厘米、郭厚 0.38 厘米（图二〇，9）。

雍正通宝 1 枚。模制、完整、圆形、方穿。M10∶1，正面有郭，铸"雍正通宝"四字，楷书，对读。背面有郭，穿左右为满文"宝泉"，纪局名。直径 2.72 厘米、穿径 0.59 厘米、郭厚 0.35 厘米（图二〇，10）。

乾隆通宝 7 枚。均模制、完整、圆形、方穿。M4∶1，正面有郭，铸"乾隆通宝"四字，楷书，对读。背面有郭，穿左右为满文"宝泉"，纪局名。直径 2.3 厘米、穿径 0.61 厘米、郭厚 0.31 厘米（图二〇，11）。M6∶1，正面有郭，铸"乾隆通宝"四字，楷书，对读。背面有郭，穿左右为满文"宝源"，纪局名。直径 2.39 厘米、穿径 0.59 厘米、郭厚 0.33 厘米（图二〇，12）。M6∶2-3，正面有郭，铸"乾隆通宝"四字，楷书，对读。背面有郭，穿左右为满文"宝泉"，纪局名。直径 2.29 厘米、穿径 0.56 厘米、郭厚 0.33 厘米（图二〇，13）。M9∶1，正面有郭，铸"乾隆通宝"四字，楷书，对读。背面有郭，穿左右为满文"宝泉"，纪局名。直径 2.52 厘米、穿径 0.56 厘米、郭厚 0.25 厘米（图二〇，14）。M11∶1，正面有郭，铸"乾隆通宝"四字，楷书，对读。背面有郭，穿左右为满文"宝泉"，纪局名。直径 2.24 厘米、穿径 0.59 厘米、郭厚 0.28 厘米（图二〇，15）。M11∶2，正面有郭，铸"乾隆通宝"四字，楷书，对读。背面有郭，穿左右为满文"宝云"，纪局名。直径 2.54 厘米、穿径 0.56 厘米、郭厚 0.34 厘米（图二一，1）。M12∶3-1，正面有郭，铸"乾隆通宝"四字，楷书，对读。背面有郭，穿左右为满文"宝泉"，纪局名。直径 2.19 厘米、穿径 0.6 厘米、郭厚 0.29 厘米（图二一，2）。

嘉庆通宝 4 枚。均模制、完整、圆形、方穿。M12∶1-1，正面有郭，铸"嘉庆通宝"四字，楷书，对读。背面有郭，穿左右为满文"宝源"，纪局名。直径 2.39 厘米、穿径 0.57 厘米、郭厚 0.25 厘米（图二一，3）。M14∶1-1，正面有郭，铸"嘉庆通宝"四字，楷书，对读。背面有郭，穿左右为满文"宝泉"，纪局名。直径 2.39 厘米、穿径 0.55 厘米、郭厚 0.3 厘米（图二一，4）。M15∶1-1，正面有郭，铸"嘉庆通宝"四字，楷书，对读。背面有郭，穿左右为满文"宝源"，纪局名。直径 2.31 厘米、穿径 0.59 厘米、郭厚 0.22 厘米（图二一，5）。M15∶2-1，正面有郭，铸"嘉庆通宝"四字，楷书，对读。背面有郭，穿左右为满文"宝泉"，纪局名。直径2.4厘米、穿径0.59厘米、郭厚0.22厘米（图二一，6）。

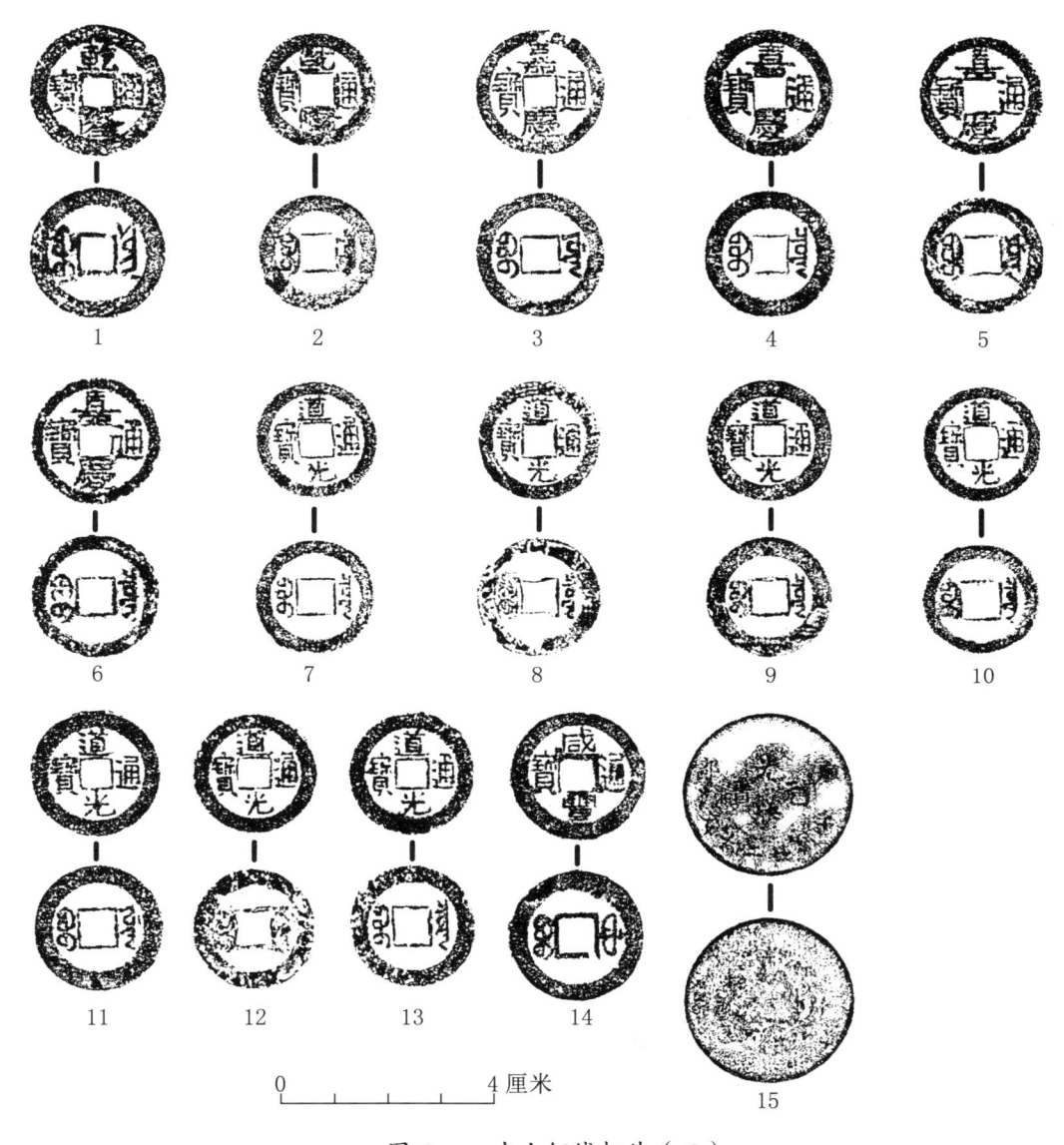

图二一 出土铜钱拓片（二）

1、2. 乾隆通宝（M11：2、M12：3-1） 3～6. 嘉庆通宝（M12：1-1、M14：1-1、M15：1-1、M15：2-1） 7～13. 道光通宝（M12：1-2、M12：3-2、M13：1、M13：2、M14：1-2、M15：1-2、M15：2-2） 14. 咸丰通宝（M2：1） 15. 光绪元宝（M2：3-1）

道光通宝7枚。均模制、完整、圆形、方穿。M12：1-2，正面有郭，铸"道光通宝"四字，楷书，对读。背面有郭，穿左右为满文"宝泉"，纪局名。直径2.25厘米、穿径0.59厘米、郭厚0.24厘米（图二一，7）。M12：3-2，正面有郭，铸"道光通宝"四字，楷书，对读。背面有郭，穿左右为满文"宝泉"，纪局名。直径2.27厘米、穿径0.57厘米、郭厚0.27厘米（图二一，8）。M13：1，正面有郭，铸"道光通宝"四字，楷书，对读。背面有郭，穿左右为满文"宝泉"，纪局名。直径

2.34 厘米、穿径 0.58 厘米、郭厚 0.33 厘米（图二一，9）。M13：2，正面有郭，铸"道光通宝"四字，楷书，对读。背面有郭，穿左右为满文"宝泉"，纪局名。直径 2.15 厘米、穿径 0.61 厘米、郭厚 0.22 厘米（图二一，10）。M14：1-2，正面有郭，铸"道光通宝"四字，楷书，对读。背面有郭，穿左右为满文"宝源"，纪局名。直径 2.42 厘米、穿径 0.57 厘米、郭厚 0.32 厘米（图二一，11）。M15：1-2，正面有郭，铸"道光通宝"四字，楷书，对读。背面有郭，穿左右为满文"宝泉"，纪局名。直径 2.31 厘米、穿径 0.6 厘米、郭厚 0.29 厘米（图二一，12）。M15：2-2，正面有郭，铸"道光通宝"四字，楷书，对读。背面有郭，穿左右为满文"宝泉"，纪局名。直径 2.31 厘米、穿径 0.57 厘米、郭厚 0.3 厘米（图二一，13）。

咸丰通宝 1 枚。M2：1，模制、完整、圆形、方穿。正面有郭，铸"咸丰通宝"四字，楷书，对读。背面有郭，穿左右为满文"宝福"，纪局名。直径 2.52 厘米、穿径 0.62 厘米、郭厚 0.32 厘米（图二一，14）。

光绪元宝 1 枚。M2：3-1，模制、完整、圆形。正面无郭，中心铸"光绪元宝"四字，楷书，对读；顶部为满文书写，字迹不清，两侧分别铸"户部"二字，楷书，对读，底部铸"当制钱二十文"六字，楷书，旋读。背面无郭，图案不清。直径 3.2 厘米、厚 0.15 厘米（图二一，15）。

四、结语

此次发掘的 13 座墓葬分别集中于发掘区西北部、东北部及中部。均为竖穴土圹墓，可分为单人葬墓、双人合葬墓及搬迁墓。单人葬墓 2 座，占 15%；双人合葬墓 9 座，占 70%；搬迁墓 2 座，占 15%。双人合葬墓的比例较高，是本次发掘的特点之一。

（一）葬俗

双人合葬墓可辨识性别的，均为一夫一妻合葬。葬具均为木棺，葬式可辨别的皆为仰身直肢葬，一般头向都为北。

（二）墓葬年代

M1~M6、M8~M14 的墓葬形制在北京地区清代墓中较为常见，与本次发掘区邻近的单店养老产业示范基地项目中的清代墓形制基本一致[1]。从出土器物看，陶罐（M5：1）与北京鲜活农产品流通中心项目中的陶罐（M11：2）型制、施釉方法基本一致[2]；瓷罐（M9：2）的颈、肩部附四系、施酱黄色半釉的制作方法与北京鲜活农产品流通中心项目中的半釉四系瓷罐（M21：3）基本一致[3]；

而银簪（M13∶3）则与通州东石村与北小营村 B2 地块的银簪（M23∶6-2）形制基本相同[4]。总之 M1～M6、M8～M14 中出土的瓷罐、陶罐、铜簪、银簪、银押发等均是北京清代墓葬中常见的随葬品；出土铜钱包括五铢、大观通宝、顺治通宝、康熙通宝、雍正通宝、乾隆通宝、嘉庆通宝、道光通宝、咸丰通宝、光绪元宝等，铜钱年代横跨清代早、中、晚期。M6 同时出土有五铢、大观通宝、乾隆通宝等，墓葬年代应不早于清乾隆时期，年代最晚的铜钱为 M2 中出土的光绪元宝。由此初步推断，M1～M6、M8～M14 年代为清代。

MT1 为明堂，整体外形呈"龟形"，是北京地区明清时期明堂中较为常见的形制[5]。从墓葬位置及排列看，以 M7 为中心，M3～M6 集中分布于发掘区中部，墓葬方向一致，且 M3～M6 分别排列于 M7 南部的东、西两侧，排列有序，推断为一处家族墓地。在 M3～M6 中出土年代最晚的铜钱为康熙通宝、乾隆通宝，由此推断 M3～M6、MT1 年代为清代早期。

发掘：张智勇
绘图：张志伟
摄影：王宇新　张旭
执笔：张旭　张智勇

注释

[1] 北京市文物研究所编：《单店与黑庄户——朝阳区考古发掘报告集》，上海古籍出版社，2021 年，第 78～104 页。
[2] 同[1]，第 120 页。
[3] 同[1]，第 148 页。
[4] 北京市考古研究院编：《通州东石村与北小营村——北京轻轨 L2 线通州段次渠站等土地开发项目考古发掘报告》，上海古籍出版社，2022 年，第 119 页。
[5] 崔学谙：《明清砖穴综述》《首都博物馆文集》，中国民间文艺出版社，1992 年。

附表　墓葬登记表

墓号	方向	墓口 长×宽×深（米）	深度（米）	葬具	葬式	人骨保存情况	头向及面向	性别	随葬品（件）	备注
M1	18°	2.6×1.9×0.2	0.61～1.01	双棺	皆仰身直肢葬	较好	东棺头向北，面向西；西棺头向北，面向北	东棺男性，西棺女性	瓷罐 2、铜钱 11	
M2	315°	（2.5～2.7）×（1.68～1.76）×0.2	0.78	双棺	皆仰身直肢葬	较好	北棺头向北，面向西；南棺头向北，面向不详	北棺男性，南棺女性	铜押发 1、铜鞋拔 1、铜簪 1、铜钱 8	
M3	320°	2.8×（1.94～2.03）×0.2	1.17	双棺	无	无	无	无	瓷罐 2、铜钱 2	

续表

墓号	方向	墓口 长×宽×深（米）	深度（米）	葬具	葬式	人骨保存情况	头向及面向	性别	随葬品（件）	备注
M4	345°	2.5×0.9×0.2	1.6	单棺	仰身直肢葬	较差	不详	男性	铜钱3	
M5	356°	（2.23~2.51）×（1.71~1.84）×0.2	0.73~1.13	双棺	不详	较差	不详	不详	瓷罐1、买地券、铜钱3	
M6	340°	2.25×（1.39~1.42）×0.2	1	双棺	西棺仰身直肢葬，东棺不详	较差	西棺头向北，面向下；东棺不详	不详	铜钱5	
M8	352°	1.9×（1.28~1.42）×0.2	0.85	双棺	无	无	无	无	无	搬迁墓
M9	350°	2.42×1.81×0.2	0.4~0.88	双棺	皆仰身直肢葬	较差	东棺头向北，面向不详；西棺头向北，面向不详	东棺女性，西棺男性	瓷罐1、骨簪1、铜钱1	
M10	350°	（2.61~2.71）×（1.79~1.88）×0.2	0.97	双棺	无	无	无	无	陶罐1、铜钱4	搬迁墓
M11	353°	（2.47~2.7）×1.69×0.2	0.79	双棺	皆仰身直肢葬	较差	不详	东棺男性，西棺女性	铜钱6	
M12	60°	2.7×（1.71~1.81）×0.2	1.38	双棺	皆仰身直肢葬	东棺较好，西棺较差	东棺头向北，面向东；西棺不详	东棺男性，西棺女性	银簪1、石棋子1、铜钱16	
M13	30°	2.61×（1.79~1.81）×0.2	1.1	双棺	皆仰身直肢葬	较好	东棺头向北，面向上；西棺头向北，面向上	皆女性	银簪1、铜钱11	
M14	50°	2.8×（0.7~0.8）×0.2	1.6	单棺	仰身直肢葬	较差	头向北，面向西	男性	铜钱4	
M15	40°	（2.6~2.68）×（1.4~1.5）×0.2	1.2	双棺	无	无	无	无	银簪1、铜钱30	搬迁墓

海淀区学院路清代墓葬发掘报告

海淀区学院路31号院位于海淀区的中部，北邻中国地质大学、南邻北四环中路、西邻地铁13号线、东邻学院路。地理坐标为东经116°20′27.2377″，北纬39°59′13.7729″（图一）。

2016年5月15至23日，为配合学院路31号院职工住宅项目建设，北京市考古研究院（原北京市文物研究所）对勘探发现的古代墓葬进行了考古发掘，发掘面积共44平方米，发掘清代墓葬9座（图二）。

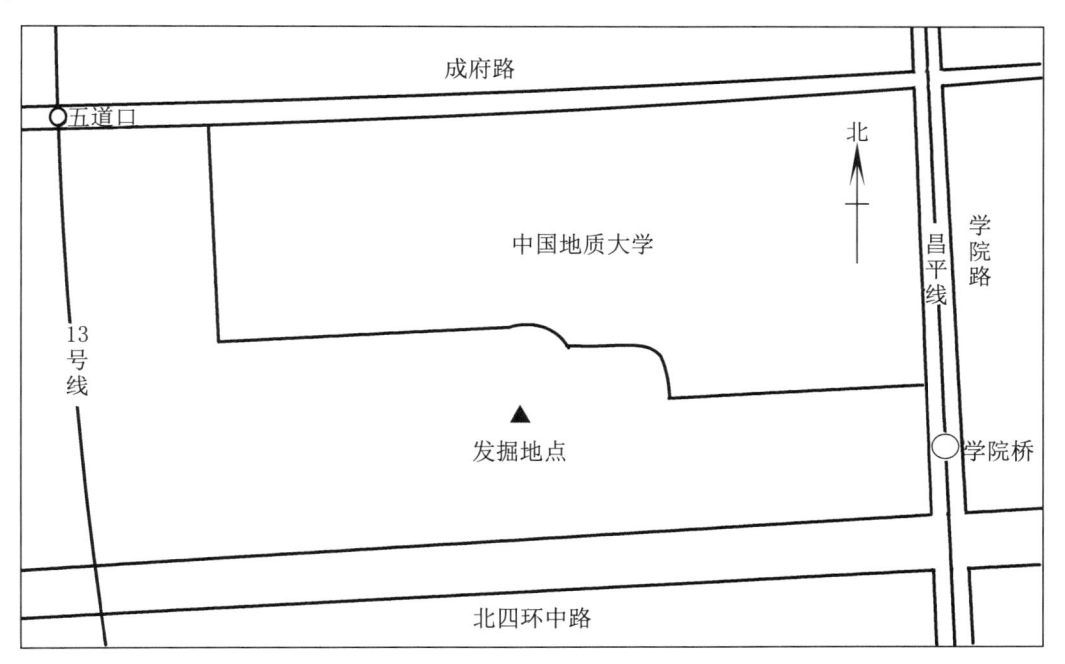

图一　发掘地点位置示意图

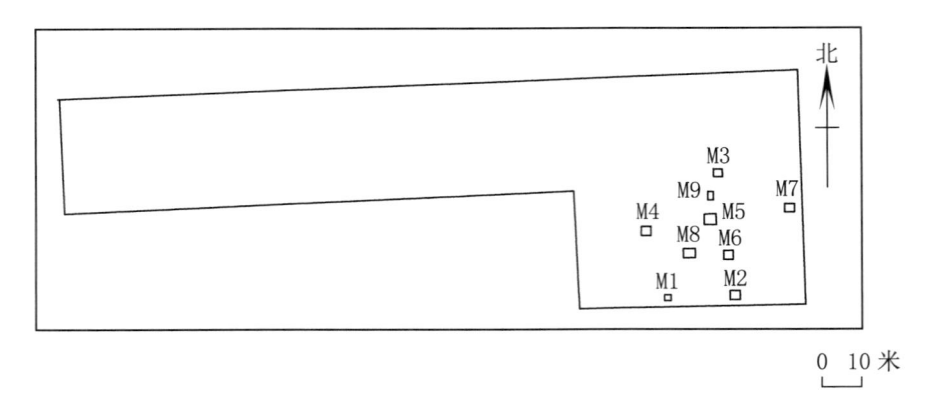

图二　墓葬分布图

一、墓葬

共9座，均为竖穴土坑墓。可分为单人葬墓、双人合葬墓两种类型。

（一）单人葬墓

2座。墓圹平面皆呈长方形。

M1位于发掘区南部，东邻M2。方向为7°。开口于①层下，墓口距地表深1.5米。墓葬北部被楼房地基破坏，墓圹残长1.5米、宽1.72米、深0.47米（图三）。直壁，平底，内填花土，土质疏松。

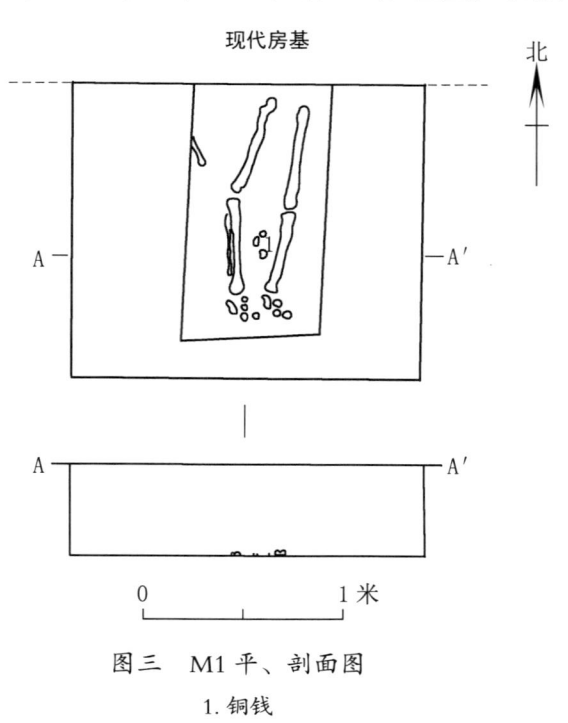

图三　M1平、剖面图
1.铜钱

葬具为木棺，已朽并被破坏，残长 1.3 米、宽 0.69 米。棺内葬人骨一具，保存状况较差，上半身已被破坏，葬式推测为仰身直肢葬，头北足南，年龄、性别不详。两小腿间随葬有铜钱 2 枚。

M9 位于发掘区中部，南邻 M5。方向为 5°。开口于①层下，墓口距地表深 1 米。墓圹长 2.52 米、宽 1.1 米、深 0.84 米（图四）。直壁，平底，内填花土，土质疏松。

葬具为木棺，已朽，仅留痕迹，平面呈梯形。棺长 2 米、宽 0.72～0.84 米、厚 0.08 米。棺内葬人骨一具，保存情况较好，仰身直肢葬，头北足南，年龄、性别不详。头骨处随葬有铜钱 5 枚。

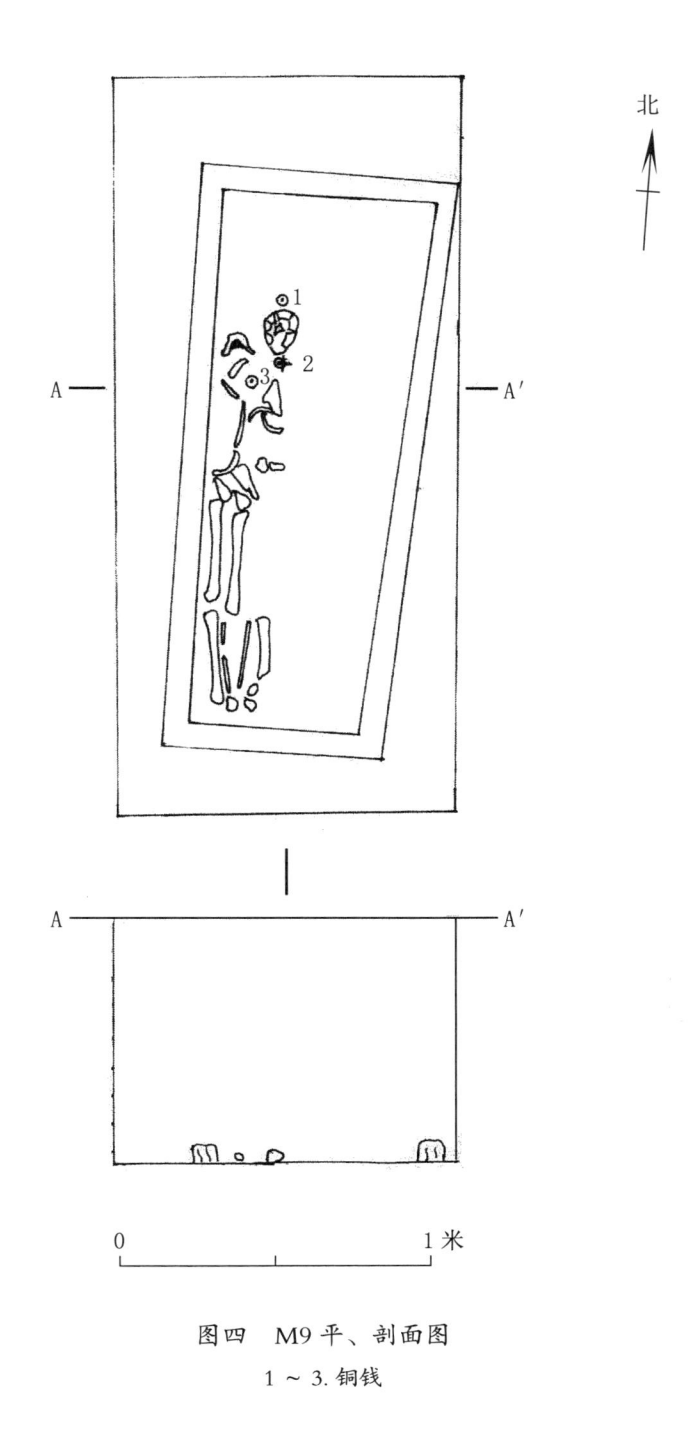

图四　M9 平、剖面图

1～3. 铜钱

(二) 双人合葬墓

7座。

M2位于发掘区南部,西邻M1。方向为0°。开口于①层下,墓口距地表深0.6米。平面近长方形,长2.75米、宽2.56米、深0.44米(图五)。直壁,平底,内填花土,土质疏松。

葬具均为木棺,已朽,仅留痕迹。东侧棺平面呈梯形,长1.78米、宽0.68~0.75米。棺内仅存少量人骨。西侧棺平面呈梯形,长1.84米、宽0.63~0.68米。棺内不见人骨。东侧棺北部位置随葬有铜钱1枚。

M3位于发掘区北部,南邻M9。方向为114°。开口于①层下,墓口距地表深1.6米。平面近梯形,南部为原楼房地基破坏,长2.8米、残宽0.8~1.8米、深0.6米(图六)。直壁,平底,内填花土,土质疏松。

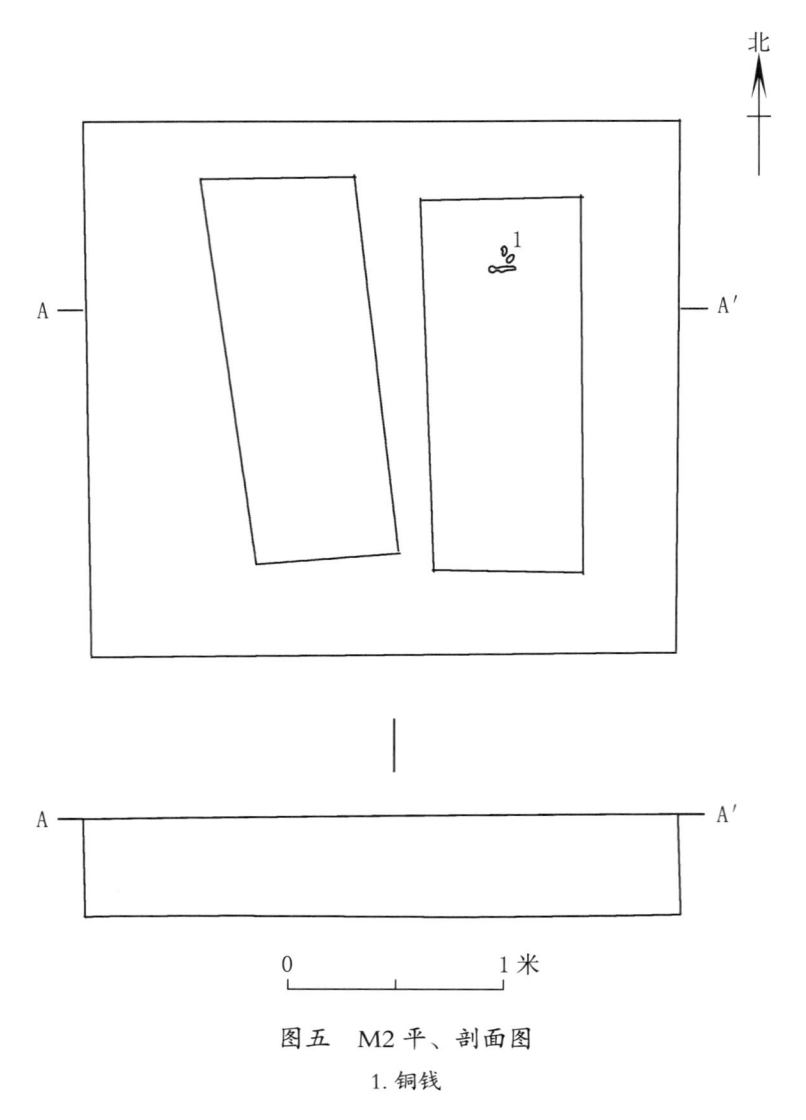

图五 M2平、剖面图
1. 铜钱

图六　M3 平、剖面图

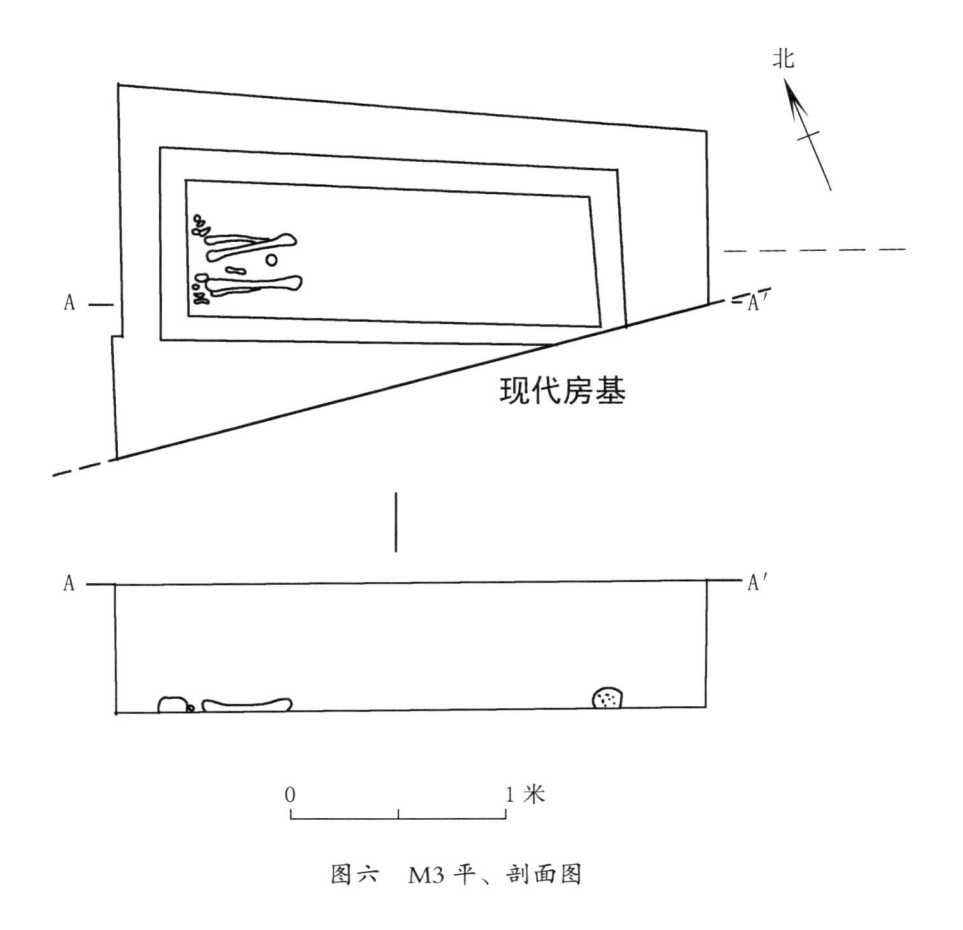

因被破坏，葬具仅见北侧棺木。平面呈梯形，东南角已被破坏，长2.2米、残宽0.76～0.95米、厚0.15米。棺内人骨保存状况较差，仅存部分下肢骨。未发现随葬品。

M4 位于发掘区中部，东邻M5。方向为4°。开口于①层下，墓口距地表深1.5米。平面近梯形，长3米、宽2.28～2.65米、深0.83米（图七）。直壁，平底，内填花土，土质疏松。

葬具均为木棺。东侧棺平面呈梯形，长2.1米、宽0.8～0.9米、厚0.06～0.1米。棺内人骨保存状况较好，仰身直肢葬，头北足南，年龄、性别不详。西侧棺平面呈梯形，长2.2米、宽0.72～0.85米、厚0.08～0.1米。棺内仅存少量人骨。两棺内均随葬有铜钱，西侧棺中部偏东处随葬有银戒指4枚。

M5 位于发掘区中部，北邻M9。方向为258°。开口于①层下，墓口距地表深1米。平面近方形，东北部延伸出一角，长3.6～3.9米、宽3.2米、深1.6米（图八）。直壁，平底，内填花土，土质疏松。

葬具均为木棺。南侧棺平面近梯形，长1.8米、宽0.74～0.86米。棺内人骨保存状况较好，仰身直肢葬，头西足东，面向东，年龄、性别不详。北侧棺平面近梯形，长1.9米、宽0.4～0.8米。棺内人骨保存状况较好，仰身直肢葬，头西足东，年龄、性别不详。北侧棺右肩处和足部随葬有铜钱，胸部发现有铜扣；南侧棺头部左侧随葬有银簪，股骨处发现有铜烟袋。

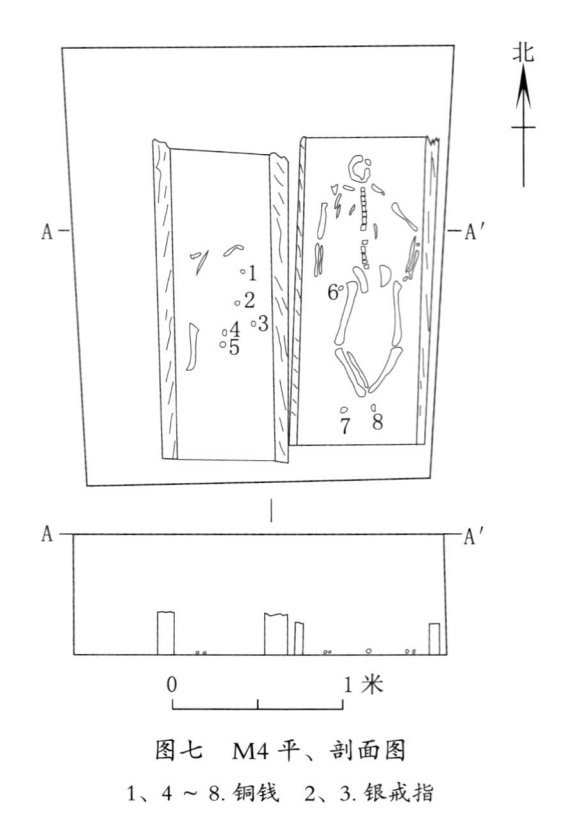

图七 M4 平、剖面图

1、4~8.铜钱 2、3.银戒指

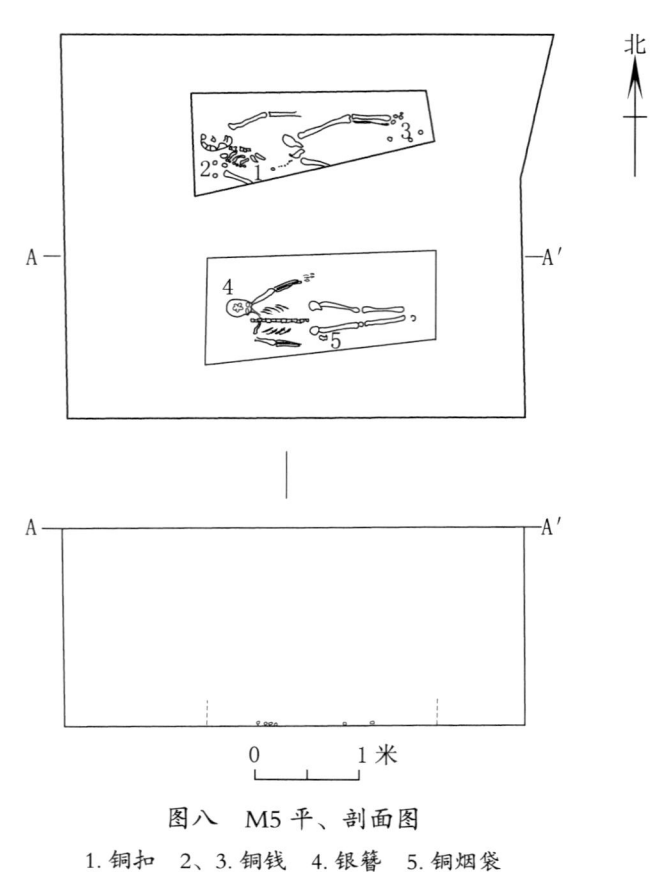

图八 M5 平、剖面图

1.铜扣 2、3.铜钱 4.银簪 5.铜烟袋

M6 位于发掘区南部，南邻 M2。方向为 5°。开口于①层下，墓口距地表深 1 米。平面近梯形，长 2.8 米、宽 2.25 ~ 2.37 米、深 1.56 米（图九）。直壁，平底，内填花土，土质疏松。

葬具均为木棺。东侧棺平面近梯形，长 1.94 米、宽 0.62 ~ 0.75 米。西侧棺平面近梯形，长 1.94 米，宽 0.5 ~ 0.62 米。两侧棺内人骨保存状况均较差，仅存少量人骨。两侧棺内均随葬有铜钱。

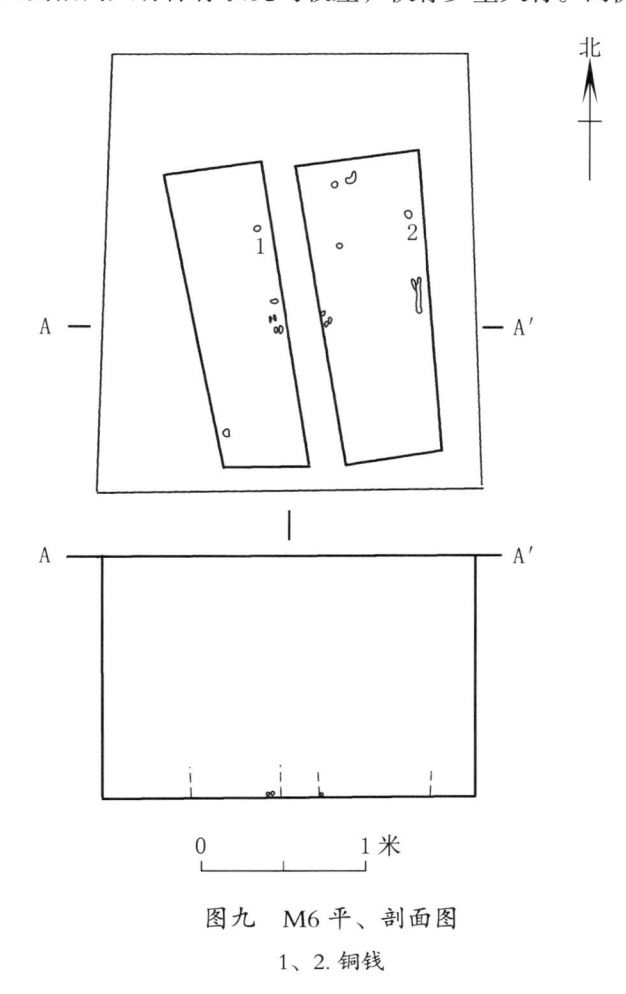

图九　M6 平、剖面图
1、2. 铜钱

M7 位于发掘区东部，西邻 M5。方向为 5°。开口于①层下，墓口距地表深 1 米。平面近长方形，东部已被破坏，长 3 米、残宽 2.3 米、深 0.84 米（图一〇）。直壁，平底，内填花土，土质疏松。

葬具均为木棺。东侧棺平面近梯形，东部已被破坏，长 2 米、残宽 0.8 ~ 0.81 米。西侧棺平面近梯形，长 2.4 米、宽 0.8 ~ 0.84 米。两侧棺内均未见人骨。西侧棺内随葬有数枚铜钱。

M8 位于发掘区中部，东邻 M6。方向为 10°。开口于①层下，墓口距地表深 1 米。平面近梯形，西部被原楼房地基破环，长 2.7 米、残宽 2 ~ 2.4 米、深 0.6 米（图一一）。直壁，平底，内填花土，土质疏松。

葬具均为木棺。东侧棺平面近梯形，长 2.1 米、宽 0.9 ~ 0.95 米、厚 0.04 ~ 0.12 米。棺内未见人骨。西侧棺被近代楼房地基破坏，已无存。西侧棺外北侧发现有酱釉瓷罐 1 件。

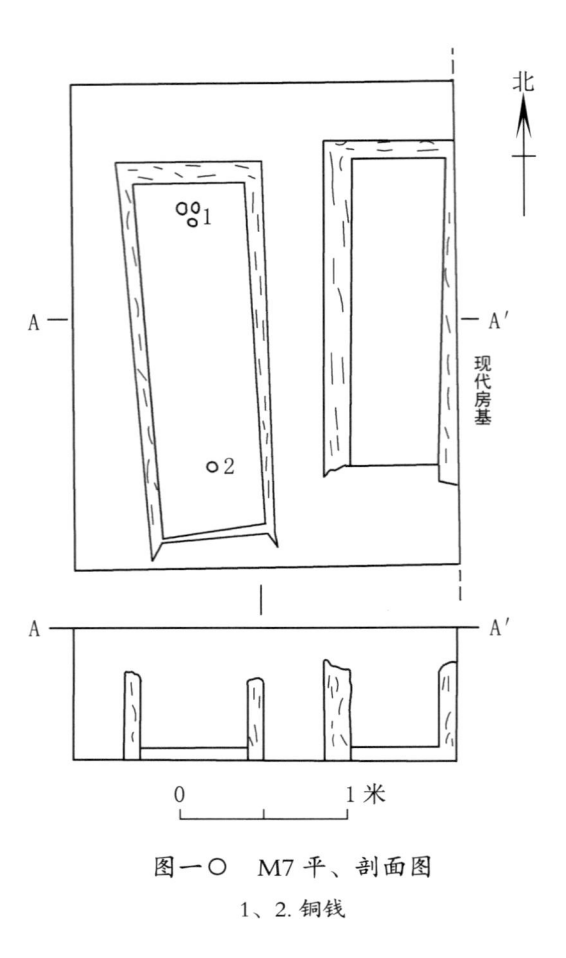

图一〇 M7 平、剖面图

1、2. 铜钱

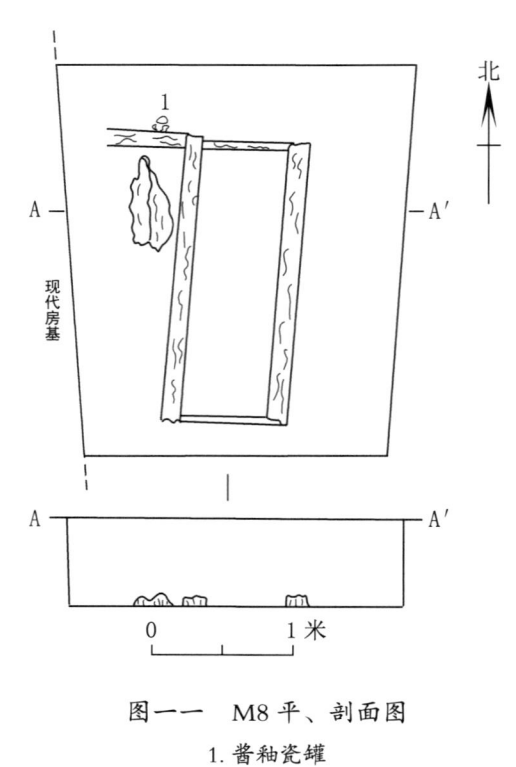

图一一 M8 平、剖面图

1. 酱釉瓷罐

二、遗物

本次发掘共出土器物 7 件（组），包括银簪、银扁方、铜扣、铜烟袋、酱釉瓷罐等。另出土铜钱 56 枚。现分述如下。

（一）银戒指

共 6 枚。形制相近。

M4∶2，4 枚，锈残，整体为圆环形，两端对接，素面无纹，直径 2 厘米（图一二，6；彩版五八，6）。

M5∶5，2 枚，锈残，整体为圆环形，两端对接，素面无纹，直径 1.9 厘米（图一二，7）。

（二）银扁方

共 2 件。形制相近。

标本 M5∶2，较为完整，形制相近，首为蘑菇形，体扁平，末端圆弧状，光素无纹，体上部一侧浅刻"珍珍"二字，通长 13.2 厘米（图一二，4；彩版五八，2）。

（三）银簪

共 2 件。

M5∶8-1，锈蚀较为严重，首为佛手状，拇指与食指合拢持禅杖，余下三指伸直，下饰花丝缠绕祥云。簪体细直呈锥状，上部略有弯折，表面可见鎏金痕迹，通长 13.2 厘米（图一二，3；彩版五八，4）。

M5∶8-2，首以银丝缠绕作蝴蝶触角状，簪体细直呈锥状且可见錾刻痕迹，通长 13.9 厘米（图一二，2；彩版五八，5）。

（四）铜烟袋

共 1 件。

M5∶1，铜制。烟嘴中空，残；杆连接锅与嘴，略残；锅呈半球形，中空。锅口径 2.2 厘米、通高 1.4 厘米，烟杆通长 7 厘米，烟嘴残长 2.2 厘米（图一二，5；彩版五八，1）。

（五）铜扣

共 12 粒。其中 1 粒已朽不可见。

M5∶3，锈蚀严重，形制相同，大小不一，扣体呈球形，顶部有环，部分可见鎏金痕迹，直径 0.7 ~ 1.5 厘米（彩版五八，3）。

（六）酱釉瓷罐

共 1 件。

M8∶1，泥质灰陶，厚圆唇，直口微侈，短束颈，溜肩，弧腹内收，平底，口沿至上腹部施酱釉。口径 9.5 厘米、底径 7.1 厘米、高 11 厘米（图一二，1）。

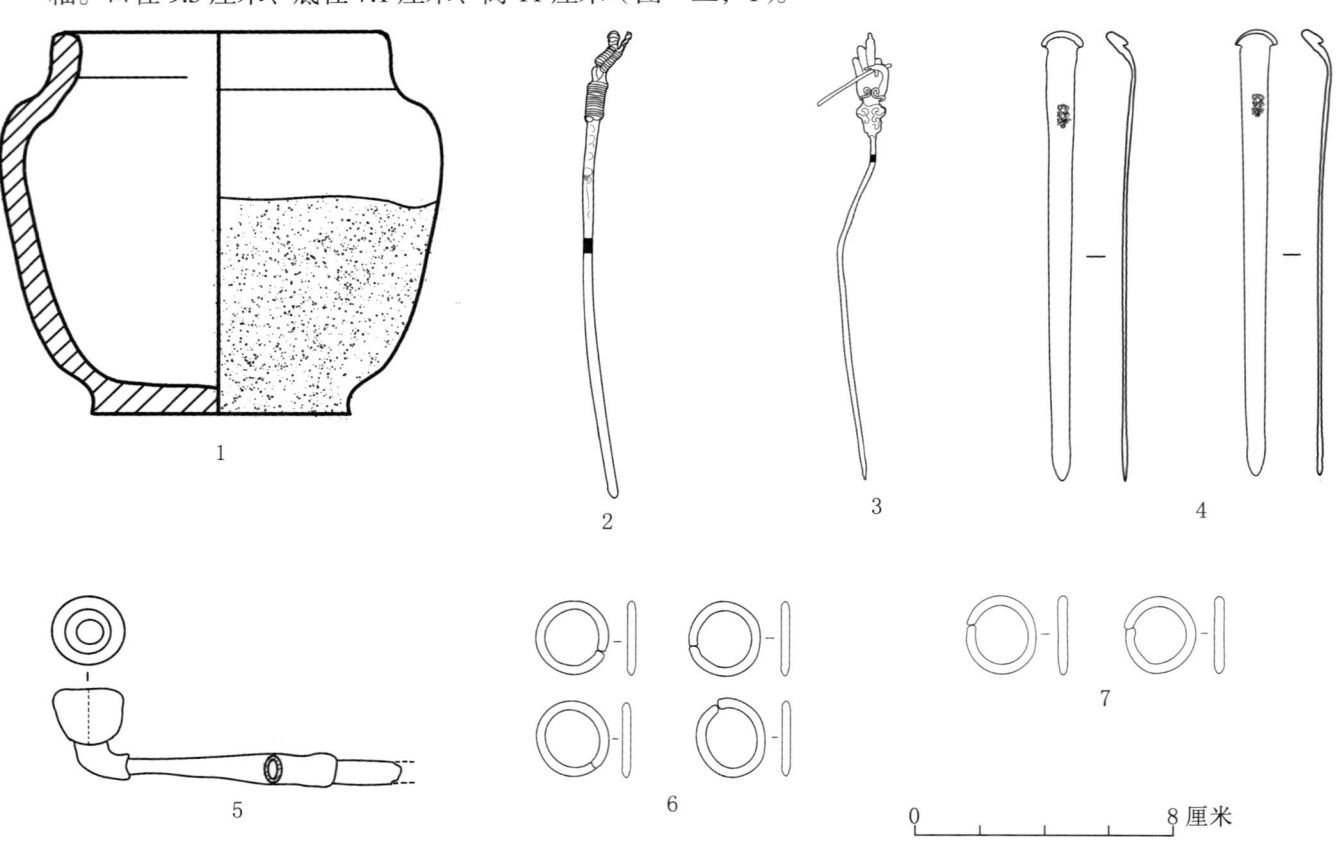

图一二　出土器物

1.酱釉陶罐（M8∶1）　2、3.银簪（M5∶8-2、M5∶8-1）　4.银扁方（M5∶2）
5.铜烟袋（M5∶1）　6.银戒指（M4∶2）　7.银戒指（M5∶5）

（七）铜钱

共56枚。可辨认39枚，主要为万历通宝、康熙通宝、乾隆通宝和嘉庆通宝。

万历通宝，4枚。均出土自M9。标本M9：1-1，圆形、方穿，正面有郭，楷书"万历通宝"四字，对读；背面有郭，锈蚀严重。钱径2.5厘米、穿径0.5厘米、郭厚0.1厘米（图一三，5）。

康熙通宝，13枚。出土自M1、M4、M9。标本M1：1-1，圆形、方穿，正面有郭，楷书"康熙通宝"四字，对读；背面有郭，穿左右为满文"宝源"，纪局名。钱径2.6厘米、穿径0.6厘米、郭厚0.1厘米（图一三，1）。标本M4：1-1，圆形、方穿，正面有郭，正面楷书"康熙通宝"四字，对读；背面有郭，穿左右为满文，锈蚀严重，纪局名不清。钱径2.3厘米、穿径0.6厘米、郭厚0.1厘米（图一三，2）。标本M9：1-2，圆形、方穿，正面有郭，楷书"康熙通宝"四字，对读；背面有郭，锈蚀严重，穿左右为满汉"临"字纪局名。钱径2.6厘米、穿径0.6厘米、郭厚0.1厘米（图一三，6）。

乾隆通宝，4枚。均出土自M5。标本M5：6-1，圆形、方穿，正面有郭，正面楷书"乾隆通宝"四字，对读；背面有郭，穿左右为满文"宝泉"，纪局名，钱径2.6厘米、穿径0.8厘米、郭厚0.1厘米（图一三，3）。

嘉庆通宝，18枚，均出土自M5。标本M5：6-2，圆形、方穿，正面有郭，正面楷书"嘉庆通宝"四字，对读；背面有郭，穿左右为满文"宝泉"，纪局名，钱径2.6厘米、穿径0.8厘米、郭厚0.1厘米（图一三，4）。

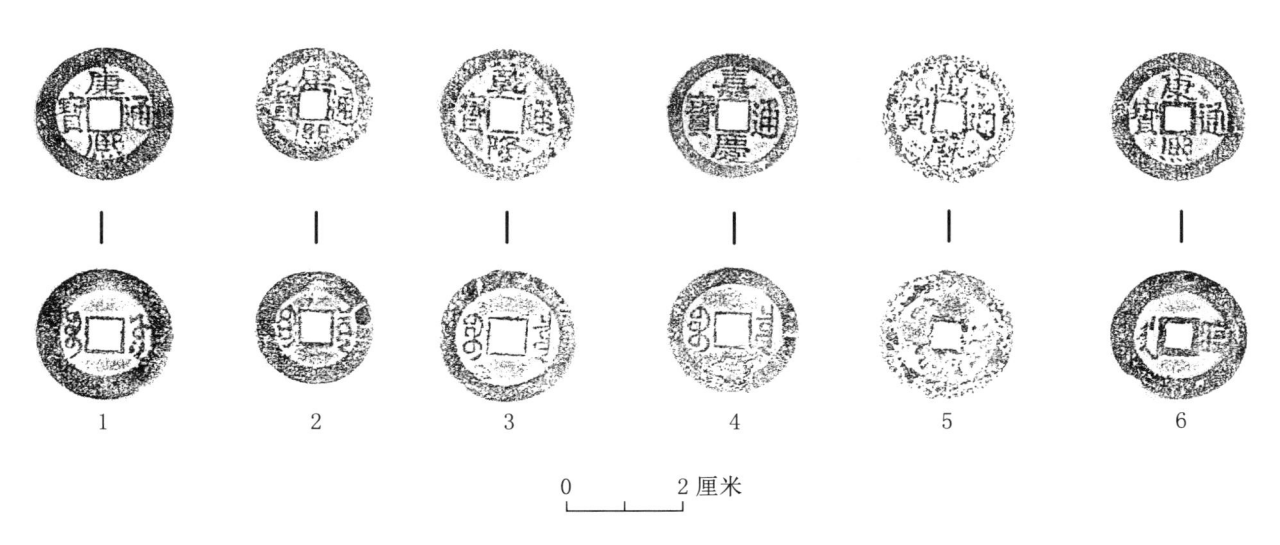

图一三　出土铜钱拓片

1、2、6. 康熙通宝（M1：1-1、M4：1-1、M9：1-2）　3. 乾隆通宝（M5：6-1）　4. 嘉庆通宝（M5：6-2）
5. 万历通宝（M9：1-1）

三、结语

此次发掘的9座墓葬，皆为长方形竖穴土坑墓，墓葬形制与北京地区以往发现的明清时期墓葬形制基本相同。

M5出土的佛手簪与国家体育馆M8∶1[1]，海淀中坞M140∶7、M109∶19[2]，昌平张营M92∶7[3]等形态相近。除M3、M8外其他墓葬均出土铜钱，主要包括康熙通宝、雍正通宝、乾隆通宝、嘉庆通宝等，说明这批墓葬的时代大致集中在清代中期，墓主人身份为平民。

这批墓葬分布比较集中，排列似有规律可循，推测为清代同一家族墓葬。

本次发掘为了解该地区清代中期墓葬的形制、葬俗提供了线索，出土的文物为进一步了解该地区当时社会发展状况、丧葬习俗提供了实物资料。

发掘：孙峥

绘图：司丽媛

拓片：古艳兵

执笔：司丽媛　孙峥

注释

[1] 北京市文物研究所：《国家体育馆工程考古发掘报告》，载北京市文物局、北京市文物研究所编《北京奥运场馆考古发掘报告》，科学出版社，2007年。

[2] 北京市文物研究所：《海淀中坞——北京市南水北调配套工程团城湖调节池工程考古发掘报告》，科学出版社，2017年。

[3] 北京市文物研究所：《昌平张营遗址北区墓葬发掘报告》，载《北京考古》第二辑，北京燕山出版社，2008年。

附表　墓葬登记表

墓号	方向	墓口 长×宽×深（米）	墓底 长×宽×深（米）	深度	棺数	葬式	人骨保存情况	头向及面向	随葬品（件）
M1	7°	1.5×1.72×1.5	1.5×1.72×1.97	0.4	单棺	仰身直肢葬	较差	头向北，面向不详	铜钱2
M2	0°	2.75×2.56×0.6	2.75×2.56×1.04	0.45	双棺	不详	较差	头向北，面向不详	铜钱1
M3	114°	2.8×（0.8~1.8）×1.6	2.8×（0.8~1.8）×2.2	0.6	双棺	不详	较差	不详	无
M4	4°	3×（2.28~2.65）×1.5	3×（2.28~2.65）×2.33	0.8	双棺	仰身直肢葬	东棺较好，西棺较差	头向北，面向不详	银戒指4，铜钱6
M5	258°	（3.6~3.9）×3.2×1	（3.6~3.9）×3.2×2.6	1.6	双棺	仰身直肢葬	较好	皆头向西，南棺面向东，北棺面向不详	银戒指2，银扁方2，银簪2，铜烟袋1，铜扣12，铜钱32
M6	5°	2.8×（2.25~2.37）×1	2.8×（2.25~2.37）×2.56	1.56	双棺	不详	较差	不详	铜钱6
M7	5°	3×2.3×1	3×2.3×1.84	0.84	双棺	不详	无	不详	铜钱4
M8	10°	2.7×（2~2.4）×1	2.7×（2~2.4）×1.6	0.6	双棺	不详	无	不详	酱釉瓷罐1
M9	5°	2.52×1.1×1	2.52×1.1×1.84	0.84	单棺	仰身直肢葬	较好	头向北，面向不详	铜钱5

平谷区小北关清代墓葬及明堂发掘报告

2021年12月，为配合联东U谷·北京智能创新谷项目的建设，北京市文化遗产研究院（今北京市考古研究院）对项目占地范围内的古代墓葬进行了考古发掘。该项目位于平谷区小北关村西南侧，东邻台城路、南邻平和街、西邻兴谷东街、北邻平旺街（图一）。中心区域地理坐标为E117°15′13″，N40°18′36″，海拔约42米。

图一　发掘地点位置示意图

该区域范围内地层堆积相对简单，为水平堆积。

第①层：厚0～0.5米，灰褐色土，土质较软，结构较疏松，内含大量植物根系，少量红砖残块及少量鹅卵石。

第②层：厚1米，距地表深0.5～1.5米，黄褐色土，土质较软，结构较疏松，含少量沙。

第③层：厚0.6米，距地表深1.5～2.1米，浅黄色沙土，土质较软，结构较疏松，含沙量较大。

第④层：厚 2.4 米，距地表深 2.1～4.5 米，青褐色土，土质较软，结构较疏松含沙量大，以下为生土。

在①层下发现两条河道遗址，位于地块的中部和东北部，两条河道在东北部相汇。同时，在①层下发现 29 座墓葬及 1 座明堂，分为南北两个区域。其中北侧区域内有 27 座墓葬及 1 座明堂，南侧区域内有 2 座墓葬。本次发掘清代墓葬 29 座，明堂 1 座（图二）。

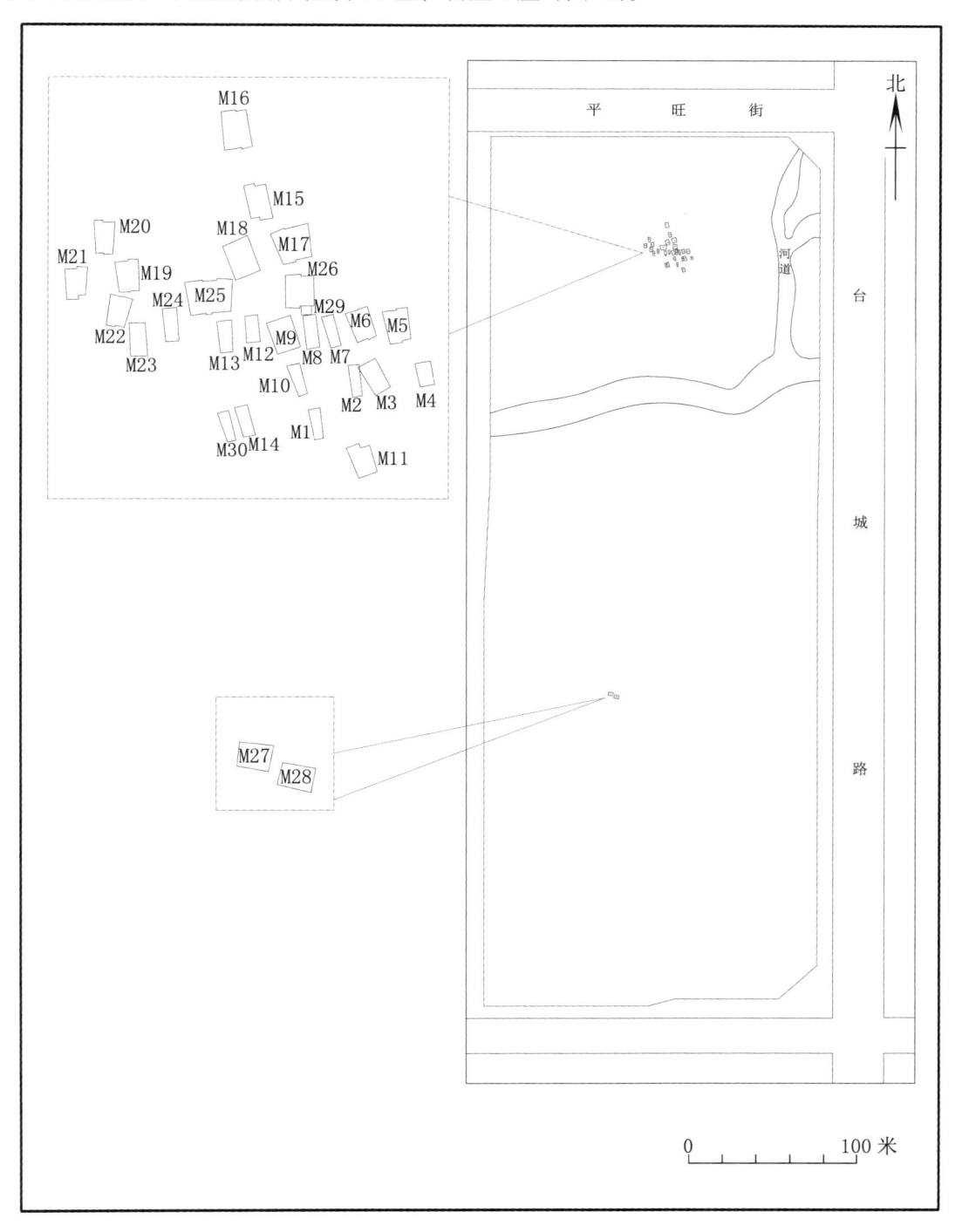

图二　遗迹分布图

一、墓葬形制及出土器物

M1 位于北侧发掘区域东南部，西邻 M14、北邻 M10，为梯形竖穴土圹单人葬墓，方向为 350°，向下打破生土层（图三；彩版五九，1）。该墓墓口距地表深 0.3 米，距墓底深 0.55 米。土圹南北长 2.5 米、东西宽 0.66～0.98 米、深 0.55 米，直壁平底。土圹内置单棺，木棺平面呈梯形，腐朽严重。棺长 1.98 米、宽 0.4～0.68 米、残高 0.3 米。棺内有骨架一具，仰身直肢葬，头北足南，女性。墓主人头骨东侧放置铜钱 17 枚，铜簪 3 件。

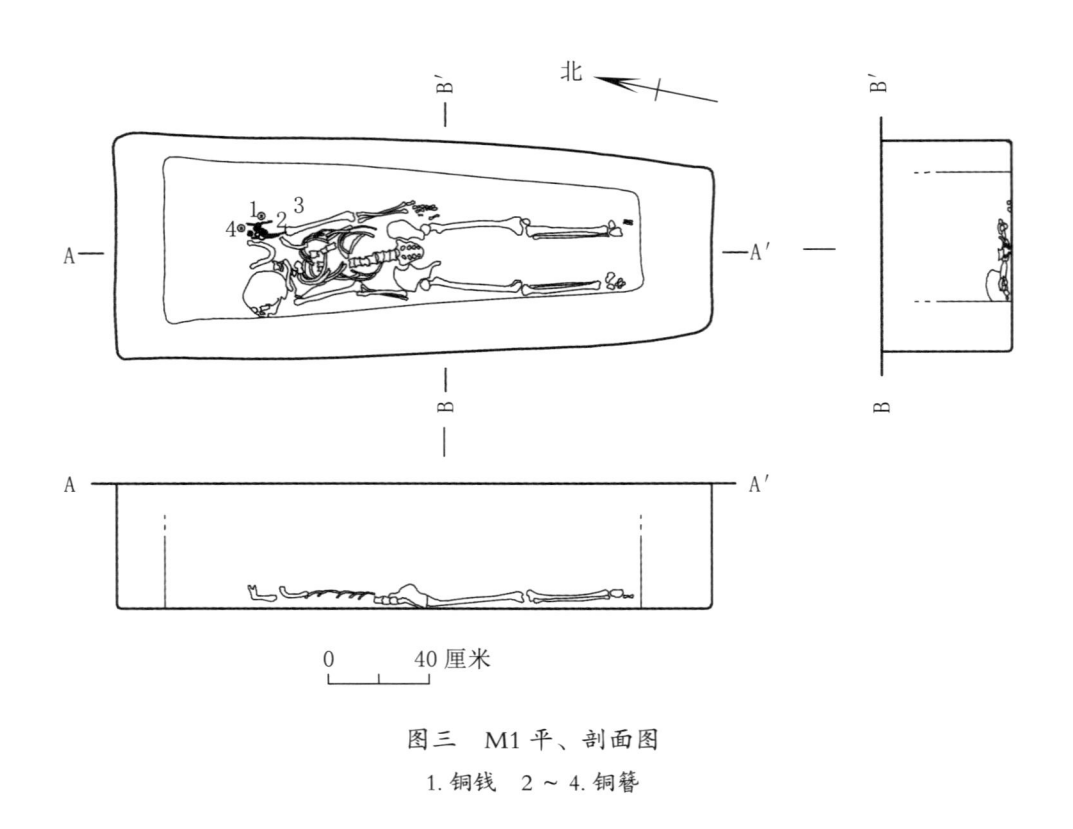

图三　M1 平、剖面图
1. 铜钱　2～4. 铜簪

铜簪 3 件，分别为 M1：2、M1：3、M1：4，其中 2 件残损仅剩细锥形簪体，1 件完好。标本 M1：2，首中部为镂空球形，由上下两层各五个圆形面焊接而成，每个圆形面上焊接呈镂空花朵，中间为球形花蕊，顶部和底部为花口形。体细直呈锥形。通长 12.3 厘米、首直径 1.9 厘米（图四，1；彩版六七，1）。

铜钱 17 枚，为 M1：1，其中乾隆通宝 4 枚、嘉庆通宝 3 枚、道光通宝 5 枚、咸丰通宝 1 枚、光绪通宝 4 枚。

标本 M1：1-1，小平钱，圆形方孔，正面楷书"乾隆通宝"四字，对读，内外有郭；背穿左右两侧为满文"宝武"，纪局名。钱径 2.5 厘米、穿径 0.6 厘米、郭厚 0.1 厘米（图四，2）。

标本 M1：1-2，小平钱，圆形方孔，正面楷书"嘉庆通宝"四字，对读，内外有郭；背穿左右两侧为满文"宝源",纪局名。钱径 2.3 厘米、穿径 0.58 厘米、郭厚 0.08 厘米(图四,3)。

标本 M1:1-3,小平钱,圆形方孔,正面楷书"道光通宝"四字,对读,内外有郭;背穿左右两侧为满文"宝泉",纪局名。钱径 2.35 厘米、穿径 0.6 厘米、郭厚 0.08 厘米(图四,4)。

标本 M1:1-4,小平钱,圆形方孔,正面楷书"咸丰通宝"四字,对读,内外有郭;背穿左右两侧为满文"宝源",纪局名。钱径 2 厘米、穿径 0.7 厘米、郭厚 0.05 厘米(图四,5)。

标本 M1:1-5,小平钱,圆形方孔,正面楷书"光绪通宝"四字,对读,内外有郭;背穿左右两侧为满文"宝泉",纪局名。钱径 2.25 厘米、穿径 0.5 厘米、郭厚 0.08 厘米(图四,6)。

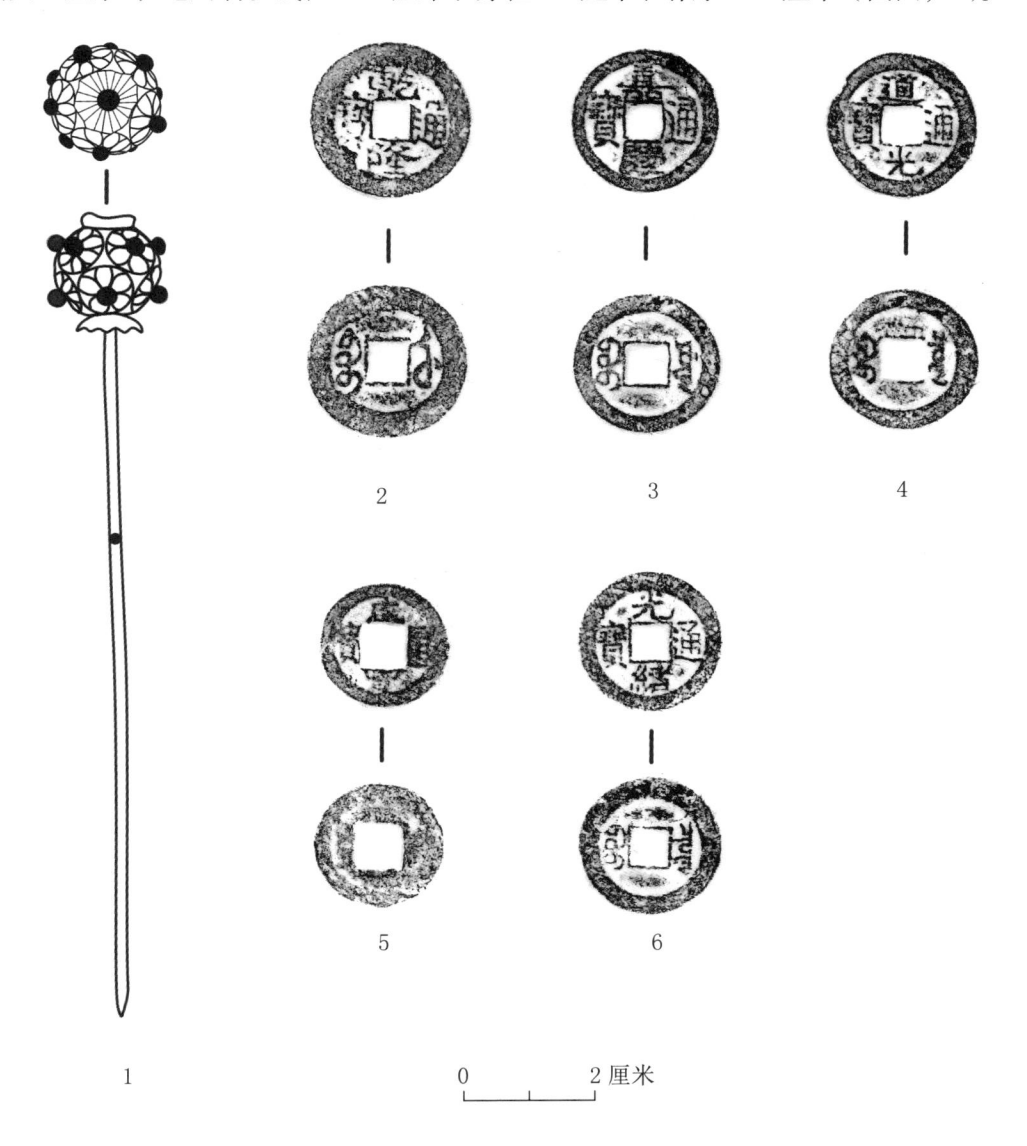

图四　M1 出土器物

1. 铜簪(M1:2)　2. 乾隆通宝(M1:1-1)　3. 嘉庆通宝(M1:1-2)　4. 道光通宝(M1:1-3)
5. 咸丰通宝(M1:1-4)　6. 光绪通宝(M1:1-5)

M2 位于北侧发掘区域东南部，东邻 M3、西邻 M10、北邻 M7，为梯形竖穴土圹单人葬墓，方向为 353°，向下打破生土层（图五；彩版五九，2）。墓口距地表深 0.3 米，距墓底深 0.3 米。土圹南北长 2.5 米、东西宽 0.7 ~ 0.84 米，直壁平底。土圹内置单棺，木棺平面呈梯形，腐朽严重。棺长 2.16 米、宽 0.48 ~ 0.62 米、残高 0.2 米。棺内有骨架一具，仰身直肢葬，头北足南，女性。墓主人头西侧放置铜元 8 枚、铜簪 2 件、银簪 2 件。

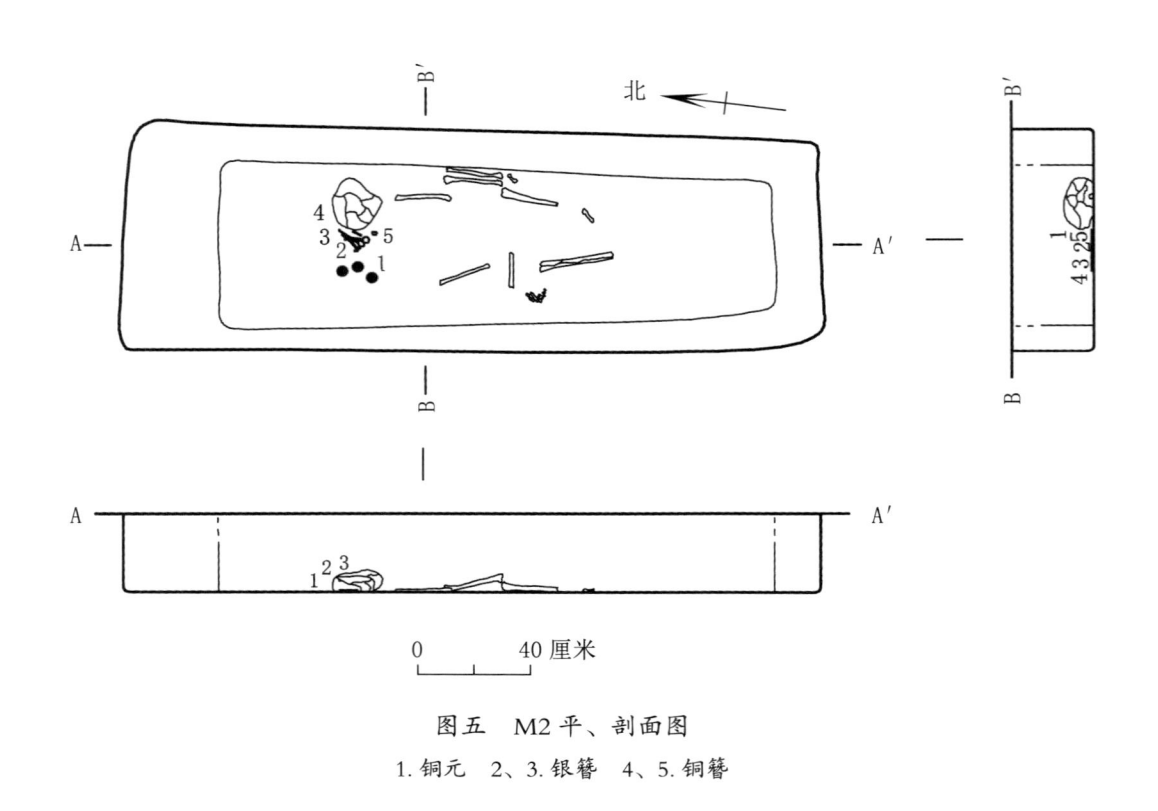

图五　M2 平、剖面图
1. 铜元　2、3. 银簪　4、5. 铜簪

银簪 2 件，形制相同。标本 M2∶2，首底部呈圆形，花边，中央凸起一圆环，圆环内部掐丝一个"福"字，体细直呈锥形。残长 8.4 厘米、簪首直径 2.4 厘米（图六，1；彩版六七，2）。

铜簪 2 件，为 M2∶4、M2∶5，形制相同。标本 M2∶4，首为镂空球形，由上下两层各五个圆形面焊接而成，每个圆形面上焊接一个六瓣花朵。顶部为僧帽形，底部为花口形。体细直呈锥形。通长 11 厘米、首直径 2 厘米（图六，2；彩版六七，3）。

铜元，8 枚。锈蚀严重，模糊不清，可辨识为光绪元宝 1 枚。标本 M2∶1-1，当十钱，圆形，正面珠圈内楷书"光绪元宝"四字，对读，其余部分模糊不清。背面珠圈内铸盘龙戏火珠。钱径 3.25 厘米、郭厚 0.11 厘米（图六，3）。

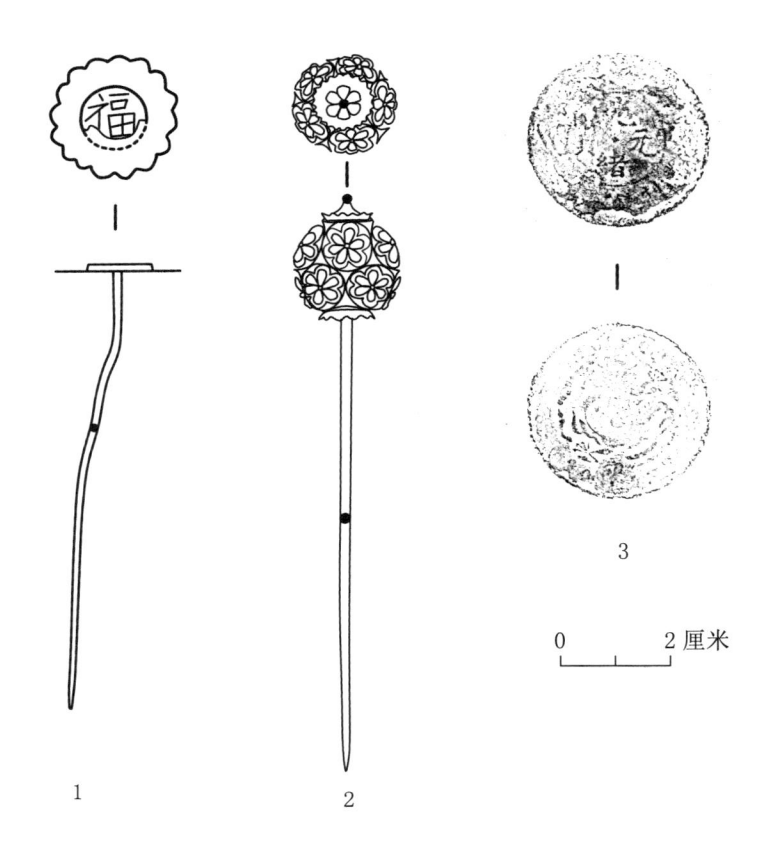

图六　M2 出土器物

1. 银簪（M2:2）　2. 铜簪（M2:4）　3. 铜元（M2:1-1）

M3 位于北侧发掘区域东南部，东邻 M4、西邻 M2、北邻 M6，西北角被 M2 打破，为不规则形竖穴土圹双人合葬墓，方向为 329°，向下打破生土层（图七；彩版五九，3）。墓口距地表深 0.3 米，距墓底深 0.4~0.46 米。土圹南北长 2.7 米、东西宽 1.3~1.46 米、深 0.4~0.46 米，直壁平底。土圹内置双棺，其中西棺打破东棺，木棺平面呈梯形，腐朽严重。东棺长 1.94 米、宽 0.46~0.64 米、残高 0.32 米。棺内有骨架一具，仰身直肢葬，头北足南，男性。西棺长 1.52 米、宽 0.46~0.48 米、残高 0.26 米。棺内未见人骨。东棺人骨头顶部放置陶罐 1 件，头下放置板瓦 1 块，头侧放置铜元 6 枚。西棺北侧放置瓷碗 1 件。

陶罐 1 件。M3:2，泥质灰陶，唇口，鼓腹，腹下部内收，平底微内凹。唇面中部有一圈凹槽，环肩部等距离分布三组圆孔，三个圆孔为一组，呈倒三角形位。下腹部有明显轮制痕迹，内底上凸，有明显拉坯痕迹。口径 12.4 厘米、腹径 15.4 厘米、底径 7.8 厘米、高 9.7 厘米（图八，3；彩版七〇，3）。

瓷碗 1 件。M3:3，敞口，圆唇，弧腹，圈足。胎体致密呈青灰色。内壁素面无纹饰，外壁上腹部用青花绘制三组莲叶纹，内底中间部位有一个涩圈。口径 12 厘米、底径 4.2 厘米、高 5.7 厘米（图八，1；彩版七〇，4）。

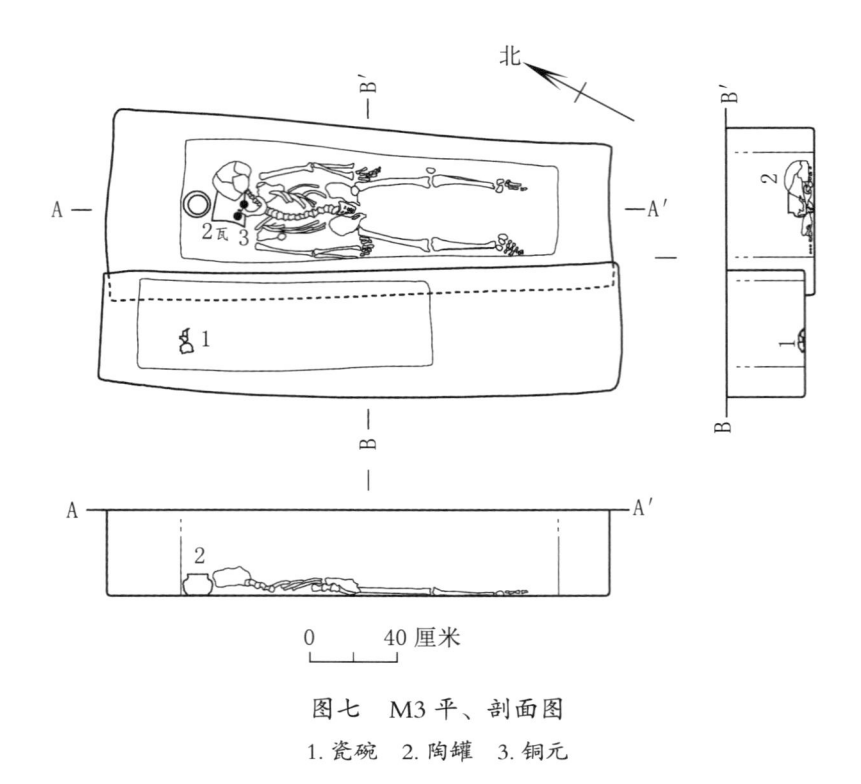

图七　M3 平、剖面图
1. 瓷碗　2. 陶罐　3. 铜元

铜元 6 枚。锈蚀严重，模糊不清，可辨识大清铜币 1 枚。M3:1-1，当十钱，圆形，正面珠圈内楷书"大清铜币"四字，对读，齿缘上方为满文"天命汉钱"四字，下方楷书"当制钱十文"五字，左右楷书"己酉"二字。背面珠圈内铸盘龙戏火珠，齿缘上方楷书"光绪年造"四字。钱径 2.8 厘米、郭厚 0.15 厘米（图八，2）。

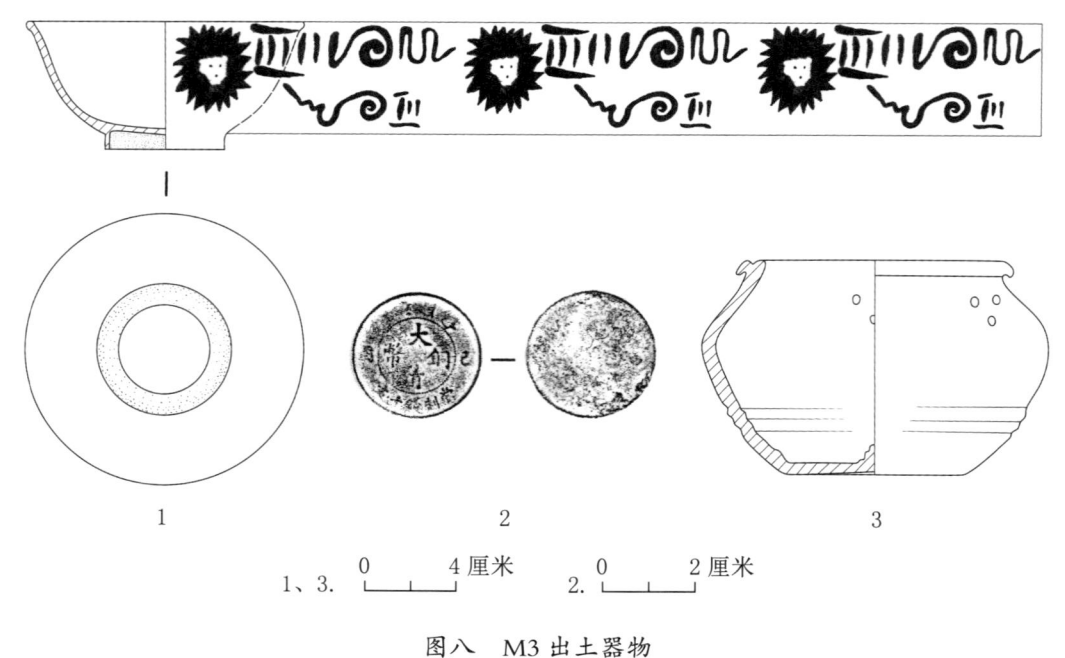

图八　M3 出土器物
1. 瓷碗（M3:3）　2. 铜元（M3:1-1）　3. 陶罐（M3:2）

M4 位于北侧发掘区域东南部，西邻 M3、北邻 M5，为梯形竖穴土圹单人葬墓，方向为 352°，向下打破生土层（图九；彩版五九，4）。墓口距地表深 0.3 米，距墓底深 0.72 米。土圹南北长 1.92 米、东西宽 1.14～1.3 米、深 0.72 米，直壁平底。土圹内置单棺，木棺平面呈梯形，腐朽严重。棺长 1.48 米、宽 0.42～0.54 米、残高 0.32 米。棺内有骨架一具，仰身直肢葬，头北足南，性别不详。未见出土器物。

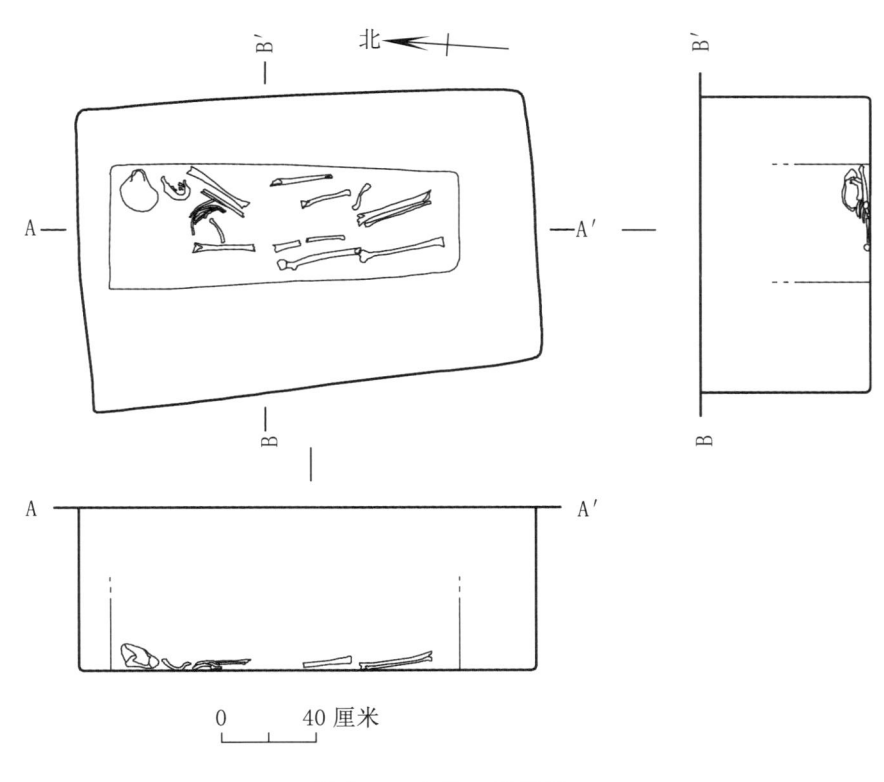

图九　M4 平、剖面图

M5 位于北侧发掘区域东部，南邻 M4、西邻 M6，为不规则形竖穴土圹双人合葬墓，方向为 355°，向下打破生土层（图一〇；彩版六〇，1）。墓口距地表深 0.3 米，距墓底深 0.3～0.32 米。土圹南北长 2.7 米、东西宽 1.3～1.46 米、深 0.3～0.32 米，直壁平底。土圹内置双棺，其中东棺打破西棺，木棺平面呈梯形，腐朽严重。东棺长 1.84 米、宽 0.38～0.54 米、残高 0.22 米。棺内有骨架一具，仰身直肢葬，头北足南，男性。西棺长 1.92 米、宽 0.46～0.48 米、残高 0.26 米。棺内有骨架一具，仰身直肢葬，头北足南，女性。东棺人骨肋部放置铜钱 1 枚。西棺人骨头侧放置铜钱 2 枚，银簪 2 件。

银簪 2 件，为 M5∶2、M5∶4，形制相似。

M5∶2，首底部呈圆形，花边，中央凸起一圆环，圆环内部掐丝一个"福"字。体细直呈锥形。长 13.3 厘米、首直径 2.4 厘米（图一一，2；彩版六七，4）。

M5∶4，首底部呈圆形，花边，中央凸起一圆环，圆环内部掐丝一个"禄"字。体细直呈锥形。长 13.5 厘米、首直径 2.4 厘米（图一一，1；彩版六七，5）。

图一〇　M5 平、剖面图

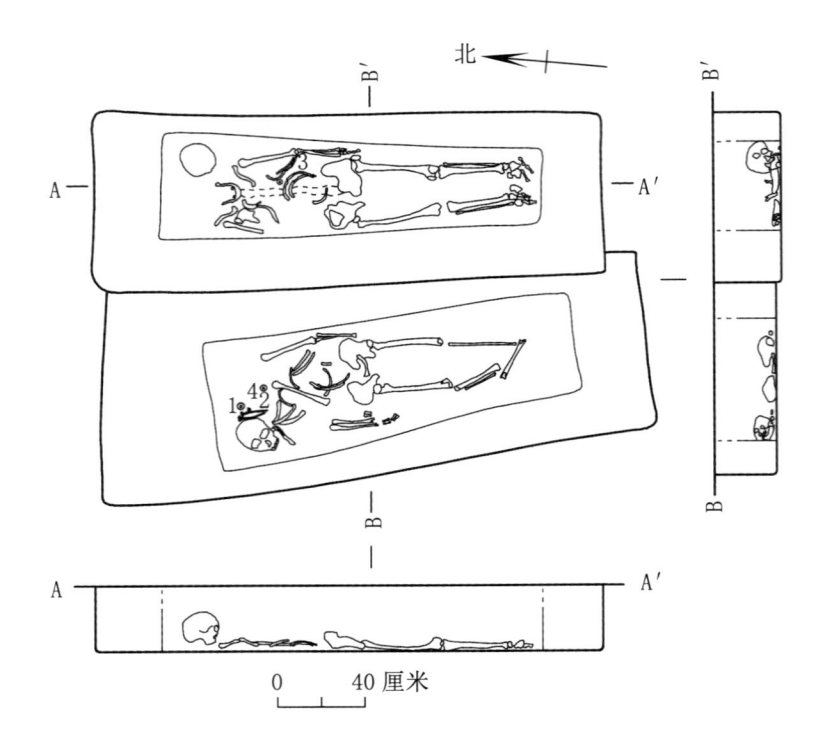

1、3.铜钱　2、4.银簪

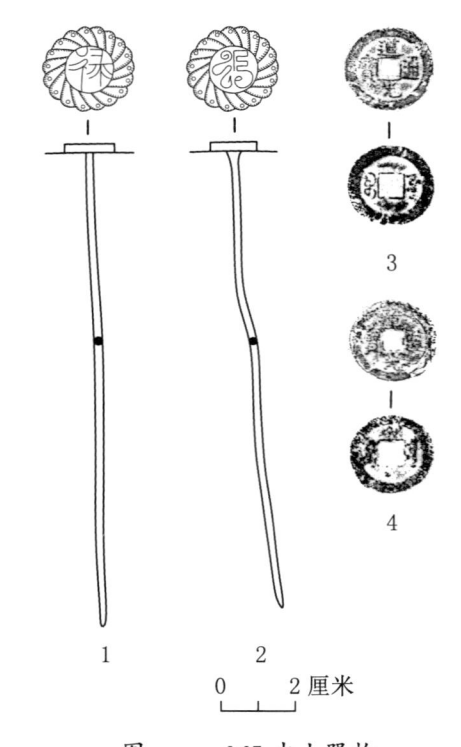

图一一　M5 出土器物

1、2.银簪（M5：4、M5：2）　3、4.道光通宝（M5：1、M5：3-1）

铜钱 3 枚。其中东棺出土道光通宝 1 枚，西棺出土道光通宝 2 枚。

M5：1，小平钱，圆形方孔，正面楷书"道光通宝"四字，对读，内外有郭；背穿左右两侧为满文"宝源"，纪局名。钱径 2.35 厘米、穿径 0.6 厘米、郭厚 0.1 厘米（图一一，3）。

标本 M5：3-1，小平钱，圆形方孔，正面楷书"道光通宝"四字，对读，内外有郭；背穿左右两侧为满文"宝泉"，纪局名。钱径 2.3 厘米、穿径 0.6 厘米、郭厚 0.1 厘米（图一一，4）。

M6 位于北侧发掘区域东部，东邻 M5、南邻 M3、西邻 M7，为不规则形竖穴土圹双人合葬墓，方向为 355°，向下打破生土层（图一二；彩版六〇，2）。墓口距地表深 0.3 米，距墓底深 0.98～1 米。土圹南北长 2.6 米、东西宽 1.54～1.8 米、深 0.98～1 米，直壁平底。土圹内置双棺，其中西棺打破东棺，木棺平面呈梯形，腐朽严重。东棺长 1.96 米、宽 0.46～0.66 米、残高 0.34 米。棺内有骨架一具，仰身直肢葬，头北足南，男性。西棺长 1.92 米、宽 0.5～0.56 米、残高 0.34 米。棺内有骨架一具，仰身直肢葬，头北足南，女性。东棺人骨颈部放置铜钱 19 枚。西棺人骨头部放置板瓦 1 块，银簪 3 件，铜钱 12 枚。

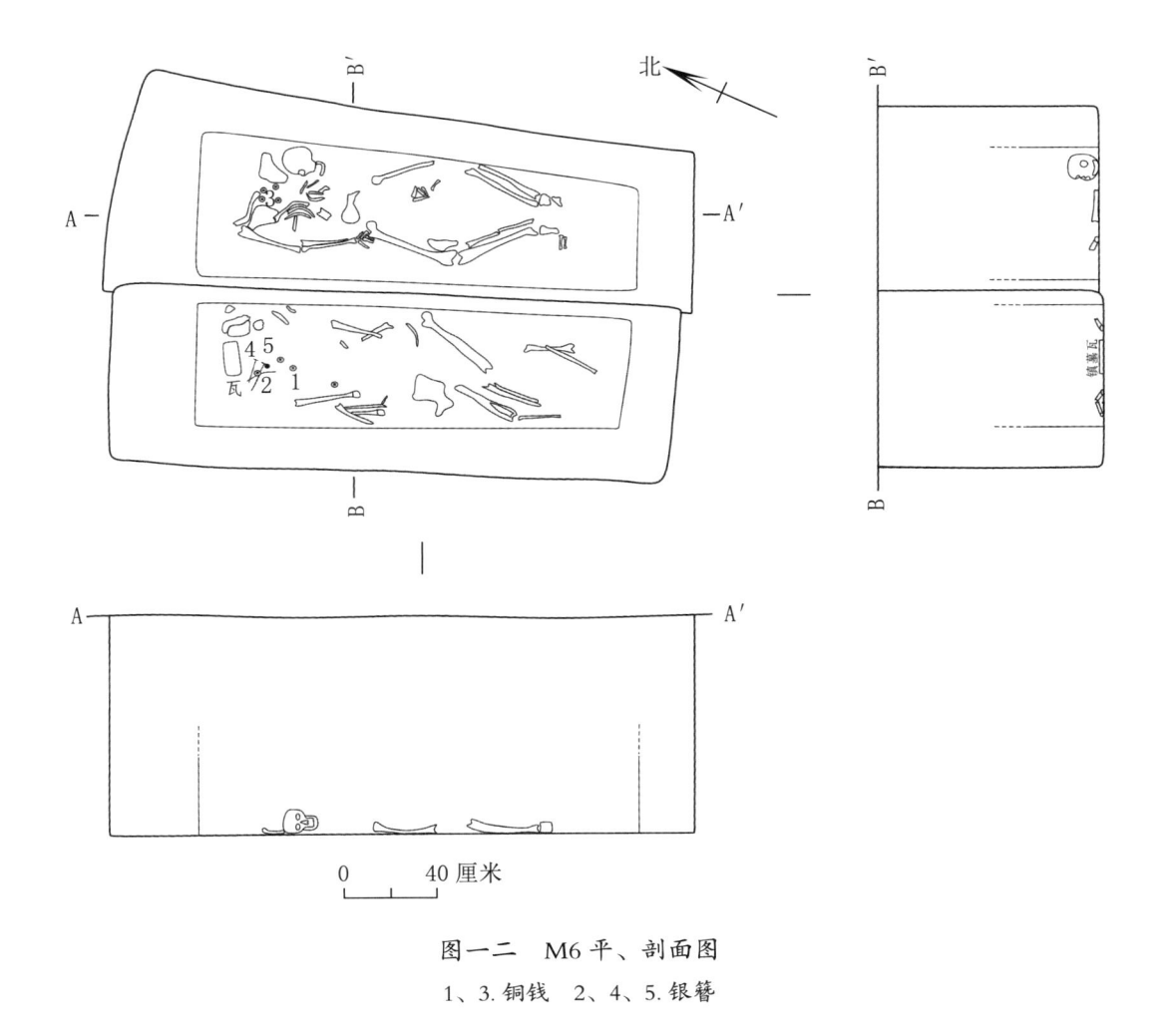

图一二　M6 平、剖面图
1、3. 铜钱　2、4、5. 银簪

银簪 3 件，分别为 M6：2、M6：4、M6：5，其中 M6：4 残损仅剩细锥形簪体，M6：2、M6：5 保存完好，形制相同。标本 M6：2，首底部呈圆形，花边，中央凸起一圆环，圆环内部掐丝一个"福"字。体细直呈锥形。长 13.5 厘米、首直径 2.9 厘米（图一三，1；彩版六七，6）。

铜钱 31 枚。分别为 M6：1、M6：3。其中东棺出土康熙通宝 1 枚、乾隆通宝 7 枚、嘉庆通宝 4 枚、道光通宝 7 枚。西棺出土乾隆通宝 3 枚、嘉庆通宝 5 枚、道光通宝 4 枚。

标本 M6：1-1，小平钱，圆形方孔，正面楷书"乾隆通宝"四字，对读，内外有郭；背穿左右两侧为满文"宝泉"，纪局名。钱径 2.45 厘米、穿径 0.6 厘米、郭厚 0.11 厘米（图一三，2）。

标本 M6：1-2，小平钱，圆形方孔，正面楷书"嘉庆通宝"四字，对读，内外有郭；背穿左右两侧为满文"宝云"，纪局名。钱径 2.5 厘米、穿径 0.5 厘米、郭厚 0.12 厘米（图一三，3）。

标本 M6：1-3，小平钱，圆形方孔，正面楷书"道光通宝"四字，对读，内外有郭；背穿左右两侧为满文"宝源"，纪局名。钱径 2.2 厘米、穿径 0.52 厘米、郭厚 0.14 厘米（图一三，4）。

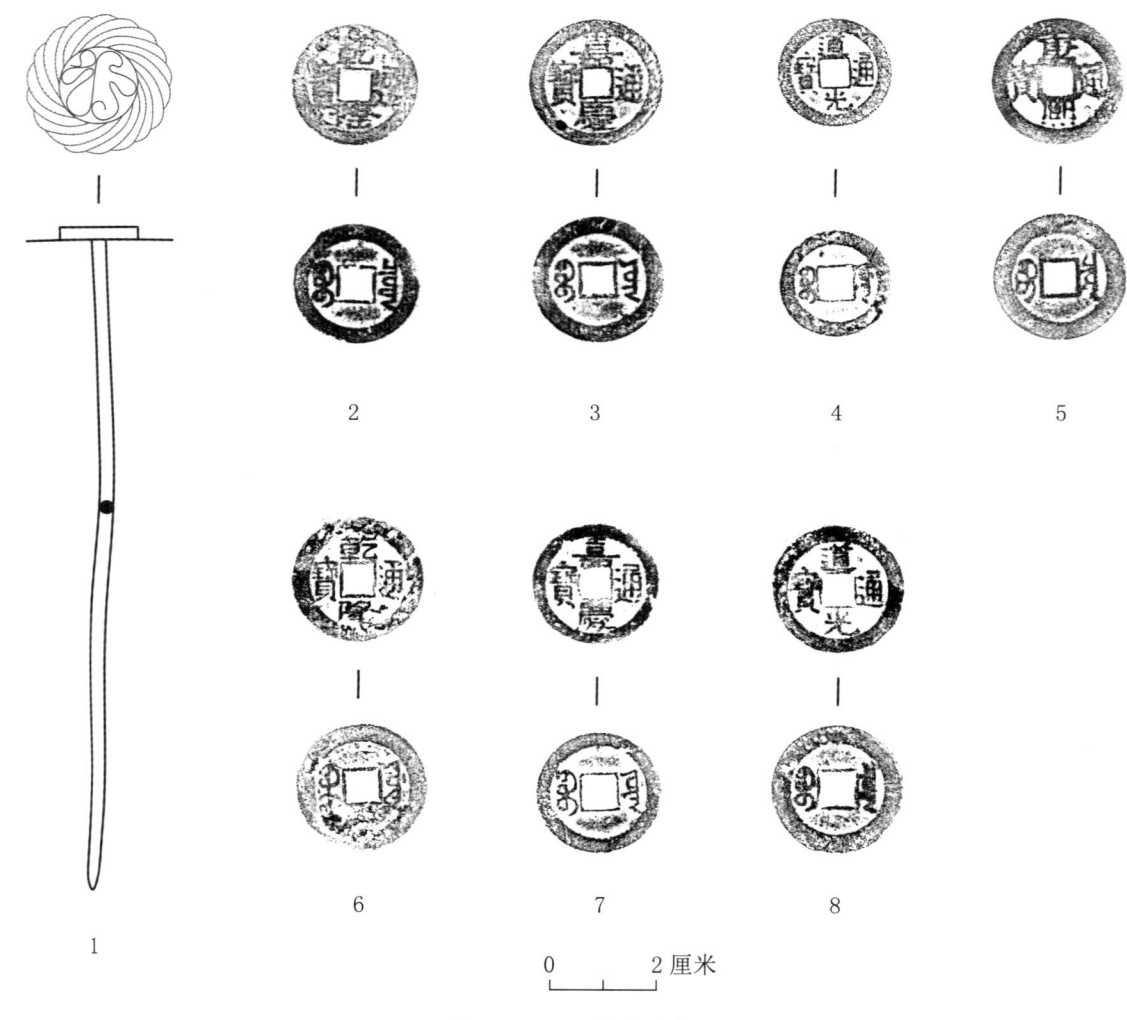

图一三 M6 出土器物

1. 银簪（M6：2） 2、6. 乾隆通宝（M6：1-1、M6：3-2） 3、7. 嘉庆通宝（M6：1-2、M6：3-3）
4、8. 道光通宝（M6：1-3、M6：3-4） 5. 康熙通宝（M6：3-1）

标本 M6：3-1，小平钱，圆形方孔，正面楷书"康熙通宝"四字，对读，内外有郭；背穿左右两侧为满文"宝泉"，纪局名。钱径 2.56 厘米、穿径 0.55 厘米、郭厚 0.08 厘米（图一三，5）。

标本 M6：3-2，小平钱，圆形方孔，正面楷书"乾隆通宝"四字，对读，内外有郭；背穿左右两侧为满文"宝源"，纪局名。钱径 2.5 厘米、穿径 0.51 厘米、郭厚 0.08 厘米（图一三，6）。

标本 M6：3-3，小平钱，圆形方孔，正面楷书"嘉庆通宝"四字，对读，内外有郭；背穿左右两侧为满文"宝源"，纪局名。钱径 2.4 厘米、穿径 0.6 厘米、郭厚 0.11 厘米（图一三，7）。

标本 M6：3-4，小平钱，圆形方孔，正面楷书"道光通宝"四字，对读，内外有郭；背穿左右两侧为满文"宝泉"，纪局名。钱径 2.5 厘米、穿径 0.6 厘米、郭厚 0.12 厘米（图一三，8）。

M7 位于北侧发掘区域东部，东邻 M6、南邻 M2、西邻 M8，为梯形竖穴土圹单人葬墓，方向为 345°，向下打破生土层（图一四；彩版六〇，3）。墓口距地表深 0.3 米，距墓底深 0.7 米。土圹南北长 2.56 米、东西宽 0.82～0.96 米、深 0.7 米，直壁平底。土圹内置单棺，木棺平面呈梯形，腐朽严重。棺长 1.72 米、宽 0.42～0.66 米、残高 0.2 米。棺内有骨架一具，仰身直肢葬，头北足南，性别不详。人骨肋部放置铜钱 1 枚。

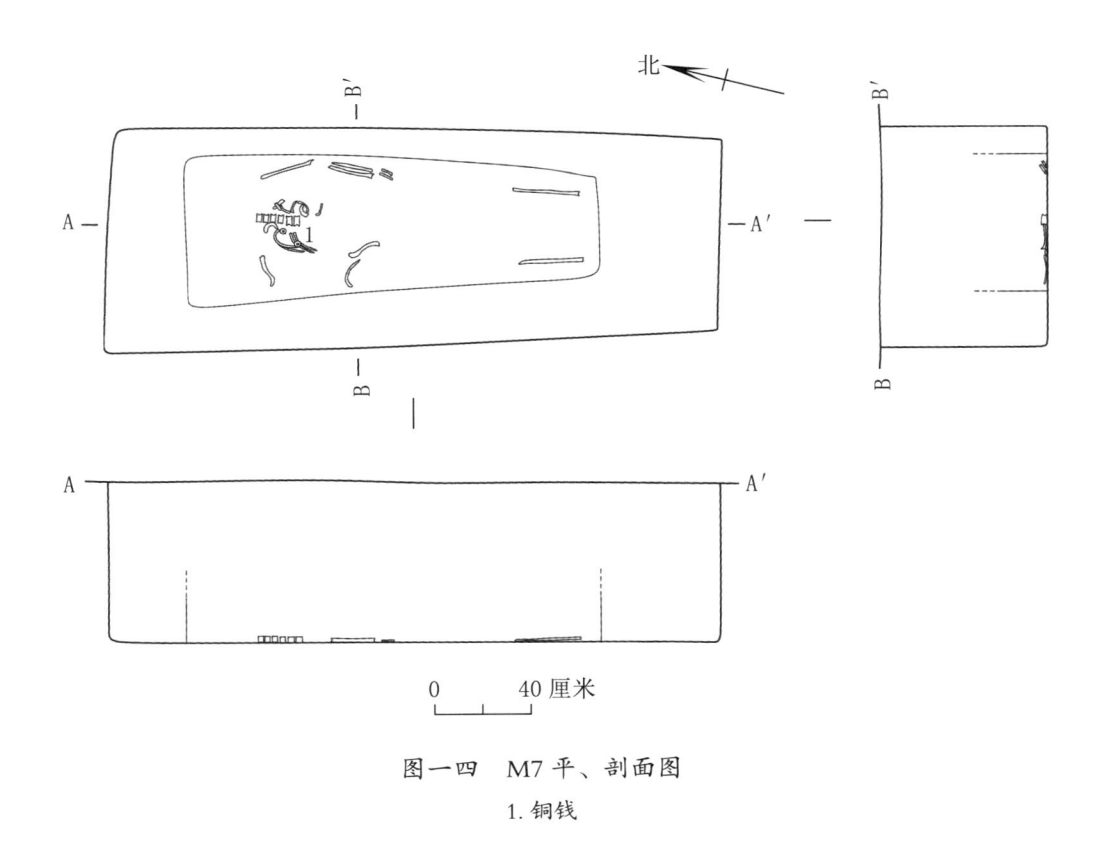

图一四 M7 平、剖面图
1. 铜钱

铜钱 1 枚，为道光通宝。M7：1，小平钱，圆形方孔，正面楷书"道光通宝"四字，对读，内外有郭；背穿左右两侧为满文"宝泉"，纪局名。钱径 2.4 厘米、穿径 0.58 厘米、郭厚 0.1 厘米（图一五，1）。

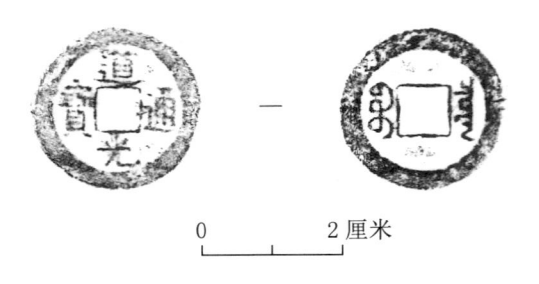

图一五 M7 出土道光通宝（M7：1）

M8 位于北侧发掘区域东部，东邻 M7、西邻 M9、北邻 M29，为长方形竖穴土圹单人葬墓，方向为 345°，向下打破生土层（图一六；彩版六〇，4）。墓口距地表深 0.3 米，距墓底深 0.34 米。土圹南北长 2.78 米、东西宽 1～1.02 米、深 0.43 米，直壁平底。土圹内置单棺，木棺平面呈梯形，腐朽严重。棺长 1.88 米、宽 0.48～0.74 米、残高 0.2 米。棺内有骨架一具，仰身直肢葬，头北足南，男性。人骨头下放置板瓦 1 块，肋部放置铜钱 5 枚。

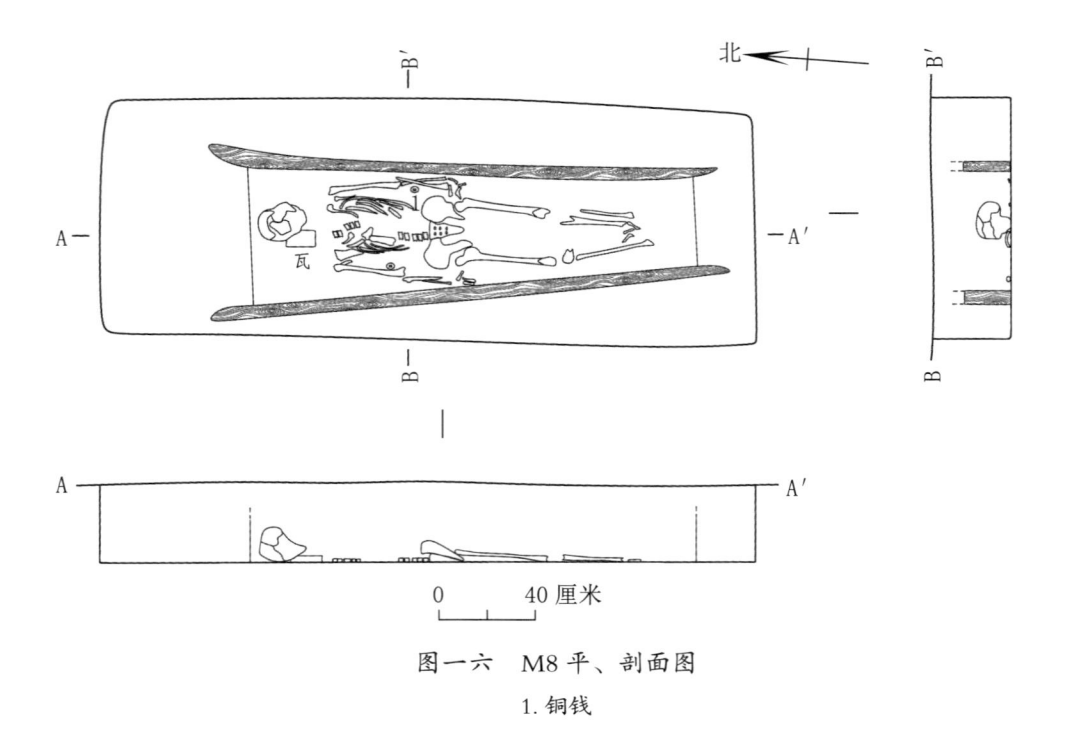

图一六 M8 平、剖面图
1. 铜钱

铜钱 5 枚，为 M8：4，均为光绪通宝。标本 M8：4-1，小平钱，圆形方孔，正面楷书"光绪通宝"四字，对读，内外有郭；背穿左右两侧为满文"宝武"，纪局名。钱径 2.3 厘米、穿径 0.5 厘米、郭厚 0.1 厘米（图一七，1）。

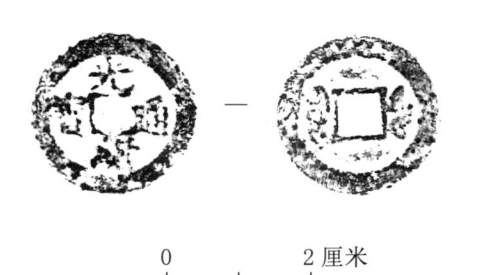

图一七　M8出土光绪通宝（M8：4-1）

M9位于北侧发掘区域中部，东邻M8、南邻M10、西邻M12、东北邻M29，为长方形竖穴土圹双人合葬墓，方向为345°，向下打破生土层（图一八；彩版六一，1）。墓口距地表深0.3米，距墓底深0.2～0.36米。土圹南北长2.72米、东西宽1.96～1.98米、深0.2～0.36米，直壁平底。土圹内置双棺，其中西棺打破东棺，木棺平面呈梯形，腐朽严重。东棺长1.72米、宽0.52～0.62米、残高0.24米。棺内有骨架一具，仰身直肢葬，头北足南，女性。西棺长1.68米、宽0.32～0.52米、残高0.1米。棺内有骨架一具，仰身直肢葬，头北足南，女性。东棺人骨头部放置银簪3件，大腿间放置铜钱12枚。西棺人骨头部放置银簪3件，双腿间放置铜钱22枚。

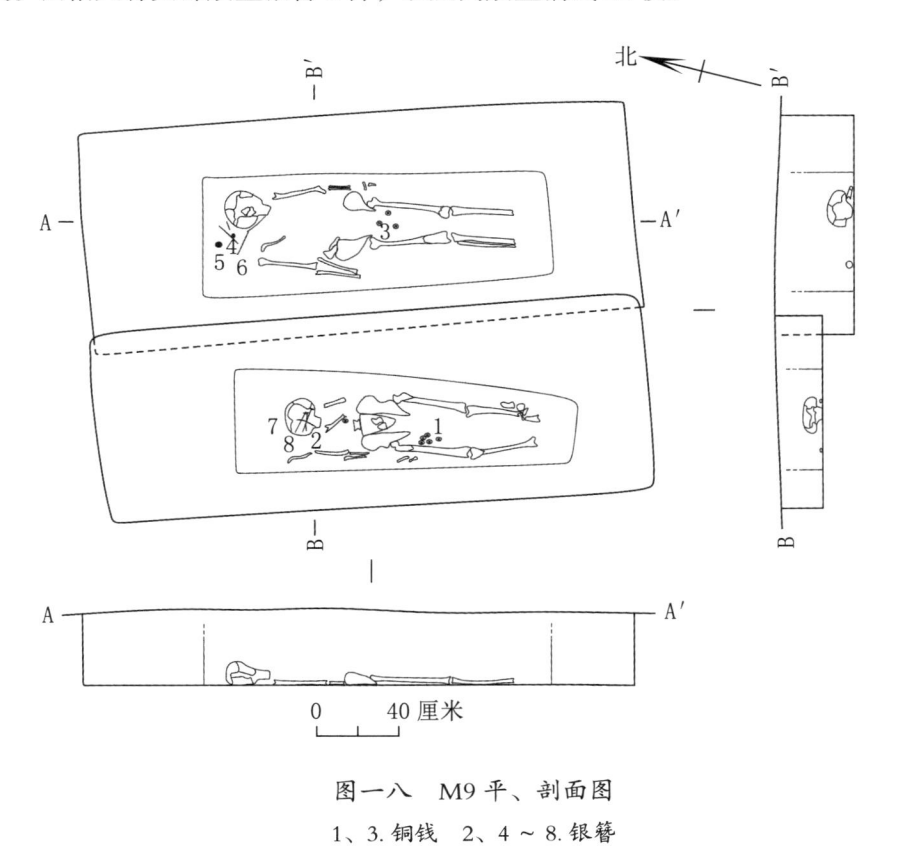

图一八　M9平、剖面图
1、3.铜钱　2、4～8.银簪

银簪6件。其中东棺3件，M9：4和M9：5形制相同，M9：6残损仅剩细锥形簪体；西棺3件，M9：2和M9：8形制相同。

标本M9：4，首底部呈圆形，花边，中央凸起一圆环，圆环与花边之间刻放射状弧线相连，圆环内部掐丝一个"寿"字，体细直呈锥形。长12.7厘米、首直径2.8厘米（图一九，1；彩版六七，7）。

标本M9：2，首底部呈圆形，花边，中央凸起一圆环，圆环与花边之间刻放射状弧线相连，近边缘刻一圆圈，圆环内部掐丝一个"福"字，体细直呈锥形。长13.2厘米、首直径3厘米（图一九，2；彩版六七，8）。

标本M9：7，首呈九连环禅杖形，上下为掐丝莲花座，顶部为掐丝球形，最上部为一个实心珠，体呈细长圆锥形，横截面呈圆形。长14.5厘米、首直径2.5厘米（图一九，3；彩版六八，1）。

铜钱34枚，为M9：1、M9：3。其中东棺出土乾隆通宝5枚，道光通宝3枚，光绪通宝4枚。西棺出土乾隆通宝1枚，嘉庆通宝2枚，道光通宝3枚，同治重宝1枚，光绪通宝15枚。

标本M9：1-1，小平钱，圆形方孔，正面楷书"乾隆通宝"四字，对读，内外有郭；背穿左右两侧为满文"宝浙"，纪局名。钱径2.9厘米、穿径0.6厘米、郭厚0.12厘米（图一九，4）。

标本M9：1-2，小平钱，圆形方孔，正面楷书"嘉庆通宝"四字，对读，内外有郭；背穿左右两侧为满文"宝泉"，纪局名。钱径2.95厘米、穿径0.58厘米、郭厚0.1厘米（图一九，5）。

标本M9：1-3，小平钱，圆形方孔，正面楷书"道光通宝"四字，对读，内外有郭；背穿左右两侧为满文"宝泉"，纪局名。钱径2.9厘米、穿径0.6厘米、郭厚0.12厘米（图一九，6）。

标本M9：1-4，当十钱，圆形方孔，正面楷书"同治重宝"四字，对读，内外有郭；背穿上下楷书"当十"，左右两侧为满文"宝泉"，纪局名。钱径2.2厘米、穿径0.7厘米、郭厚0.08厘米（图一九，7）。

标本M9：1-5，小平钱，圆形方孔，正面楷书"光绪通宝"四字，对读，内外有郭；背穿左右两侧为满文"宝泉"，纪局名。钱径2.7厘米、穿径0.5厘米、郭厚0.14厘米（图一九，8）。

标本M9：3-1，小平钱，圆形方孔，正面楷书"乾隆通宝"四字，对读，内外有郭；背穿左右两侧为满文"宝源"，纪局名。钱径2.2厘米、穿径0.6厘米、郭厚0.2厘米（图一九，9）。

标本M9：3-2，小平钱，圆形方孔，正面楷书"道光通宝"四字，对读，内外有郭；背穿左右两侧为满文"宝源"，纪局名。钱径2.2厘米、穿径0.6厘米、郭厚0.14厘米（图一九，10）。

标本M9：3-3，小平钱，圆形方孔，正面楷书"光绪通宝"四字，对读，内外有郭；背穿左右两侧为满文"宝泉"，纪局名。钱径2.25厘米、穿径0.58厘米、郭厚0.12厘米（图一九，11）。

M10位于北侧发掘区域东南部，南邻M1、北邻M9，为梯形竖穴土圹单人葬墓，方向为345°，向下打破生土层（图二○；彩版六一，2）。墓口距地表深0.3米，距墓底深0.44米。土圹南北长2.54米、东西宽0.7～0.98米、深0.44米，直壁平底。土圹内置单棺，木棺平面呈梯形，腐朽严重。棺长2.04米、宽0.44～0.54米、残高0.3米。棺内有骨架一具，仰身直肢葬，头北足南，性别女。棺内西北角放置黑釉瓷碗1件、铜扣3枚，头侧放置银簪1件、铜钱18枚。

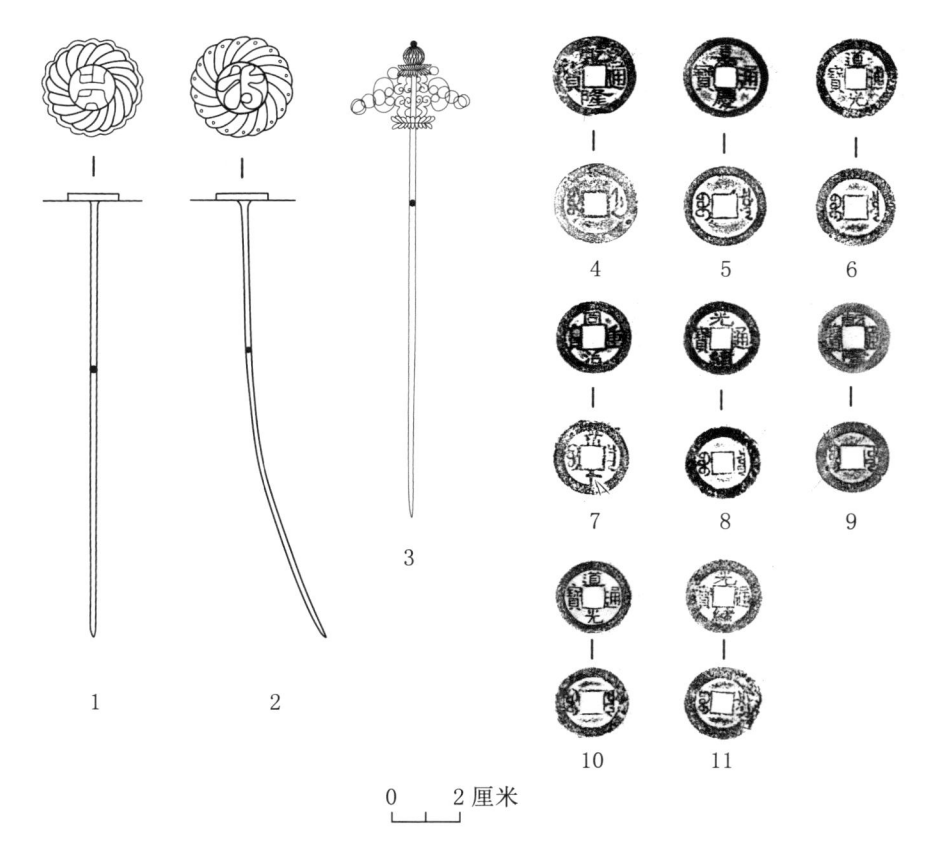

图一九　M9 出土器物

1~3. 银簪（M9:4、M9:2、M9:7）　4、9. 乾隆通宝（M9:1-1、M9:3-1）　5. 嘉庆通宝（M9:1-2）
6、10. 道光通宝（M9:1-3、M9:3-2）　7. 同治重宝（M9:1-4）　8、11. 光绪通宝（M9:1-5、M9:3-3）

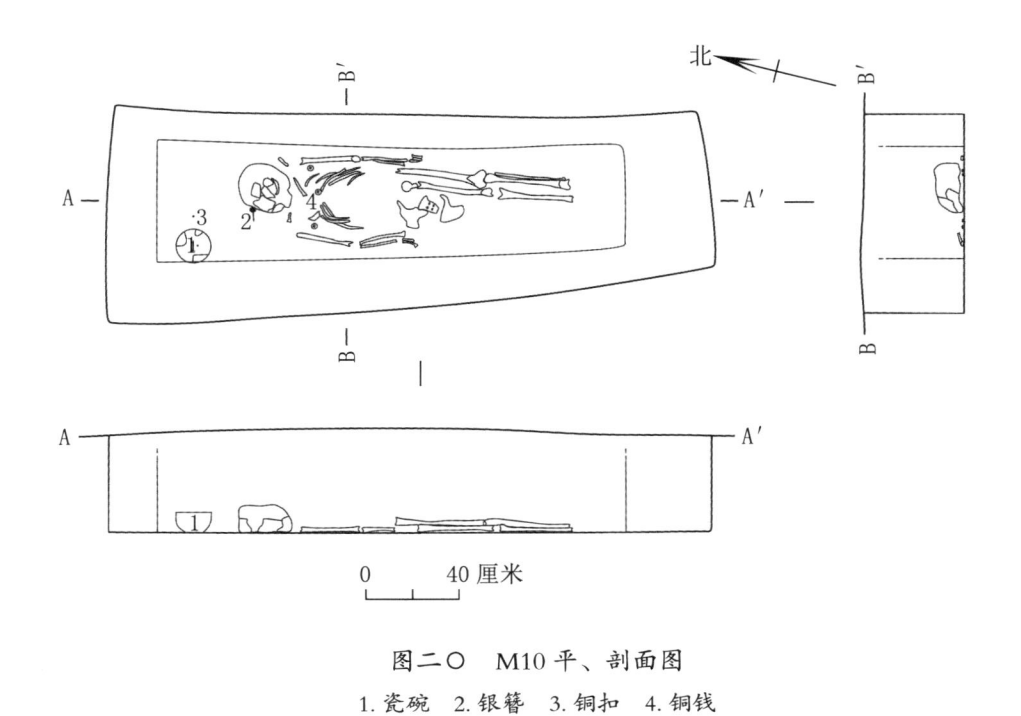

图二〇　M10 平、剖面图

1. 瓷碗　2. 银簪　3. 铜扣　4. 铜钱

瓷碗 1 件。M10：1，敞口，尖唇，弧腹，圈足，足心外凸。胎体致密呈灰白色。器身内外通体施酱黄色釉，腹下部及圈足不施釉，碗底内有一涩圈。口径 15.1 厘米、底径 6 厘米、高 4.3 厘米（图二一，2；彩版七一，1）。

银簪 1 件。M10：2，表面鎏金，首呈不规则形，部分区域镂空，中间为一只站立状的凤鸟，凤鸟嘴部发光，头冠高竖，身体上部分区域装饰重环纹，尾部装饰金钱纹。体细直呈锥形。长 11.4 厘米、首宽 2.54 厘米（图二一，3；彩版六八，2）。

铜扣 3 枚。M10：3，形制相同。标本 M10：3-1，整体呈水滴形，上部为环形扣眼，下部为橄榄形扣身，扣身中空，表面绘有莲花和兔子纹饰。高 2 厘米、扣眼直径 0.5 厘米、扣身直径 1.4 厘米（图二一，1；彩版六八，3）。

铜钱 18 枚，为 M10：4，其中康熙通宝 2 枚、宽永通宝 1 枚、乾隆通宝 13 枚、嘉庆通宝 2 枚。

标本 M10：4-1，小平钱，圆形方孔，正面楷书"康熙通宝"四字，对读，内外有郭；背穿左右两侧为满文"宝泉"，纪局名。钱径 2.3 厘米、穿径 0.51 厘米、郭厚 0.08 厘米（图二一，4）。

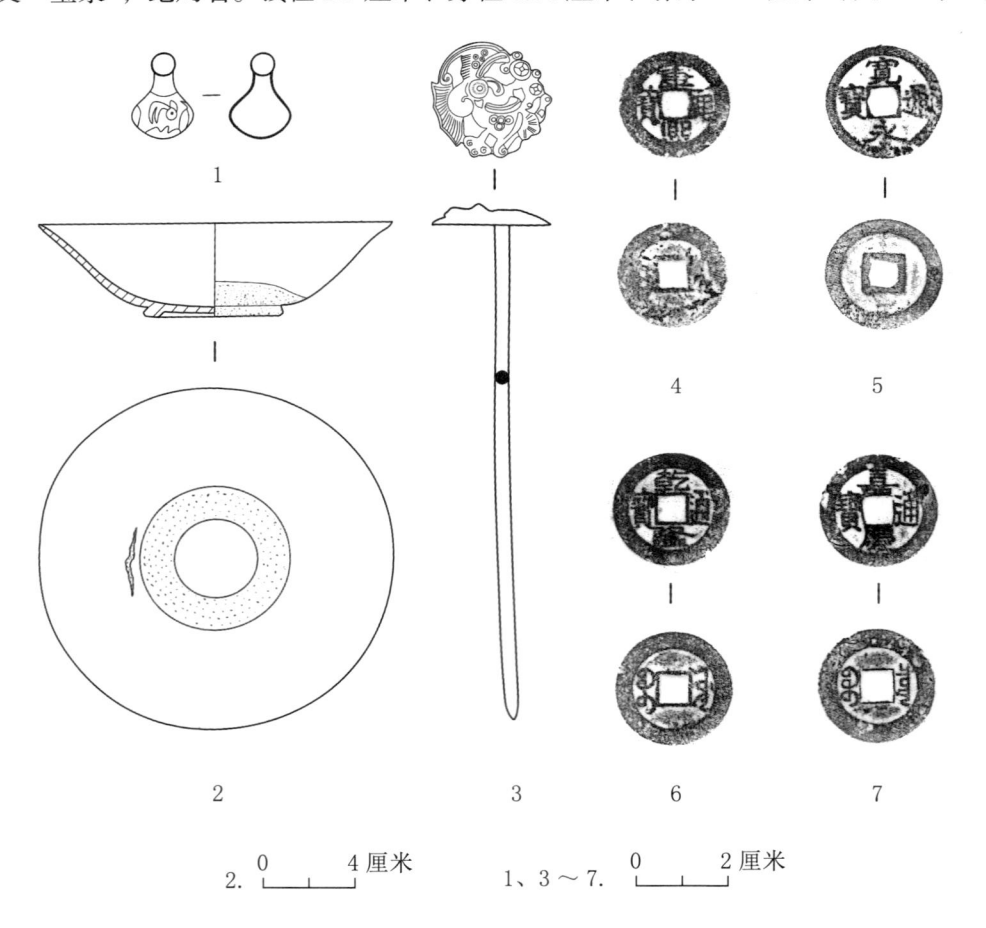

图二一　M10 出土器物
1.铜扣（M10：3-1）　2.瓷碗（M10：1）　3.银簪（M10：2）　4.康熙通宝（M10：4-1）
5.宽永通宝（M10：4-2）　6.乾隆通宝（M10：4-3）　7.嘉庆通宝（M10：4-4）

标本 M10：4-2，小平钱，圆形方孔，正面楷书"宽永通宝"四字，对读，内外有郭；光背。钱径 2.45 厘米、穿径 0.6 厘米、郭厚 0.15 厘米（图二一，5）。

标本 M10：4-3，小平钱，圆形方孔，正面楷书"乾隆通宝"四字，对读，内外有郭；背穿左右两侧为满文"宝源"二字，纪局名。钱径 2.49 厘米、穿径 0.51 厘米、郭厚 0.09 厘米（图二一，6）。

标本 M10：4-4，小平钱，圆形方孔，正面楷书"嘉庆通宝"四字，对读，内外有郭；背穿左右两侧为满文"宝泉"二字，纪局名。钱径 2.5 厘米、穿径 0.61 厘米、郭厚 0.1 厘米（图二一，7）。

M11 位于北侧发掘区域东南部，西北邻 M1，为不规则形竖穴土圹双人合葬墓，方向为 337°，向下打破生土层（图二二；彩版六一，3）。墓口距地表深 0.3 米，距墓底深 0.36～0.5 米。土圹南北长 2.56 米、东西宽 1.52～1.74 米、深 0.36～0.5 米，直壁平底。土圹内置双棺，其中东棺打破西棺，木棺平面呈梯形，腐朽严重。东棺长 1.68 米、宽 0.44～0.58 米、残高 0.14 米。棺内有骨架一具，仰身直肢葬，头北足南，男性。西棺长 2.12 米、宽 0.44～0.63 米、残高 0.38 米。棺内仅存一节腿骨，性别不详。未见随葬器物。

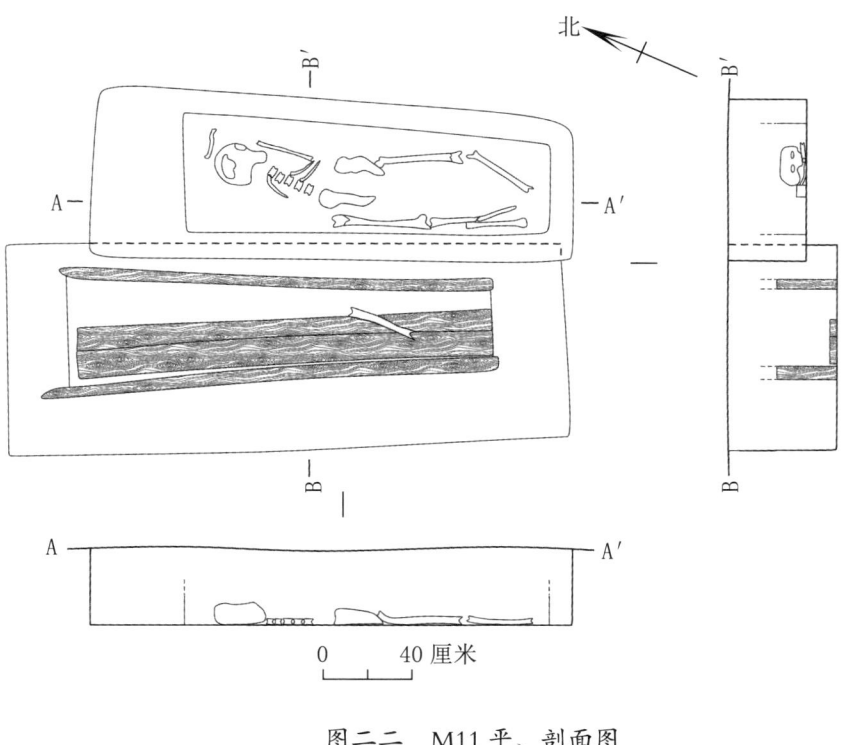

图二二　M11 平、剖面图

M12 位于北侧发掘区域中部，东邻 M9、西邻 M13，为长方形竖穴土圹单人葬墓，方向为 352°，向下打破生土层（图二三；彩版六一，4）。墓口距地表深 0.3 米，距墓底深 0.16 米。土圹南北长 2.16 米、东西宽 1 米、深 0.16 米，直壁平底。土圹内置单棺，木棺平面呈梯形，腐朽严重。棺长 2.06 米、宽 0.46～0.54 米、残高 0.16 米。棺内有骨架一具，仰身直肢葬，头北足南，疑似男性。人骨腿部放置铜钱 2 枚。

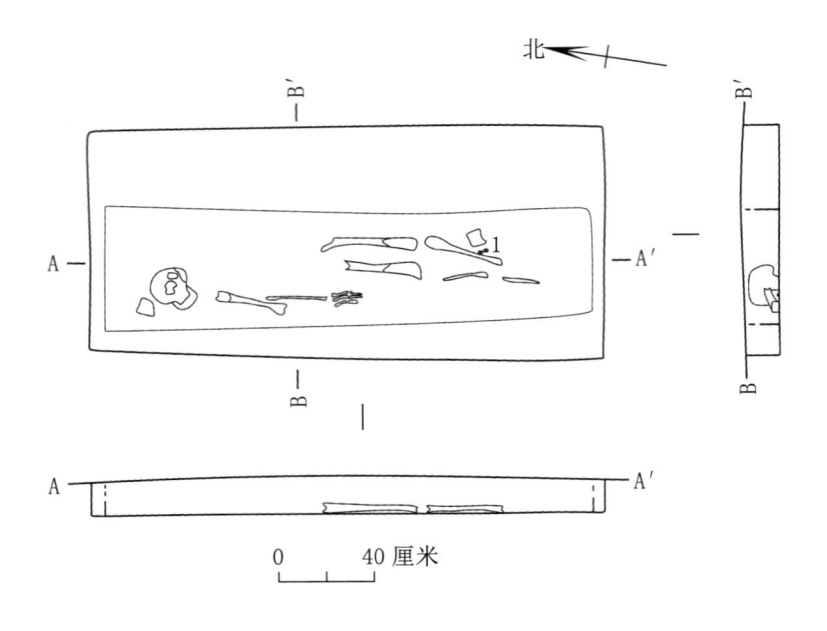

图二三　M12 平、剖面图
1. 铜钱

铜钱 2 枚，为 M12：1，其中宽永通宝 1 枚、乾隆通宝 1 枚。

M12：1-1，小平钱，圆形方孔，正面楷书"宽永通宝"四字，对读，内外有郭；光背，钱径 1.9 厘米、穿径 0.75 厘米、郭厚 0.04 厘米（图二四，1）。

M12：1-2，小平钱，圆形方孔，正面楷书"乾隆通宝"四字，对读，内外有郭；背穿左右两侧为满文"宝泉"，纪局名。钱径 1.8 厘米、穿径 0.75 厘米、郭厚 0.03 厘米（图二四，2）。

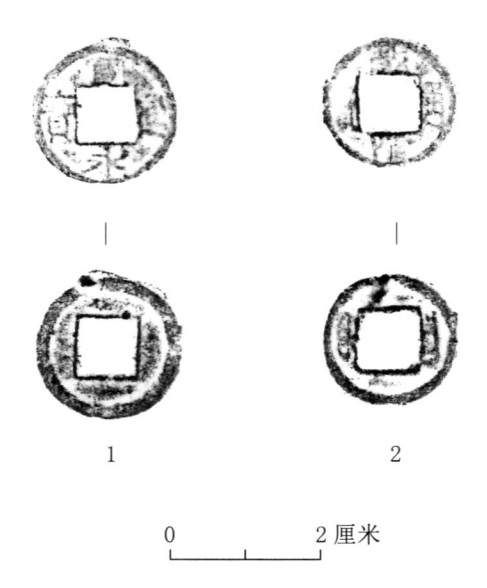

图二四　M12 出土铜钱
1. 宽永通宝（M12：1-1）　2. 乾隆通宝（M12：1-2）

M13 位于北侧发掘区域西部，东邻 M12、西邻 M24、北邻 M25，为梯形竖穴土圹单人葬墓，方向为 356°，向下打破生土层（图二五；彩版六二，1）。墓口距地表深 0.3 米，距墓底深 0.72 米。土圹南北长 2.54 米、东西宽 0.82～0.9 米、深 0.72 米，直壁平底。土圹内置单棺，木棺平面呈梯形，腐朽严重。棺长 1.8 米、宽 0.52～0.62 米、残高 0.32 米。棺内仅存少量脚趾骨，葬式及性别不详。未见随葬器物。

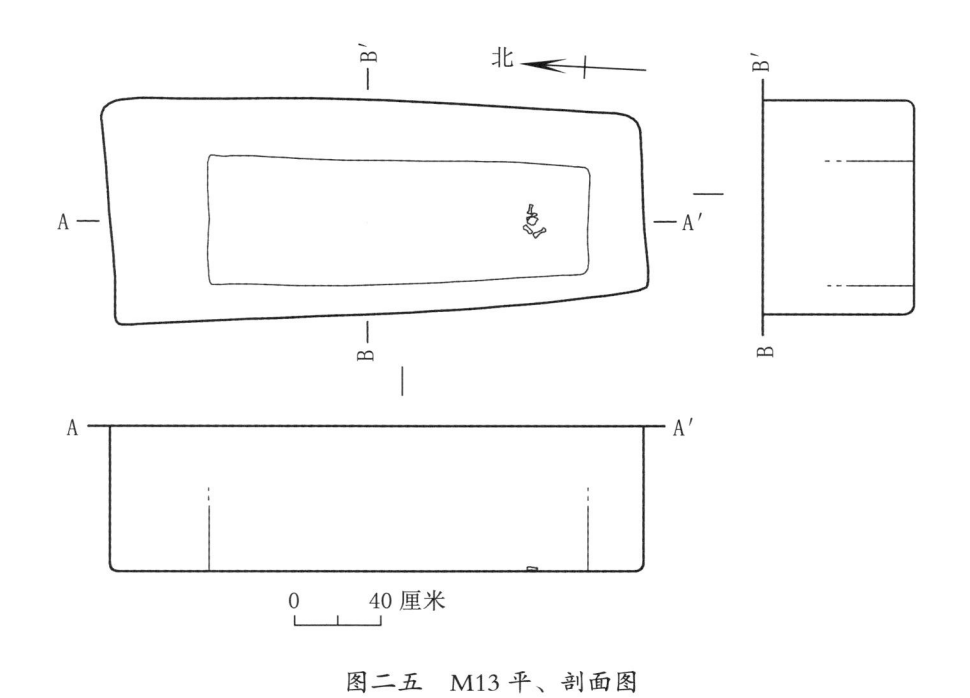

图二五　M13 平、剖面图

M14 位于北侧发掘区域南部，东邻 M1、西邻 M30，为梯形竖穴土圹单人葬墓，方向为 343°，向下打破生土层（图二六；彩版六二，2）。墓口距地表深 0.3 米，距墓底深 0.58 米。土圹南北长 2.32 米、东西宽 0.62～0.9 米、深 0.58 米，直壁平底。土圹内置单棺，木棺平面呈梯形，腐朽严重。棺长 1.84 米、宽 0.4～0.64 米、残高 0.32 米。棺内有骨架一具，仰身直肢葬，头北足南，女性。墓主人头侧放置铜簪 1 件，头部及大腿间放置铜钱 5 枚。

铜簪 1 件。M14：2，首中部为镂空球形，由上下两层各五个六瓣形花托焊接而成，每个花托中央焊接一个凸起的五瓣花朵。顶部为僧帽形，底部为花口形。体细直呈锥形，残长 5.35 厘米、首直径 2.1 厘米（图二七，1；彩版六八，4）。

铜钱 5 枚，为 M14：1，其中乾隆通宝 3 枚、嘉庆通宝 1 枚、光绪通宝 1 枚。

标本 M14：1-1，小平钱，圆形方孔，正面楷书"乾隆通宝"四字，对读，内外有郭；背穿左右两侧为满文"宝泉"，纪局名。钱径 2.5 厘米、穿径 0.52 厘米、郭厚 0.11 厘米（图二七，2）。

标本 M14：1-2，小平钱，圆形方孔，正面楷书"嘉庆通宝"四字，对读，内外有郭；背穿左右两侧为满文"宝桂"，纪局名。钱径 2.2 厘米、穿径 0.5 厘米、郭厚 0.09 厘米（图二七，3）。

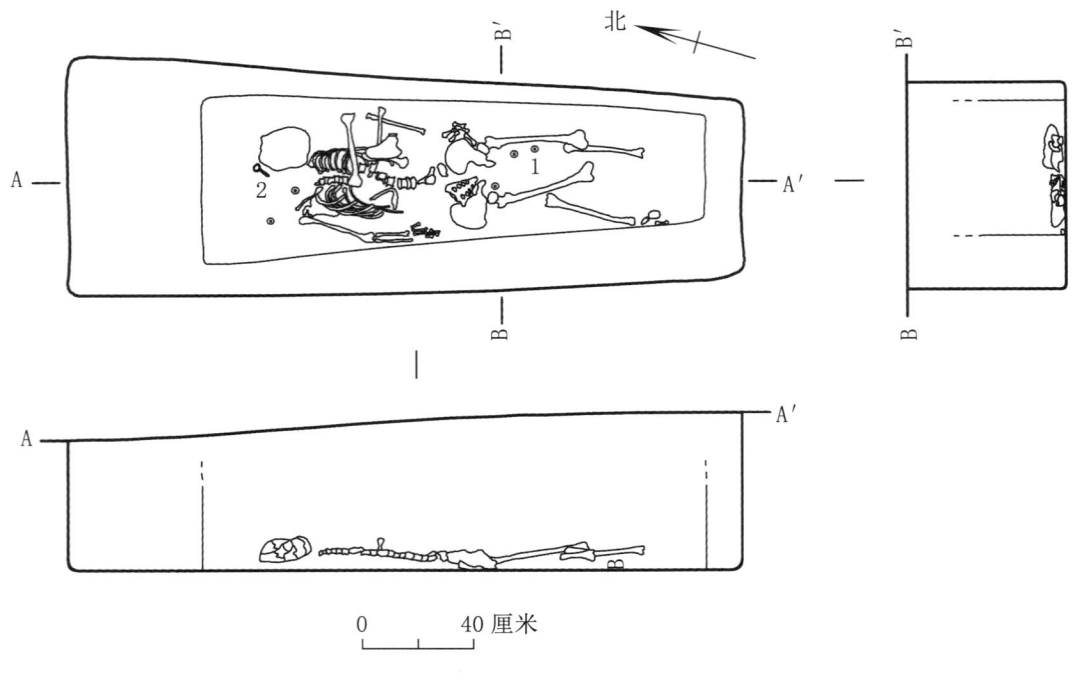

图二六　M14 平、剖面图
1. 铜钱　2. 铜簪

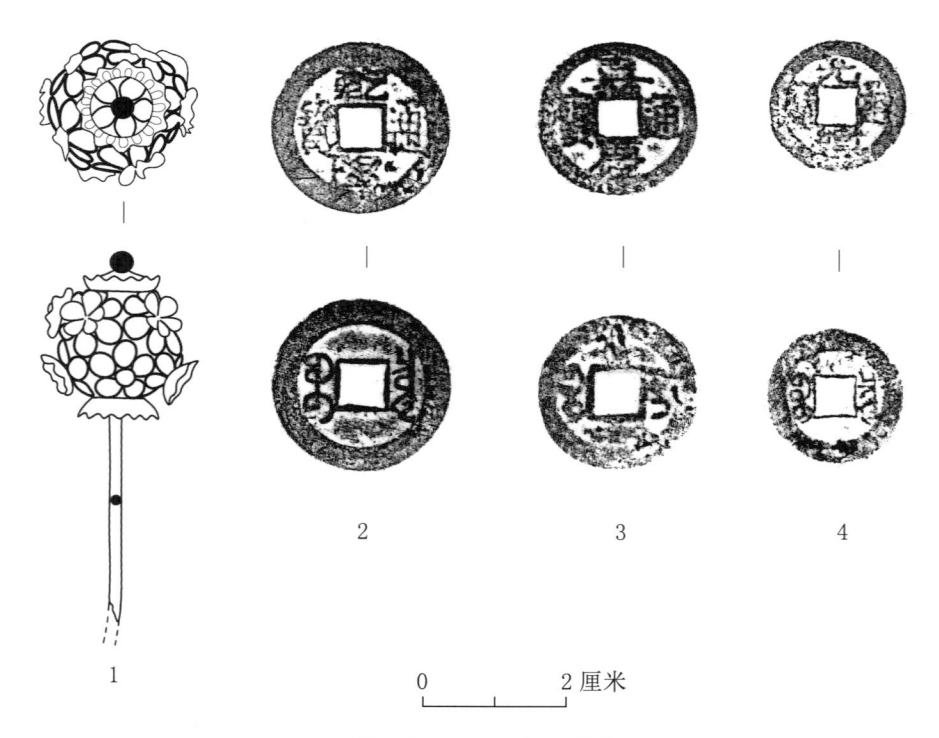

图二七　M12 出土器物
1. 铜簪（M14：2）　2. 乾隆通宝（M14：1-1）　3. 嘉庆通宝（M14：1-2）　4. 光绪通宝（M14：1-3）

标本 M14：1-3，小平钱，圆形方孔，正面楷书"光绪通宝"四字，对读，内外有郭；背穿左右两侧为满文"宝泉"二字，纪局名。钱径 1.9 厘米、穿径 0.42 厘米、郭厚 0.09 厘米（图二七，4）。

M15 位于北侧发掘区域北部，东南邻 M17、西南邻 M18、北邻 M16，为不规则形竖穴土圹三人合葬墓，方向为 4°，向下打破生土层（图二八；彩版六二，3）。墓口距地表深 0.3 米，距墓底深 0.84~0.9 米。土圹南北长 2.96 米、东西宽 1.6~1.74 米、深 0.84~0.9 米，直壁平底。土圹内置三棺，其东侧为烧骨罐，中部和西侧为木棺，烧骨罐和东侧木棺为同一时期，打破西侧木棺。木棺平面呈梯形，腐朽严重。东侧烧骨罐高 0.3 米、腹径 0.32 米，罐口盖一石块，内置烧骨，性别不详。中棺长 1.82 米、宽 0.42~0.5 米、残高 0.3 米，棺内有骨架一具，仰身直肢葬，头北足南，男性。西棺长 1.66 米、宽 0.36~0.44 米、残高 0.3 米，内有骨架一具，仰身直肢葬，头北足南，女性。中棺人骨肋部放置铜钱 1 枚，西棺人骨头部放置银簪 1 件。

瓷罐 1 件。M15：3，直口，圆唇，折肩，鼓腹，平底中部内凹。通体施酱色釉。口径 16.4 厘米、腹径 34.8 厘米、底径 28 厘米、高 27.4 厘米（图二九，1；彩版七一，2）。

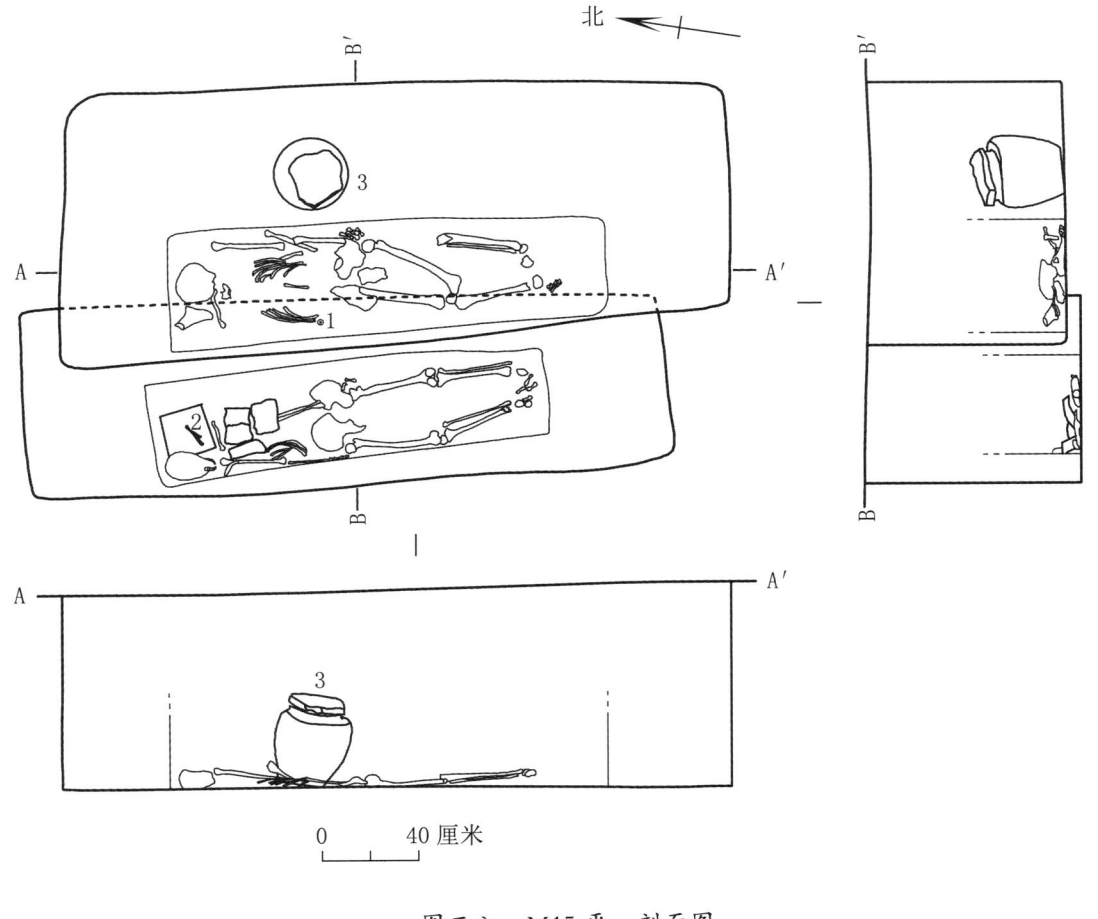

图二八　M15 平、剖面图
1. 铜钱　2. 银簪　3. 瓷罐

银簪 1 件。M15：2，整体呈如意形，首卷曲，体扁长呈锥形。长 14.6 厘米，首宽 0.8 厘米、厚 0.2 厘米（图二九，2；彩版六八，5）。

铜钱 1 枚，乾隆通宝。M15：1，小平钱，圆形方孔，正面楷书"乾隆通宝"四字，对读，内外有郭；背穿左右两侧为满文"宝泉"二字，纪局名。钱径 2.5 厘米、穿径 0.55 厘米、郭厚 0.1 厘米（图二九，3）。

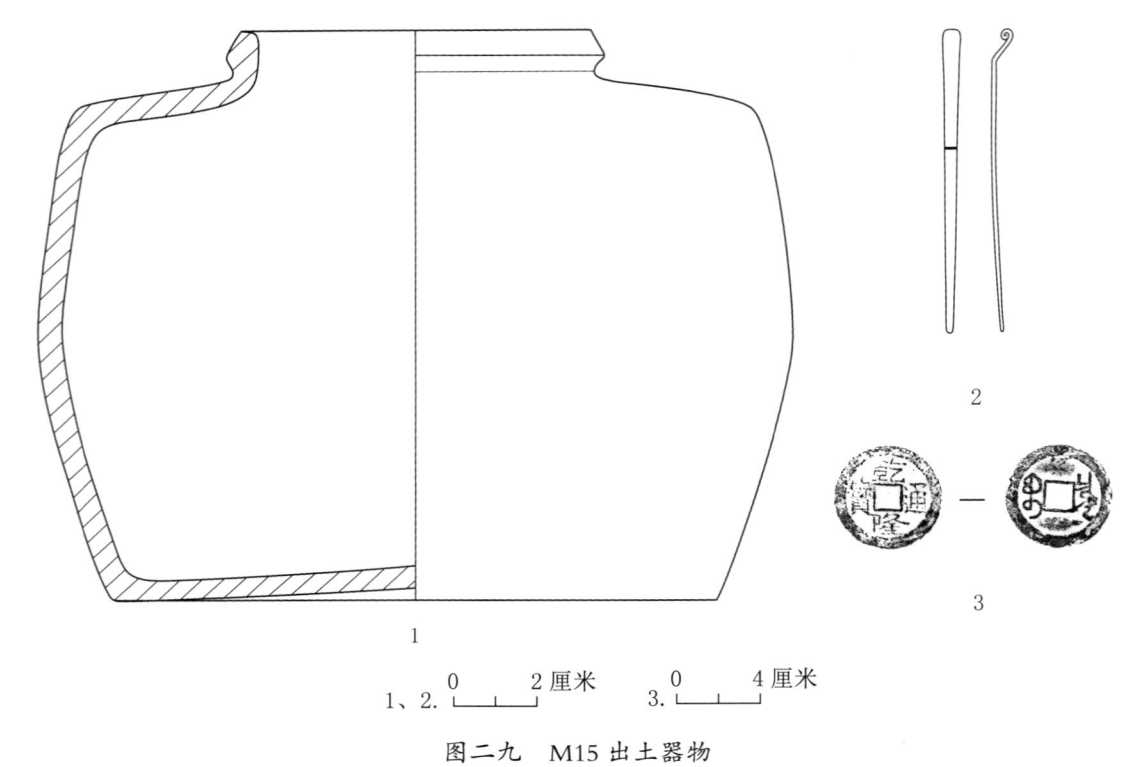

图二九　M15 出土器物
1. 瓷罐（M15：3）　2. 银簪（M15：2）　3. 乾隆通宝（M15：1）

M16 位于北侧发掘区域北部，南邻 M15，为不规则形竖穴土圹双人合葬墓，方向为 340°，向下打破生土层（图三〇；彩版六二，4）。墓口距地表深 0.3 米，距墓底深 1.66～1.76 米。土圹南北长 2.98 米、东西宽 1.9～1.98 米、深 1.66～1.76 米，直壁平底。土圹内置双棺，其中西棺打破东棺，木棺平面呈梯形，腐朽严重。东棺长 1.7 米、宽 0.44～0.56 米、残高 0.56 米。棺内有骨架一具，仰身直肢葬，头北足南，男性。西棺长 1.54 米、宽 0.4～0.48 米、残高 0.46 米。棺内残留骨骸较少，性别不详。东棺中部放置铜钱 1 枚，石块 1 件。

石块 1 块。M16：2，近似梯形，上窄下宽，一面竖向用朱砂书写 2 个字，上面为"镇"字，下面左半部为"星"字，右半部模糊不清。高 12 厘米、宽约 9 厘米、厚 1 厘米（彩版七〇，5）。

铜钱 1 枚，雍正通宝。M16：1，小平钱，圆形方孔，正面楷书"雍正通宝"四字，对读，内外有郭；背穿左右两侧为满文"宝泉"二字，纪局名。钱径 2.55 厘米、穿径 0.6 厘米、郭厚 0.1 厘米（图三一，1）。

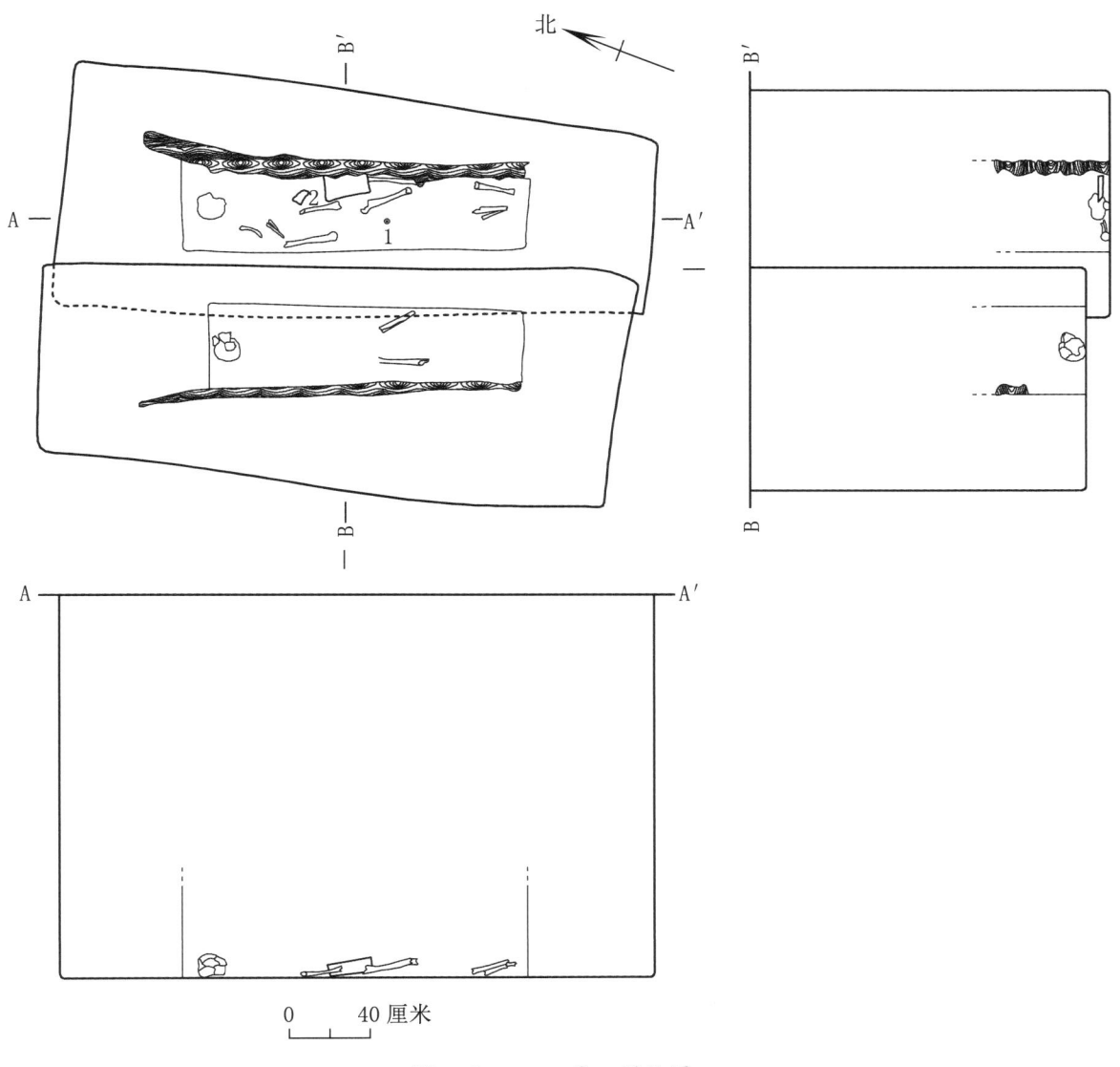

图三〇 M16 平、剖面图

1. 铜钱 2. 石块

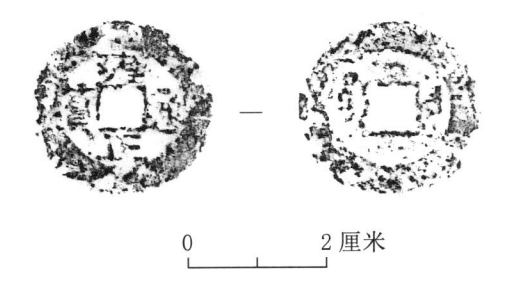

图三一 M16 出土雍正通宝（M16：1）

M17 位于北侧发掘区域北部，南邻 M26、西邻 M18，西北邻 15，为不规则形竖穴土圹双人合葬墓，方向为 347°，向下打破生土层（图三二；彩版六三，1）。墓口距地表深 0.3 米，距墓底深 0.42～0.7 米。土圹南北长 2.66 米、东西宽 2.18～2.92 米、深 0.42～0.7 米，直壁平底。土圹内置双棺，其中东棺打破西棺，木棺平面呈梯形，腐朽严重。东棺长 1.8 米、宽 0.44～0.6 米、残高 0.26 米。棺内有骨架一具，仰身直肢葬，头北足南，男性。西棺长 1.9 米、宽 0.38～0.5 米、残高 0.26 米。棺内有骨架一具，仰身直肢葬，头北足南，女性。东棺墓主人人骨头部及肋部放置铜钱 6 枚，西棺人骨腹部放置铜钱 3 枚。

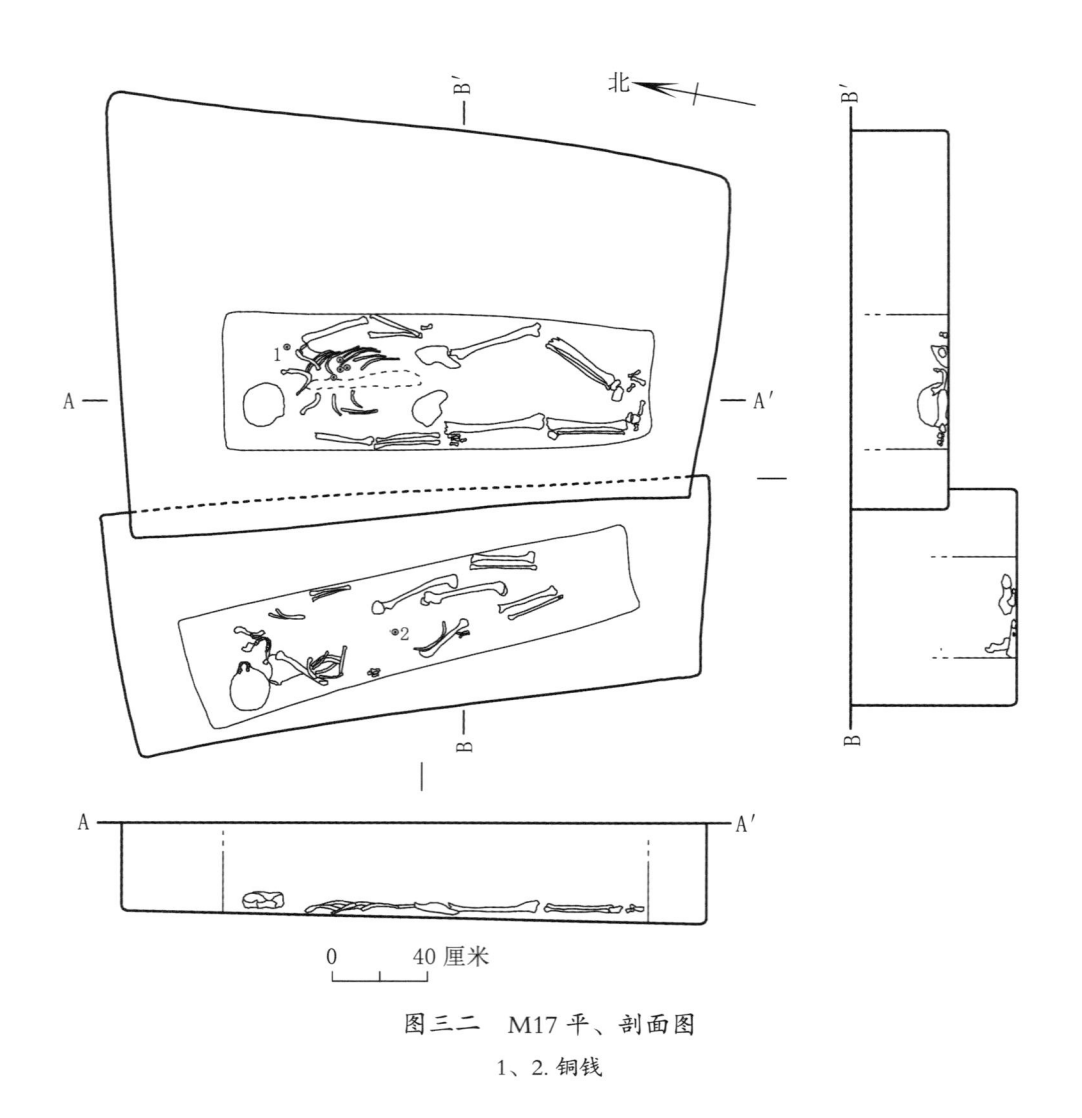

图三二　M17 平、剖面图
1、2. 铜钱

铜钱 9 枚，为 M17：1、M17：2。其中东棺出土乾隆通宝 4 枚、嘉庆通宝 1 枚、光绪通宝 1 枚，西棺出土乾隆通宝 1 枚、嘉庆通宝 1 枚、咸丰通宝 1 枚。

标本 M17：1-1，小平钱，圆形方孔，正面楷书"乾隆通宝"四字，对读，内外有郭；背穿左右两侧为满文"宝浙"，纪局名。钱径 2.92 厘米、穿径 0.55 厘米、郭厚 0.13 厘米（图三三，1）。

标本 M17：1-2，小平钱，圆形方孔，正面楷书"嘉庆通宝"四字，对读，内外有郭；背穿左右两侧为满文"宝源"，纪局名。钱径 2.9 厘米、穿径 0.61 厘米、郭厚 0.11 厘米（图三三，2）。

标本 M17：1-3，小平钱，圆形方孔，正面楷书"光绪通宝"四字，对读，内外有郭；背穿左右两侧为满文"宝蓟"，纪局名。钱径 2.2 厘米、穿径 0.51 厘米、郭厚 0.07 厘米（图三三，3）。

标本 M17：2-1，小平钱，圆形方孔，正面楷书"乾隆通宝"四字，对读，内外有郭；背穿左右两侧为满文"宝泉"，纪局名。钱径 2.2 厘米、穿径 0.6 厘米、郭厚 0.12 厘米（图三三，4）。

标本 M17：2-2，小平钱，圆形方孔，正面楷书"嘉庆通宝"四字，对读，内外有郭；背穿左右两侧为满文"宝泉"，纪局名。钱径 2.8 厘米、穿径 0.6 厘米、郭厚 0.11 厘米（图三三，5）。

标本 M17：2-3，小平钱，圆形方孔，正面楷书"咸丰通宝"四字，对读，内外有郭；背穿左右两侧为满文"宝源"，纪局名。钱径 2.35 厘米、穿径 0.6 厘米、郭厚 0.08 厘米（图三三，6）。

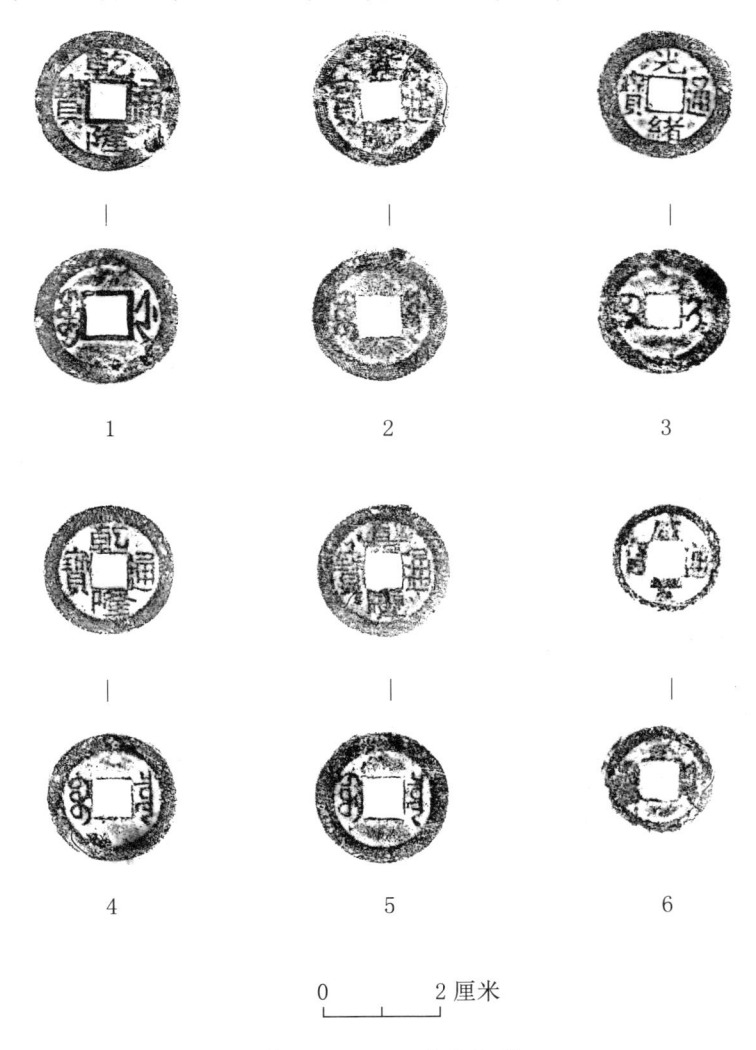

图三三　M17 出土铜钱

1、4.乾隆通宝（M17：1-1、M17：2-1）　2、5.嘉庆通宝（M17：1-2、M17：2-2）
3.光绪通宝（M17：1-3）　6.咸丰通宝（M17：2-3）

M18 位于北侧发掘区域中部，东邻 M17、西南邻 M25，为不规则形竖穴土圹双人合葬墓，方向为 339°，向下打破生土层（图三四；彩版六三，2）。墓口距地表深 0.3 米，距墓底深 0.66 ~ 0.7 米。土圹南北长 2.8 ~ 2.94 米、东西宽 2.16 米、深 0.66 ~ 0.7 米，直壁平底。土圹内置双棺，其中西棺打破东棺，木棺平面呈梯形，腐朽严重。东棺长 1.9 米、宽 0.46 ~ 0.62 米、残高 0.42 米。棺内有骨架一具，仰身直肢葬，头北足南，男性。西棺长 1.86 米、宽 0.52 ~ 0.6 米、残高 0.42 米。棺内有骨架一具，仰身直肢葬，头北足南，女性。东棺人骨腹部放置铜钱 2 枚，西棺人骨头部放置银簪 2 件、铜钱 3 枚。

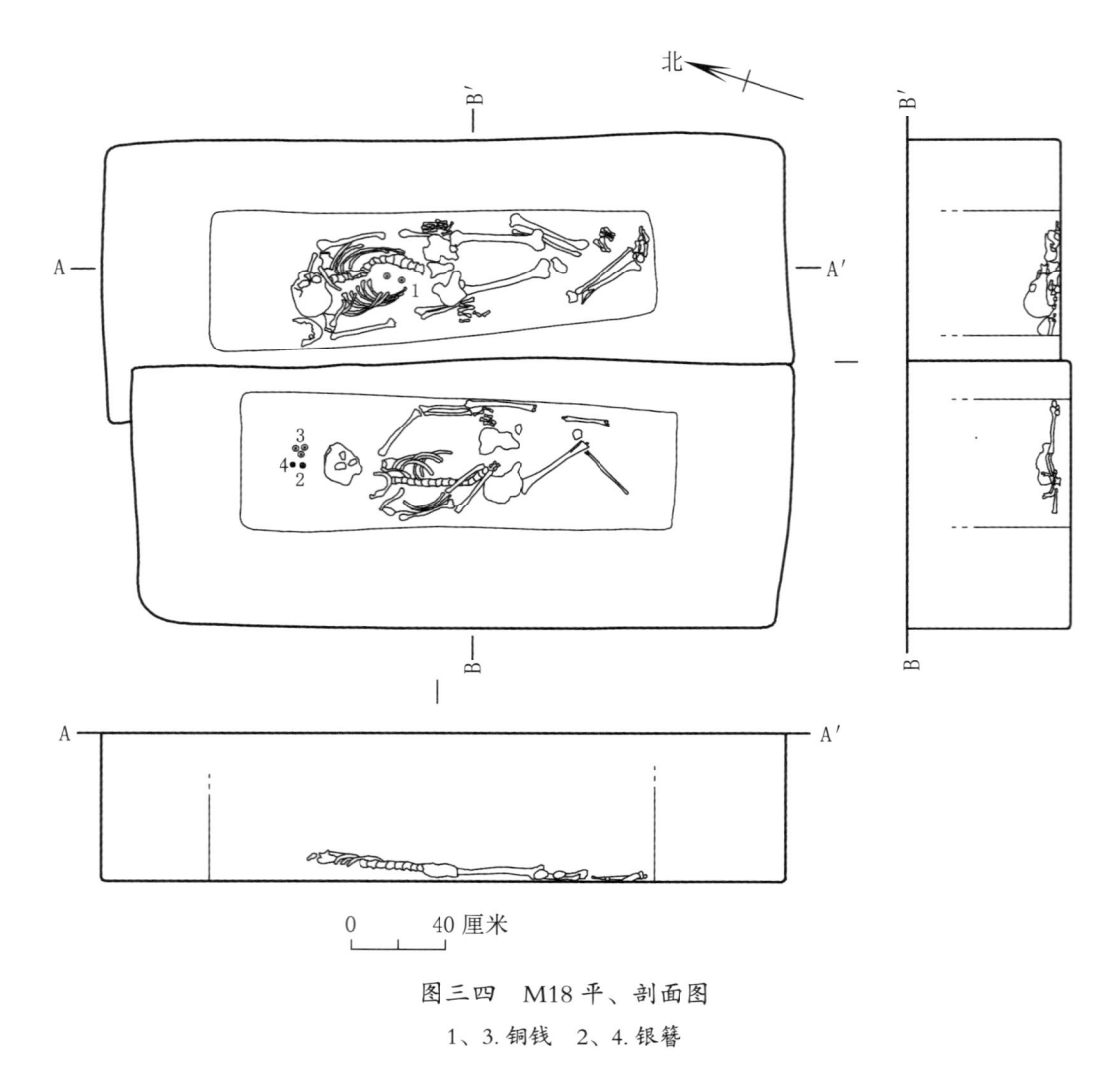

图三四 M18 平、剖面图
1、3. 铜钱　2、4. 银簪

银簪 2 件，形制相同，残损严重，仅剩部分簪首。标本 M18：2，底部呈圆形，花边，中央凸起一圆环，圆环内部掐丝一个"福"字。直径 2.2 厘米（图三五，1；彩版六八，6）。

铜钱 5 枚，为 M18：1、M18：3，其中东棺出土嘉庆通宝 2 枚，西棺出土乾隆通宝 1 枚、嘉庆通宝 2 枚。

标本 M18：1-1，小平钱，圆形方孔，正面楷书"嘉庆通宝"四字，对读，内外有郭；背穿左右两侧为满文"宝泉",纪局名。钱径2.4厘米、穿径0.51厘米、郭厚0.12厘米(图三五,2)。

标本M18:3-1,小平钱,圆形方孔,正面楷书"乾隆通宝"四字,对读,内外有郭;背穿左右两侧为满文"宝泉",纪局名。钱径3厘米、穿径0.55厘米、郭厚0.1厘米(图三五,3)。

标本M18:3-2,小平钱,圆形方孔,正面楷书"嘉庆通宝"四字,对读,内外有郭;背穿左右两侧为满文"宝源",纪局名。钱径2.95厘米、穿径0.57厘米、郭厚0.13厘米(图三五,4)。

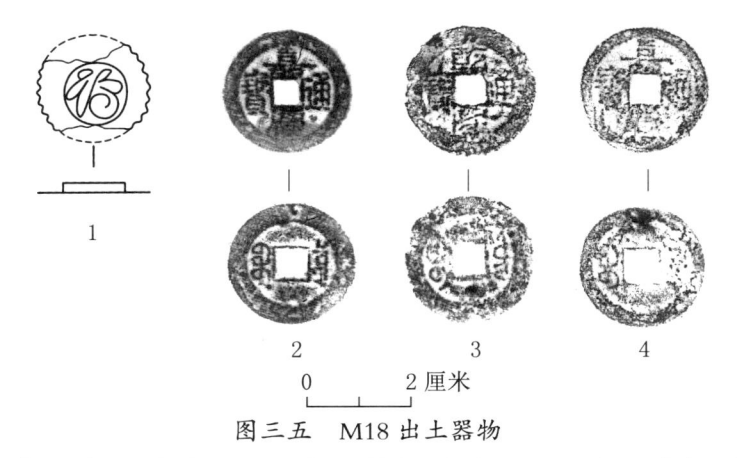

图三五 M18出土器物

1. 银簪(M18:2) 2. 嘉庆通宝(M18:1-1) 3. 乾隆通宝(M18:3-1) 4. 嘉庆通宝(M18:3-2)

M19位于北侧发掘区域西北部,南邻M22、西邻M21、西北邻M20,为不规则形竖穴土圹双人合葬墓,方向为354°,向下打破生土层(图三六;彩版六三,3)。墓口距地表深0.3米,距墓底深0.48～0.56米。土圹南北长2.48～2.52米、东西宽1.56～1.78米、深0.48～0.56米,直壁平底。土圹内置双棺,其中西棺打破东棺,木棺平面呈梯形,腐朽严重。东棺长1.82米、宽0.4～0.58米、残高0.48米。棺内有骨架一具,仰身直肢葬,头北足南,男性。西棺长1.94米、宽0.44～0.62米、残高0.56米。棺内有骨架一具,仰身直肢葬,头北足南,女性。东棺人骨脊椎边放置铜元7枚,西棺人骨头部放置银簪1件、肋部放置铜钱2枚。

银簪1件。M19:3,锥形,首中部有一椭圆形小孔,体细直,下部残缺,残长7.7厘米、直径0.3厘米(图三七,1;彩版六八,7)。

铜元7枚。东棺出土,锈蚀严重,可辨识"光绪元宝"1枚。

标本M19:1-1,圆形,正面珠圈内楷书"光绪元宝"四字,对读,齿缘上方为满文,满文下面左右两侧为"户部",向下为"当制",其余部分模糊不清。背面珠圈内铸盘龙戏火珠。钱径3.2厘米、郭厚0.17厘米(图三七,2)。

铜钱2枚。西棺出土,其中嘉庆通宝1枚、光绪通宝1枚。

标本M19:2-1,小平钱,圆形方孔,正面楷书"嘉庆通宝"四字,对读,内外有郭;背穿左右两侧为满文"宝泉",纪局名。钱径2.2厘米、穿径0.6厘米、郭厚0.12厘米(图三七,3)。

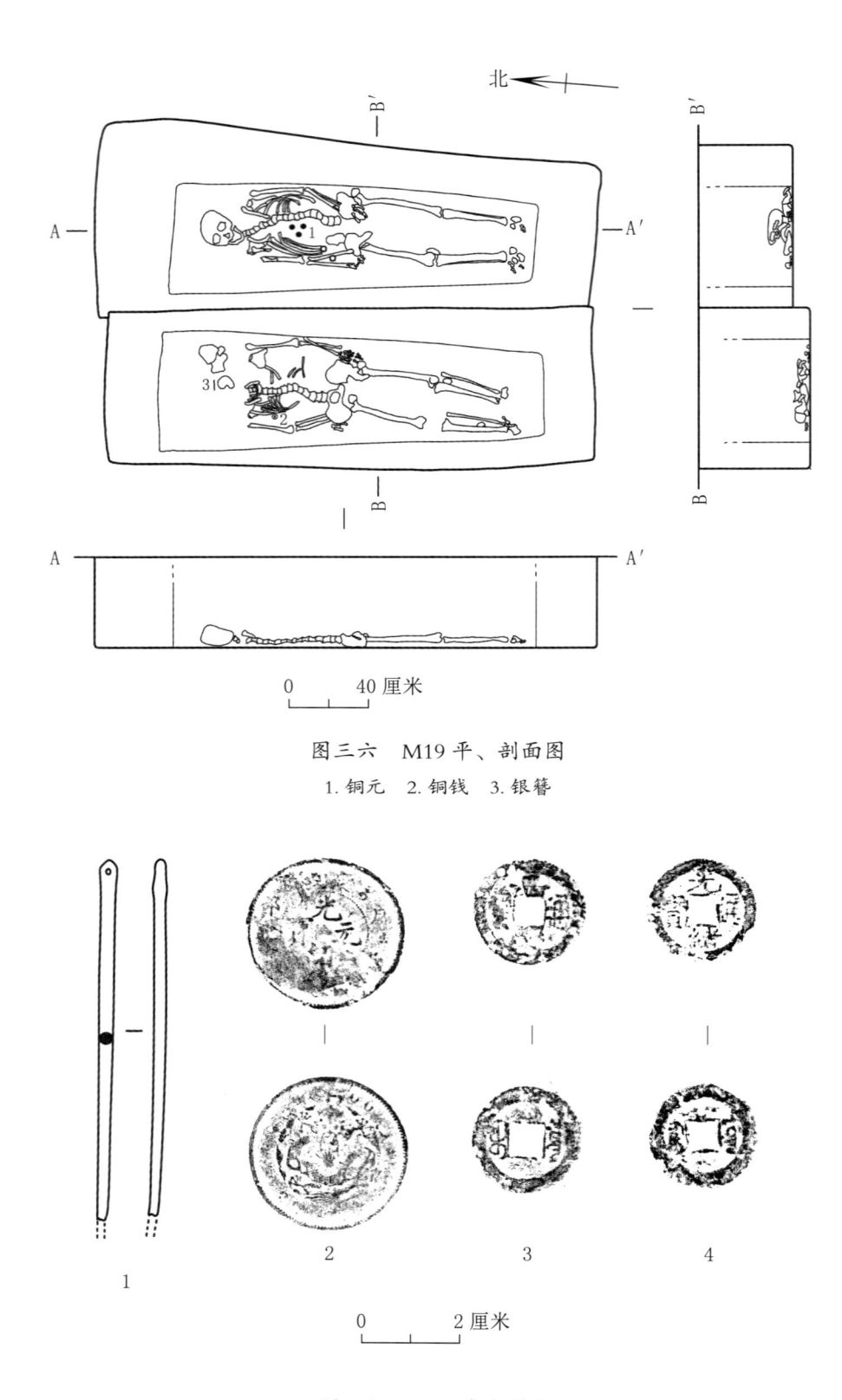

图三六　M19 平、剖面图
1. 铜元　2. 铜钱　3. 银簪

图三七　M19 出土器物
1. 银簪（M19：3）　2. 光绪元宝（M19：1-1）　3. 嘉庆通宝（M19：2-1）　4. 光绪通宝（M19：2-2）

标本 M19：2-2，小平钱，圆形方孔，正面楷书"光绪通宝"四字，对读，内外有郭；背穿左右两侧为满文"宝源"，纪局名。钱径2.2厘米、穿径0.5厘米、郭厚0.1厘米（图三七，4）。

M20位于北侧发掘区域西北部，东南邻M19、西南邻M21，为不规则形竖穴土圹双人合葬墓，方向为0°，向下打破生土层（图三八；彩版六三，4）。墓口距地表深0.3米，距墓底深0.24～0.58米。土圹南北长2.5～2.66米、东西宽1.34～1.64米、深0.24～0.58米，直壁平底。土圹内置双棺，其中西棺打破东棺，木棺平面呈梯形，腐朽严重。东棺长1.84米、宽0.5～0.6米、残高0.38米。棺内有骨架一具，仰身直肢葬，头北足南，男性。西棺长1.84米、宽0.5～0.6米、残高0.2米。棺内有骨架一具，仰身直肢葬，头北足南，女性。西棺人骨盆骨处放置铜钱1枚。

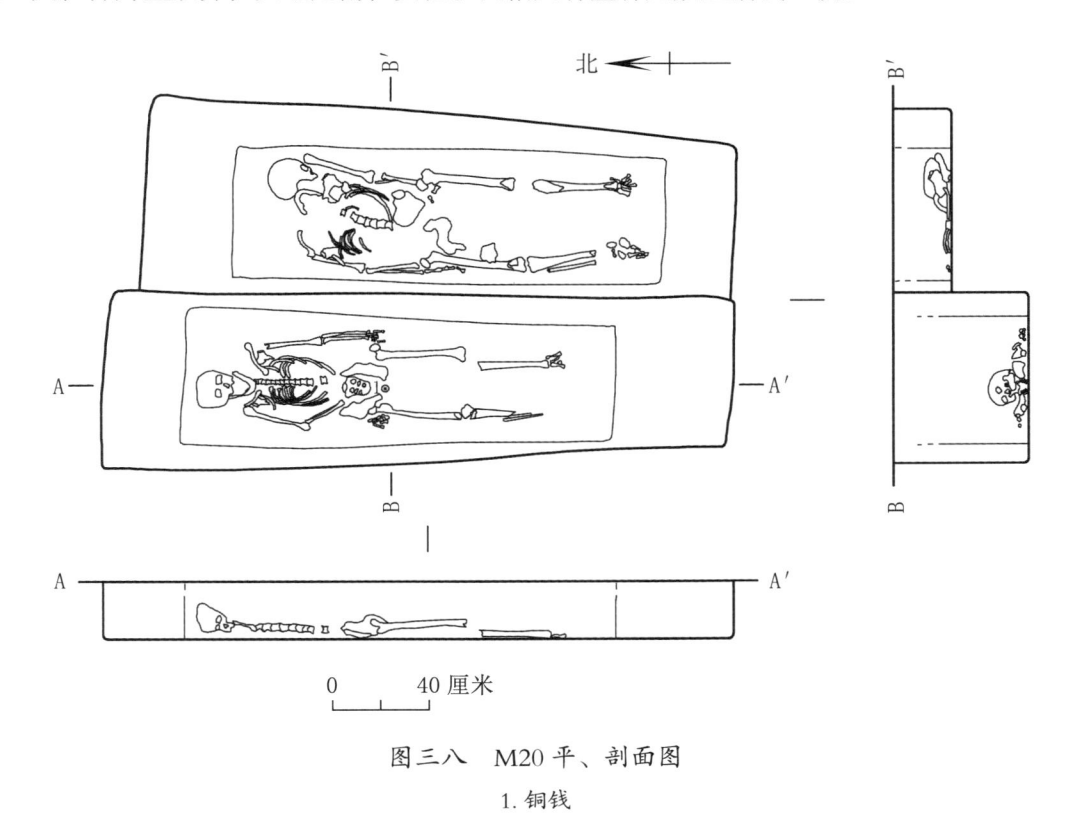

图三八　M20平、剖面图
1. 铜钱

铜钱1枚。M20：1，小平钱，圆形方孔，正面楷书"光绪通宝"四字，对读，内外有郭；背穿左右两侧为满文"宝泉"，纪局名。钱径2.25厘米、穿径0.55厘米、郭厚0.14厘米（图三九，1）。

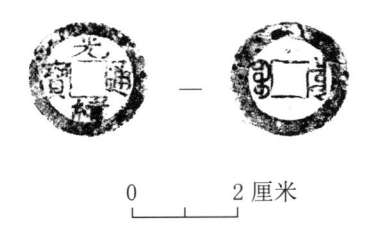

图三九　M20出土光绪通宝（M20：1）

M21 位于北侧发掘区域西北部，东邻 M19、东北邻 M20、东南邻 M22，为不规则形竖穴土圹双人合葬墓，方向为 358°，向下打破生土层（图四〇；彩版六四，1）。墓口距地表深 0.3 米，距墓底深 0.22 米。土圹南北长 2.24 ~ 2.44 米、东西宽 1.68 米、深 0.22 米，直壁平底。土圹内置双棺，其中西棺打破东棺，木棺平面呈梯形，腐朽严重。东棺长 1.9 米、宽 0.34 ~ 0.54 米、残高 0.1 米。棺内有骨架一具，仰身直肢葬，头北足南，男性。西棺长 1.7 米、宽 0.4 ~ 0.5 米、残高 0.14 米。棺内有骨架一具，仰身直肢葬，头北足南，女性。东棺人骨头部放置铜钱 4 枚，西棺人骨头部放置铜簪 2 件。

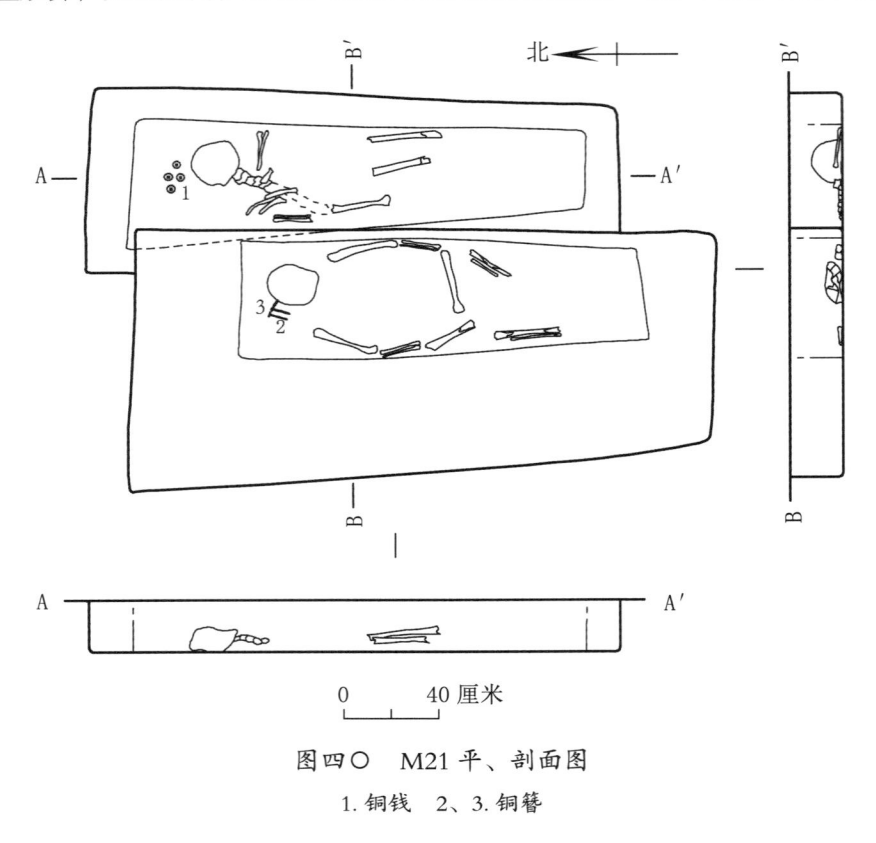

图四〇 M21 平、剖面图
1. 铜钱 2、3. 铜簪

铜簪 2 件，形制相同。标本 M21：2，首镀银，浮雕四瓣花，下层为花托，上层为花瓣，中间是六瓣形花蕊，体细直呈锥形。长 9.6 厘米、首宽 2.3 厘米（图四一，1；彩版六八，8）。

铜钱 4 枚，为 M21：1，均为东棺出土，其中洪武通宝 1 枚、乾隆通宝 1 枚、道光通宝 2 枚。

标本 M21：1-1，小平钱，圆形方孔，正面楷书"洪武通宝"四字，对读，内外有郭，光背，钱径 2.25 厘米、穿径 0.5 厘米、郭厚 0.08 厘米（图四一，2）。

标本 M21：1-2，小平钱，圆形方孔，正面楷书"乾隆通宝"四字，对读，内外有郭；背穿左右两侧为满文"宝泉"，纪局名。钱径 2.15 厘米、穿径 0.6 厘米、郭厚 0.09 厘米（图四一，3）。

标本 M21：1-3，小平钱，圆形方孔，正面楷书"道光通宝"四字，对读，内外有郭；背穿左右两侧为满文"宝泉"，纪局名。钱径 2.2 厘米、穿径 0.6 厘米、郭厚 0.12 厘米（图四一，4）。

M22 位于北侧发掘区域西北部，东南邻 M23、北邻 M19，为不规则形竖穴土圹双人合葬墓，方向为17°，向下打破生土层（图四二；彩版六四，2）。墓口距地表深0.3米，距墓底深0.38米。土圹南北长2.44～2.54米、东西宽1.4～1.8米、深0.38米，直壁平底。土圹内置双棺，其中西棺打破东棺，木棺平面呈梯形，腐朽严重。东棺长1.72米、宽0.42～0.54米、残高0.16米。棺内有骨架一具，仰身直肢葬，头北足南，男性。西棺长1.7米、宽0.38～0.6米、残高0.16米。棺内有骨架一具，仰身直肢葬，头北足南，女性。西棺人骨头部放置银簪2件。

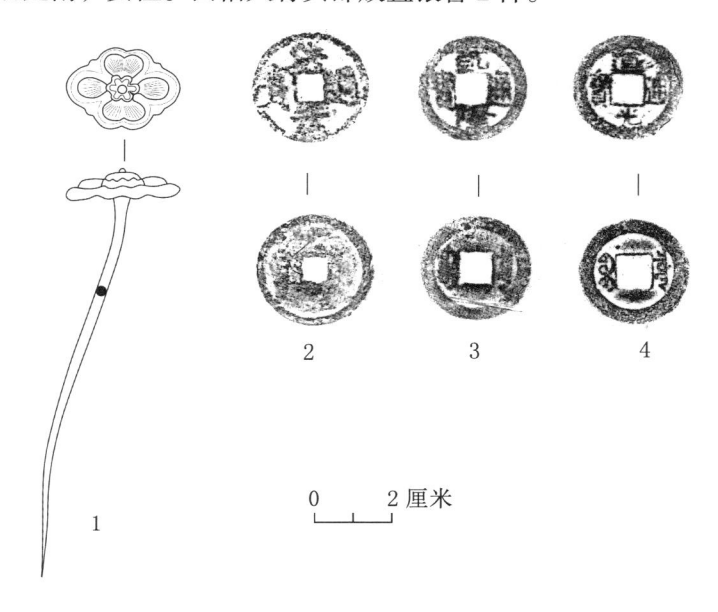

图四一　M21出土器物

1. 铜簪（M21∶2）　2. 洪武通宝（M21∶1-1）　3. 乾隆通宝（M21∶1-2）　4. 道光通宝（M21∶1-3）

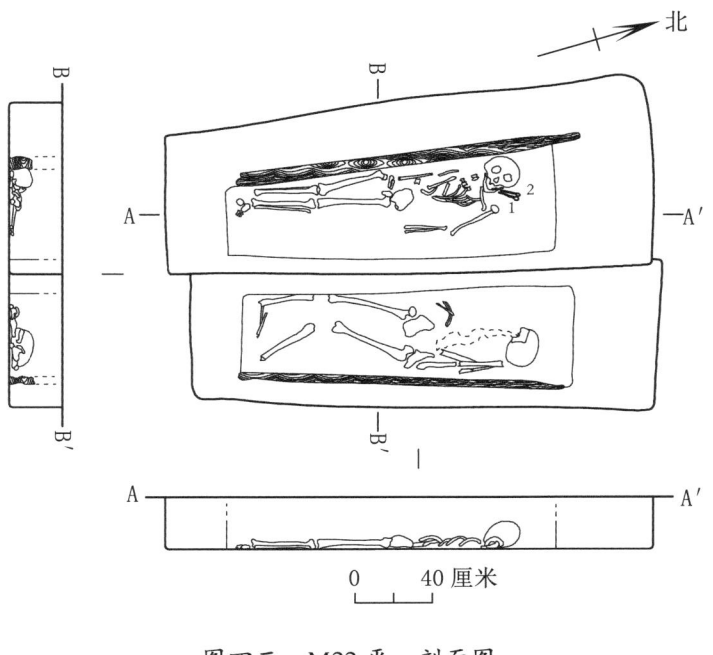

图四二　M22平、剖面图

1、2. 银簪

银簪 2 件，形制不同。

M22 : 1，首呈九连环禅杖形，上下为掐丝莲花座，顶部为掐丝球形，最上面为一个实心珠。体细长，变形呈"C"形，横截面呈圆形。长约 14.7 厘米、首直径约 2.2 厘米（图四三，1；彩版六九，1）。

M22 : 2，首呈六瓣花形，残损仅剩四个，中心凸起，阴刻"寿"字纹，每瓣上錾刻五瓣花朵，戳印不规则环形底纹，体为细直锥形。长 9.9 厘米、首直径 1.9 厘米（图四三，2；彩版六九，2）。

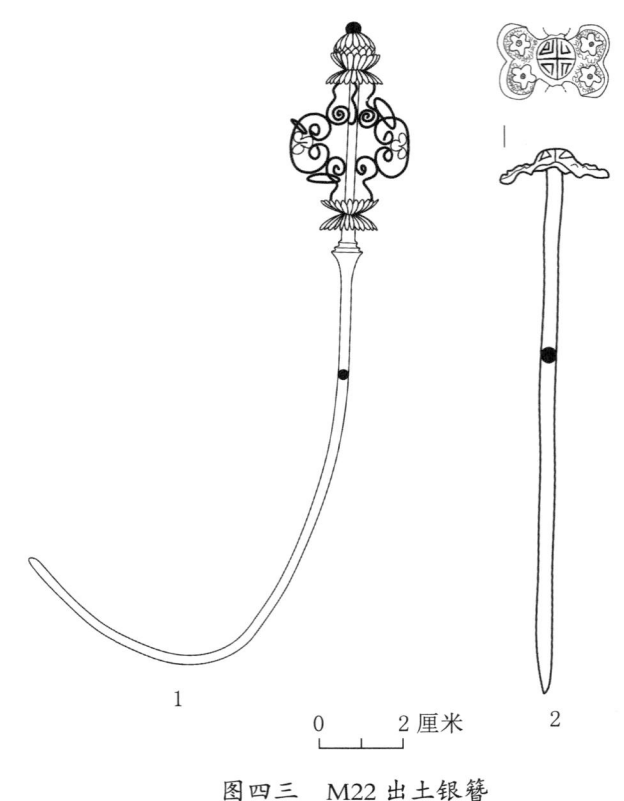

图四三　M22 出土银簪
1、2.M22 : 1、M22 : 2

M23 位于北侧发掘区域中部偏西，东邻 M24、西北邻 M22，为梯形竖穴土圹单人葬墓，方向为 355°，向下打破生土层（图四四；彩版六四，3）。墓口距地表深 0.3 米，距墓底深 0.44 米。土圹南北长 1.96 米、东西宽 0.56～0.8 米、深 0.44 米，直壁平底。土圹内置单棺，木棺平面呈梯形，腐朽严重。棺长 1.78 米、宽 0.4～0.6 米。棺内有骨架一具，仰身直肢葬，头北足南，男性。人骨头侧放置板瓦 1 块，腹部周围放置铜钱 6 枚。

铜钱 6 枚，为 M23 : 1，其中嘉庆通宝 1 枚、道光通宝 5 枚。

标本 M23 : 1-1，小平钱，圆形方孔，正面楷书"嘉庆通宝"四字，对读，内外有郭；背穿左右两侧为满文"宝源"，纪局名。钱径 2.85 厘米、穿径 0.6 厘米、郭厚 0.12 厘米（图四五，1）。

标本 M23 : 1-2，小平钱，圆形方孔，正面楷书"道光通宝"四字，对读，内外有郭；背穿左右两侧为满文"宝源"，纪局名。钱径 2.82 厘米、穿径 0.58 厘米、郭厚 0.15 厘米（图四五，2）。

图四四　M23 平、剖面图
1. 铜钱

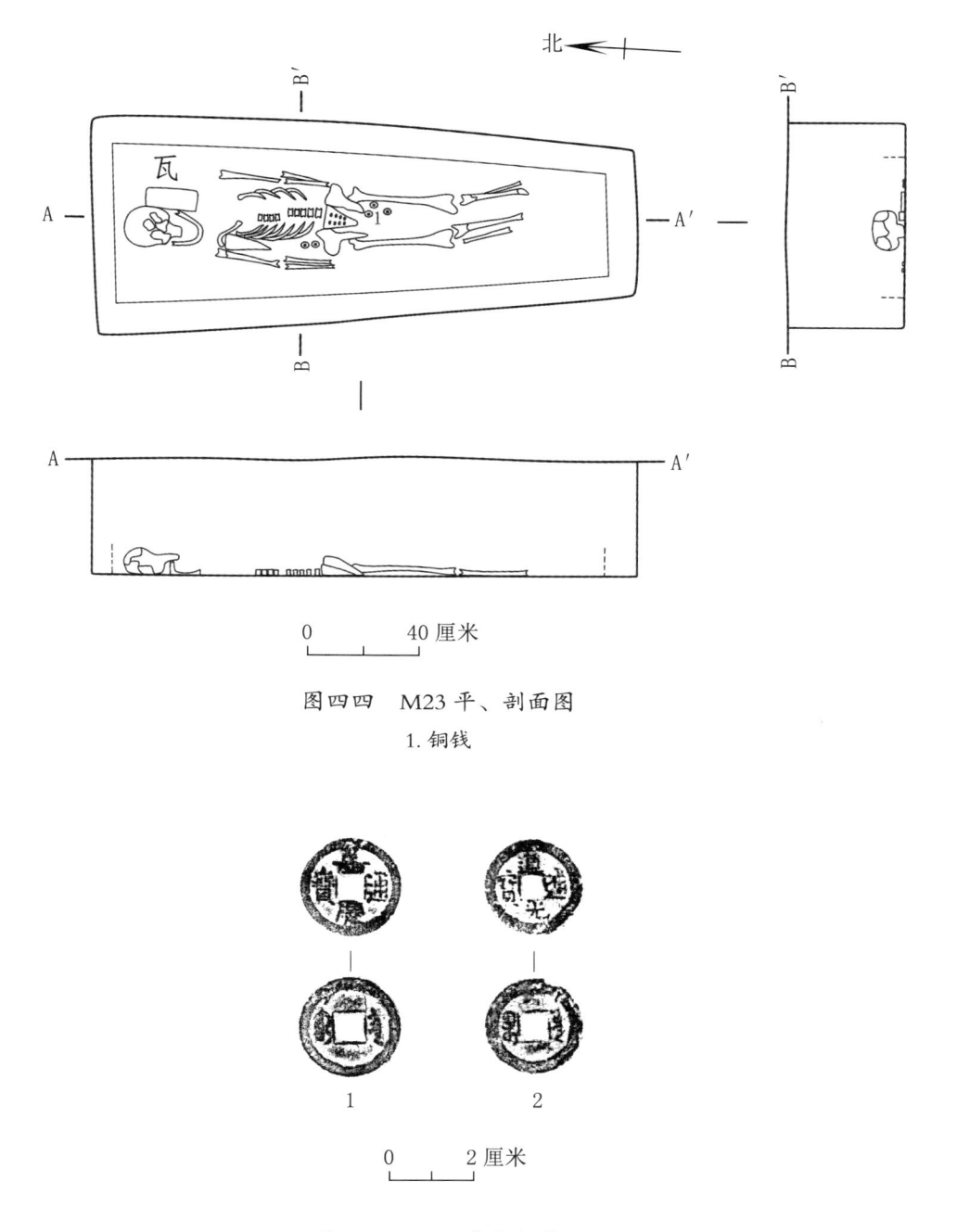

图四五　M23 出土铜钱
1. 嘉庆通宝（M23：1-1）　2. 道光通宝（M23：1-2）

M24 位于北侧发掘区域中部偏西，东北邻 M25、西邻 M23，为长方形竖穴土圹单人葬墓，方向为 355°，向下打破生土层（图四六；彩版六四，4）。墓口距地表深 0.3 米，距墓底深 0.88 米。土圹南北长 2.72 米、东西宽 1.06 米、深 0.88 米，直壁平底。土圹内置单棺，木棺平面呈梯形，腐朽严重。棺长 1.98 米、宽 0.48～0.66 米、残高 0.62 米。棺内有骨架一具，仰身直肢葬，头北足南，男性。人骨腿部放置铜钱 1 枚。

图四六 M24 平、剖面图
1. 铜钱

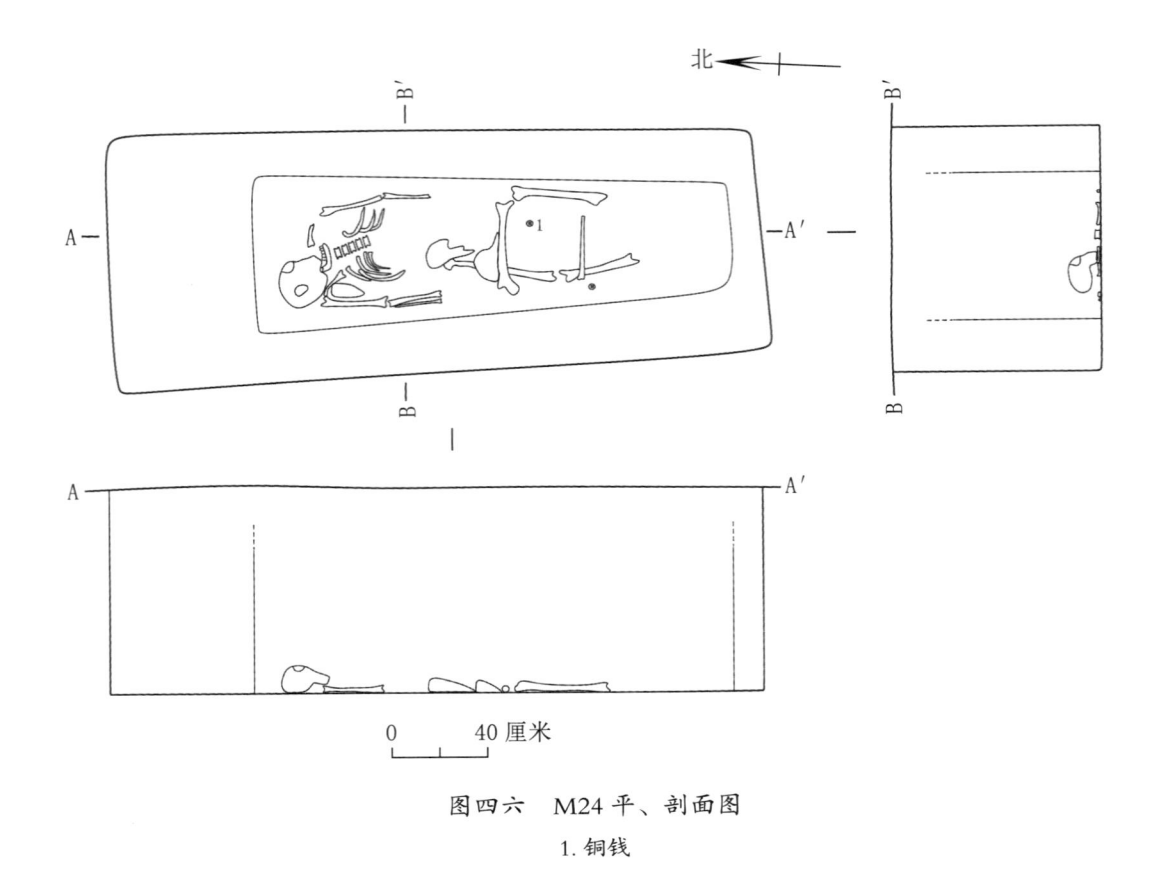

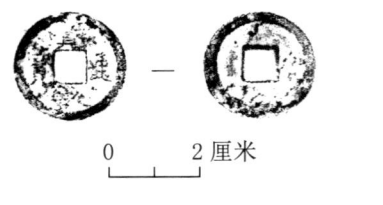

铜钱 1 枚，M24：1，小平钱，圆形方孔，正面楷书"宽永通宝"四字，对读，内外有郭，光背。钱径 2.5 厘米、穿径 0.7 厘米、郭厚 0.08 厘米（图四七，1）。

图四七 M24 出土宽永通宝（M24：1）

M25 位于北侧发掘区域中部，南邻 M13、东北邻 M18、西南邻 M24，为不规则形竖穴土圹三人合葬墓，方向为 355°，向下打破生土层（图四八；彩版六五，1）。墓口距地表深 0.3 米，距墓底深 0.76～0.8 米。土圹东西长 3.02～3.14 米、南北宽 2.72～2.82 米、深 0.76～0.8 米，直壁平底。土圹内置三棺，其中东棺和西棺打破中棺，木棺平面呈梯形，腐朽严重。东棺长 2.02 米、宽 0.54～0.74 米、残高 0.56 米。棺内有骨架一具，仰身直肢葬，头北足南，男性。中棺长 2.08 米、宽 0.52～0.66 米、残高 0.56 米。棺内有骨架一具，仰身直肢葬，头北足南，女性。西棺长 2 米、宽 0.58～0.72 米、残高 0.56 米。棺内有骨架一具，仰身直肢葬，头北足南，女性。东棺人骨头顶部放置瓷碗 1 件，腿部放置器盖 1 件。中棺人骨头部放置银簪 2 件。西棺人骨头部放置银簪 2 件，肋部放置铜钱 3 枚。

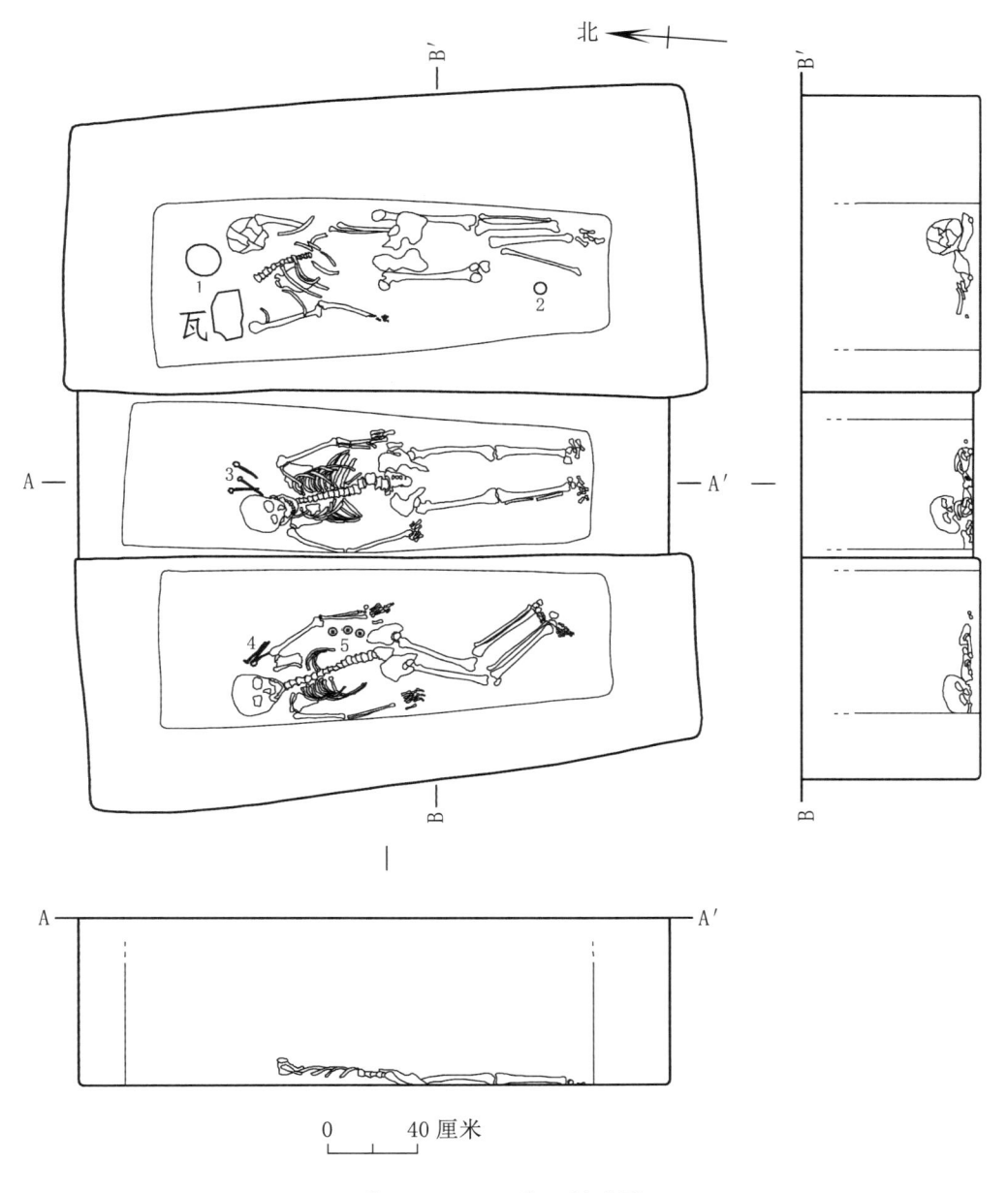

图四八　M25 平、剖面图
1. 瓷碗　2. 瓷器盖　3、4. 银簪　5. 铜钱

瓷碗 1 件。M25：1，敞口，尖唇，弧腹，圈足，足心外凸。胎体致密呈灰白色。器身内外通体施酱黄色釉，腹下部及圈足不施釉，碗底内有一涩圈。口径 15 厘米、底径 5.8 厘米、高 5 厘米（图四九，2；彩版七一，3）。

瓷器盖 1 件。M25：2，直口，圆唇，顶部内凹，中间有一纽。胎体致密呈灰白色。顶部施酱色釉，下部不施釉。直径 6.2 厘米、高 2.1 厘米（图四九，1；彩版七一，4）。

银簪 4 件，其中 M25：6、M25：7 两件形制相同。

标本 M25:3，首为八棱锤形，每个正方形面中央有一朵梅花，每个棱角处为一小球。体顶部呈竹节形，下部细直呈锥形。长 12.6 厘米、首直径 1.4 厘米（图四九，4；彩版六九，3）。

标本 M25:4，首中部为镂空圆形，由上下两层各五个圆形面焊接而成，每个圆形面呈中心放射状镂空，中间焊接一朵花。顶部和底部为花口形。体顶端为竹节形，下部细直呈锥形，长 11 厘米、首直径 2 厘米（图四九，5；彩版六九，4）。

标本 M25:6，首为盛开的花朵，共三层花瓣，顶层 6 瓣、中间层 14 瓣、底层 16 瓣，花心处为一个圆球，截面呈塔式。长 12.9 厘米、首直径 2 厘米（图四九，3；彩版六九，5）。

铜钱 3 枚，为 M25:5，西棺出土，其中康熙通宝 1 枚、乾隆通宝 1 枚、道光通宝 1 枚。

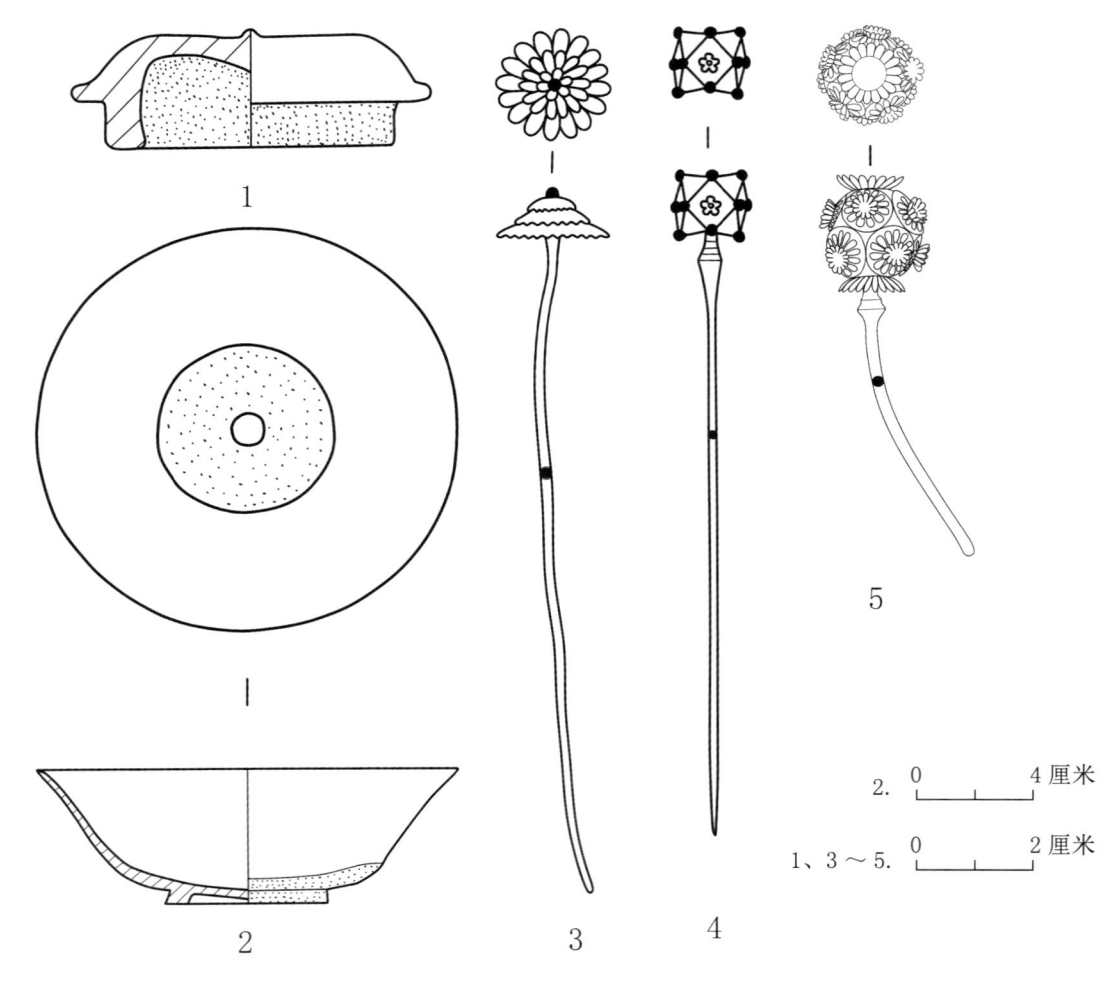

图四九　M25 出土器物
1.瓷器盖（M25:2）　2.瓷碗（M25:1）　3～5.银簪（M25:6、M25:3、M25:4）

标本 M25:5-1，小平钱，圆形方孔，正面楷书"康熙通宝"四字，对读，内外有郭；背穿左侧为满文"宣"字、右侧为汉文"宣"字，纪局名。钱径 2.4 厘米、穿径 0.5 厘米、郭厚 0.1 厘米（图五〇，1）。

标本 M25:5-2，小平钱，圆形方孔，正面楷书"乾隆通宝"四字，对读，内外有郭；背穿左右两侧为满文"宝泉",纪局名。钱径 2.4 厘米、穿径 0.5 厘米、郭厚 0.11 厘米（图五〇,2）。

标本 M25:5-3,小平钱,圆形方孔,正面楷书"道光通宝"四字,对读,内外有郭,外郭较宽;背穿左右两侧为满文"宝源",纪局名。钱径 2.3 厘米、穿径 0.45 厘米、郭厚 0.19 厘米（图五〇,3）。

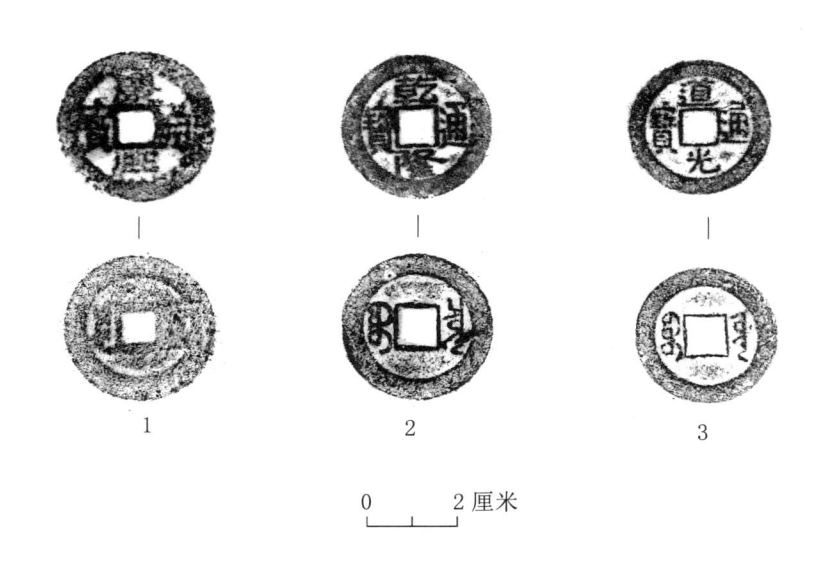

图五〇　M25 出土铜钱

1. 康熙通宝（M25:5-1）　2. 乾隆通宝（M25:5-2）　3. 道光通宝（M25:5-3）

M26 位于北侧发掘区域中部,南邻 M29、北邻 M17,为不规则形竖穴土圹双人合葬墓,方向为 339°,向下打破生土层（图五一；彩版六五,2）。墓口距地表深 0.3 米、距墓底深 0.9～0.94 米。土圹南北长 2.2～2.48 米、东西宽 1.6～2.02 米、深 0.9～0.94 米,直壁平底。土圹内置双棺,其中东棺打破西棺,木棺平面呈梯形,腐朽严重。东棺长 1.74 米、宽 0.5～0.56 米、残高 0.42 米。棺内有骨架一具,仰身直肢葬,头北足南,男性。西棺长 1.72 米、宽 0.5～0.66 米、残高 0.48 米。棺内有骨架一具,仰身直肢葬,头北足南,女性。东棺人骨头顶部放置瓷碗 1 件。西棺人骨头部放置银簪 2 件,铜钱 1 枚。

瓷碗 1 件。M26:3,敞口,尖唇,弧腹,圈足,足心外凸。胎体致密呈灰白色。器身内外通体施酱色釉,腹下部及圈足不施釉,碗底内有一涩圈。口径 14.4 厘米、底径 5.8 厘米、高 5 厘米（图五二,1；彩版七一,5）。

银簪 1 件。M26:2,首底部呈圆形,花边,中央凸起一圆环,圆环与花边之间刻放射状弧线相连。圆环内部掐丝一个"寿"字。长 13.1 厘米、直径 2.5 厘米（图五二,2；彩版六九,6）。

银簪 1 件。M26:4,首底部呈圆形,花边,中央凸起一圆环,圆环与花边之间刻放射状弧线相连。圆环内部掐丝一个"福"字。长 12.7 厘米、直径 2.5 厘米（图五二,3；彩版六九,7）。

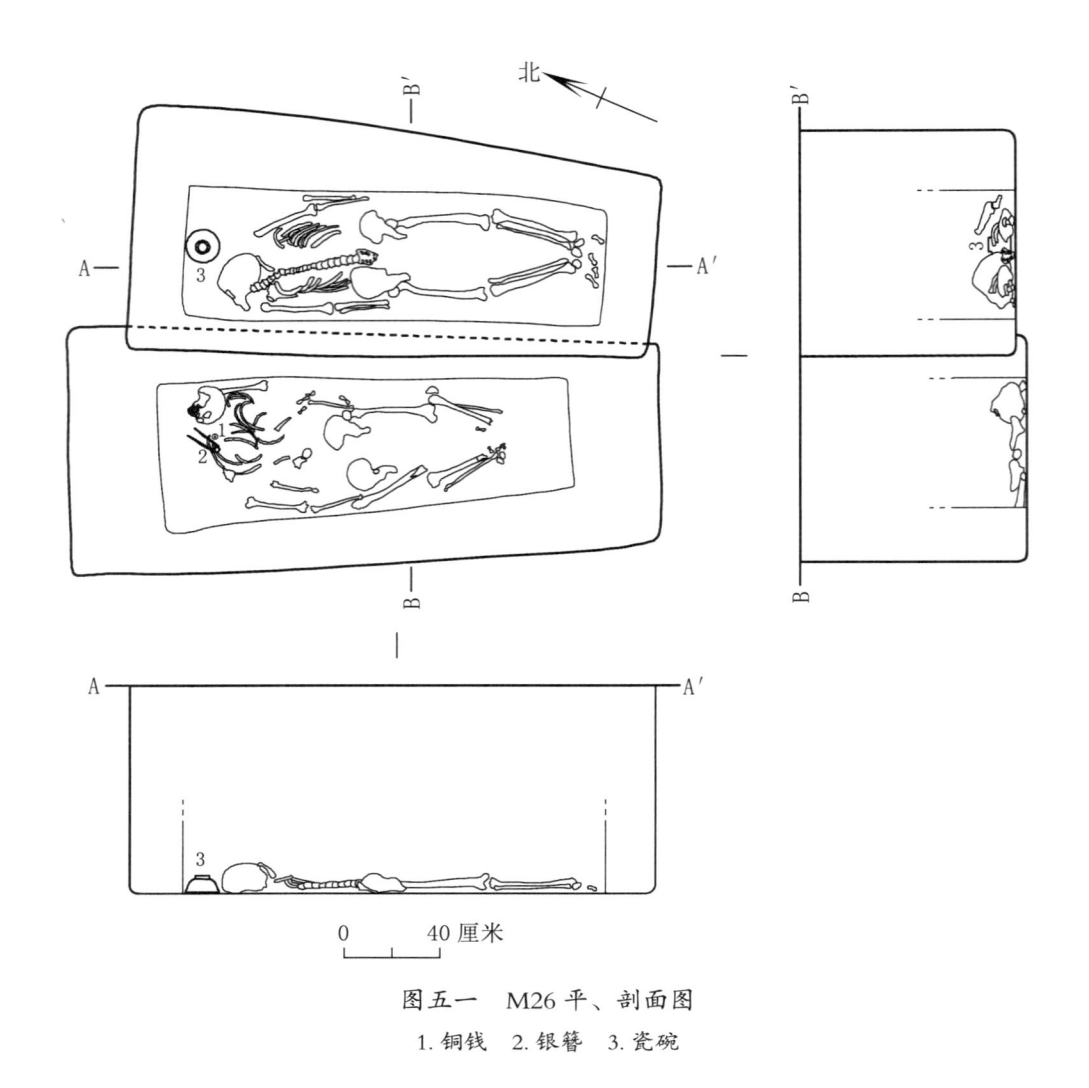

图五一　M26 平、剖面图
1. 铜钱　2. 银簪　3. 瓷碗

铜钱 1 枚。M26：1，西棺出土，为道光通宝。

标本 M26：1，小平钱，圆形方孔，正面楷书"道光通宝"四字，对读，内外有郭；背穿左右两侧为满文"宝源"，纪局名。钱径 2.2 厘米、穿径 0.6 厘米、郭厚 0.09 厘米（图五二，4）。

M27 位于南侧发掘区域西部，东南邻 M28，为不规则形竖穴土圹双人合葬墓，方向为 111°，向下打破生土层（图五三；彩版六五，3）。墓口距地表深 0.3 米、距墓底深 0.96～0.98 米。土圹东西长 2.52～2.64 米、南北宽 1.92～2.02 米、深 0.96～0.98 米，直壁平底。土圹内置双棺，其中北棺打破南棺，木棺平面呈梯形，腐朽严重。南棺长 1.96 米、宽 0.46～0.54 米、残高 0.42 米。北棺长 1.98 米、宽 0.46～0.54 米、残高 0.42 米。南北两棺内未见骨架。北棺东部放置银簪 2 件，中部放置铜钱 2 枚。

银簪 2 件，形制相同。

标本 M27：1，首浮雕一朵团花，下面为花枝，团花中间花瓣锦簇花蕊。体细直呈锥形，长 9.6 厘米、首宽 1.9 厘米（图五四，1；彩版六九，8）。

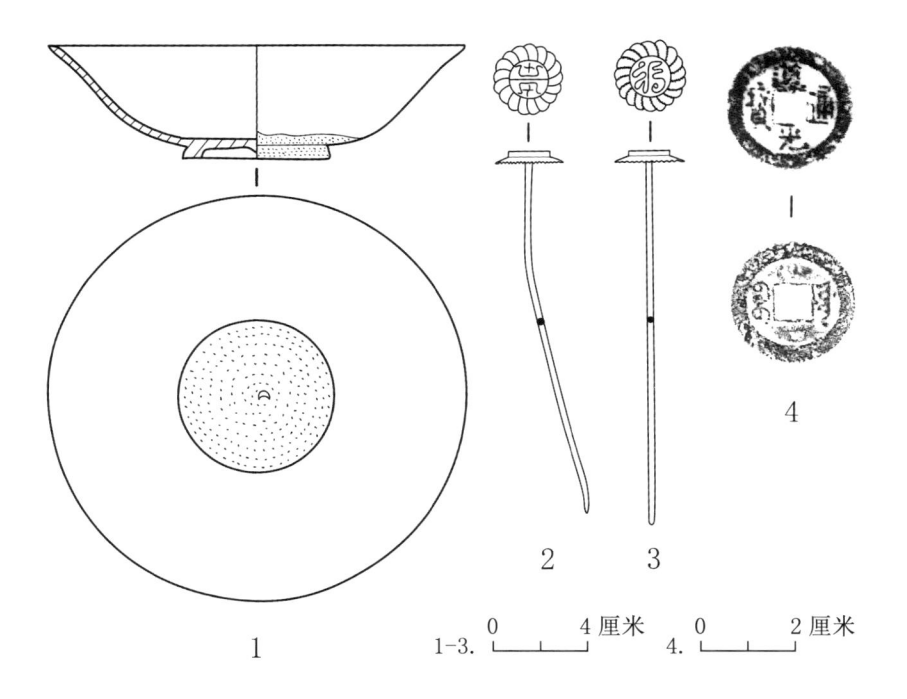

图五二　M26 出土器物
1. 瓷碗（M26:3）　2、3. 银簪（M26:2、M26:4）　4. 道光通宝（M26:1）

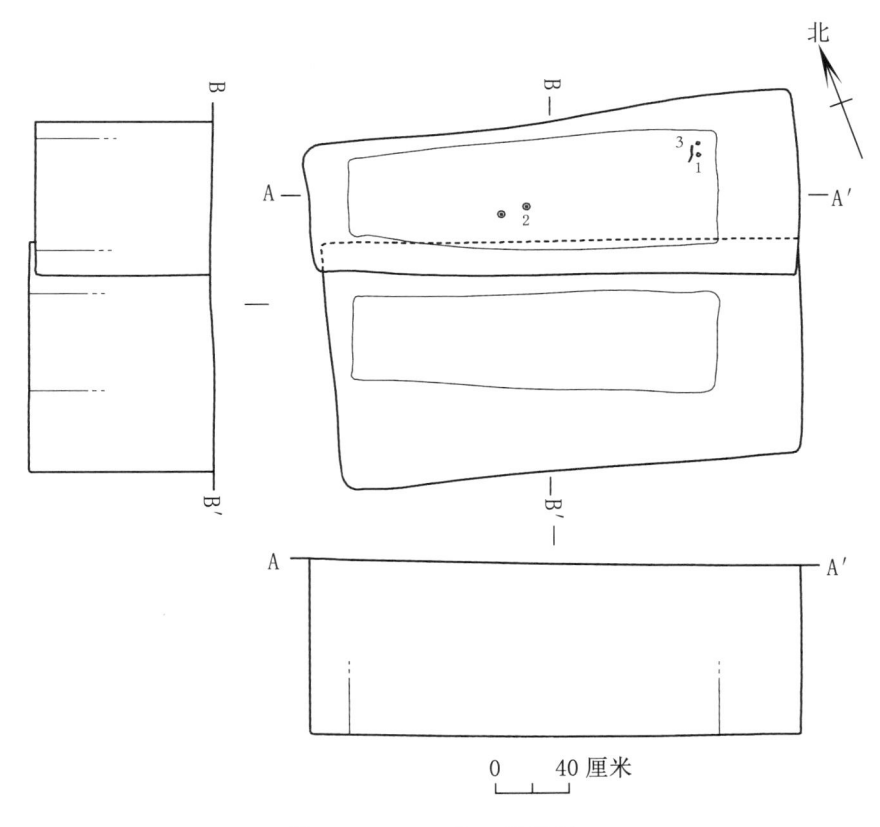

图五三　M27 平、剖面图
1、3. 银簪　2. 铜钱

铜钱 2 枚，为 M27：2，北棺出土，其中天圣元宝 1 枚、嘉庆通宝 1 枚。

M27：2-1，小平钱，圆形方孔，正面行书"天圣元宝"四字，对读，内外有郭；光背。钱径 2.45 厘米、穿径 0.57 厘米、郭厚 0.12 厘米（图五四，2）。

M27：2-2，小平钱，圆形方孔，正面楷书"嘉庆通宝"四字，对读，内外有郭；背穿左右两侧为满文"宝泉"，纪局名。钱径 2.3 厘米、穿径 0.55 厘米、郭厚 0.11 厘米（图五四，3）。

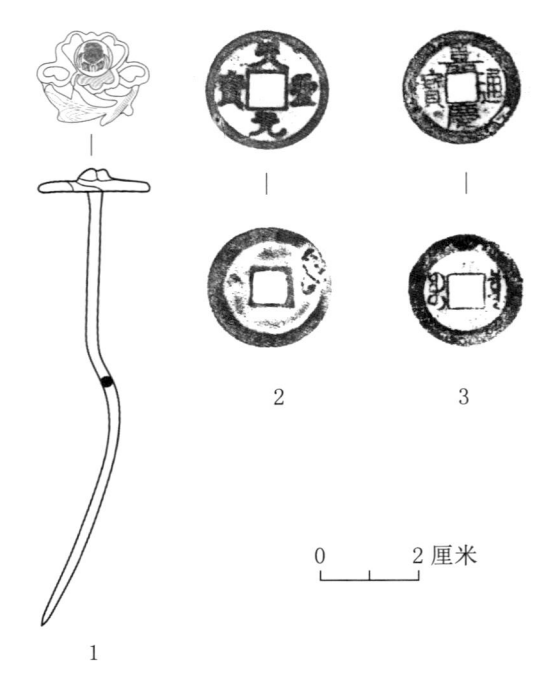

图五四　M27 出土器物
1. 银簪（M27：1）　2. 天圣元宝（M27：2-1）　3. 嘉庆通宝（M27：2-2）

M28 位于南侧发掘区域东南部，西北邻 M27，为不规则形竖穴土圹双人合葬墓，方向为 104°，向下打破生土层（图五五；彩版六六，1）。墓口距地表深 0.3 米、距墓底深 0.82～0.92 米。土圹南东西 2.66～2.72 米、南北宽 1.86 米、深 0.82～0.92 米、直壁平底。土圹内置双棺，其中北棺打破南棺，木棺平面呈梯形，腐朽严重。南棺长 1.86 米、宽 0.52～0.74 米、残高 0.32 米。棺内有骨架一具，仰身直肢葬，头东足西，男性。北棺长 1.9 米、宽 0.52～0.64 米、残高 0.32 米。棺内有骨架一具，仰身直肢葬，头东足西，女性。北棺人骨头下放置板瓦 1 块，头顶放置银簪 2 件、绿松石珠 1 颗，腿部放置铜钱 13 枚。南棺人骨头下放置板瓦 1 块，头顶及两腿间放置铜钱 37 枚。

银簪 2 件，形制相同。标本 M28：2，首底部呈圆形，花边，中央凸起一圆环，圆环内部掐丝一个"福"字，体细直呈锥形。残长 6.4 厘米、首直径 2.31 厘米（图五六，1；彩版七〇，1）。

石珠 1 颗。M28：3，绿松石制，中间有一穿孔，直径 1.1 厘米（图五六，2；彩版七〇，2）。

铜钱 50 枚，为 M28：1、M28：4，其中南棺出土乾隆通宝 35 枚、嘉庆通宝 1 枚、道光通宝 1 枚，北棺出土天圣元宝 1 枚、乾隆通宝 9 枚、嘉庆通宝 1 枚、道光通宝 1 枚、洪化通宝 1 枚。

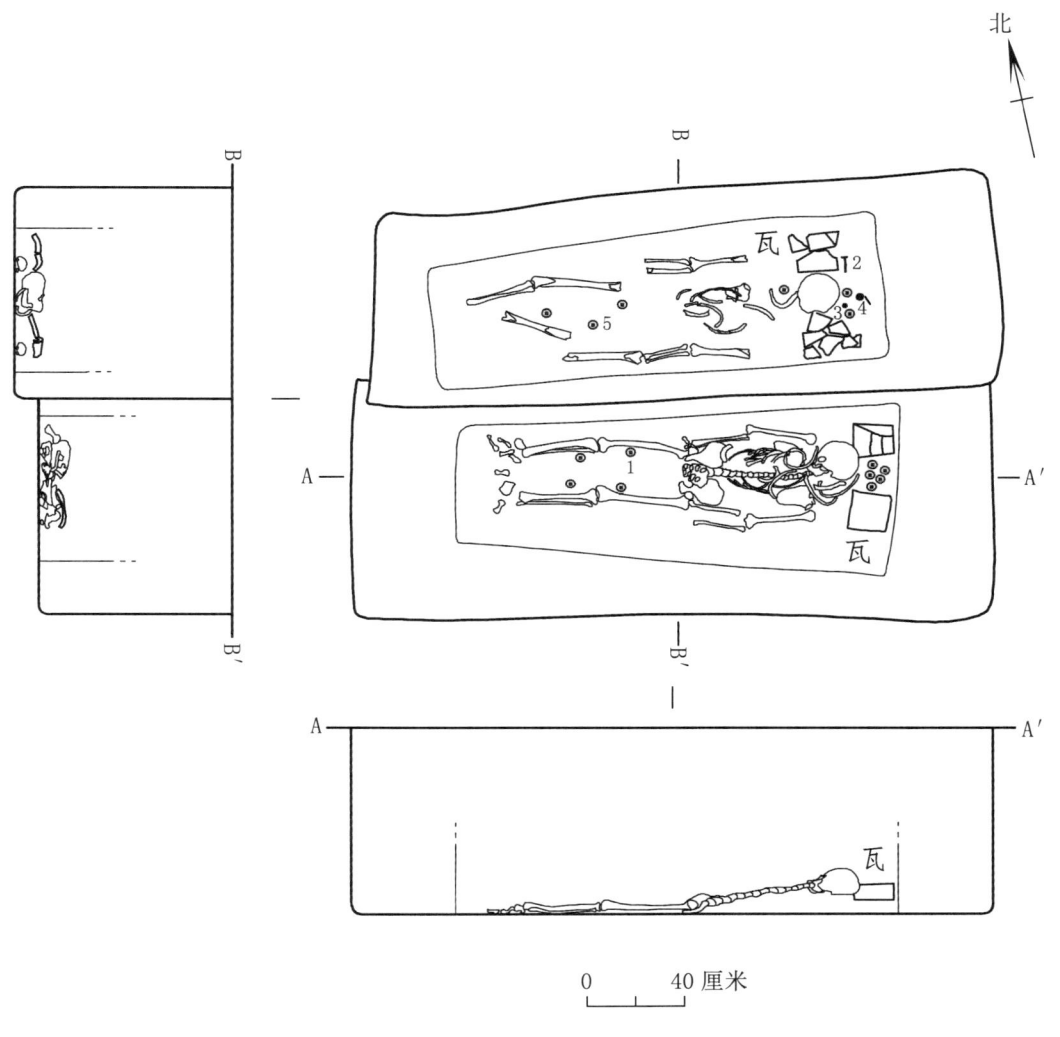

图五五　M28 平、剖面图
1、5. 铜钱　2、4. 银簪　3. 石珠

标本 M28：1-1，小平钱，圆形方孔，正面楷书"乾隆通宝"四字，对读，内外有郭；背穿左右两侧为满文"宝泉"，纪局名。钱径 2.3 厘米、穿径 0.6 厘米、郭厚 0.1 厘米（图五六，3）。

标本 M28：1-2，小平钱，圆形方孔，正面楷书"嘉庆通宝"四字，对读，内外有郭；背穿左右两侧为满文"宝泉"，纪局名。钱径 2.5 厘米、穿径 0.6 厘米、郭厚 0.08 厘米（图五六，4）。

标本 M28：1-3，小平钱，圆形方孔，正面楷书"道光通宝"四字，对读，内外有郭；背穿左右两侧为满文"宝源"，纪局名。钱径 2.18 厘米、穿径 0.6 厘米、郭厚 0.08 厘米（图五六，5）。

标本 M28：4-1，小平钱，圆形方孔，正面行书"天圣元宝"四字，旋读，内外有郭；光背。钱径 2.43 厘米、穿径 0.7 厘米、郭厚 0.1 厘米（图五六，6）。

标本 M28：4-2，小平钱，圆形方孔，正面楷书"洪化通宝"四字，对读，内外有郭；光背。钱径 2.5 厘米、穿径 0.6 厘米、郭厚 0.13 厘米（图五六，7）。

标本 M28：4-3，小平钱，圆形方孔，正面楷书"乾隆通宝"四字，对读，内外有郭；背穿左右两侧为满文"宝泉"，纪局名。钱径2.4厘米、穿径0.5厘米、郭厚0.11厘米（图五六，8）。

标本 M28：4-4，小平钱，圆形方孔，正面楷书"嘉庆通宝"四字，对读，内外有郭；背穿左右两侧为满文"宝泉"，纪局名。钱径2.55厘米、穿径0.5厘米、郭厚0.12厘米（图五六，9）。

标本 M28：4-5，小平钱，圆形方孔，正面楷书"道光通宝"四字，对读，内外有郭；背穿左右两侧为满文"宝源"，纪局名。钱径2.43厘米、穿径0.6厘米、郭厚0.1厘米（图五六，10）。

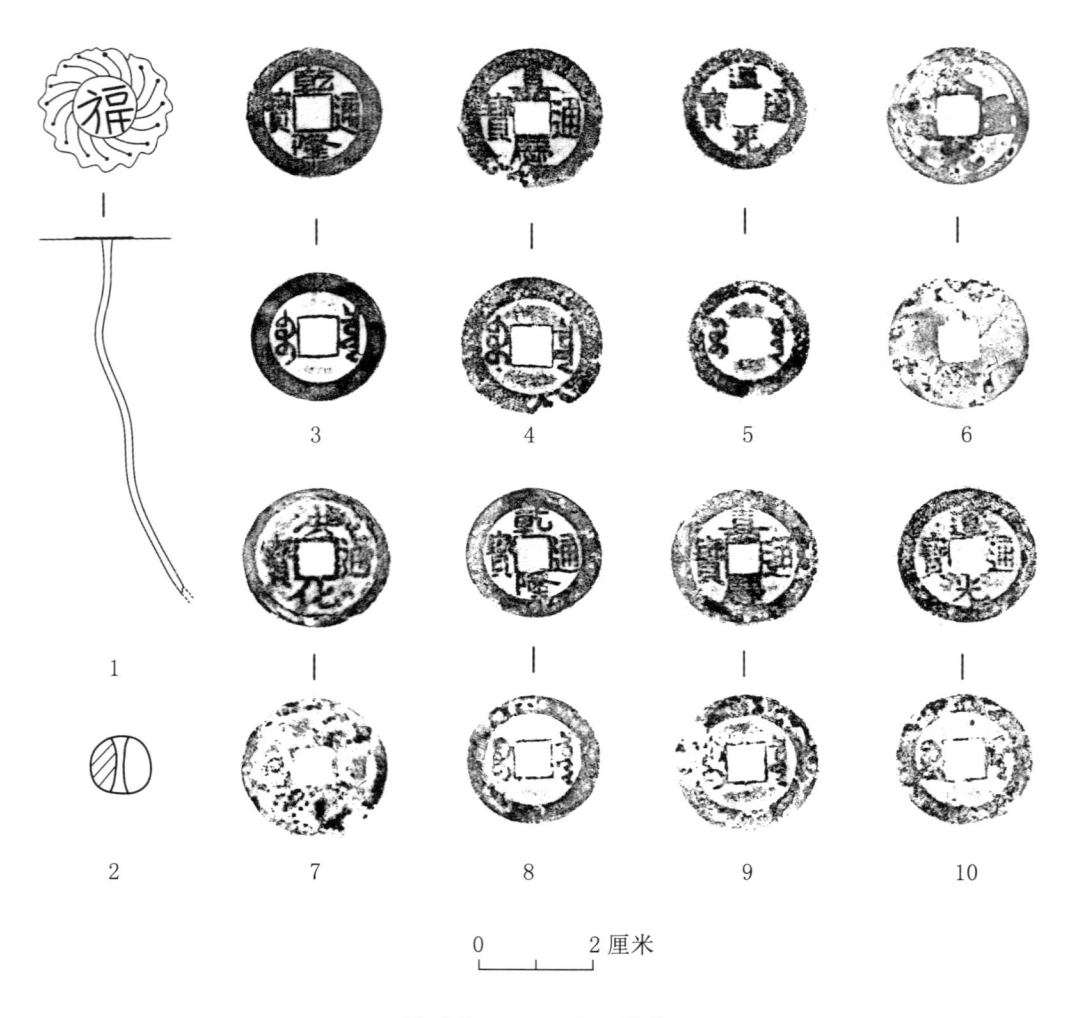

图五六　M28 出土器物

1. 银簪（M28：2）　2. 石珠（M28：3）　3、8. 乾隆通宝（M28：1-1、M28：4-3）　4、9. 嘉庆通宝（M28：1-2、M28：4-4）　5、10. 道光通宝（M28：1-3、M28：4-5）　6. 天圣元宝（M28：4-1）　7. 洪化通宝（M28：4-2）

M29 位于北侧发掘区域中部，南邻 M8，北部被 M26 打破，为砖砌明堂，方向为352°，向下打破生土层（图五七；彩版六六，3）。开口距地表深0.3米，距明堂底部深0.76米。土圹东西长1.58米、南北宽1.5米，圹壁竖直，底部平整。明堂内底平铺1层青砖，周壁下部用对齐的4层青砖砌筑成八边形，向上2层青砖错缝内收，亦呈八边形，再向上每1层青砖叠涩逐步内收封顶。东西长0.92

米、南北宽 0.9 米、高 0.76 米。明堂内底部中央放置砚台 1 方，砚台西侧放置铜钱 1 串，东侧买地券斜倚在东壁上，铜镜置于买地券底部，青花碗置于买地券背后。

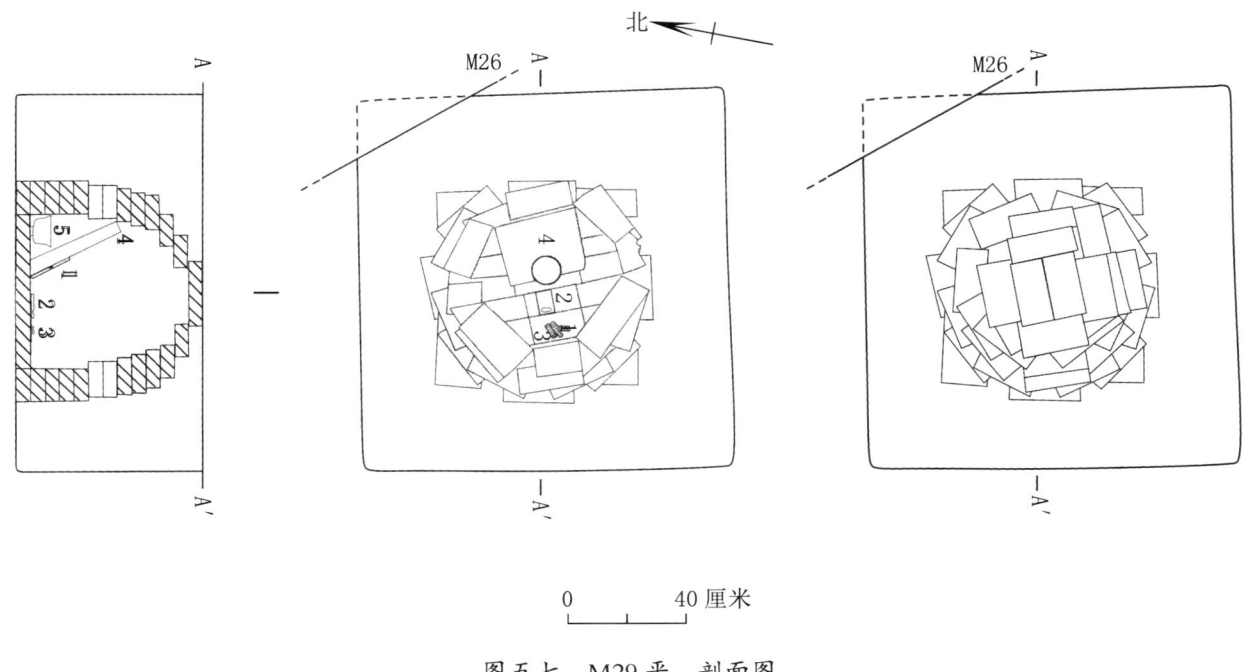

图五七 M29 平、剖面图
1. 铜镜　2. 砚台　3. 铜钱　4. 买地券　5. 青花瓷碗

买地券 1 方。M29：4，泥质灰陶，呈正方形，略斜，一面残存少量朱砂书写的文字及图案。边长 37 厘米、厚 6 厘米（彩版七一，7）。

青花瓷碗 1 件。M29：5，敞口，尖唇，弧腹，圈足。碗内壁无纹饰，外壁上腹部绘 3 圈云纹，下腹部等距离分布 12 个变体莲瓣纹，内绘朵花和吊珠，碗底署青花"大明成化年制"六字双行楷书款，外围青花双线圈。口径 12.7 厘米、底径 6.1 厘米、高 4.3 厘米（图五八，1；彩版七二，2、3）。

砚台 1 方。M29：2，紫砂制成，长方形，砚额平整，砚池呈花口形，上宽下窄，底部平整，砚膛呈簸箕形，底斜坡状，砚底平整无纹饰。长 12.5 厘米、宽 7.3 厘米、厚 1.3 厘米（图五八，2；彩版七一，6）。

铜镜 1 件。M29：1，圆形，镜面微凸，半圆形钮，半圆形穿孔，镜外缘上翘，镜背由一圈凸弦纹将空间分为内外两部分，内部上下左右四个方位写有"鸾凤和鸣"四个字，"鸾"字左侧有一题款，款内文字无法辨识。直径 15 厘米、缘宽 0.1 厘米、厚 0.7 厘米、钮高 0.6 厘米、钮径 1.6 厘米（图五八，3；彩版七二，1）。

铜钱 101 枚，其中开元通宝 1 枚、景德元宝 1 枚、元丰通宝 1 枚、至道元宝 1 枚、皇宋通宝 1 枚、康熙通宝 96 枚。

标本 M29：3-1，小平钱，圆形方孔，正面隶书"开元通宝"四字，对读，内外有郭；光背。钱径 2.9 厘米、穿径 0.7 厘米、郭厚 0.11 厘米（图五八，4）。

标本 M29：3-2，小平钱，圆形方孔，正面楷书"景德元宝"四字，旋读，内外有郭；光背。钱径 2.3 厘米、穿径 0.55 厘米、郭厚 0.11 厘米（图五八，5）。

标本 M29：3-3，小平钱，圆形方孔，正面行书"元丰通宝"四字，旋读，内外有郭；光背。钱径 2.55 厘米、穿径 0.6 厘米、郭厚 0.09 厘米（图五八，6）。

标本 M29：3-4，小平钱，圆形方孔，正面楷书"至道元宝"四字，旋读，内外有郭；光背。钱径 2 厘米、穿径 0.6 厘米、郭厚 0.11 厘米（图五八，7）。

标本 M29：3-5，小平钱，圆形方孔，正面楷书"皇宋通宝"四字，对读，内外有郭；光背。钱径 1.95 厘米、穿径 0.76 厘米、郭厚 0.08 厘米（图五八，8）。

标本 M29：3-6，小平钱，圆形方孔，正面楷书"康熙通宝"四字，对读，内外有郭；背穿左右两侧为满文"宝泉"二字，纪局名。钱径 1.75 厘米、穿径 0.5 厘米、郭厚 0.08 厘米（图五八，9）。

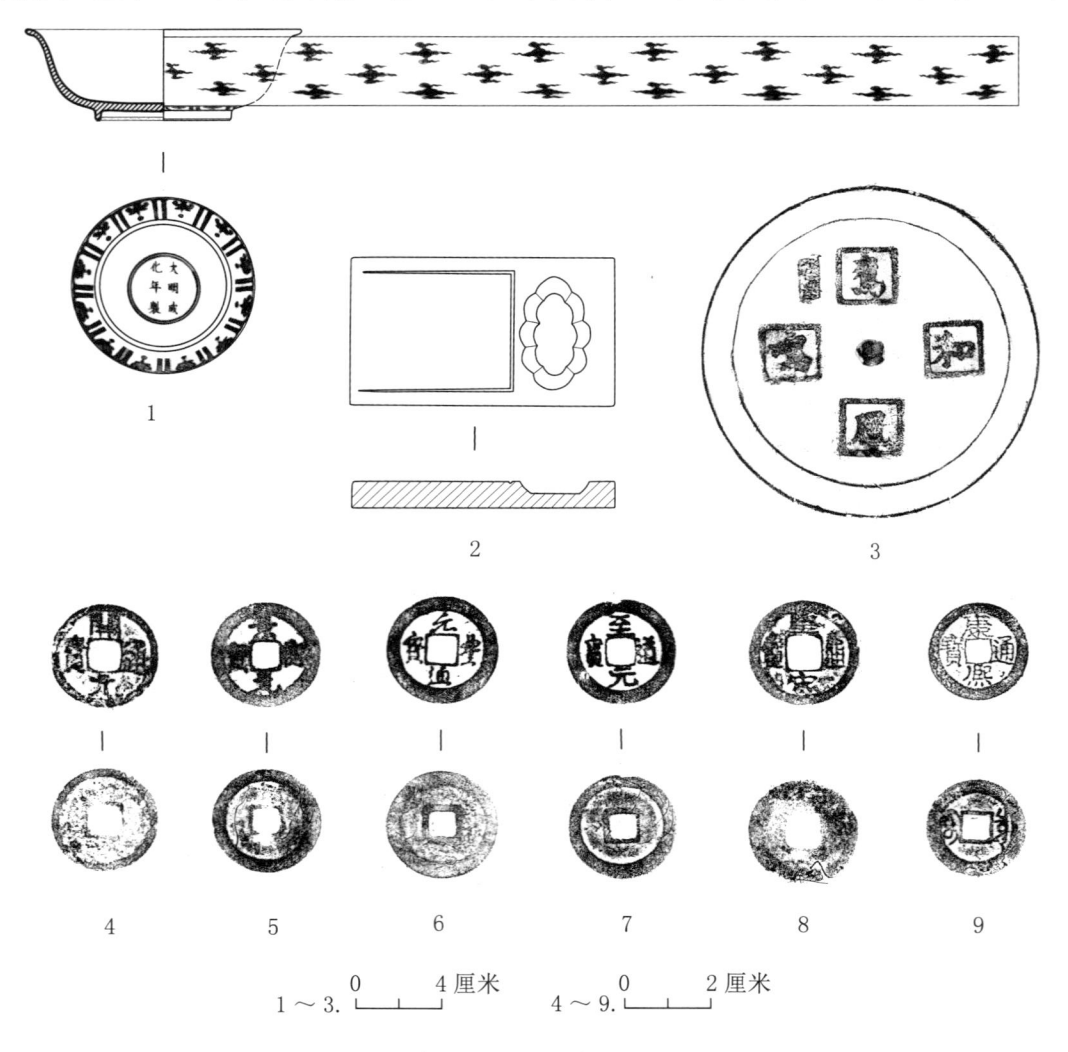

图五八　M29 出土器物

1. 青花瓷碗（M29：5）　2. 砚台（M29：2）　3. 铜镜（M29：1）　4. 开元通宝（M29：3-1）　5. 景德元宝（M29：3-2）
6. 元丰通宝（M29：3-3）　7. 至道元宝（M29：3-4）　8. 皇宋通宝（M29：3-5）　9. 康熙通宝（M29：3-6）

M30 位于北侧发掘区域南部，东邻 M14，为长方形竖穴土圹单人葬墓，方向为 344°，向下打破生土层（图五九；彩版六六，2）。墓口距地表深 0.3 米，距墓底深 0.44 米。土圹南北长 2.52 米、东西宽 1 米、深 0.44 米，直壁平底。土圹内置单棺，木棺平面呈梯形，腐朽严重。棺长 2.1 米、宽 0.5～0.62 米、残高 0.24 米。棺内有骨架一具，仰身直肢葬，头北足南，男性。未见随葬器物。

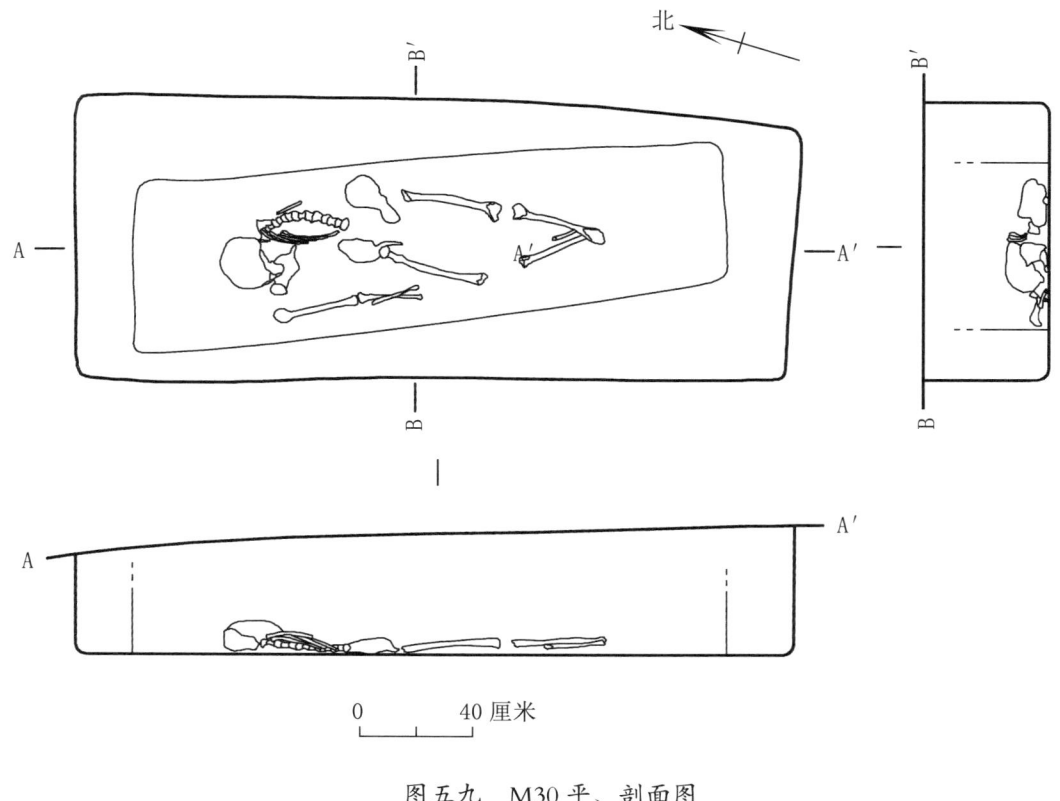

图五九　M30 平、剖面图

二、结语

此次发掘的墓葬除一处烧骨罐埋葬外，其余均为竖穴土圹墓，根据墓葬内葬人的数量分为单人葬墓、双人合葬墓和三人合葬墓。墓葬内出土的器物以簪和铜钱为主，少部分墓葬在墓主人的头顶放置陶罐、瓷碗。出土器物均是北京地区清代墓葬中常见的类型。根据墓葬形制以及出土器物判断，本次发掘的墓葬均属于清代墓葬。

墓葬分南北两个埋葬区域，共 29 座墓葬及 1 座明堂。其中北侧区域内集中分布 27 座墓葬及 1 座明堂，为一处完整的清代家族墓地，该墓地中的墓葬方向一致，而且排列有序，为研究清代平民家族墓地的墓葬分布以及葬俗提供了重要的实物资料。

北侧家族墓地中发现了保存完整的明堂，明堂内出土了买地券、青花瓷碗、铜镜、砚台以及成串的铜钱，其中青花瓷碗是清康熙仿成化的民窑瓷器精品，在北京地区目前发现的清代明堂中鲜有出土。铜钱年号包含唐、宋、清三朝，量最大且年代最晚的是康熙通宝。买地券上朱砂书写的文字几乎全部脱落，仅剩左下角可以看出模糊的文字。通过辨认是道教符号的最下部，内容为"天皇守墓神君"，书写方式与通州杨庄出土的清康熙年随时道买地券一致[①]，这也为本次发掘的明堂的年代提供了重要佐证。结合买地券的书写风格以及明堂内大量出土的康熙通宝判断，该明堂的建造年代应为康熙年间。在北侧墓地中的部分墓葬出土了光绪元宝和大清铜币，进而推断北侧家族墓地始建于清康熙年间，废弃于清代末年。

发掘：戢征

绘图：张利　孙旭阳

摄影：孙旭阳

执笔：戢征　张子晗　刘风亮

注释

① 李伟敏：《通州新出土清随时道买地券考释》，《北京文博文丛》2020年第1辑。

附表　墓葬登记表

编号	方向	墓室形制	长（米）	宽（米）	葬具	性别	随葬品（件）
M1	350°	土圹墓	2.5	0.66～0.98	单人葬	女	银簪3、铜钱17
M2	353°	土圹墓	2.5	0.7～0.84	单人葬	女	银簪2、铜钱2、铜元8
M3	329°	土圹墓	2.7	1.3～1.46	双人葬	东棺：男 西棺：不详	陶罐1、瓷碗1、铜元6、板瓦1
M4	352°	土圹墓	1.92	1.14～1.3	单人葬	不详	无
M5	355°	土圹墓	2.7	1.3～1.46	双人葬	东棺：男 西棺：女	银簪2、铜钱3
M6	355°	土圹墓	2.6	1.54～1.8	双人葬	东棺：男 西棺：女	银簪3、铜钱31、板瓦1
M7	345°	土圹墓	2.56	0.82～0.96	单人葬	不详	铜钱1
M8	345°	土圹墓	2.78	1～1.02	单人葬	男	铜钱5、板瓦1
M9	345°	土圹墓	2.72	1.96～1.98	双人葬	东棺：女 西棺：女	银簪6、铜钱34
M10	345°	土圹墓	2.54	0.7～0.98	单人葬	女	瓷碗1、银簪1、铜扣3、铜钱18
M11	337°	土圹墓	2.56	1.52～1.74	双人葬	东棺：男 西棺：不详	无
M12	352°	土圹墓	2.16	1	单人葬	疑似男性	铜钱2

续表

编号	方向	墓室 形制	长（米）	宽（米）	葬具	性别	随葬品（件）
M13	356°	土圹墓	2.54	0.82～0.9	单人葬	不详	无
M14	343°	土圹墓	2.32	0.62～0.9	单人葬	女	铜簪1、铜钱5
M15	4°	土圹墓	2.96	1.6～1.74	三人葬	东棺：不详 中棺：男 西棺：女	瓷罐1、银簪1、铜钱1
M16	340°	土圹墓	2.98	1.9～1.98	双人葬	东棺：男 西棺：不详	石块1、铜钱1
M17	347°	土圹墓	2.66	2.18～2.92	双人葬	东棺：男 西棺：女	铜钱9
M18	339°	土圹墓	2.8～2.94	2.16	双人葬	东棺：男 西棺：女	银簪2、铜钱5
M19	354°	土圹墓	2.48～2.52	1.56～1.78	双人葬	东棺：男 西棺：女	银簪1、铜钱2、铜元7
M20	0°	土圹墓	2.5～2.66	1.34～1.64	双人葬	东棺：男 西棺：女	铜钱1
M21	358°	土圹墓	2.24～2.44	1.68	双人葬	东棺：男 西棺：女	铜簪2、铜钱4
M22	17°	土圹墓	2.44～2.54	1.4～1.8	双人葬	东棺：男 西棺：女	银簪2
M23	355°	土圹墓	1.96	0.56～0.8	单人葬	男	铜钱6、板瓦1
M24	355°	土圹墓	2.72	1.06	单人葬	男	铜钱1
M25	355°	土圹墓	3.02～3.14	2.72～2.82	三人葬	东棺：男 中棺：女 西棺：女	瓷碗1、器盖1、银簪4、铜钱3
M26	339°	土圹墓	2.2～2.48	1.6～2.02	双人葬	东棺：男 西棺：女	瓷碗1、银簪2、铜钱1
M27	111°	土圹墓	2.52～2.64	1.92～2.02	双人葬	不详	银簪2、铜钱2
M28	104°	土圹墓	2.66～2.72	1.86	双人葬	北棺：男 南棺：女	银簪2、绿松石1珠、铜钱50、板瓦2
M30	344°	土圹墓	2.52	1	单人葬	男	无

通州区驸马庄唐代窑址发掘报告

一、概况

华北地区电子商务运营中心（苏宁云商北京 B2C 自动分拣中心）项目位于通州区驸马庄村西南部，东、南邻南六环，西邻京沪高速，北邻凉水河（图一）。2015 年 9 月 17 日至 20 日，为配合基本建设，北京市考古研究院（原北京市文物研究所）对华北地区电子商务运营中心项目开展了考古发掘工作，发掘面积 40 平方米，发掘古代窑址 1 座。

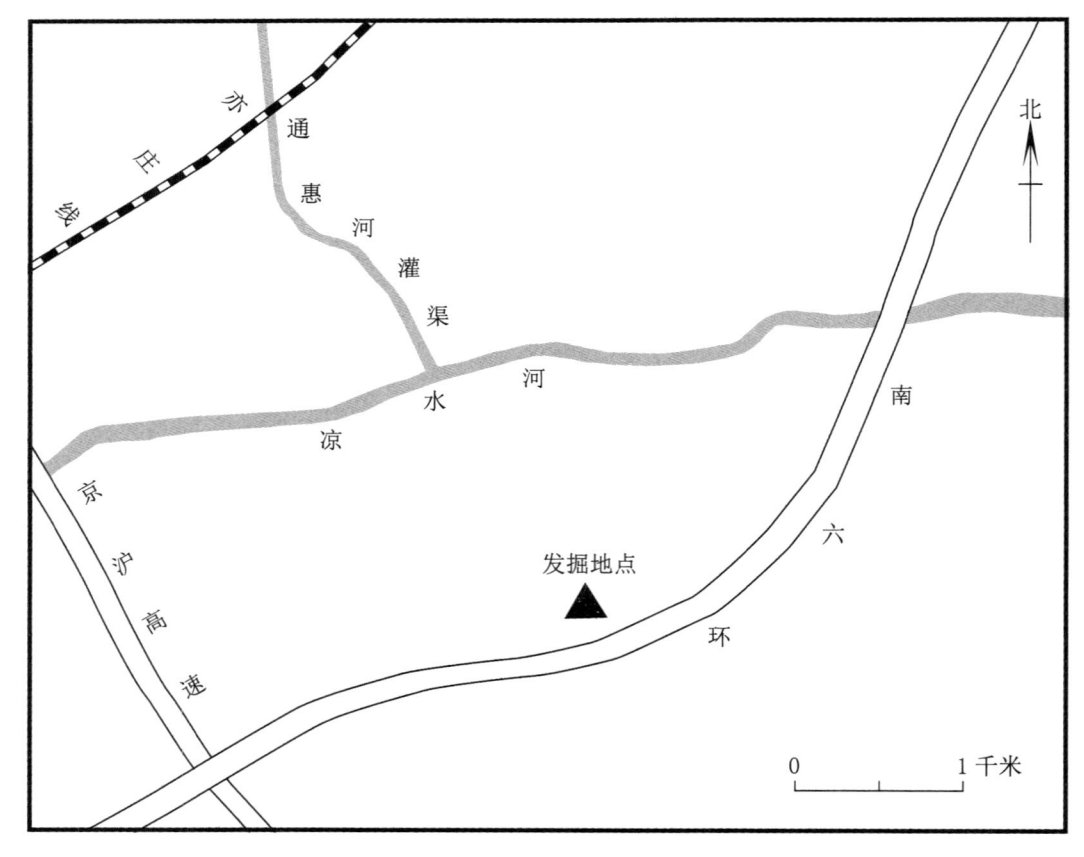

图一 发掘地点位置示意图

二、窑址

Y1 开口于②层下，除顶部被破坏外，其余保存较为完整。由操作间、窑门、窑室、火膛、窑床、烟道、排烟口组成（图二；彩版七三，1）。

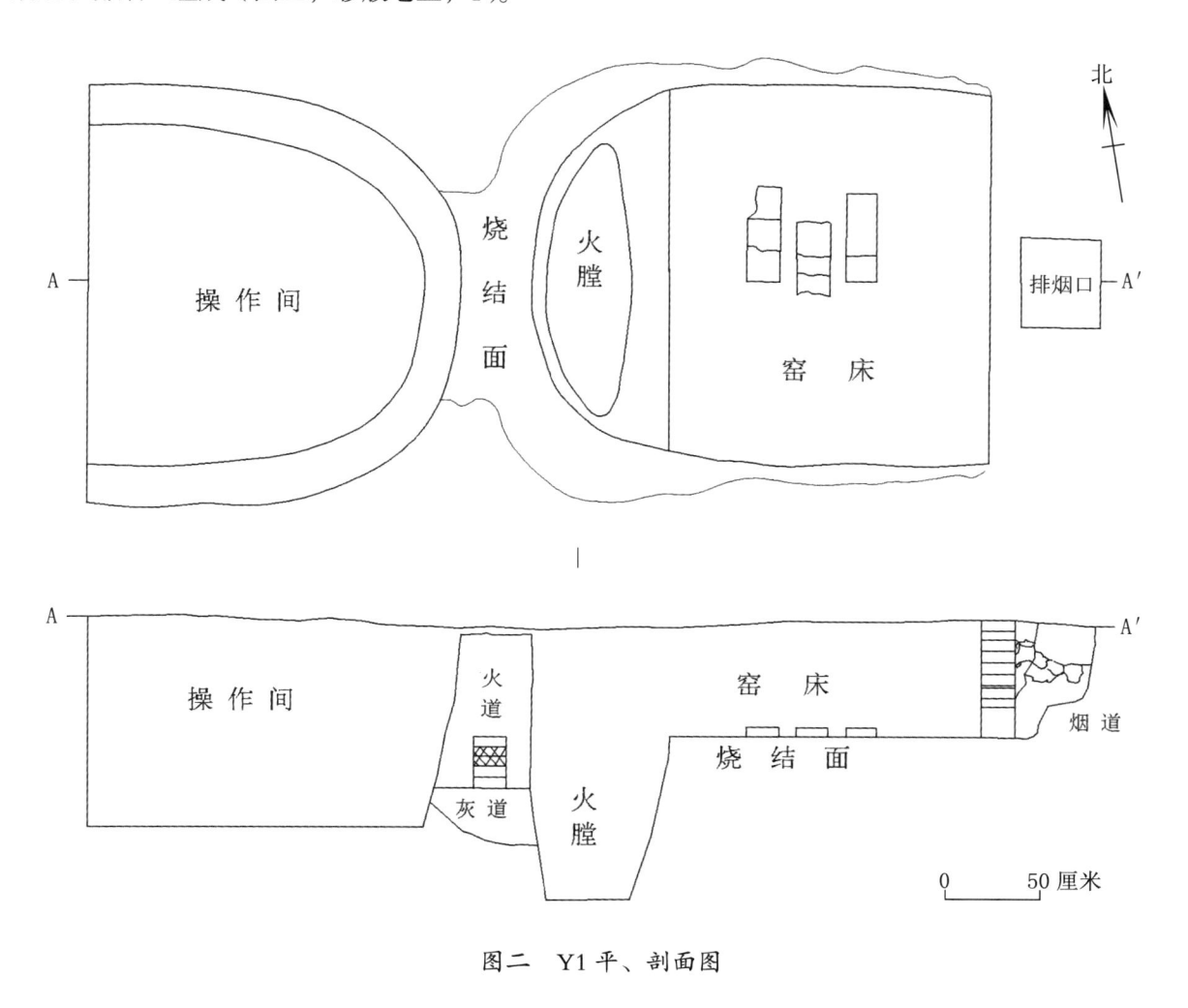

图二 Y1 平、剖面图

操作间平面近半椭圆形。弧壁，口大底小。南北长 2.08 米、东西宽 1.76 米、深 1.1 米。填土呈灰褐色，致密度疏松，含炭粒及红烧土颗粒。

窑门位于操作间东侧，拱形。长 0.64 米、宽 0.2 米、残高 0.84 米。采用五层平砖垒砌而成。自下而上，第一层砖中部有 1 处风门，进深 0.2 米、长 0.2 米、高 0.08 米；第三、四层中部有 1 处火道，进深 0.2 米、长 0.2 米、高 0.1 米。壁被熏为黑色，残存有红烧土（彩版七三，2、3）。

窑室平面近半椭圆形，位于窑门东侧。直壁、平底。东西长 2.34 米、南北宽 2.08 米、残高 0.63 米。四壁残存有黑灰痕迹与红烧土，红烧土厚 0.05 米。室内填土为黄褐色，较致密。含较多红烧土残块、红砖残块、瓦片残片等（彩版七四，1）。

火膛平面近月牙形，位于窑室西部。南北长 1.96 米、东西宽 0.2～0.75 米。壁上残存黑灰烧结面，厚约 0.05 米（彩版七四，1）。

窑床平面近方形，位于火膛东侧。床面高出火膛底部 0.88 米，南北长 2.1 米、东西宽 1.89 米。窑床上残存青灰色烧结面，厚约 0.03 米、中部残存 3 块青砖，南北向平铺排列，青砖规格 34 厘米 × 16 厘米 × 5 厘米。后壁平砖垒砌而成，共 11 层，残高 0.64 米（彩版七四，2）。

烟道位于窑床东侧，东与排烟口相连。共有 6 个烟道，平砖垒砌而成，共 4 层。由南向北依次编号为 1、2、3、4、5、6 烟道。1 烟道进深 0.26 米、面宽 0.18 米、高 0.22 米；2 烟道进深 0.26 米、面宽 0.2 米、高 0.22 米；3 烟道进深 0.26 米、面宽 0.15 米、高 0.22 米；4 烟道进深 0.26 米、面宽 0.18 米、高 0.22 米；5 烟道进深 0.26 米、面宽 0.22 米、高 0.22 米；6 烟道进深 0.26 米、面宽 0.22 米、高 0.22 米。1 烟道距北壁 0.05 米，1、2 烟道间隔 0.19 米，2、3 烟道间隔 0.18 米，3、4 烟道间隔 0.07 米，4、5 烟道间隔 0.16 米，5、6 烟道间隔 0.18 米，6 烟道距南壁 0.06 米（彩版七五，2）。

排烟口平面近方形，位于烟道东侧，西通过烟道与窑床相连。长 0.49 米、宽 0.42 米、残高 0.64 米。残砖垒砌而成（彩版七五，1）。

三、结语

本次发掘的窑址主要结构有操作间、窑门；燃烧部分的火道、火膛；烧成部分的窑室；排烟部分的烟道、排烟口等。它与房山董家林[1]、大兴亦庄鹿圈[2]、延庆沈家营[3]发现的唐代窑址形制、规模、结构较为相近，由此推测本次发掘的窑址年代为唐代。

发掘：张智勇

执笔：张旭　张智勇

注释

[1] 赵广林、马希贵：《北京地区古窑址（下）》，《河北陶瓷》1993 年第 6 期。

[2] 北京市文物研究所：《北京亦庄 X10 号地》，科学出版社，2010 年。

[3] 胡传耸等：《延庆县东王化营窑址、墓葬发掘报告》，载北京市文物研究所编《北京考古》第二辑，北京燕山出版社，2008 年。

通州区六合庄清代墓葬发掘报告

　　为配合通州区宋庄文化创意产业聚集区 B 地块一级开发项目（部分区域）建设，北京市考古研究院（原北京市文物研究所）于 2020 年 4 月 29 日至 5 月 17 日对该项目范围内进行了考古勘探，发现一座古代墓葬。6 月 8 日，北京市考古研究院对发现的墓葬进行了考古发掘。发掘区北距京榆旧线约 300 米、西距东六环路约 1200 米，墓葬地理位置坐标为：东经 116°42′57″、北纬 39°56′15″，海拔 22.4 米（图一、图二）。

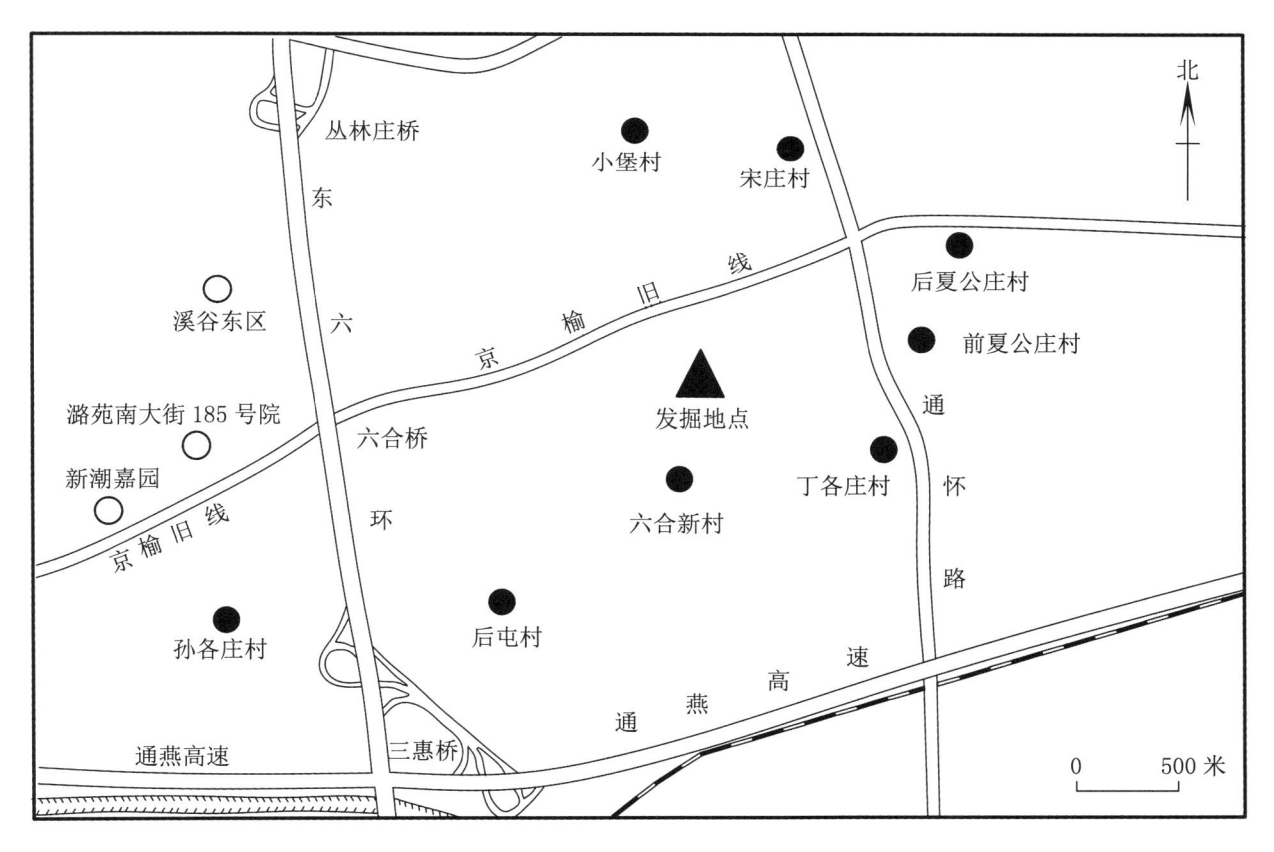

图一　发掘地点位置示意图

图二　遗迹分布图

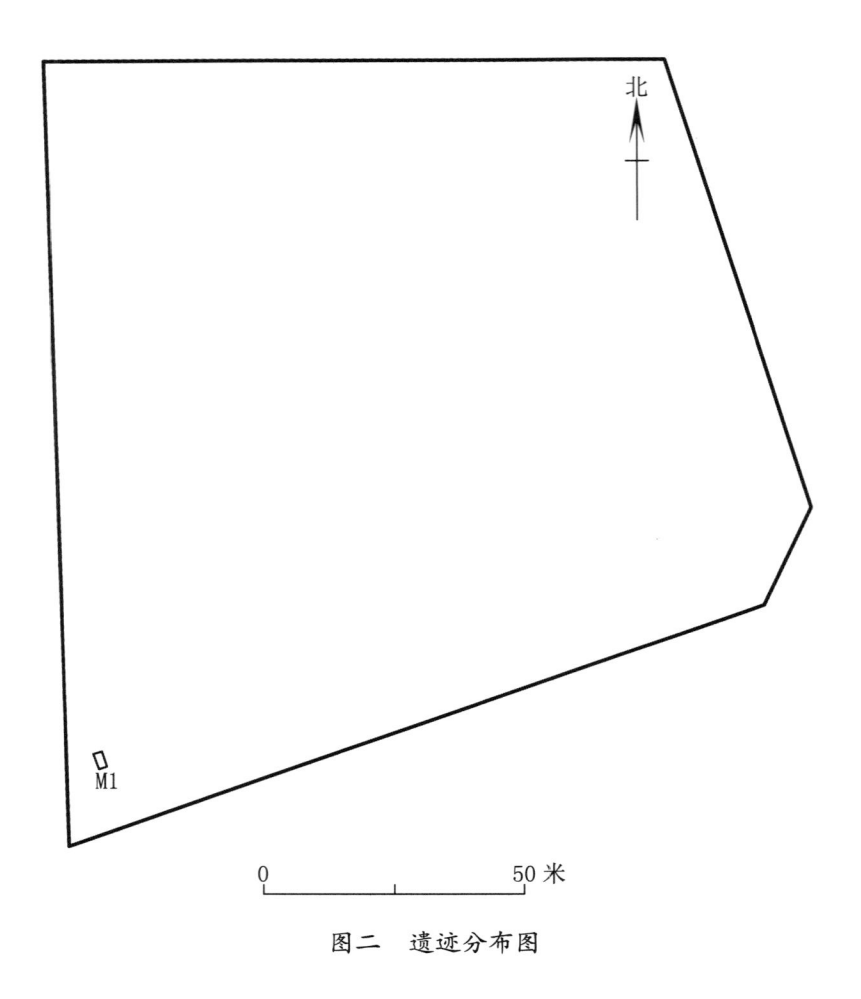

一、地层堆积

发掘区地层堆积简单，仅为一层。

第①层：耕土层，厚 0.7～0.8 米。灰褐色，土质疏松，含植物根茎及现代砖瓦残块。墓葬开口于该层下。

①层下为黄褐色生土。土质坚硬，纯净，无包含物。

二、形制结构

M1 开口于①层下，墓口距地表深 0.8 米。方向为 20°。为长方形竖穴土坑单人葬墓，直壁，平底。墓口南北长 2.96 米、东西宽 1.3 米、深 0.6 米。内填黄褐色五花土，土质疏松（图三；彩版七六，1）。

葬具为木质单棺，棺木已朽，棺痕长 2.5 米、宽 0.6～0.8 米、残高 0.1 米，板痕厚约 0.04 米。棺内仅残存零碎乱骨，面向、葬式及性别不详。

随葬品铜钱 5 枚，出土于棺内中西部。其中顺治通宝 1 枚、康熙通宝 4 枚。

标本 M1∶1，圆形方穿，正、背面有郭，正面楷书"顺治通宝"，对读；背面穿左右分别用满文、楷书撰写一个"东"字，纪局名。钱径 2.6 厘米、穿边长 0.7 厘米、郭厚 0.15 厘米（图四，1）。

标本 M1∶2，圆形方穿，正、背面有郭，正面楷书"康熙通宝"，对读；背面穿左右满文"宝泉"，纪局名。钱径 2.7 厘米、穿边长 0.7 厘米、郭厚 0.14 厘米（图四，2）。

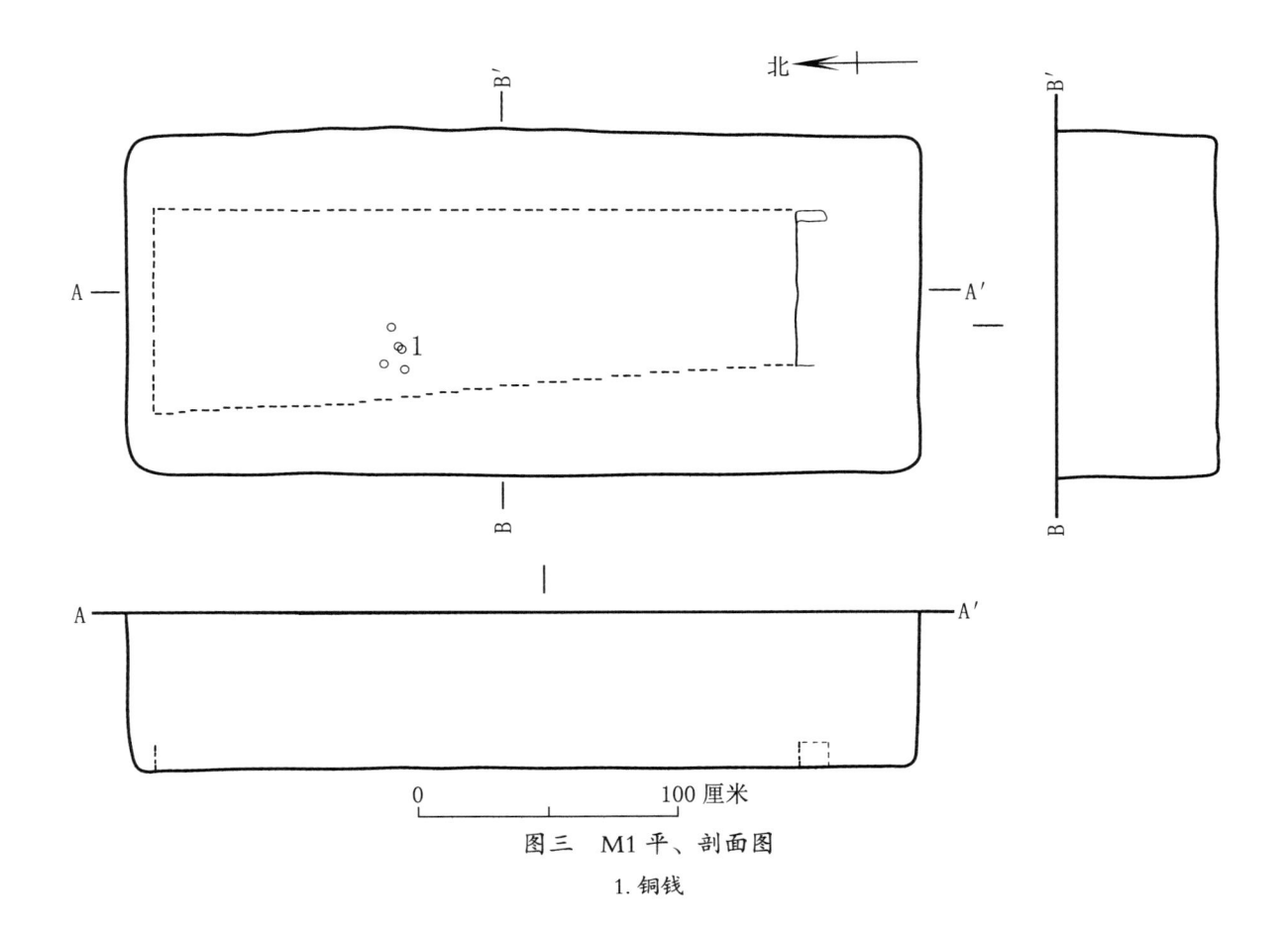

图三 M1 平、剖面图
1. 铜钱

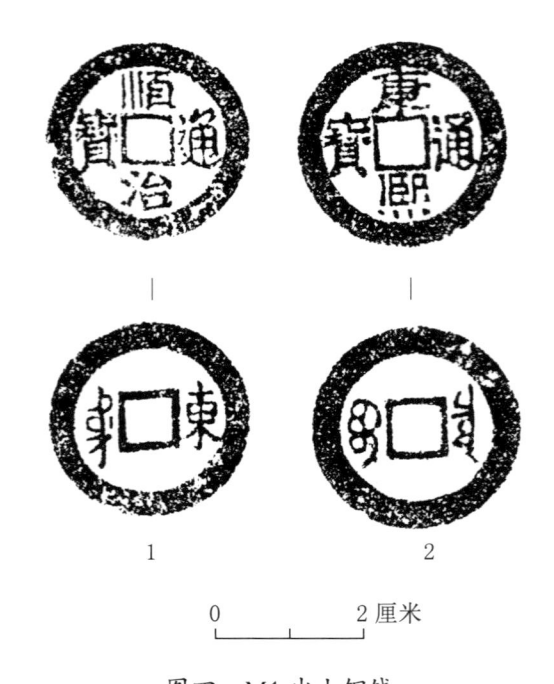

图四　M1 出土铜钱
1. 顺治通宝（M1∶1）　2. 康熙通宝（M1∶2）

三、结语

M1为长方形竖穴土坑单棺墓，南北向，墓葬形制及葬俗为北京地区清代墓葬常见类型；结合该墓出土有顺治通宝、康熙通宝等特征判断M1时代为清代前期。

该墓葬规模较小，判断墓主人为一般平民。棺内仅存少量碎小乱骨，判断该墓主人已搬迁。

发掘：刘风亮　曾庆铅
拓片、绘图：曾庆铅
执笔：刘风亮

附表　墓葬登记表

编号	时代	方向	墓口 长×宽×深（米）	墓底 长×宽×深（米）	深度（米）	棺数/墓室	葬式	人骨保存情况	头向及面向	性别、年龄	随葬品	备注
M1	清	20°	2.96×(0.6~1.3)×0.8	2.96×(0.6~1.3)×0.6	0.1	单棺	不详	较差，仅残存少量碎骨	不详	不详	铜钱5枚	迁出葬

通州区疃里清代墓葬发掘报告

彩虹之门项目位于通州区中部，东邻月亮河度假村、南邻北运河、西邻通惠河、北邻运潮减河（图一）。2014年5月5日至7日，为配合基本建设，北京市考古研究院（原北京市文物研究所）对彩虹之门项目开展了考古发掘工作，发掘面积30平方米，发掘古代墓葬3座。

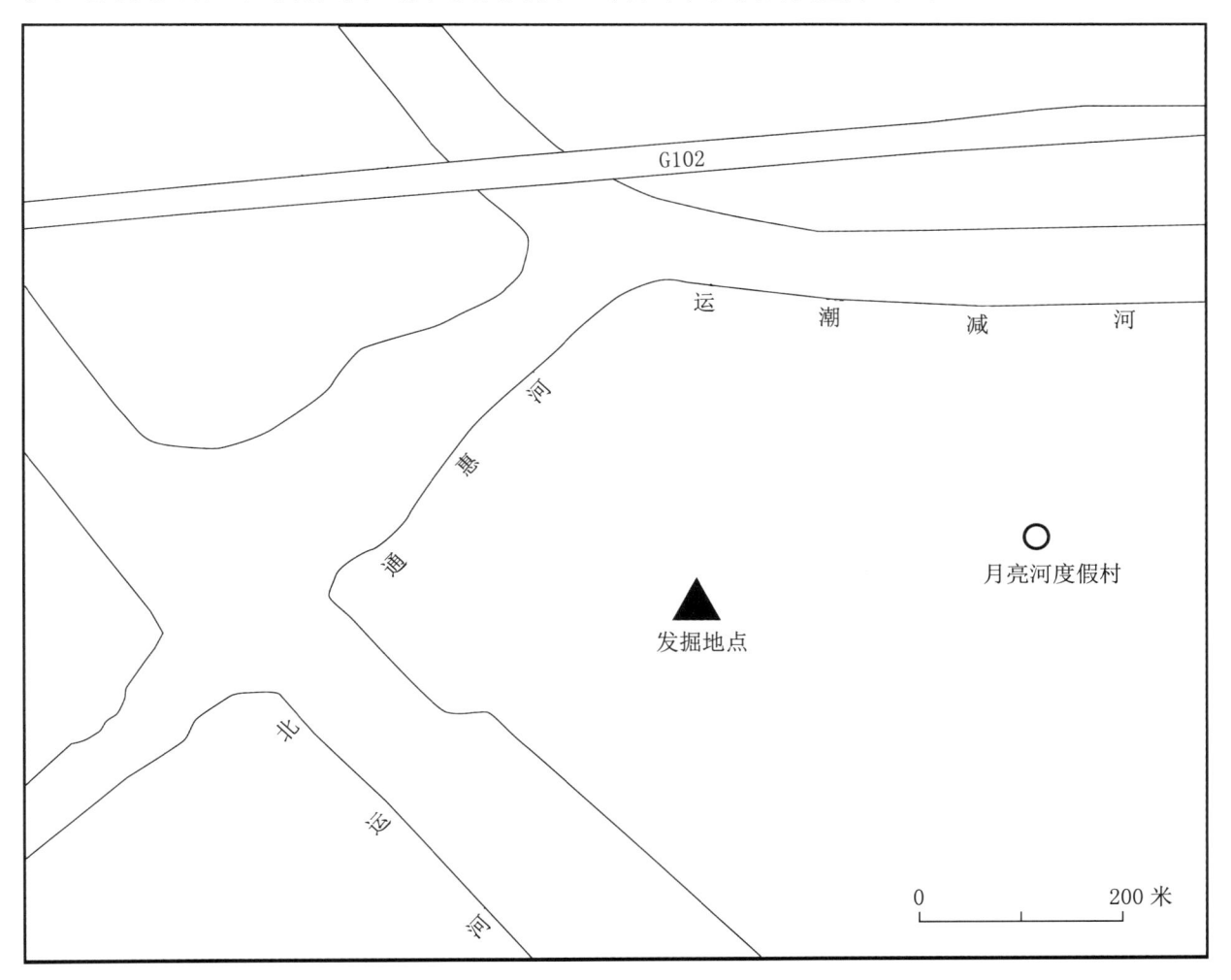

图一 发掘地点位置示意图

一、墓葬

发掘古代墓葬 3 座，皆开口于①层下，均为竖穴土坑单人葬墓（图二）。

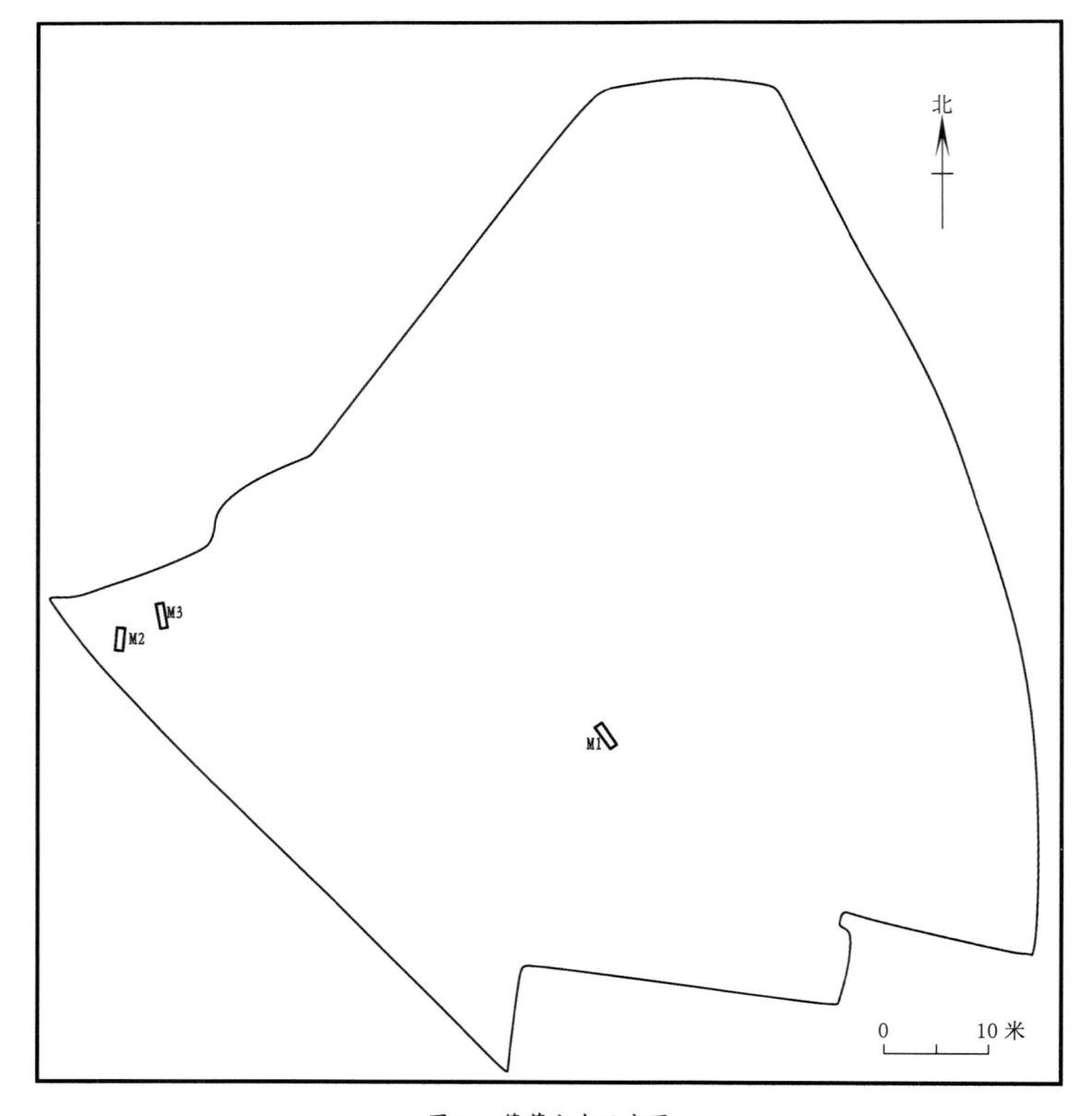

图二　墓葬分布示意图

（一）M1

M1 位于发掘区中部。方向为 325°。墓口距地表深 0.4 米。平面呈梯形，长 2.58 米、宽 0.74～0.83 米、深 1.16 米。墓壁斜直，平底，内填花土，含沙量较大，土质疏松（图三；彩版七七，1）。

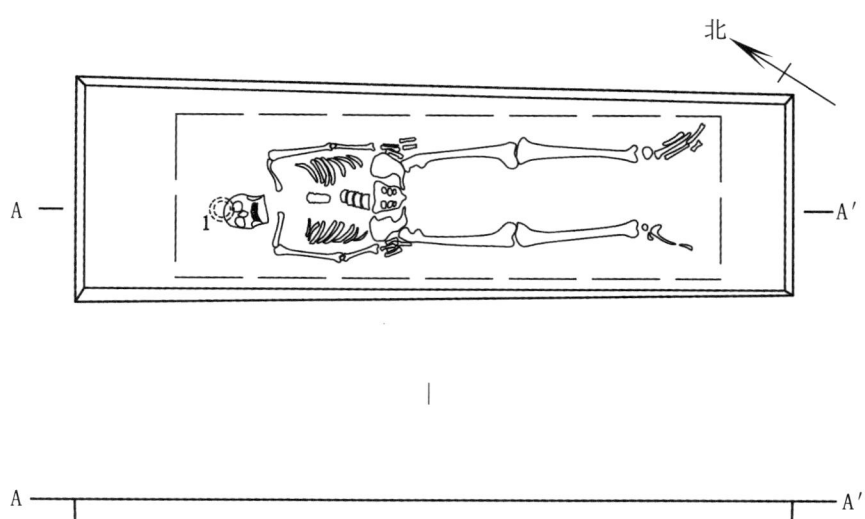

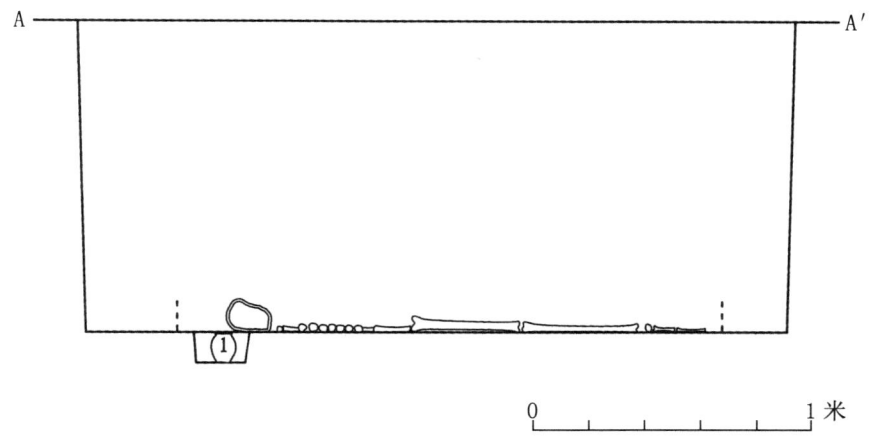

图三　M1平、剖面图
1. 酱釉瓷罐

葬具为木棺，已朽，平面近长方形，长1.96米、宽0.6米。棺内置人骨1具，保存较好，仰身直肢葬，头向西北，面向上。随葬酱釉瓷罐1件，位于头坑内。

（二）M2

M2位于发掘区西部，东邻M3。方向为5°。墓口距地表深0.2米。平面呈梯形，长2.3米、宽0.74～0.78米、深0.4米。墓壁斜直，平底，内填花土，含沙量较大，土质疏松（图四；彩版七七，2）。

葬具为木棺，保存较好，平面近梯形，长2米、宽0.5～0.6米、残高0.33米、厚0.04米。棺内置人骨1具，保存一般，仰身直肢葬，头向北，面向上。随葬白釉瓷罐1件，位于头坑内。

图四　M2 平、剖面图
1. 白釉瓷罐

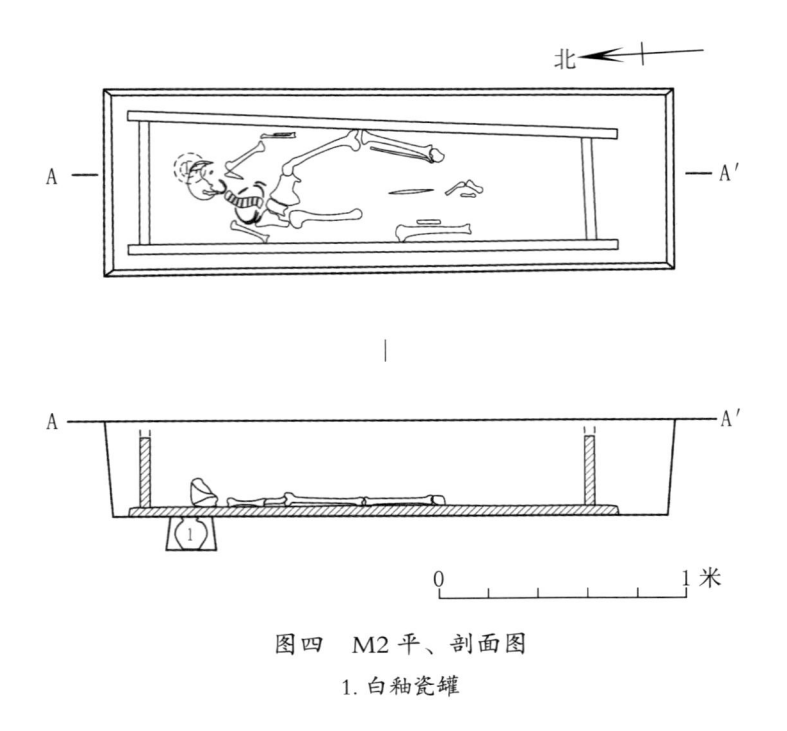

（三）M3

M3 位于发掘区西部，西邻 M2。方向为 350°。墓口距地表深 0.3 米。平面呈梯形，长 2.5 米、宽 0.68～0.73 米、深 1.25 米。墓壁斜直，平底，内填花土，含沙量较大，土质疏松（图五；彩版七七，3）。

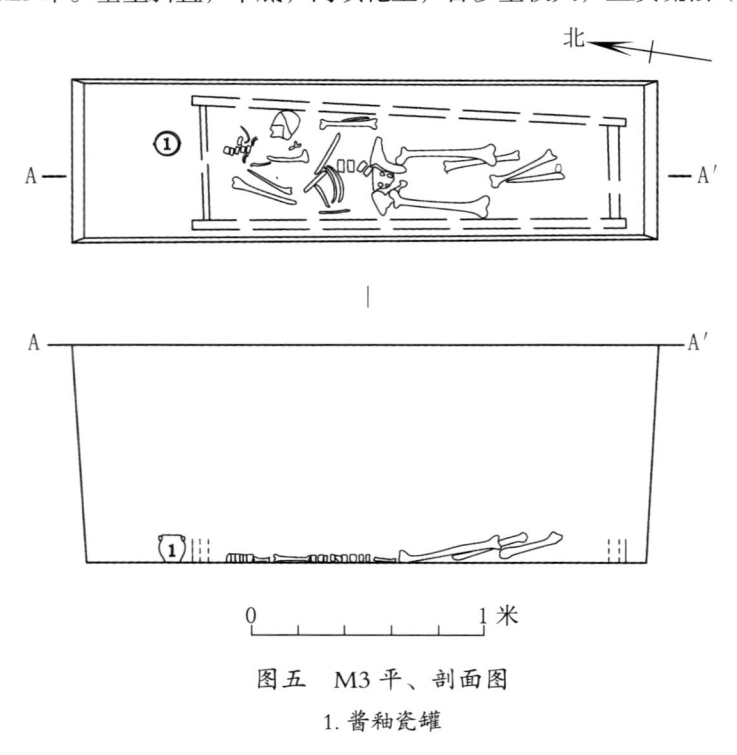

图五　M3 平、剖面图
1. 酱釉瓷罐

葬具为木棺，保存较好，平面近梯形，长1.85米、宽0.48～0.6米。棺内置人骨1具，保存较好，仰身直肢葬，头向北，面向上。随葬酱釉瓷罐1件，位于墓室北部棺外。

二、遗物

共出土随葬品3件，均为瓷罐。

M1：1，酱釉瓷罐。方圆唇、敛口，斜颈，溜肩、圆弧腹，平底略内凹。颈、肩部附对称象鼻形双系。肩部以上及内壁施酱黄釉，其余露灰胎。火候较高，质地坚硬。口径9厘米、肩径12厘米、底径7.4厘米、通高10.2厘米（图六，1；彩版七八，1）。

M2：1，白釉瓷罐。方圆唇、直口，短竖颈，溜肩、圆弧腹，下腹弧收，近底部弧收，平底内凹。通体施乳白色釉。外壁下腹部至底部有明显轮旋痕迹。口径8.4厘米、肩径13厘米、底径8.8厘米、通高12.7厘米（图六，2；彩版七八，2）。

M3：1，酱釉瓷罐。方唇、直口，斜颈，溜肩、圆弧腹，平底略内凹。颈、肩部附对称象鼻形双系。口部及肩、腹部施酱釉，足部露灰胎。火候较高，质地坚硬。口径8.4厘米、肩径10.8厘米、底径7厘米、通高8.6厘米（图六，3；彩版七八，3）。

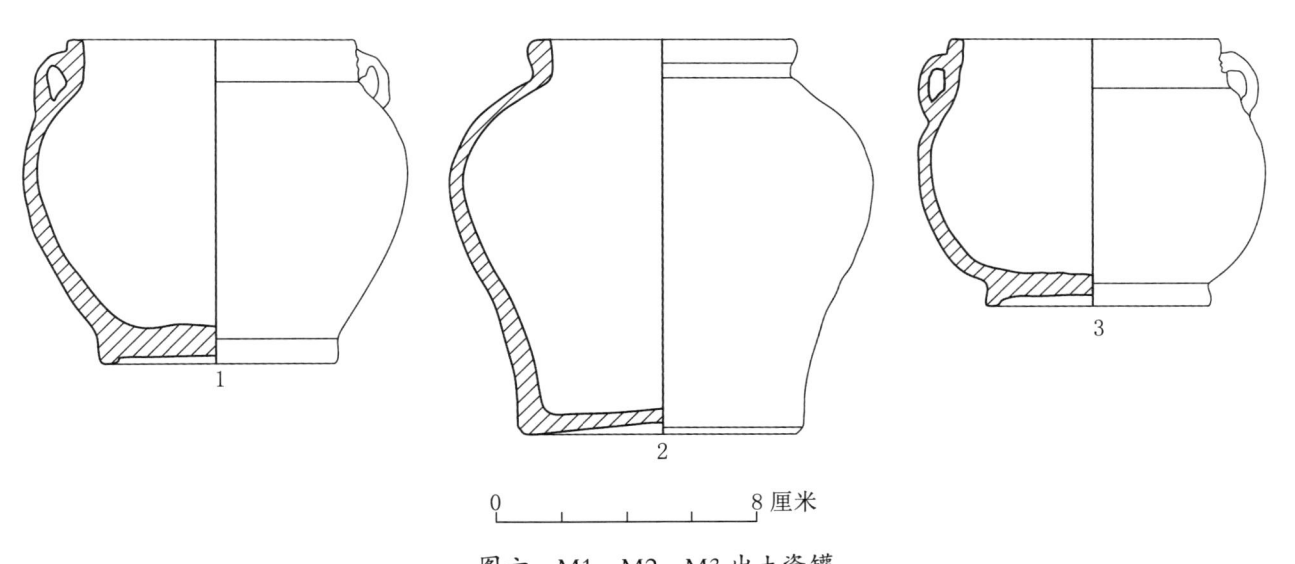

图六 M1、M2、M3出土瓷罐

1、3.酱釉瓷罐（M1：1、M3：1） 2.白釉瓷罐（M2：1）

三、结语

本次发掘的 3 座墓葬形制与朝阳区中关村电子城北电三期 M1、M3、M5～M8、M11、M12 等清代墓葬[1]规格、形制相近。出土的瓷罐是北京清代墓葬中常见的器型，其中 M1∶1（酱釉瓷罐）、M3∶1（酱釉瓷罐）与大兴区西红门商业综合区一、二、三号地块清代墓葬中出土的 M92∶2（酱釉瓷罐）、M109∶2（酱釉瓷罐）[2]器型、施釉方法基本相同，M2∶1（白釉瓷罐）则与轨道交通大兴线枣园路站清代墓葬出土的 M36∶1（白釉瓷罐）[3]的制作与施釉方法基本一致。依此初步推断彩虹之门项目发掘的 3 座古代墓葬均为清代墓葬。此次发掘为研究该地区清代墓葬的形制、结构及丧葬习俗提供了新的资料。

发掘：尚珩

执笔：张旭　尚珩

注释

[1] 北京市文物研究所编：《单店与黑庄户——朝阳区考古发掘报告集》，上海古籍出版社，2021 年，第 36～51 页。
[2] 北京市文物研究所编：《小营与西红门——北京大兴考古发掘报告》，上海古籍出版社，2018 年，第 168、170 页。
[3] 北京市文物研究所编：《小营与西红门——北京大兴考古发掘报告》，上海古籍出版社，2018 年，第 47 页。

附表　墓葬登记表

墓号	层位	方向	墓口 长×宽×深（米）	深度（米）	葬具	葬式	人骨保存情况	头向及面向
M1	①层下	325°	2.58×（0.74～0.83）×0.4	1.16	单棺	仰身直肢葬	较好	头向西北，面向上
M2	①层下	5°	2.3×（0.74～0.78）×0.2	0.4	单棺	仰身直肢葬	一般	头向北，面向上
M3	①层下	350°	2.5×（0.68～0.73）×0.3	1.25	单棺	仰身直肢葬	较好	头向北，面向上

大兴区幸福村清代、民国墓葬发掘报告

幸福村墓葬位于大兴区庞各庄镇幸福村西侧，东邻幸福路、北邻荣北路，地理坐标为东经116°17′41.44″，北纬39°37′57.03″（图一）。

2014年9月15日至16日，为配合大兴区庞各庄镇镇区改造1号地地块建设，北京市考古研究院（原北京市文物研究所）对其用地范围内发现的古代墓葬进行了考古发掘，共发掘古代墓葬2座（图二），发掘面积20平方米。

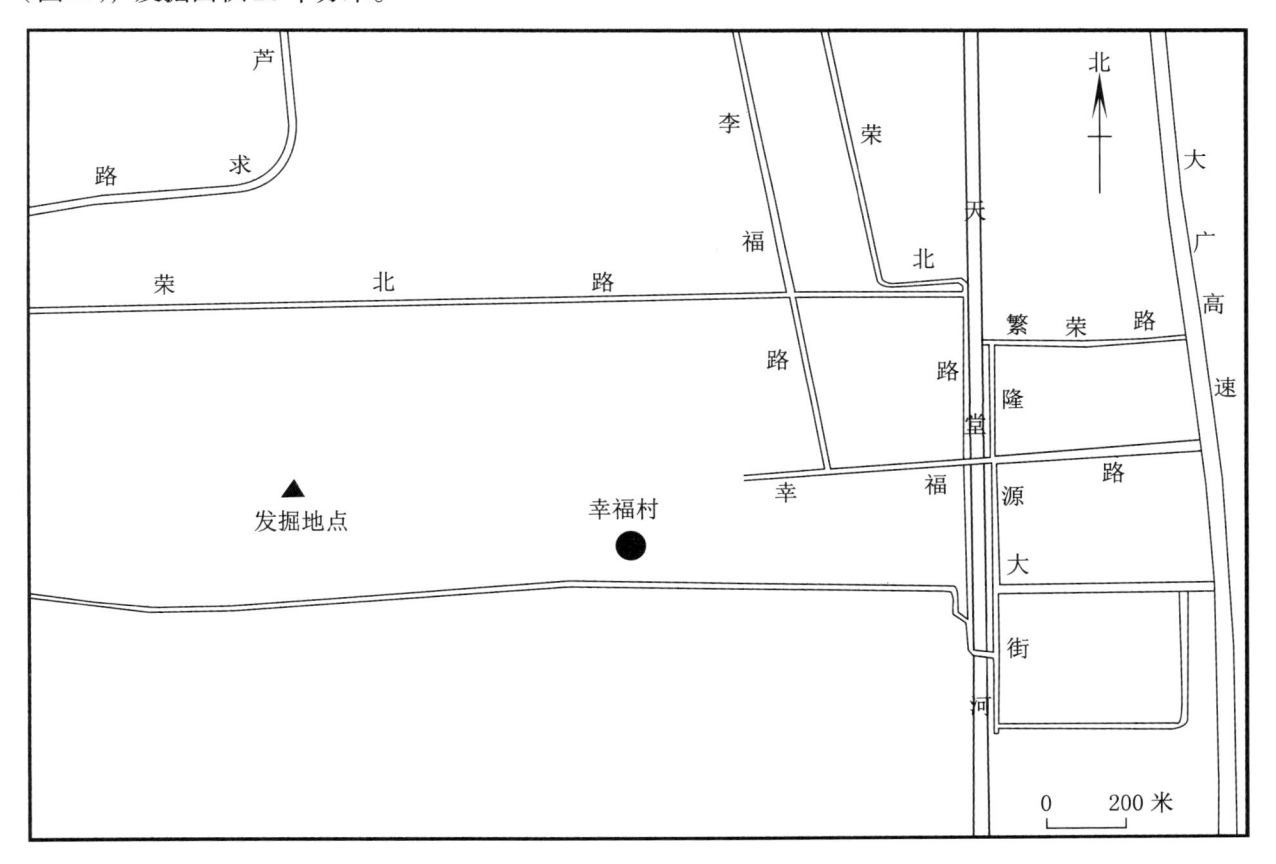

图一 发掘地点位置示意图

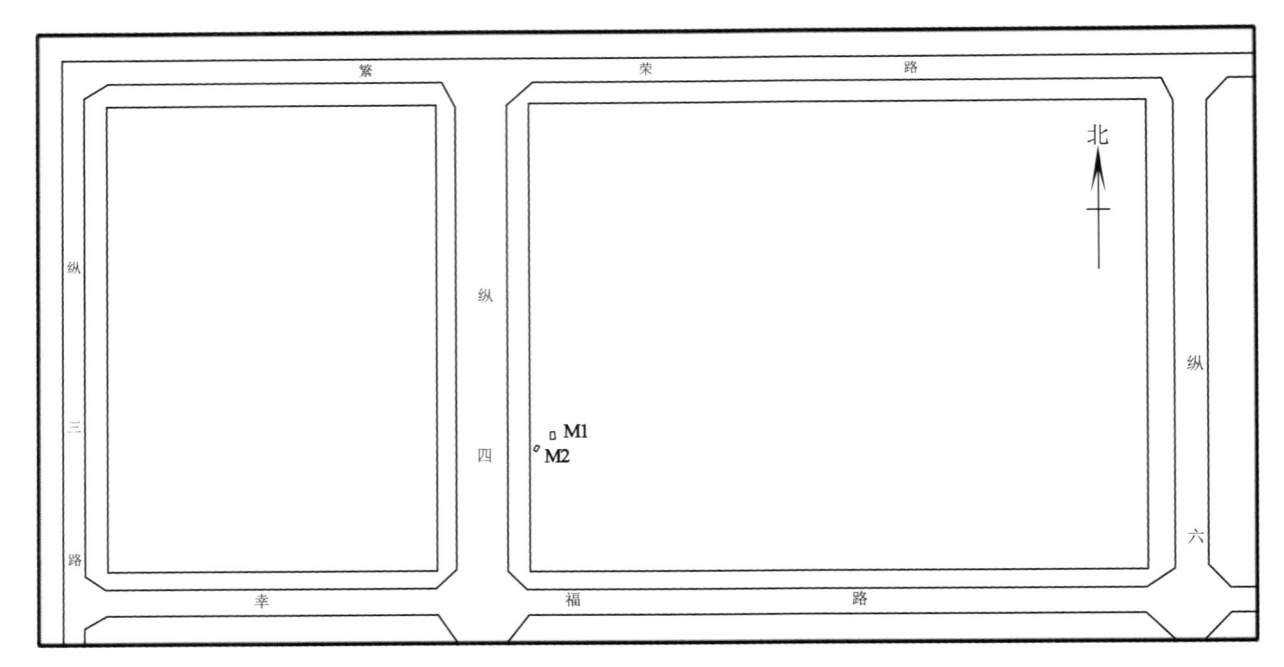

图二　墓葬分布示意图

一、墓葬形制

此次发掘墓葬 2 座，均为竖穴土圹墓，可分为双人合葬墓与迁葬墓。

（一）双人合葬墓

M1 位于发掘区的中部，西邻 M2。方向为 195°。开口于①层下，墓口距地表深 0.4 米。平面呈长方形，长 2.5 米、宽 1.9 米、深 0.65 米。墓室直壁，内填五花土，土质较松。葬具均为木棺，平面呈梯形。东侧棺残长 1.8 米、宽 0.5～0.6 米、残高 0.4 米。棺内人骨保存较差，仰身直肢葬，头南足北，面向上，男性。头骨西侧出土银簪 4 件、南侧发现数枚铜钱，右指骨处出土银戒指 1 件。西侧棺残长 1.82 米、宽 0.5～0.64 米、残高 0.2 米。棺内人骨保存较差，仰身直肢葬，头南足北，面向上，女性。未出土随葬品（图三；彩版七九，1）。

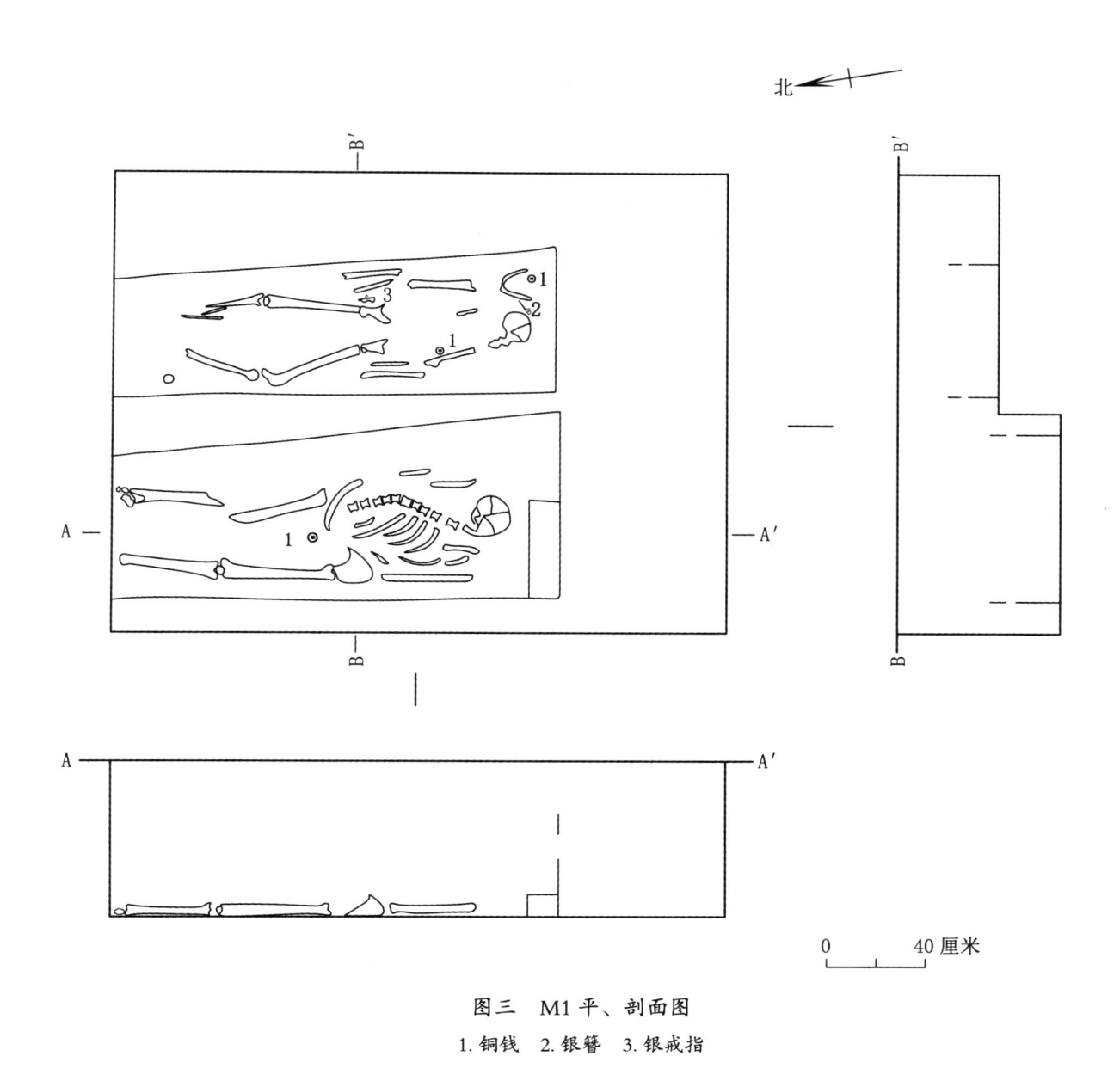

图三　M1平、剖面图
1. 铜钱　2. 银簪　3. 银戒指

（二）迁葬墓

M2位于发掘区中部，东邻M1。方向为10°。开口于①层下，墓口距地表深0.4米。平面呈长方形，长3米、宽1.5米、深0.65米。墓室直壁，平底，内填五花土，土质松散。不见葬具和人骨，仅存少数棺钉残件。墓室北部出土2枚铜钱（图四）。

图四 M2 平、剖面图
1. 铜钱

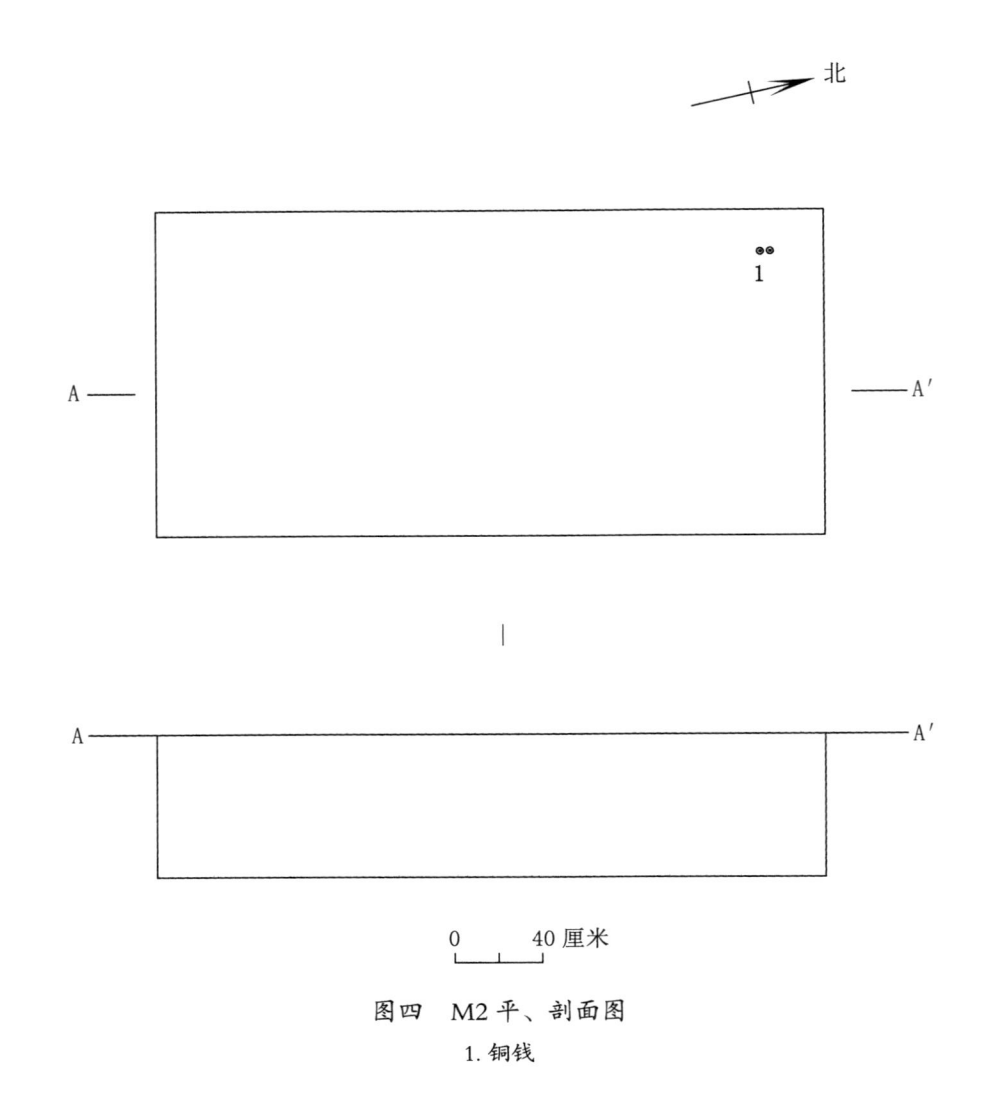

二、出土器物

共出土随葬品 5 件，有银簪、银戒指，另出土铜钱、铜币 33 枚，现将其介绍如下。

（一）鎏金银簪

共 4 件。根据首、体的纹饰与形制差别可分为两类。

亚字形首银簪 2 件。M1∶1 和 M1∶2 形制、大小基本相同。首为亚字形，剖面呈"凸"字形，表面鎏金，中心雕刻花卉图案，四周边缘饰有三角纹。体锥形，细直。M1∶1，首直径 2.1 厘米、高 0.5 厘米、通长 9 厘米（图五，1；彩版八〇，1）。M1∶2，首直径 2.1 厘米、高 0.5 厘米、通长 9.3 厘米（图五，2；彩版八〇，2）。

团花纹首银簪 2 件。首为团花样式。体锥形，细直。M1：4，已残损，首残长 5 厘米、残宽 2.4 厘米、残长 7.3 厘米（图五，4；彩版八〇，4）。M1：3，已残损，首残长 2.9 厘米、残宽 1.75 厘米、残长 9.5 厘米（图五，3；彩版八〇，3）。

（二）银戒指

共 1 件。M1：5，呈圆环形，两端对接，逐渐收窄，接口不齐。素面。直径 1.7 厘米、最宽处 0.35 厘米、厚 0.1 厘米（图五，5；彩版八〇，5）。

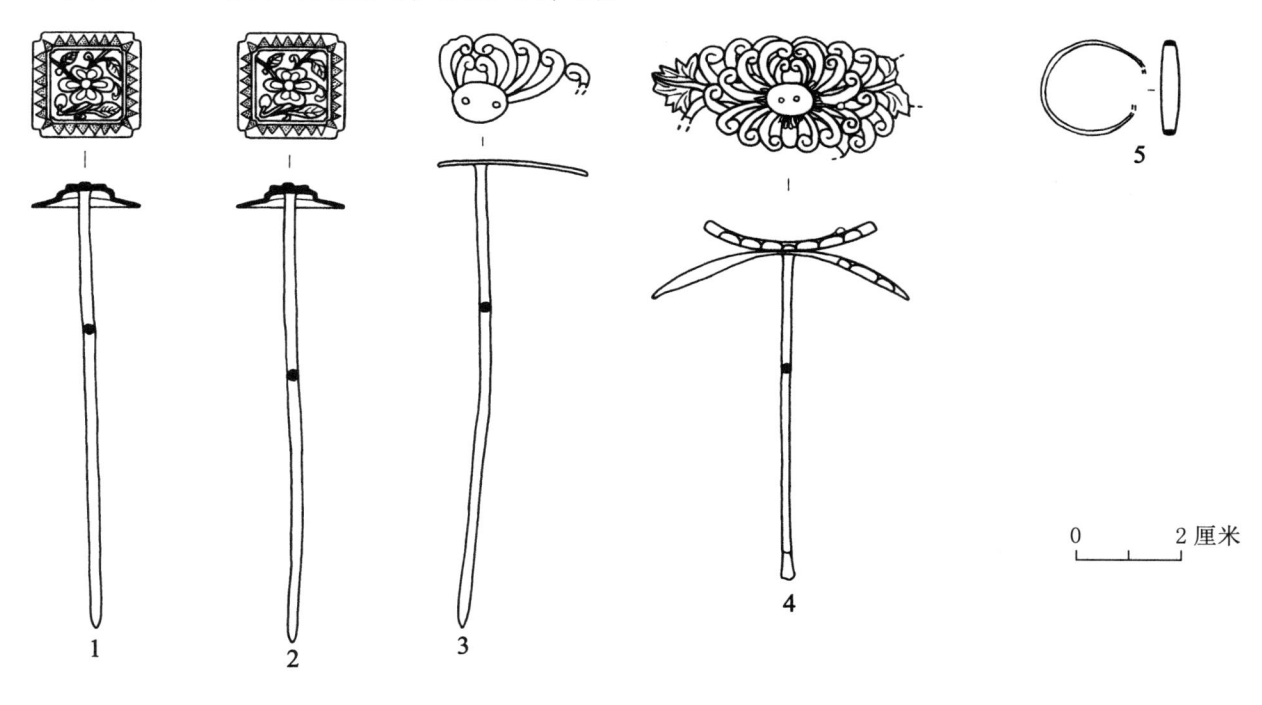

图五　M1 出土器物
1～4.银簪（M1：1、M1：2、M1：3、M1：4）　5.银戒指（M1：5）

（三）铜钱、铜币

共 33 枚。铜钱、铜币锈蚀严重，现仅就可辨识的 11 枚铜钱介绍如下。

乾隆通宝 2 枚。M2：1，圆形、方穿。正面有郭，铸"乾隆通宝"四字，楷书，对读；背面有郭，背穿左右为满文"宝泉"，纪局名。直径 2.4 厘米、穿径 0.6 厘米、郭厚 0.3 厘米（图六，1）。M1：6-1，圆形、方穿。正面有郭，铸"乾隆通宝"四字，楷书，对读；背面有郭，锈蚀不清。直径 2.4 厘米、穿径 0.6 厘米、郭厚 0.3 厘米（图六，2）。

嘉庆通宝 2 枚。M1：6-2，圆形、方穿。正面有郭，铸"嘉庆通宝"四字，楷书，对读；背面有郭，背穿左右为满文"宝源"，纪局名。直径 2.4 厘米、穿径 0.6 厘米、郭厚 0.3 厘米（图六，3）。M1：6-3，圆形、方穿。正面有郭，铸"嘉庆通宝"四字，楷书，对读；背面有郭，背穿左右为满文"宝泉"，纪局名。直径 2.2 厘米、穿径 0.6 厘米、郭厚 0.25 厘米（图六，4）。

道光通宝 2 枚。M1：6-4，圆形、方穿。正面有郭，铸"道光通宝"四字，楷书，对读；背面有郭，背穿左右为满文"宝泉"，纪局名。直径 2.4 厘米、穿径 0.6 厘米、郭厚 0.35 厘米（图六，5）。M1：6-5，圆形、方穿。正面有郭，铸"道光通宝"四字，楷书，对读；背面有郭，背穿左右为满文"宝泉"，纪局名。直径 2.2 厘米、穿径 0.6 厘米、郭厚 0.2 厘米（图六，6）。

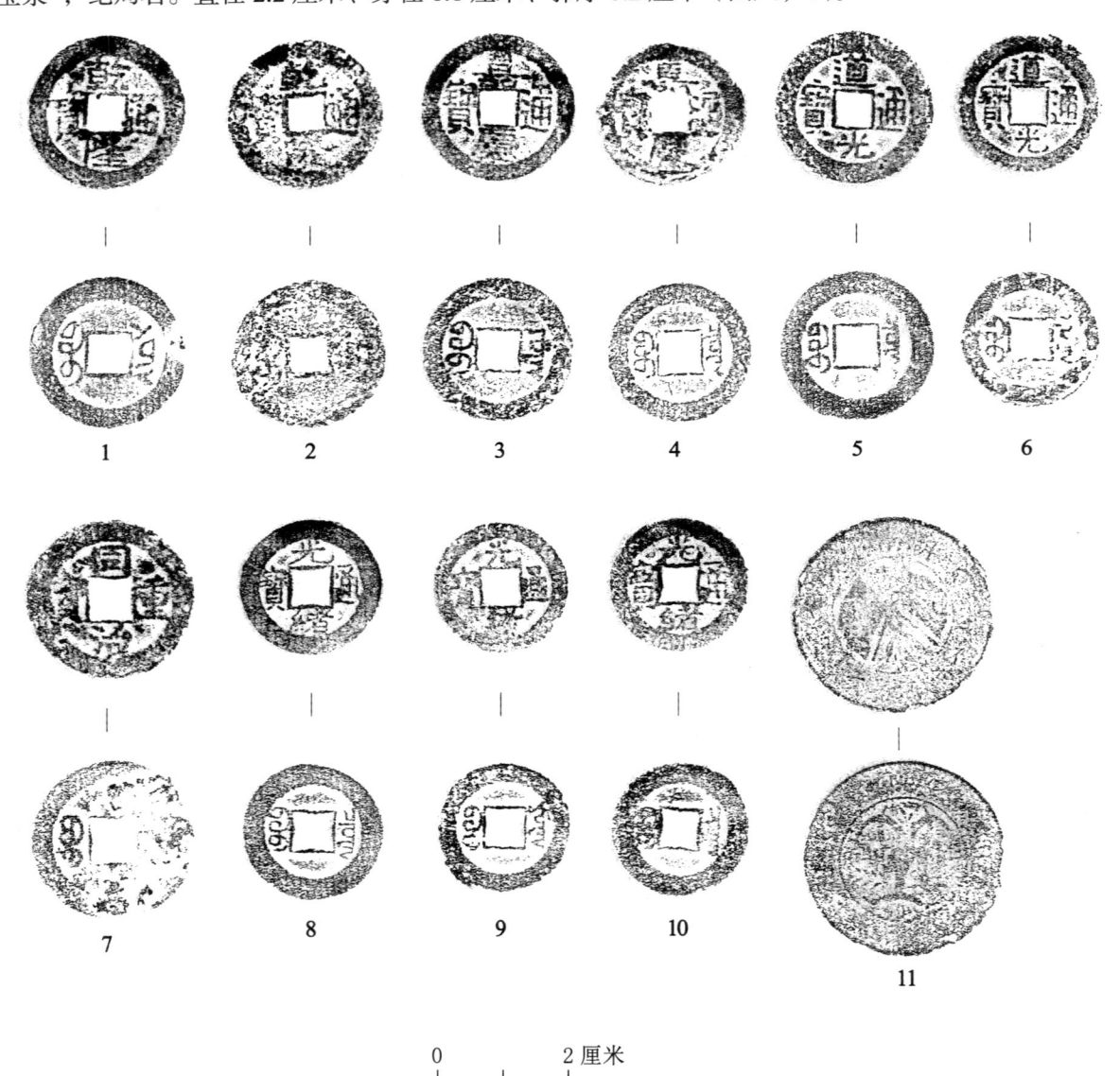

图六 M1 出土铜钱、铜币

1、2.乾隆通宝（M2：1、M1：6-1） 3、4.嘉庆通宝（M1：6-2、M1：6-3） 5、6.道光通宝（M1：6-4、M1：6-5）
7.同治重宝（M1：6-6） 8～10.光绪通宝（M1：6-7、M1：6-8、M1：6-9） 11.铜元（M1：6-10）

同治重宝1枚。M1∶6-6，圆形、方穿。正面有郭，铸"同治重宝"四字，楷书，对读；背面有郭，背穿左右满文纪局名，因锈蚀严重，仅剩左侧"宝"字。直径2.6厘米、穿径0.7厘米、郭厚0.3厘米（图六，7）。

光绪通宝3枚。M1∶6-7，圆形、方穿。正面有郭，铸"光绪通宝"四字，楷书，对读；背面有郭，背穿左右为满文"宝泉"，纪局名。直径2.2厘米、穿径0.6厘米、郭厚0.3厘米（图六，8）。M1∶6-8，圆形、方穿。正面有郭，铸"光绪通宝"四字，楷书，对读；背面有郭，背穿左右为满文"宝源"，纪局名。直径2.1厘米、穿径0.7厘米、郭厚0.2厘米（图六，9）。M1∶6-9，圆形、方穿。正面有郭，铸"光绪通宝"四字，楷书，对读；背面有郭，背穿左右为满文"宝泉"，纪局名。直径2.1厘米、穿径0.6厘米、郭厚0.2厘米（图六，10）。

"湖南省造"民国铜元1枚。M1∶6-10，圆形、无穿、无郭，正面上镌刻"湖南省造"四字，下缘镌币值"当制钱二十文"，中间五色旗与十八星旗交叉，旗上菱形花图案。背面中间镌刻一束稻穗。直径3.2厘米（图六，11）。

三、结语

此次发掘的两座墓葬，均为长方形竖穴土圹墓，在北京地区清代、民国墓葬中比较常见。

M1出土铜钱、铜币时代经判定最早为乾隆年间，最晚为民国年间，因此该墓年代不早于民国年间。M2出土乾隆通宝，因此该墓年代不早于乾隆年间。

M1出土银簪M1∶3其形制特征同通州东石村与北小营村B2地块M2∶1-1相似，都为清代中晚期十分常见的头饰[1]；M1∶1、M1∶2簪首纹饰也同清代民国瓷器上流行的花卉图案相似。根据随葬品及墓葬形制来看，M2是清代中期墓葬，M1是民国墓葬，两座墓葬规格等级较低，应为平民墓葬。本次发掘对研究北京地区清末民国时期的丧葬习俗具有一定价值。

发 掘：尚珩
执 笔：温梦砥　尚珩

注释

[1] 北京市考古研究院：《通州东石村与北小营村——北京轻轨L2线通州段次渠站等土地开发项目考古发掘报告》，上海古籍出版社，2022年，第101页。

附表　墓葬登记表

墓号	层位	形制	方向	墓口 长×宽×深（米）	墓底 长×宽×深（米）	葬具	葬式	人骨保存情况	性别	随葬品（件）
M1	①层下	长方形竖穴土坑	195°	2.5×1.9×0.4	2.5×1.9×1.05	双棺	皆仰身直肢葬	较差	西棺女性；东棺男性	银簪4、银戒指1、钱币31
M2	①层下	长方形竖穴土坑	10°	3×1.5×0.4	3×1.5×1.05	无	无	无	无	铜钱2

通州区铺头村清代、民国墓葬发掘报告

铺头村墓葬位于通州区台湖镇铺头村东侧，西邻通马路、南邻铺大路、北邻万盛南街，地理坐标为东经116°37′51.38″，北纬39°51′23.81″（图一）。

2017年1月10日至11日，为配合通州文化旅游区A5地块建设，北京市考古研究院（原北京市文物研究所）对其用地范围内的古代墓葬进行了考古发掘，共发掘古代墓葬3座，发掘面积52平方米（图二）。

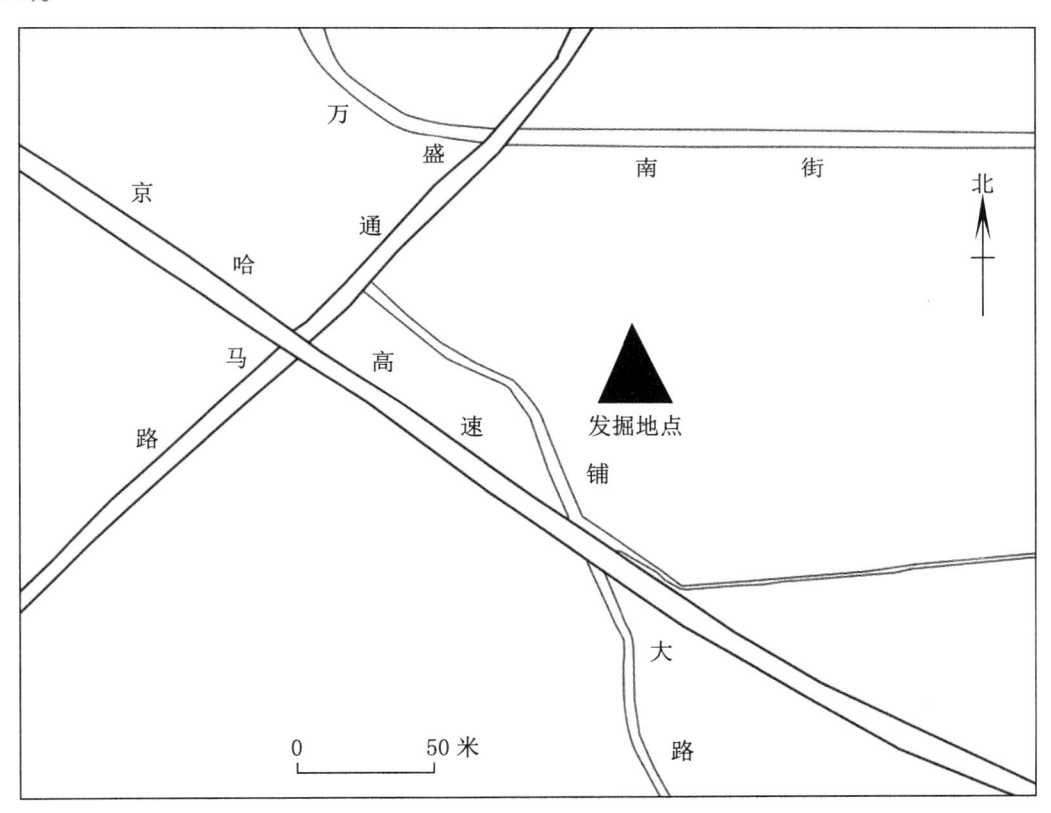

图一　发掘地点位置示意图

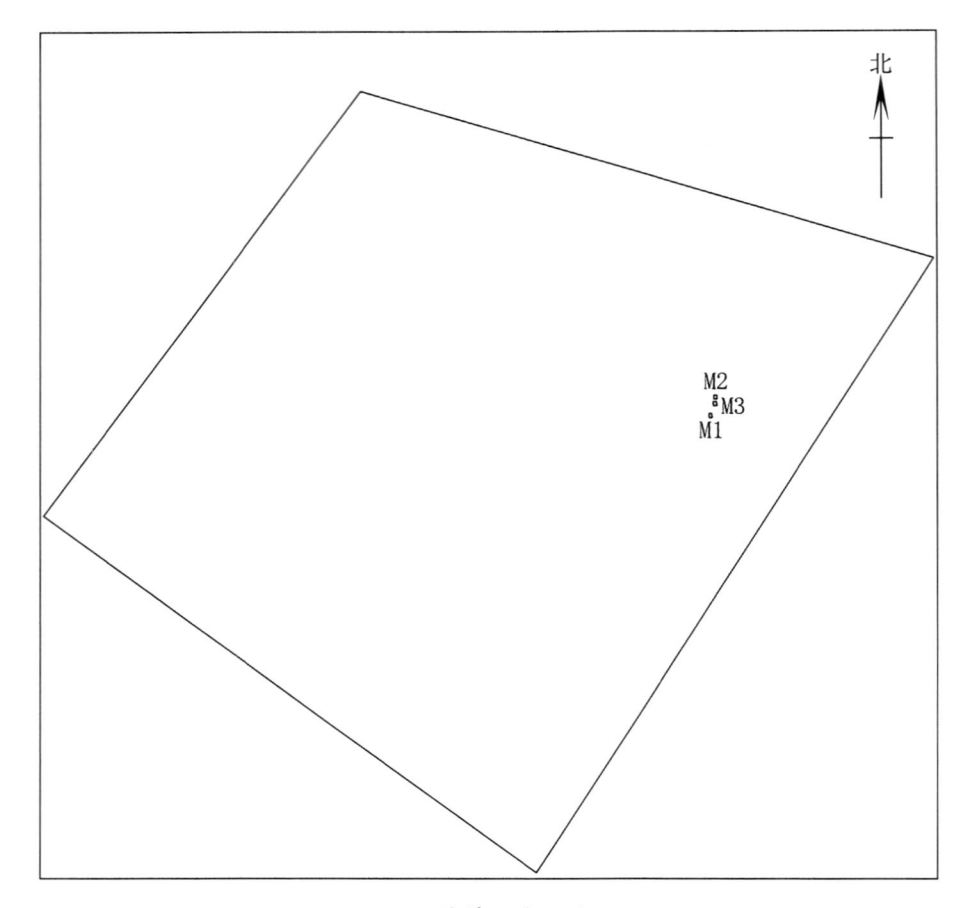

图二　墓葬分布示意图

一、墓葬形制

（一）清代墓葬

清代墓葬共发掘 2 座，分别为 M1、M3，均为竖穴土圹双人合葬墓。

M1 位于地块东北部，北邻 M3。方向为 185°。开口于①层下，墓口距地表深 0.3 米。平面近似梯形，长 2.7～2.8 米、宽 2.1～2.3 米、深 0.4 米。墓室直壁，平底，内填五花土，土质较松。

葬具为木棺，平面均呈梯形。东侧棺残长 2.18 米、宽 0.8～0.9 米、残高 0.3 米、厚 0.08～0.2 米。棺内人骨保存较差，仰身直肢葬，头南足北，面向上，女性。头骨东侧出土铜簪 3 件、银押发 1 件。西侧棺残长 2.1 米、宽 0.65～0.7 米、残高 0.6 米、厚 0.08～0.2 米。棺内人骨保存一般，仰身直肢葬，头南足北，面向上，男性（图三；彩版八一，1）。盆骨处出土石棋子 1 枚，盆骨下发现铜钱数枚。

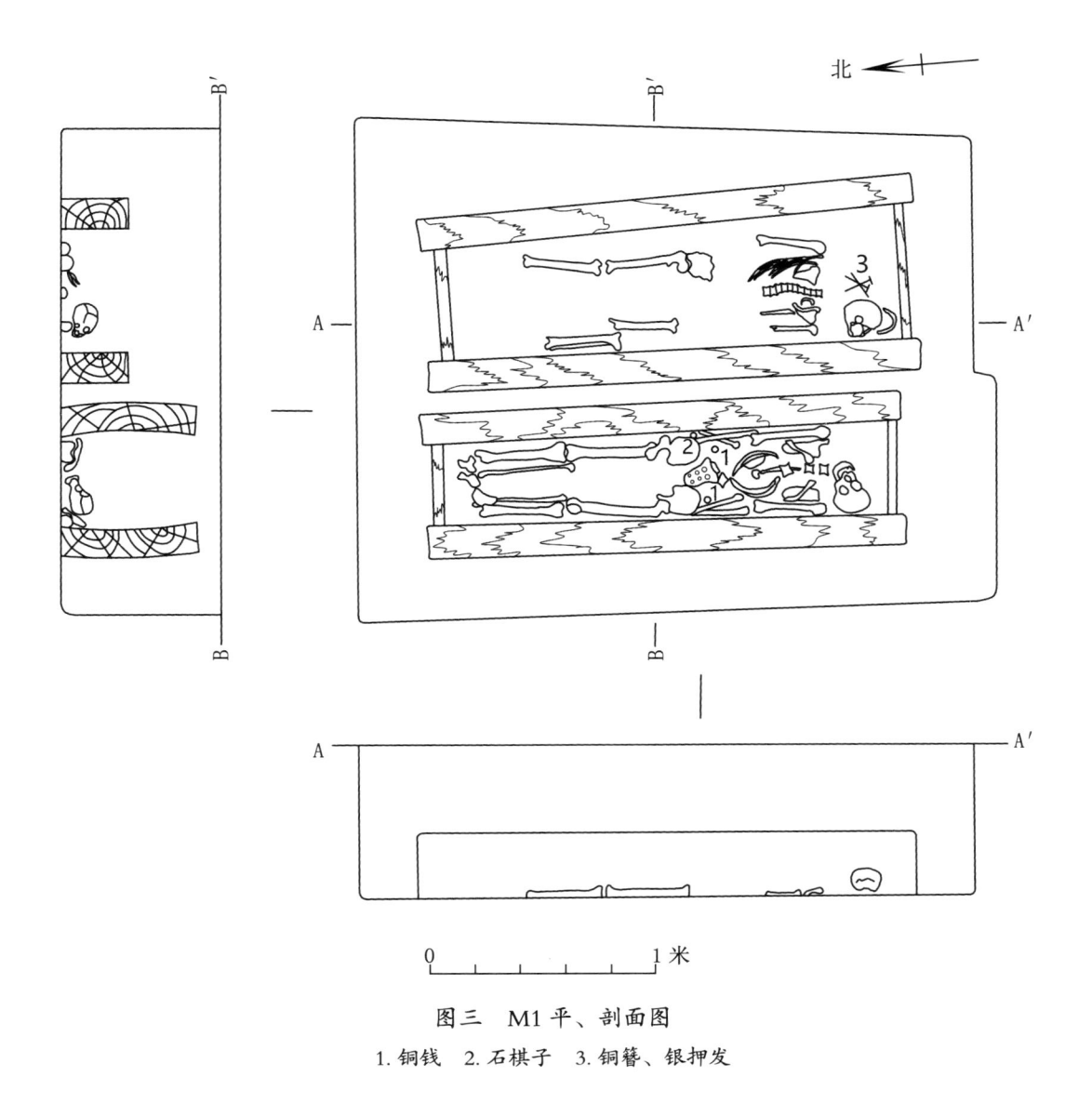

图三　M1 平、剖面图
1. 铜钱　2. 石棋子　3. 铜簪、银押发

M3 位于地块东北部，北邻 M2。方向为 183°。开口于①层下，墓口距地表深 0.3 米。平面呈长方形，长 2.5 米、宽 1.6 米、深 0.3 米。墓室直壁，平底，内填黄褐色五花土，土质较松。

葬具为木棺，平面均呈梯形。东侧棺残长 1.9 米、宽 0.6～0.65 米、残高 0.01 米，内无人骨发现。西侧棺仅存棺底板残片，残长 2 米、宽 0.6～0.7 米。棺内未发现人骨（图四；彩版八一，2），未发现随葬品。

图四　M3 平、剖面图

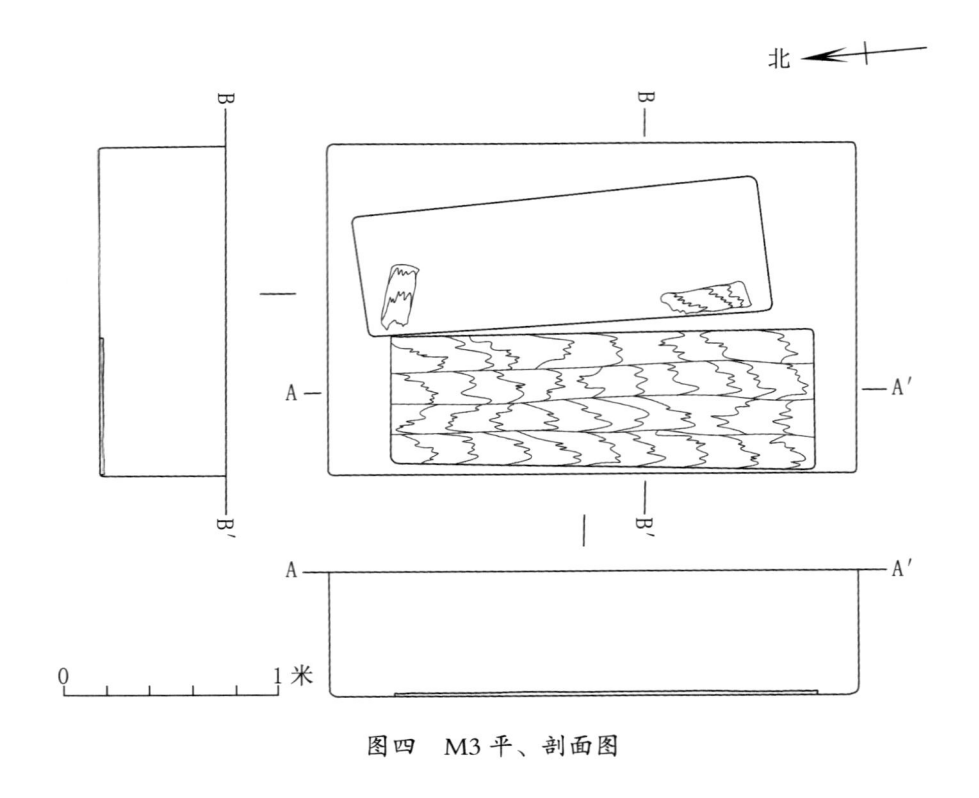

（二）民国墓葬

M2 位于地块东北部，南邻 M3。方向为 188°。开口于①层下，墓口距地表深 0.3 米。平面呈长方形，长 2.6 米、宽 1.6 米、深 0.35 米。墓室直壁，平底，内填五花土，土质较松。

葬具均为木棺。东侧棺平面呈长方形，残长 1.95 米、宽 0.5 米、残高 0.25 米、厚 0.04～0.12 米。棺内人骨保存一般，仰身直肢葬，头南足北，面向上，女性。桡骨东侧发现铜钱数枚。西侧棺平面呈梯形，残长 2 米、宽 0.6～0.7 米、残高 0.2 米、厚 0.04～0.12 米。棺内人骨保存较差，仰身直肢葬，头南足北，面向上，男性。头骨西侧发现铜钱数枚（图五；彩版八一，3）。

图五 M2 平、剖面图
1、2. 铜钱

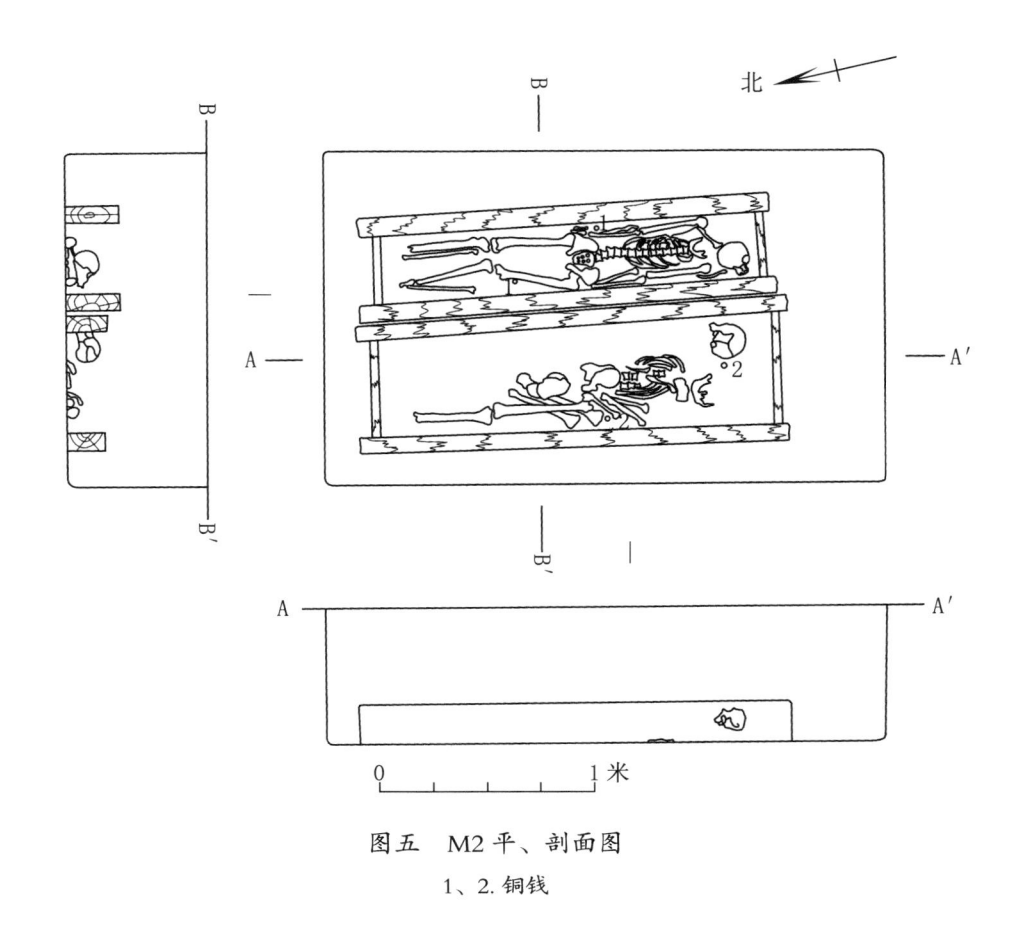

二、随葬品

共出土随葬品 5 件，有铜簪、银簪、石棋子。另出土铜钱 25 枚，现将其介绍如下：

（一）铜簪

共 3 件。位于 M1 东棺墓主头骨东侧，根据簪首、簪体的形制差别可分为两类。

花瓣形簪首铜簪，2 件。M1∶3-1，首为圆形，花蕊凸起，上面铸"福"字。底托为花瓣形。体锥形，细直。通长 13.1 厘米，首直径 2.7 厘米、高 0.5 厘米（图六，1；彩版八二，1）。M1∶3-2，首为圆形，花蕊凸起，上面铸"寿"字。底托为花瓣形。体锥形，细直。通长 13.1 厘米、首直径 2.7 厘米、高 0.5 厘米（图六，2；彩版八二，2）。

禅杖式首铜簪，1 件。M1∶3-3，已残损，首为禅杖形，柱芯外围用多条铜丝缠绕。体锥形，细直。通长 15.4 厘米、直径 0.15 厘米、首长 3 厘米（图六，3；彩版八二，5）。

（二）银押发

共1件。

M1：3-4，两端宽扁尖锐，中间有收腰，整体剖面似弓形。器身上刻有蜻蜓、花草纹饰。内侧戳印"□成祥""足纹"。长6.7厘米、宽0.6～1厘米、厚0.2厘米（图六，5；彩版八二，3、4）。

（三）石棋子

共1枚。

M1：2，黑色，扁圆形，直径1.8厘米、厚0.7厘米（图六，4）。

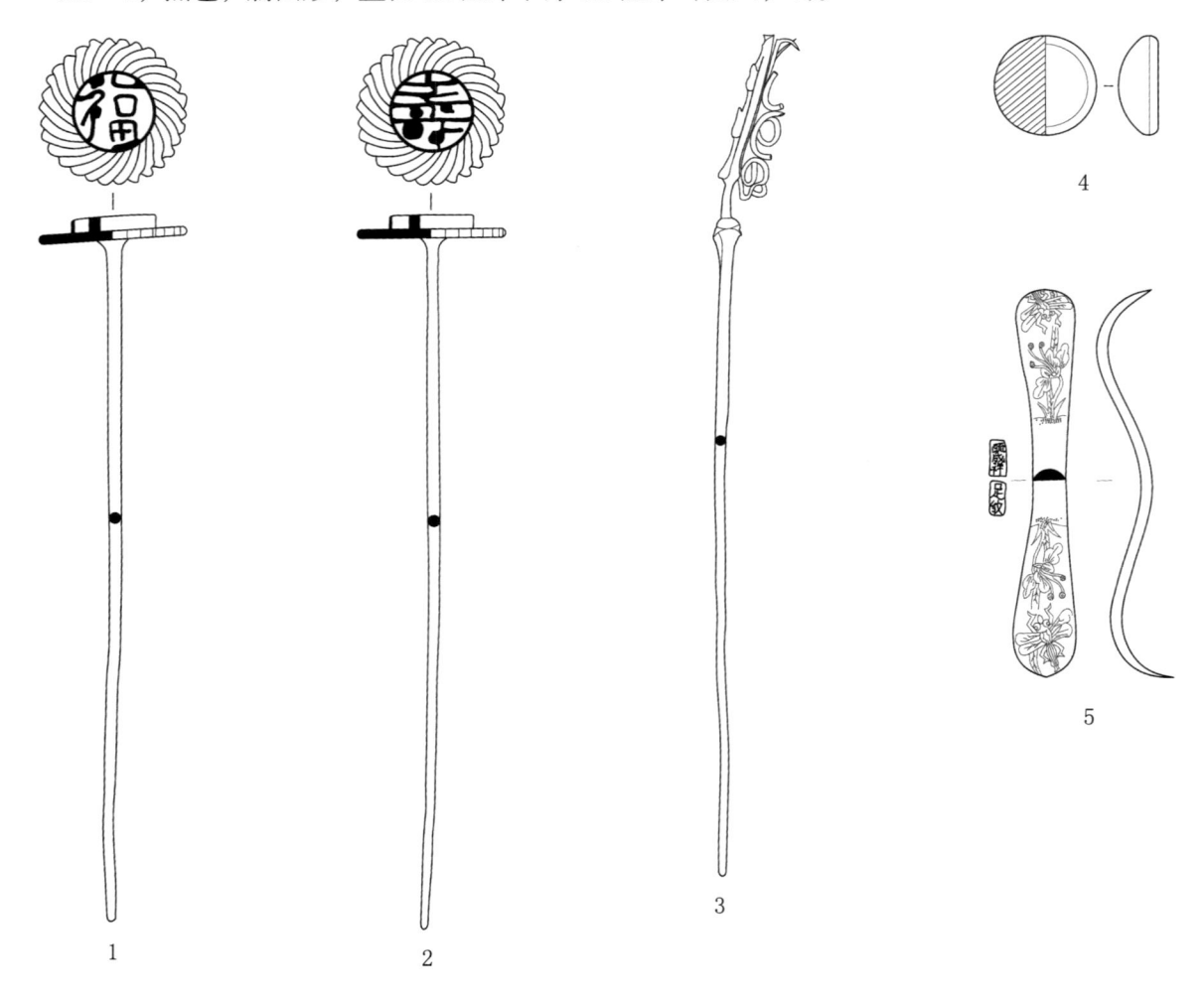

图六 M1出土器物

1～3.铜簪（M1：3-1、M1：3-2、M1：3-3） 4.石棋子（M1：2） 5.银押发（M1：3-4）

（四）铜钱

共26枚。铜钱锈蚀严重，现仅就可辨识的铜钱介绍如下：

乾隆通宝，1枚。M2:2-1，圆形、方穿。正面有郭，铸"乾隆通□"四字，第四字被锈迹遮盖，应为"宝"字，楷书，对读；背面有郭，锈蚀不清。直径2.5厘米、穿径0.5厘米、郭厚0.2厘米（图七，3）。

道光通宝，1枚。M1:1-2，圆形、方穿。正面有郭，铸"道光通宝"四字，楷书，对读；背面有郭，穿左右有字，锈蚀不清。钱文锈蚀严重。直径2.2厘米、穿径0.6厘米、郭厚0.3厘米（图七，1）。

光绪通宝，1枚。M1:1-1，圆形、方穿，正面有郭，铸"光绪通宝"四字，楷书，对读；背面有郭，背穿左右为满文"宝泉"，纪局名。直径2.2厘米、穿径0.5厘米、郭厚0.3厘米（图七，2）。

光绪元宝，1枚。M2:2-2，圆形、无穿，正面背面均无郭，钱币正面中心铸"光绪元宝"四个字，楷书，对读。背面锈蚀不清。直径3.2厘米（图七，5）。

民国"壹枚"中华铜币，1枚。M2:2-3，圆形、无穿、无郭，正面中间铸"壹枚"二字，左右两边饰有麦穗图。背面中间铸有两面旗帜交叉，上部铸"中华铜币"四字与一枚五角星。直径2.7厘米（图七，4）。

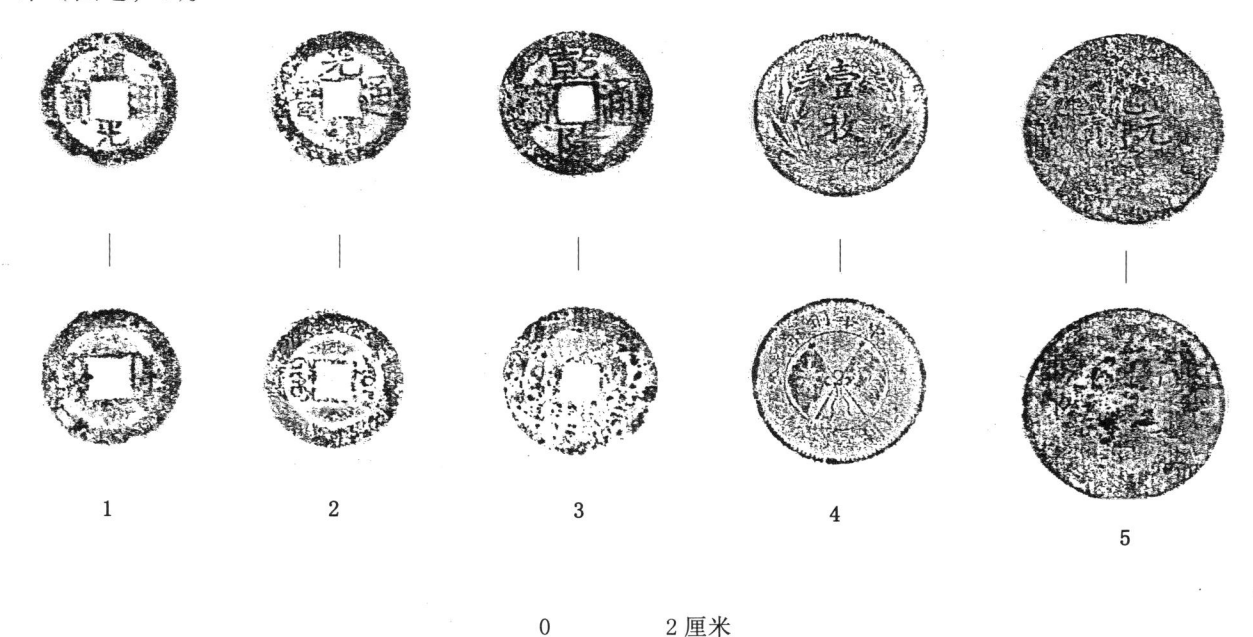

图七 出土铜钱、铜币拓片

1.道光通宝（M1:1-2） 2.光绪通宝（M1:1-1） 3.乾隆通宝（M2:2-1） 4.中华铜币（M2:2-3）
5.光绪元宝（M2:2-2）

三、结语

此次发掘的三座墓葬，均为竖穴土圹双人合葬墓，在北京地区清代、民国墓葬中比较常见。

M1 出土铜钱时代经判定最早为道光年间，最晚为光绪年间，因此该墓年代不早于光绪年间。M2 出土铜钱时代最早为乾隆年间，铜币最晚为民国时期，因此该墓年代不早于民国时期。

M1 出土银押发与机场南线工程的 M4：1[①]、延庆县东王化营清代墓葬 M7：6、M10：1[②]，奥林匹克森林公园 M1：2[③] 押发形制相似；M1 出土铜簪其性质特征与昌平张营遗址北区墓葬出土铜簪 M20：3、M20：4、M26：1[④] 相似，都为清代晚期十分流行头饰。根据随葬品及墓葬形制来看，M1、M3 是两座清代晚期墓葬，M2 是民国墓葬，三座墓葬规格等级较低，应为平民墓葬。

铺头村墓葬出土的头饰，为研究清末民国银器、铜器的手工艺水平提供了实物参照。本次发掘对研究北京地区清末民国时期的丧葬习俗具有一定价值。

发掘：孙峥

整理、执笔：温梦砥　孙峥

注释

[①] 北京市文物研究所：《机场南线工程考古发掘》，载北京市文物研究所编《北京考古》（第二辑），北京燕山出版社，2008 年，第 469～472 页。

[②] 北京市文物研究所：《延庆县东王化营窑址、墓葬发掘报告》，载北京市文物研究所编《北京考古》（第二辑），北京燕山出版社，2008 年，第 137～144 页。

[③] 北京市文物研究所：《奥林匹克森林公园工程考古发掘报告》，载北京市文物研究所编《北京考古》（第二辑），北京燕山出版社，2008 年，第 451、456 页。

[④] 北京市文物研究所：《昌平张营遗址北区墓葬发掘报告》，载北京市文物研究所编《北京考古》（第二辑），北京燕山出版社，2008 年，第 189、225 页。

附表　墓葬登记表

墓号	层位	形制	方向	墓口 长×宽×深（米）	墓底 长×宽×深（米）	葬具	葬式	人骨保存情况	性别	随葬品（件）
M1	①层下	梯形竖穴土坑	185°	(2.7~2.8)×(2.1~2.3)×0.3	(2.7~2.8)×(2.1~2.3)×0.7	双棺	皆仰身直肢葬	较差	西棺男性；东棺女性	银簪3、棋子1、钱币5
M2	①层下	长方形竖穴土坑	188°	2.6×1.6×0.3	2.6×1.6×0.65	双棺	皆仰身直肢葬	较差	西棺男性；东棺女性	钱币21
M3	①层下	长方形竖穴土坑	183°	2.5×1.6×0.3	2.5×1.6×0.6	双棺	无	无	无	无

通州区疃里清代、民国墓葬及清代水井发掘报告

为配合通州区疃里村集体租赁住房项目（A 地块建设用地）建设，北京市考古研究院（原北京市文物研究所）于 2020 年 4 月至 5 月对该项目范围内进行了考古勘探，发现一批古代遗存。同年 5 月 15 日至 20 日，北京市考古研究院对发现的古遗存进行了考古发掘。发掘区位于宋庄镇疃里村东，北邻潞苑北大街、东邻东六环路。中心地理位置坐标为：东经 116°42′08″、北纬 39°57′07″，海拔 22.6 米（图一）。此次共发掘 4 座古代墓葬和 1 眼水井，发掘面积为 44 平方米（图二）。

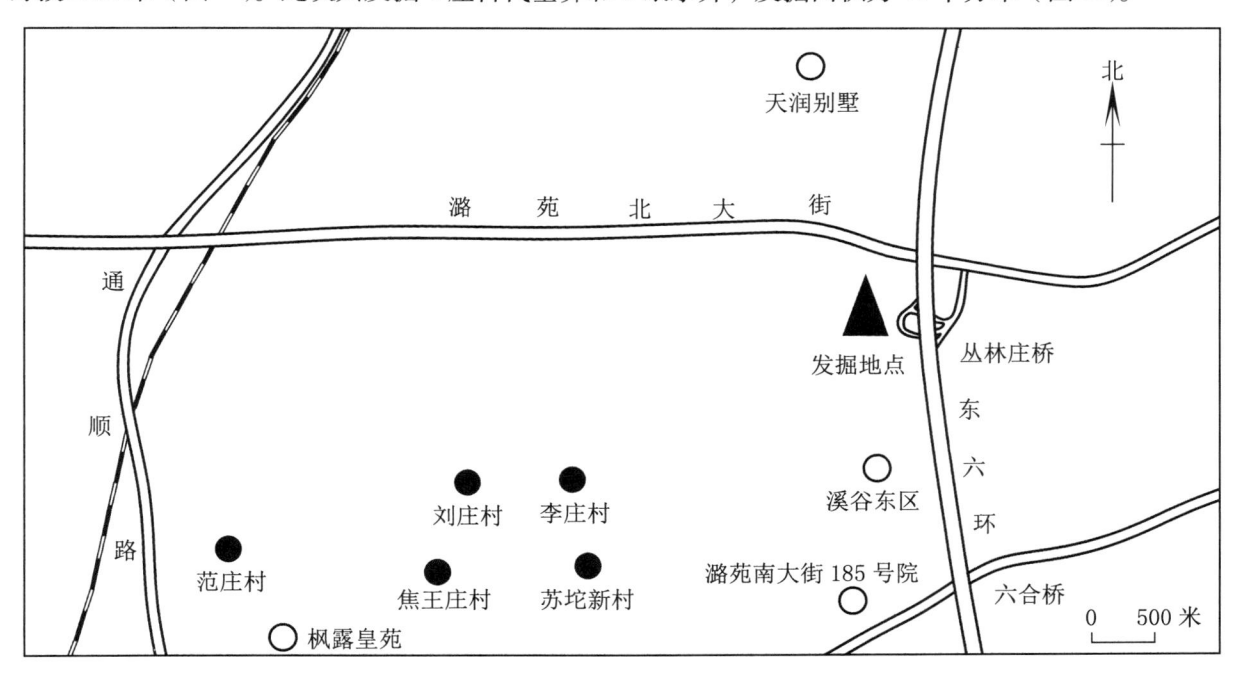

图一　发掘地点位置示意图

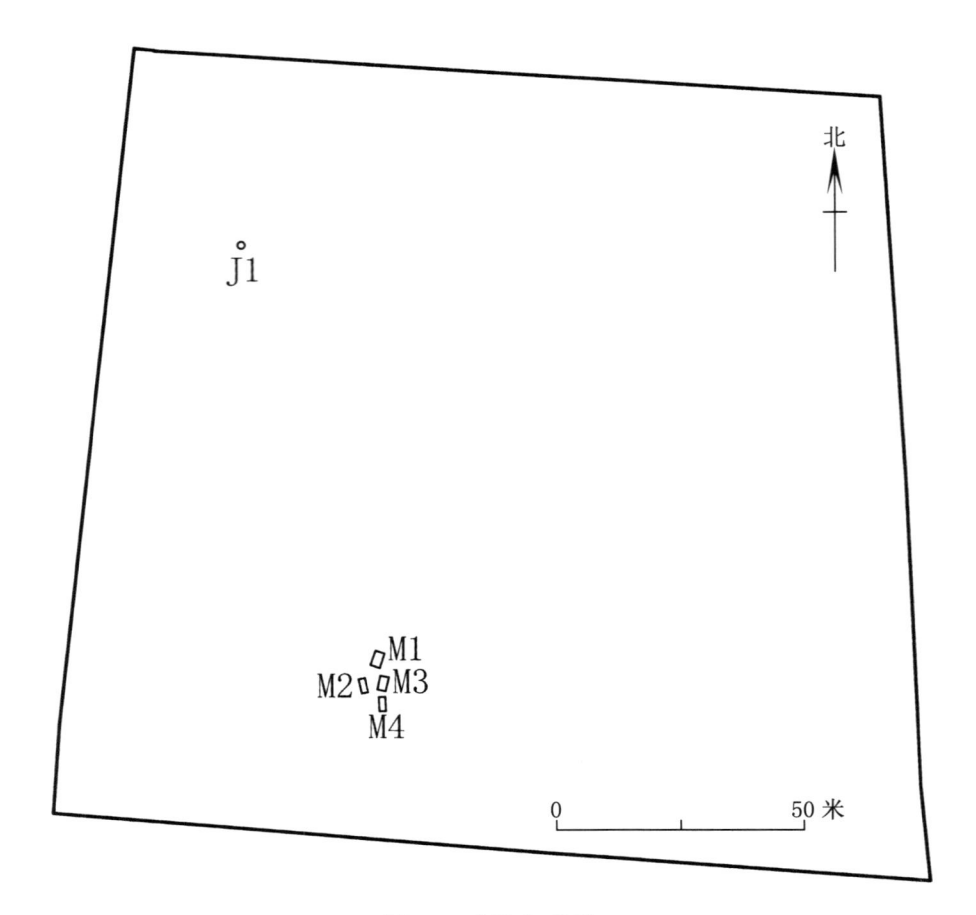

图二　遗迹分布图

一、地层堆积

发掘区地层堆积简单，可分为一层。

第①层：耕土层，厚 0.2～0.4 米。灰褐色，土质疏松，含植物根茎、现代砖瓦残块及塑料制品等物。①层下为黄褐色生土，土质硬，纯净，无包含物。

二、墓葬

共 4 座，分别为 M1～M4。

（一）M1

位于发掘区的西南部，东南邻M3。开口于①层下，墓口距地表深0.4米。方向为25°。为长方形竖穴土坑双人合葬墓，直壁，平底。墓口南北总长2.4～2.5米、东西宽1.84米、深0.66米。内填黄褐色五花土，土质疏松（图三；彩版八三，1）。

葬具为木质双棺，东棺下葬年代早于西棺。东棺仅存朽痕，长2.18米、宽0.46～0.56米、残高0.35米；西棺盖板无存，残存部分墙板、挡板及底板，棺内部长1.86米、宽0.58～0.70米、残高0.3米，棺板厚约0.1米。东棺人骨无存；西棺人骨一具，保存较差，头向北，面向、葬式不详，女性。

随葬品有银簪、陶罐各1件，银簪出土于西棺内、人肋骨附近，陶罐出土于西棺北侧。

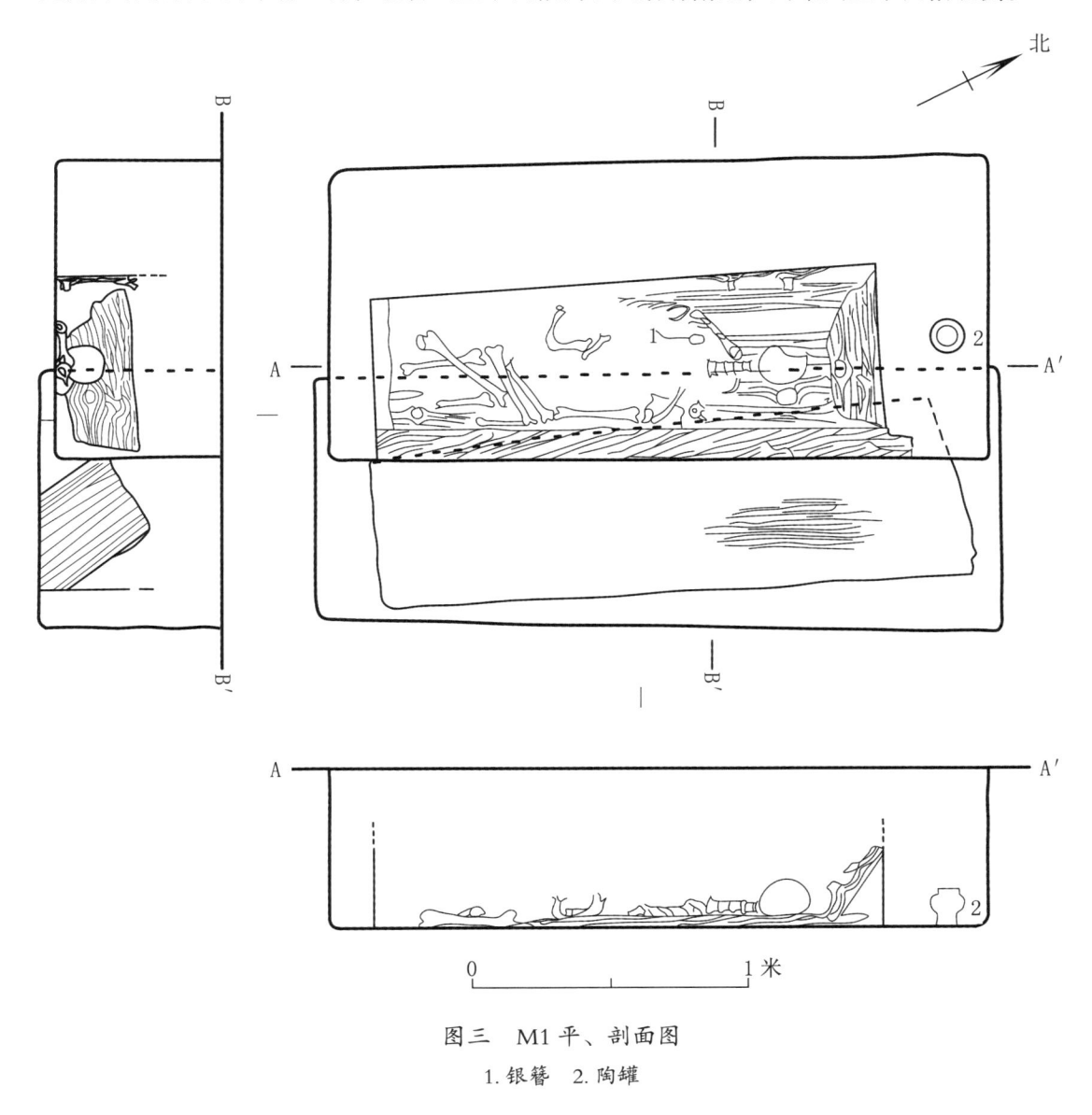

图三 M1平、剖面图
1. 银簪 2. 陶罐

银簪 1 件。M1：1，首是数个用银丝缠绕而成的小圆组成的镂空圆球，各小圆球正中有一半球形凸起，首下有花瓣形托。体呈圆锥体。首径1.9厘米、体长13.6厘米（图七，6；彩版八四，1）。

陶罐 1 件。M1：2，侈口，方唇，折肩，圆鼓腹，下腹曲收，平底外展。泥质黄褐陶，内壁无釉，外壁施薄黄釉，釉面基本脱落。内壁有轮制旋痕。口径9.3厘米、腹径10.6厘米、底径9.8厘米、高14.2厘米（图七，5；彩版八四，2）。

（二）M2

位于发掘区的西南部，东邻M3。开口于①层下，墓口距地表深0.4米。方向为15°。为长方形竖穴土坑双人合葬墓，直壁，平底。墓口南北总长2.24～2.76米、东西宽2米、深0.8米。内填黄褐色五花土，土质疏松（图四；彩版八三，2）。

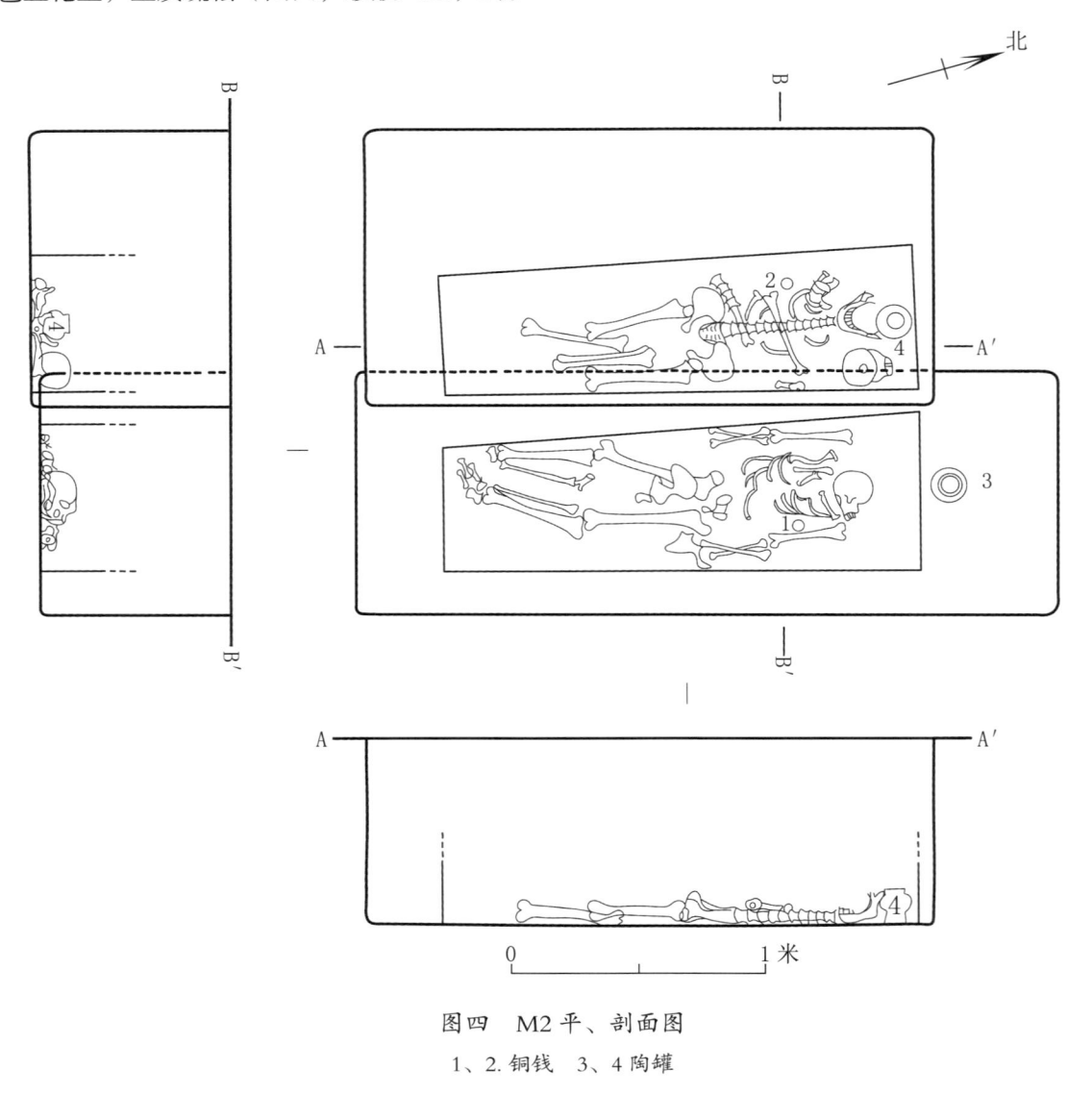

图四 M2平、剖面图
1、2.铜钱 3、4陶罐

葬具为木质双棺，棺木已朽，东棺下葬年代早于西棺。东棺长1.9米、宽0.52～0.64米、残高0.26米；西棺长1.9米、宽0.5～0.56米、残高0.3米。棺内人骨各一具，保存较差，皆头向北，仰身直肢葬，东棺男性，西棺女性。

随葬品有陶罐2件（M2∶3、M2∶4），铜钱4枚（M2∶1、M2∶2）。M2∶3出土于西棺北侧，M2∶4出土于东棺北端，M2∶1出土于东棺内，M2∶2出土于西棺内、人肋骨附近。

陶罐2件。M2∶3，侈口，尖圆唇外翻，束颈，圆肩，鼓腹，下腹斜收，平底。泥质黄褐陶，内壁无釉，外壁施黄釉，外釉不及底部。口径9.8厘米、腹径15.6厘米、底径9.6厘米、高14.1厘米（图七，8；彩版八四，3）。M2∶4，侈口，斜方唇，束颈，圆肩，鼓腹，下腹曲收，平底外展。泥质黄褐陶，内壁无釉，外壁施黄釉、泛绿，釉不及底。口径9.2厘米、腹径11厘米、高11.3厘米（图七，2；彩版八四，4）。

铜钱4枚。M2∶1-1，圆形方穿，正、背面有郭，正面楷书"康熙通宝"，对读；背面穿左右为满文"宝源"。钱径2.7厘米、穿边长0.7厘米、郭厚0.15厘米（图八，10）。M2∶1-2，圆形方穿，正、背面有郭，正面楷书"嘉庆通宝"，对读；背面穿左右为满文"宝泉"。钱径1.6厘米、穿边长0.6厘米、郭厚0.14厘米（图八，5）。M2∶2-1，圆形方穿，正、背面有郭，正面楷书"常平通宝"，对读；背面穿上下楷书"户二"。钱径3厘米、穿边长0.9厘米、郭厚0.17厘米（图八，8）。M2∶2-2，圆形方穿，正、背面有郭，正面楷书"常平通宝"，对读；背面穿上下楷书"工二"。钱径2.9厘米、穿边长0.9厘米、郭厚0.16厘米（图八，9）。

（三）M3

位于发掘区的西南部，南邻M4。开口于①层下，墓口距地表深0.4米。方向为30°。为长方形竖穴土坑双人合葬墓，直壁，平底。墓口南北总长2.4～2.5米、东西宽1.7米、深0.66米。内填黄褐色五花土，土质疏松（图五；彩版八三，3）。

葬具为木质双棺，棺木已朽，东棺下葬年代早于西棺。东棺长1.94米，宽0.38～0.56米、残高0.46米；西棺长1.9米、宽0.4～0.56米、残高0.4米。棺内人骨各一具，保存较差，皆头向北，仰身直肢葬，东棺女性，西棺男性。

随葬品有陶罐2件，银簪1件，铜钱2枚，铜元2枚。M3∶3出土于东棺北侧、陶罐M3∶5出土于西棺北侧，银簪出土于东棺头骨附近，铜元出土于东棺内、人肋骨附近，铜钱出土于西棺内、人肋骨附近。

陶罐2件。M3∶3，侈口，方唇，圆肩，圆鼓腹，下腹曲收，平底外展。泥质灰陶，内壁无釉，外壁施绿白釉。口径8.5厘米、腹径10.8厘米、底径8.6厘米、高12.5厘米（图七，1；彩版八四，6）。M3∶5，侈口，方唇，圆肩，折肩，圆鼓腹，下腹曲收，底部外展，平底微内凹。泥质红褐陶，内壁无釉，外壁施一层灰白色陶衣。口径9厘米、腹径11.2厘米、底径10.3厘米、高14.6厘米（图七，7；彩版八四，7）。

银簪 1 件。M3：2，首呈柳叶状，正面錾刻折枝花卉纹。体呈圆锥体。首宽 0.7 厘米、体长 5.4 厘米（图七，3；彩版八四，5）。

铜币 2 枚。M3：1-1，圆形，背面正中刻划龙纹，正面有字，已模糊不清。钱径 3.3 厘米、厚 0.13 厘米（图八，1）。M3：1-2，圆形，背面正中刻划旗帜纹，正面有字，已模糊不清。钱径 3.1 厘米、厚 0.1 厘米（图八，2）。

铜钱 2 枚。M3：4-1，圆形方穿，正、背面有郭，正面楷书"嘉庆通宝"，对读；背面穿左右为满文"宝泉"。钱径 2.4 厘米、穿边长 0.6 厘米、郭厚 0.13 厘米（图八，6）。M3：4-2，圆形方穿，正、背面有郭，正面楷书"宣统通宝"，对读；背面穿左右为满文，字迹不清晰。钱径 2.3 厘米、穿边长 0.5 厘米、郭厚 0.12 厘米（图八，7）。

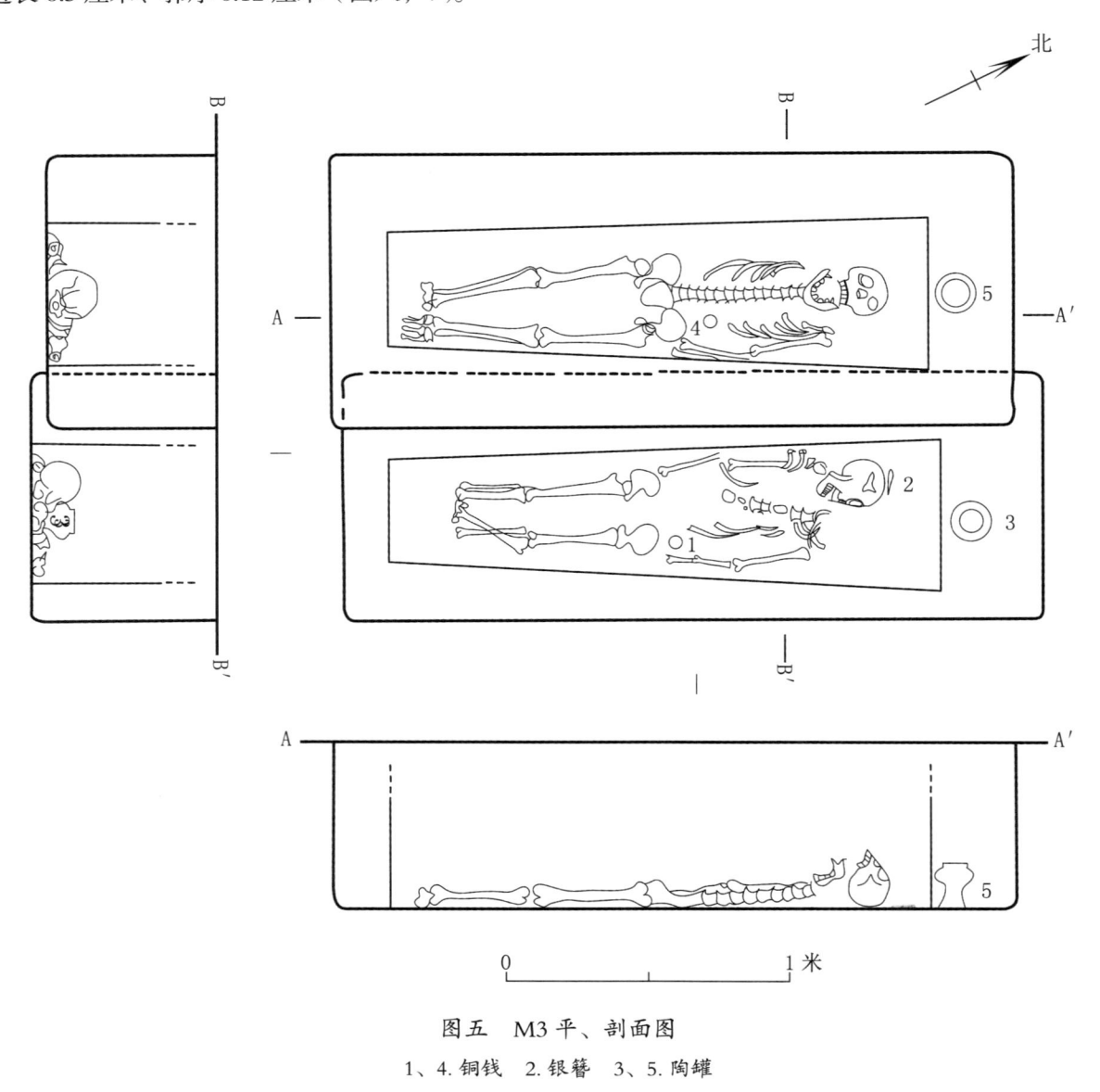

图五　M3 平、剖面图
1、4. 铜钱　2. 银簪　3、5. 陶罐

（四）M4

位于发掘区的西南部，北邻 M3。开口于①层下，墓口距地表深 0.4 米。方向为 10°。为长方形竖穴土坑单人葬墓，直壁，平底。墓口南北长 2.6 米、东西宽 1 米、深 0.8 米。内填黄褐色五花土，土质疏松（图六，彩版八三，4）。

葬具为木质单棺，棺木已朽。棺长 1.9 米、宽 0.48～0.56 米、残高 0.38 米。棺内骨架保存较好，头向北，面向上，仰身直肢葬，男性。

随葬品有陶罐 1 件，铜钱 2 枚。陶罐出土于棺北侧，铜钱出土于棺内、人肋骨附近。

陶罐 1 件。M4：2，侈口，方唇，折肩，圆鼓腹，下腹曲收，底部外展，平底微内凹。泥质灰陶，内壁无釉，外壁施黄釉、泛绿。内壁有数周轮制旋痕。口径 9 厘米、腹径 10.6 厘米、底径 7.9 厘米、高 12.1 厘米（图七，4；彩版八四，8）。

铜钱 2 枚。M4：1-1，圆形方穿，正、背面有郭，正面楷书"雍正通宝"，对读；背面穿左右为满文"宝泉"。钱径 2.4 厘米、穿边长 0.6 厘米、郭厚 0.14 厘米（图八，3）。M4：1-2，圆形方穿，正、背面有郭，正面楷书"乾隆通宝"，对读；背面穿左右为满文"宝泉"。钱径 2.5 厘米、穿边长 0.6 厘米、郭厚 0.15 厘米（图八，4）。

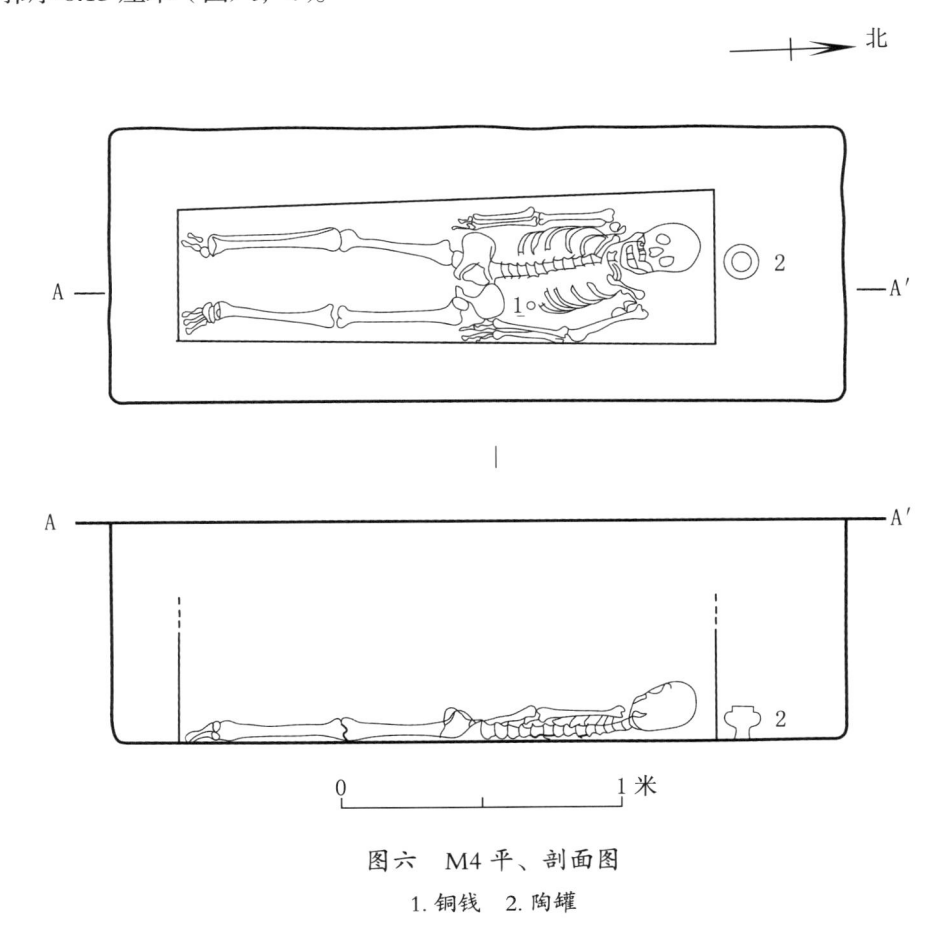

图六　M4 平、剖面图
1. 铜钱　2. 陶罐

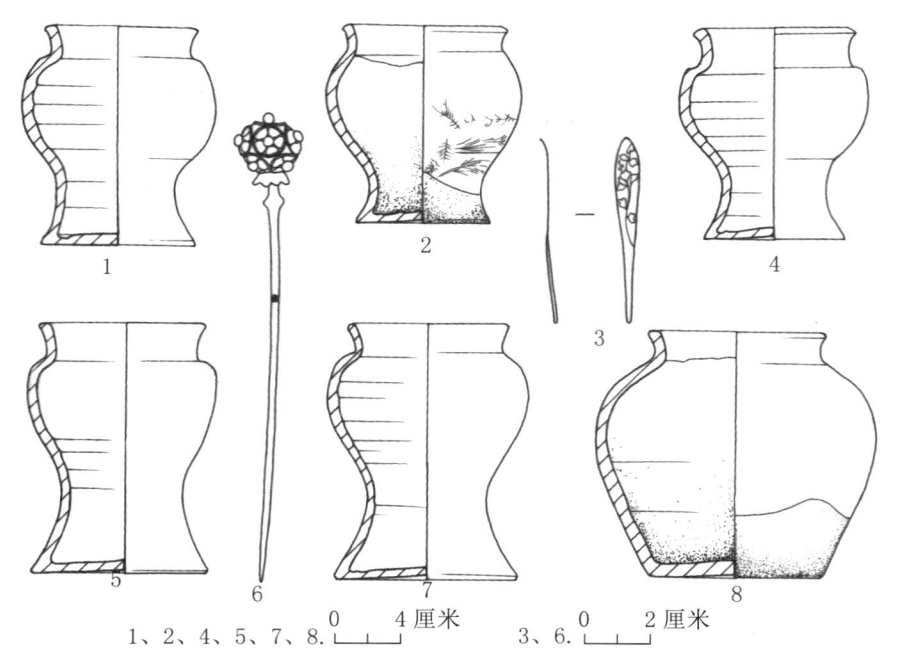

图七　出土器物

1、2、4、5、7、8.陶罐（M3:3、M2:4、M4:2、M1:2、M3:5、M2:3）　3、6.银簪（M3:2、M1:1）

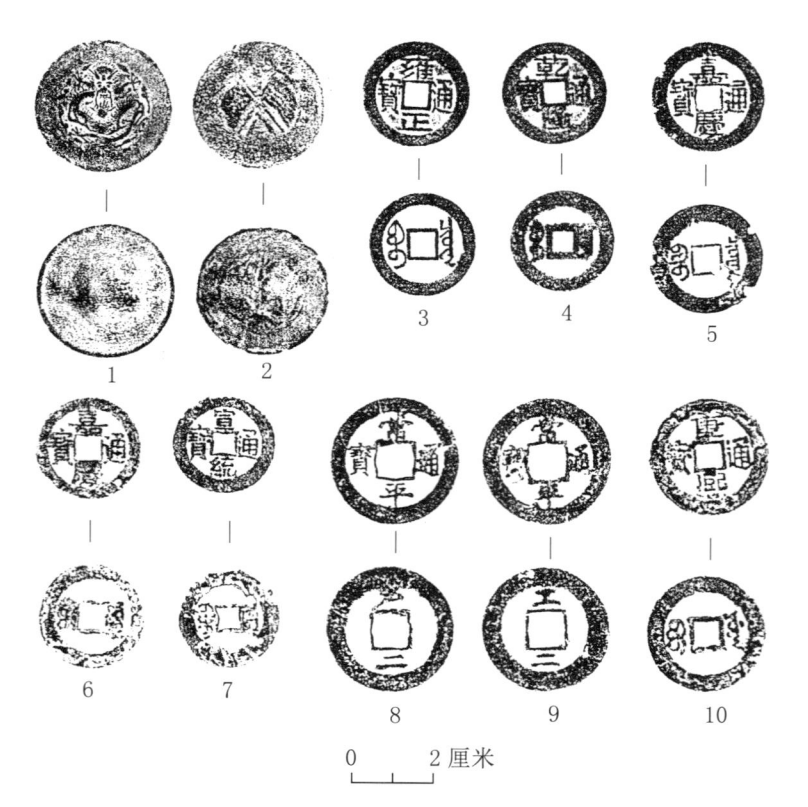

图八　出土铜钱、铜币拓片

1、2.铜元（M3:1-1、M3:1-2）　3.雍正通宝（M4:1-1）　4.乾隆通宝（M4:1-2）　5、6.嘉庆通宝（M2:1-2、M3:4-1）　7.宣统通宝（M3:4-2）　8、9.常平通宝（M2:2-1、M2:2-2）　10.康熙通宝（M2:1-1）

三、水井

1眼，为J1。

J1位于发掘区的西北部。开口于①层下，井口距地表深0.4米。为圆形竖穴土圹井，壁陡直，底较平。开口径长1.6米，深5.6米。内填五花土，土质疏松（图九；彩版八三，5）。

内堆积分为2层，第①层厚1.5米，呈深褐色，土质较松，内含少量青砖渣；第②层厚4.1米，呈浅褐色，土质较松，内含大量青砖碎块。

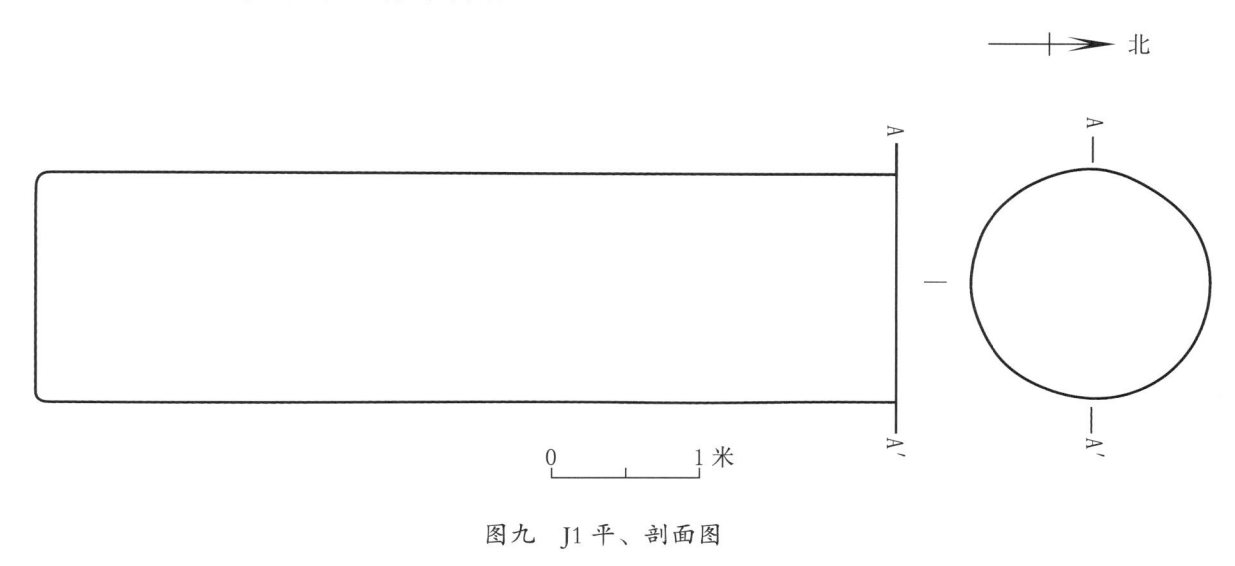

图九　J1平、剖面图

四、结语

此次发掘的4座墓葬为长方形竖穴土坑单人葬墓或双人合葬墓，均为南北向，头向北，仰身直肢葬，墓葬形制及葬俗为北京地区清代墓葬常见类型。随葬品常见于北京地区已发掘的清代墓葬，M1出土银簪M1∶1形制与北京市轻轨L2线通州段次渠站B2地块清代墓葬出土的M23∶5相近[1]。M3出土银簪M3∶2形制与丽泽墓地清代墓葬出土M115∶2相近[2]。出土陶罐M1∶2、M2∶4、M3∶3、M3∶5、M4∶2形制与丽泽墓地M44、M74、M199、M202[3]和单店养老产业示范基地M3、M4[4]等清代墓葬出土同类器几乎相同。结合M2出土有嘉庆通宝、M4出土有乾隆通宝等特征推断M1、M2、M4时代为清代中晚期，M3依据出土铜币推断时代为民国时期。

M1～M4时代相去不远，平面相距较近、排列有序，判断应为同一家族墓地。这4座墓葬规模均较小，随葬品也不多，所以推断墓主人为一般平民。

J1为圆形竖穴土圹井，符合北京地区清代水井特征，结合其层位关系与M1～M4相同等特征判断，J1时代也应为清代。

本次发掘为研究通州地区清代墓葬形制、丧葬习俗及社会发展状况提供了新的实物资料。

发掘：刘风亮　曾庆铅

绘图：曾庆铅

摄影：曾庆铅

拓片：曾庆铅

执笔：刘风亮

注释

① 北京市考古研究院：《通州东石村与北小营村——北京轻轨 L2 线通州段次渠站等土地开发项目考古发掘报告》，上海古籍出版社，2022 年。

② 北京市文物研究所：《丽泽墓地——丽泽金融商务区园区规划绿地工程发掘报告》，科学出版社，2016 年。

③ 北京市文物研究所：《丽泽墓地——丽泽金融商务区园区规划绿地工程发掘报告》，科学出版社，2016 年。

④ 北京市文物研究所：《单店与黑庄户——朝阳区考古发掘报告集》，上海古籍出版社，2021 年。

附表一　墓葬登记表

编号	时代	方向	墓口 长×宽×深（米）	墓底 长×宽×深（米）	深度（米）	棺数	葬式	人骨保存情况	头向及面向	性别、年龄	随葬品
M1	清	25°	（2.4～2.5）×1.84×0.4	（2.4～2.5）×1.84×1.06	0.66	双棺	不详	西棺人骨无存，东棺人骨保存较差	头向北，面向不详	女性，年龄不详	银簪、陶罐各1件，均出土于东棺
M2	清	15°	（2.24～2.76）×2×0.4	（2.24～2.76）×2×1.2	0.8	双棺	皆仰身直肢葬	均保存较差	皆头向北，面向不详	东棺男性，西棺女性，年龄不详	东、西棺各出土陶罐1件，铜钱2枚
M3	清	30°	（2.4～2.5）×1.7×0.4	（2.4～2.5）×1.7×1.06	0.66	双棺	皆仰身直肢葬	均保存较差	皆头向北，西棺面向上，东棺面向东	东棺女性，西棺男性，年龄不详	东、西棺各出土陶罐1件，银簪1件出土于东棺，铜钱2枚出土于西棺
M4	民国	15°	2.6×1×0.4	2.6×1×1.2	0.8	单棺	仰身直肢葬	保存较好	头向北，面向上	中年男性	陶罐1件、铜钱2枚

附表二　水井登记表

编号	时代	开口（米）	直径（米）	深度（米）	包含物
J1	清	0.4	1.6	5.6	内含大量青砖碎块

经济技术开发区河西区汉代窑址发掘报告

汉代窑址 Y1

彩版二

经济技术开发区河西区汉代窑址发掘报告

1. Y1 烟道

2. Y1 东侧窑室

汉代窑址 Y1 局部

彩版三

丰台区新宫汉代、元代灰坑发掘报告

1. H1

2. H2

3. H3

灰坑 H1 ~ H3

彩版四

丰台区新宫汉代、元代灰坑发掘报告

1. H4

2. H5

3. H6

灰坑 H4 ~ H6

丰台区新宫汉代、元代灰坑发掘报告

1. 瓷碗（H1：1）

2. 瓷碗（H1：1）碗心

H1 出土瓷器

彩版六

通州区召里汉代窑址、清代墓葬发掘报告

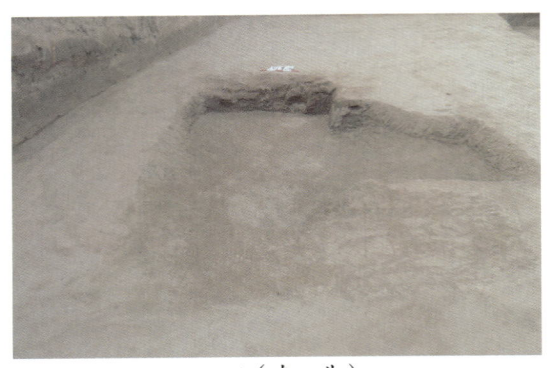

1. Y1（南→北）

2. M1（南→北）

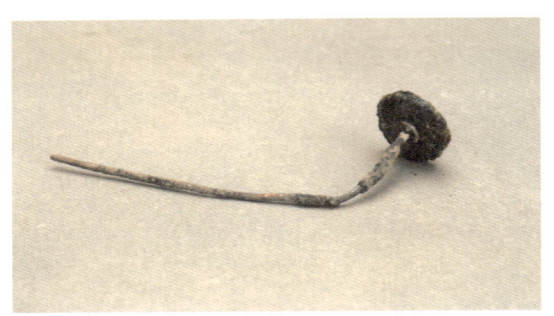

3. 铜簪（M1：1）

4. 铜簪（M1：2）

5. 铜簪（M1：3）

6. 银耳环（M1：4-1）

7. 银耳环（M1：4-2）

汉代窑址Y1、清代墓葬M1及墓葬出土器物

丰台区张家坟唐、元、清墓发掘报告

1. M2

2. M3

唐代墓葬 M2、M3

彩版八

丰台区张家坟唐、元、清墓发掘报告

1. M4

2. M5

唐代墓葬 M4、M5

彩版九

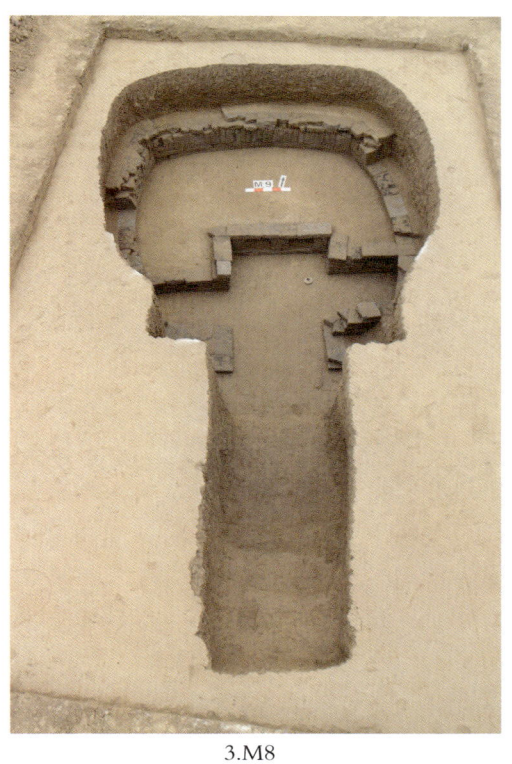

丰台区张家坟唐、元、清墓发掘报告

1. M6

2. M7

3. M8

4. M9

唐代墓葬 M6 ~ M9

彩版一〇

丰台区张家坟唐、元、清墓发掘报告

1. 陶釜（M2∶1）

2. 陶釜（M2∶1）俯视图

3. 陶罐（M6∶1）

4. 陶盆（M8∶2）

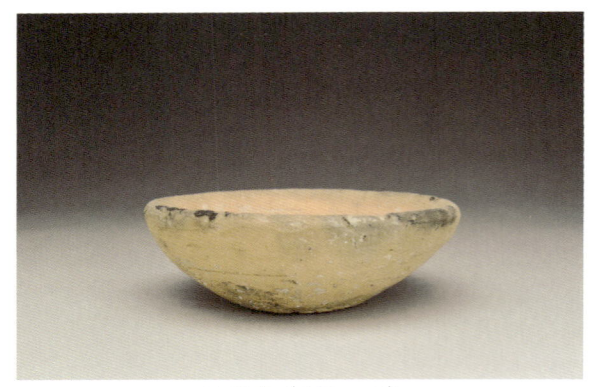

5. 陶盏（M8∶3）

6. 陶釜（M9∶1）

唐代墓葬出土陶器

彩版一一

丰台区张家坟唐、元、清墓发掘报告

1. 瓷碗（M2：2）

2. 釉陶盏（M5：1）

3. 瓷碗（M7：1）

4. 瓷碗（M7：2）

5. 铜饰件（M6：2）

6. 铜镜（M8：4）

唐代墓葬出土器物

丰台区张家坟唐、元、清墓发掘报告

1. M19

2. M21

元代墓葬 M19、M21

丰台区张家坟唐、元、清墓发掘报告

1. M22

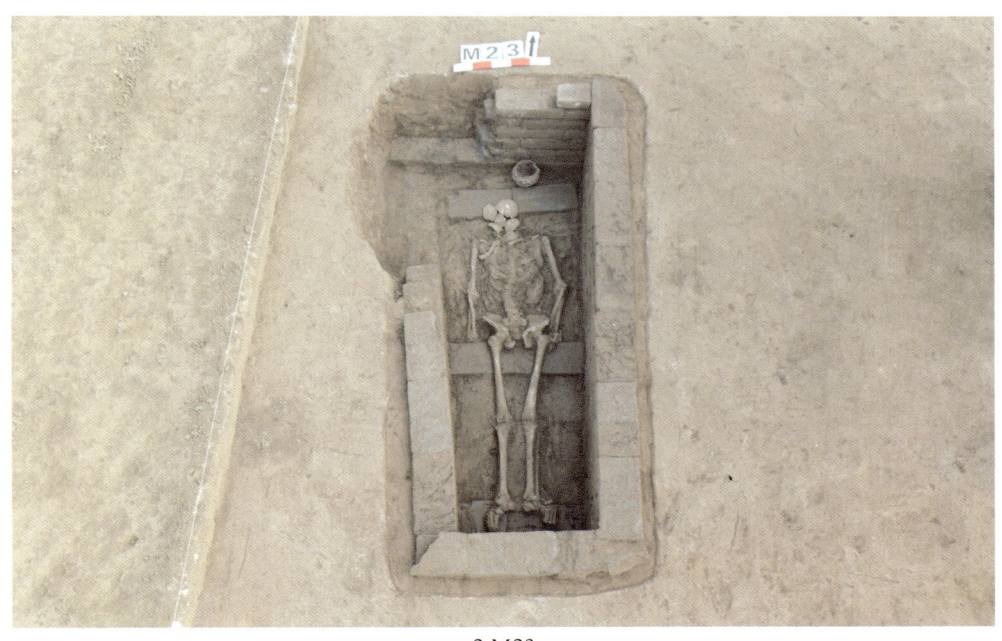

2. M23

元代墓葬 M22、M23

丰台区张家坟唐、元、清墓发掘报告

1. M24

2. M25

元代墓葬 M24、M25

丰台区张家坟唐、元、清墓发掘报告

1. M26

2. M27

元代墓葬 M26、M27

彩版一六

丰台区张家坟唐、元、清墓发掘报告

1. 陶钵（M19：1）

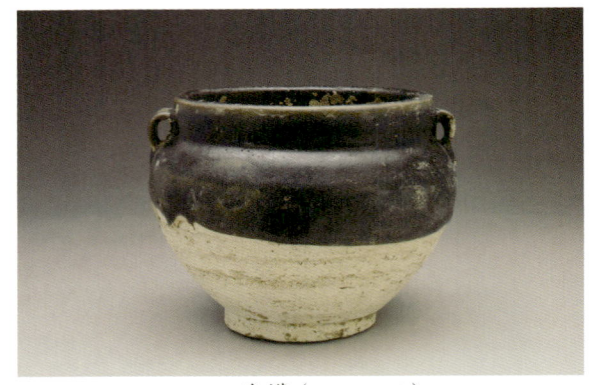

2. 瓷罐（M19：3）

3. 瓷罐（M21：1）

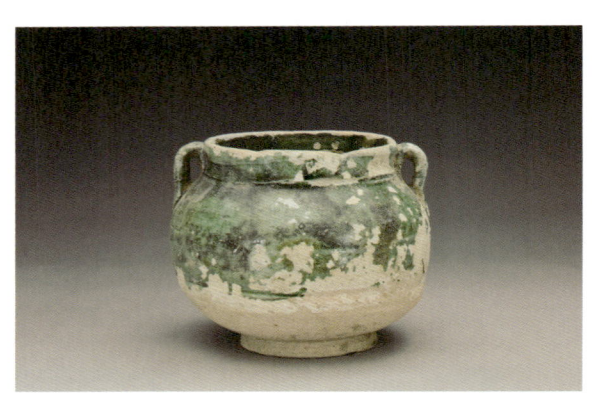

4. 釉陶罐（M22：1）

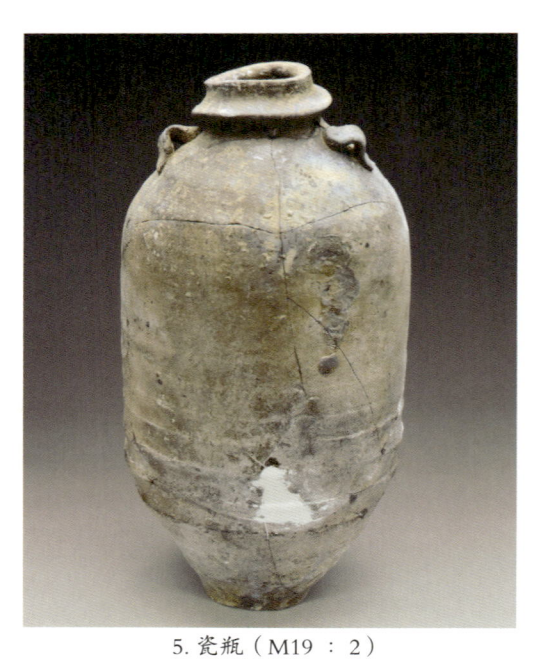

5. 瓷瓶（M19：2）

元代墓葬出土陶器、瓷器

丰台区张家坟唐、元、清墓发掘报告

1. 瓷罐（M22：4）

2. 瓷罐（M23：1）

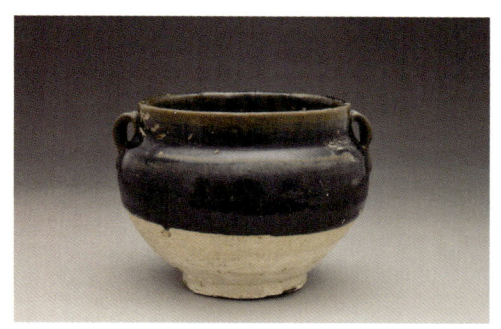

3. 瓷罐（M24：1）

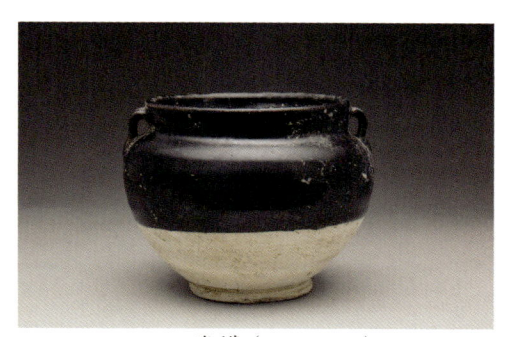

4. 瓷罐（M25：1）

5. 铜饰件（M22：3）正面

6. 铜饰件（M22：3）背面

7. 铜饰件（M23：3）

8. 金耳环（M24：5）

元代墓葬出土器物

彩版一八

丰台区张家坟唐、元、清墓发掘报告

1. 铜镜（M19：4）

2. 铜镜（M24：3）正面

3. 铜镜（M24：3）侧面

元代墓葬出土铜镜

丰台区张家坟唐、元、清墓发掘报告

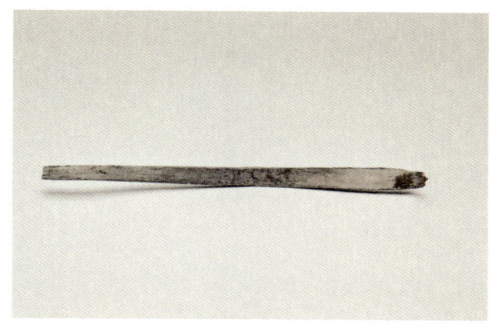

1. M21:2
2. M21:4 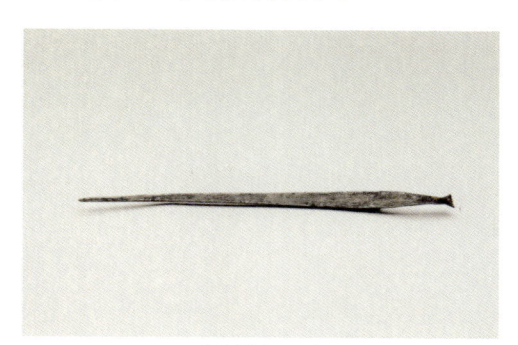
3. M24:7 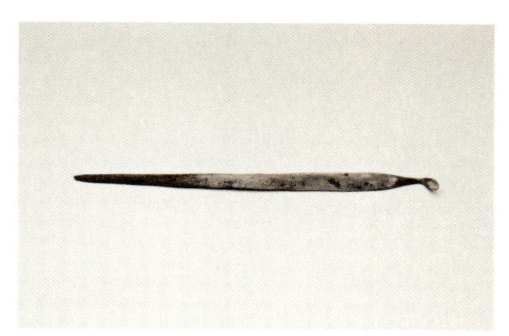
4. M24:8 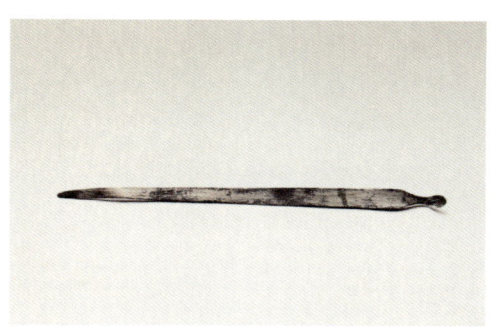
5. M24:9 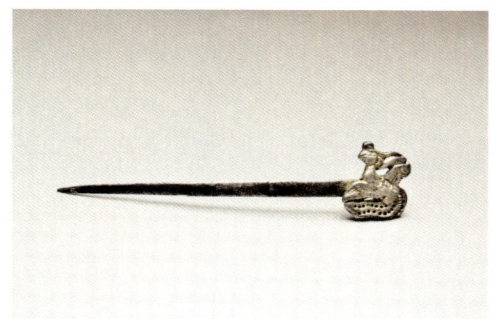
6. M27:3 
7. M27:4 

元代墓葬出土银簪

彩版二〇

丰台区张家坟唐、元、清墓发掘报告

1. 铜钗（M19：5）

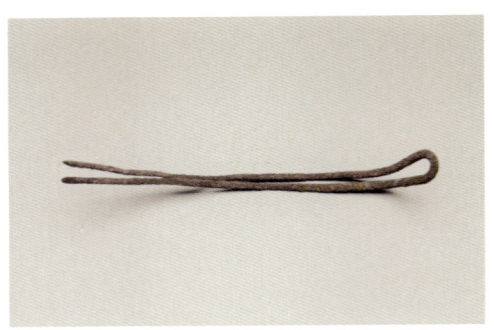

2. 铜钗（M19：7）

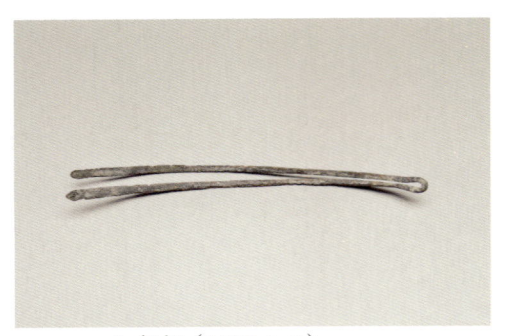

3. 铜钗（M22：2）

4. 铜钗（M22：6）

5. 铜簪（M22：7）

6. 铜钗（M24：4）

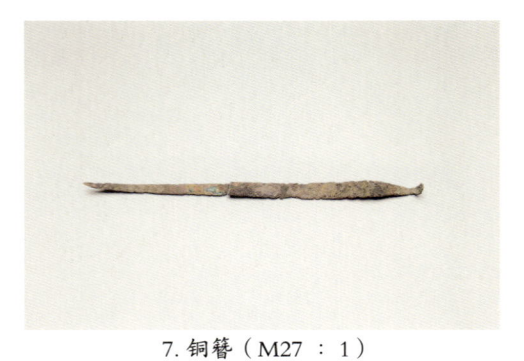

7. 铜簪（M27：1）

元代墓葬出土铜钗、铜簪

丰台区张家坟唐、元、清墓发掘报告

1. M11

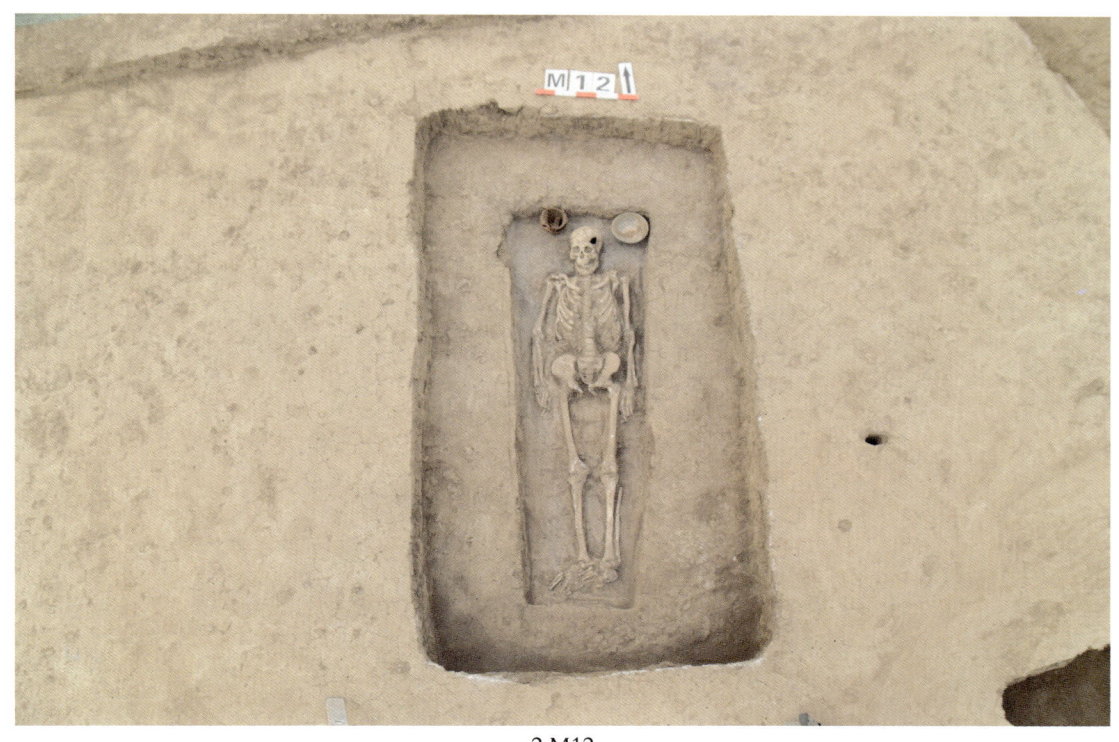

2. M12

清代墓葬 M11、M12

彩版二二

丰台区张家坟唐、元、清墓发掘报告

1. M16

2. M18

清代墓葬 M16、M18

彩版二三

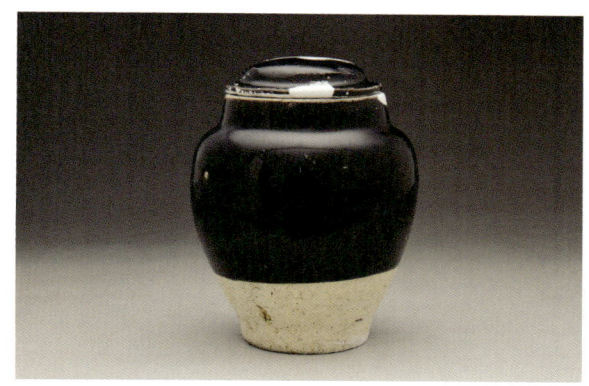

丰台区张家坟唐、元、清墓发掘报告

1. 瓷罐（M1：1）

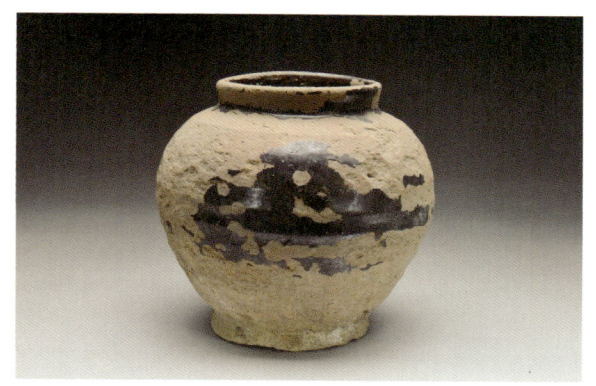

2. 釉陶罐（M10：1）

3. 瓷罐（M11：1）

4. 瓷罐（M11：2）

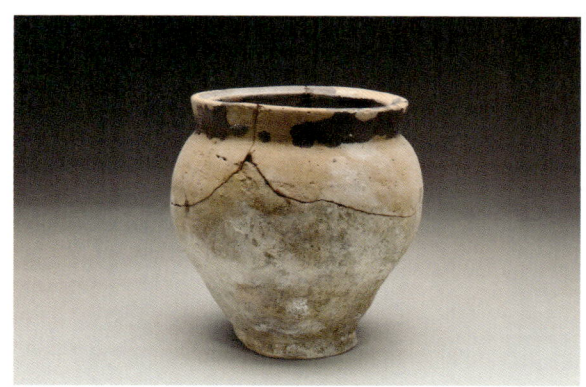

5. 釉陶罐（M12：1）

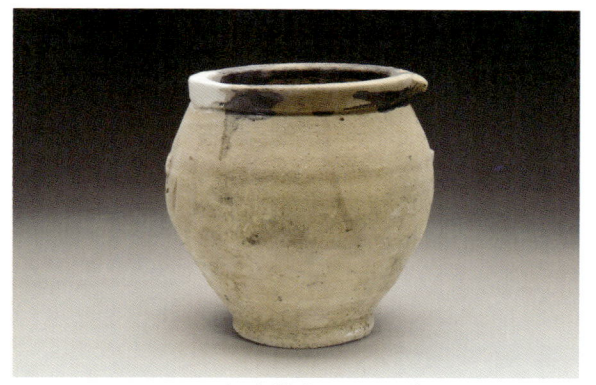

6. 釉陶罐（M13：1）

清代墓葬出土釉陶罐、瓷罐

彩版二四

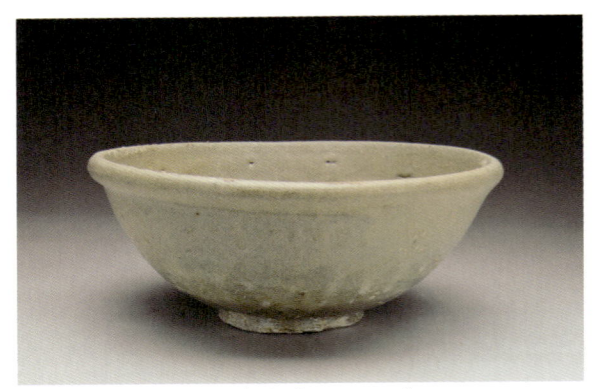

丰台区张家坟唐、元、清墓发掘报告

1. 瓷碗（M12∶2）

2. 瓷碗（M12∶2）碗心

3. 铜钗（M17∶1）

清代墓葬出土器物

大兴区礼贤明代墓葬发掘报告

1. M3

2. M4

明代墓葬 M3、M4

彩版二六

大兴区礼贤明代墓葬发掘报告

1.M1

2.M2

明代墓葬 M1、M2

彩版二七

大兴区礼贤明代墓葬发掘报告

1. 瓷罐（M1：1）

2. 瓷罐（M2：3）

3. 铁器（M1：3）

4. 铁铃铛（M2：2）

明代墓葬出土器物

彩版二八

密云区南陈各庄明代墓葬、石砌遗迹发掘报告

1. 弘治通宝

2. 万历通宝

3. 咸平元宝

4. 长条砖

明代墓葬 M1 出土器物

彩版二九

朝阳区塔营街明清墓葬及辽金、清代窑址发掘报告

1. M1（东→西）

2. M2（北→南）

明清墓葬 M1、M2

彩版三〇

朝阳区塔营街明清墓葬及辽金、清代窑址发掘报告

1. M3（南→北）

2. M7（南→北）

3. M11（南→北）

明清墓葬 M3、M7、M11

朝阳区塔营街明清墓葬及辽金、清代窑址发掘报告

1. M4（西→东）

2. M5

3. M6（西→东）

明清墓葬 M4～M6

彩版三二

朝阳区塔营街明清墓葬及辽金、清代窑址发掘报告

1. M8（南→北）

2. M9（南→北）

3. M10（南→北）

明清墓葬 M8～M10

朝阳区塔营街明清墓葬及辽金、清代窑址发掘报告

1.Y1（北→南）

2.Y2（南→北）

辽金窑址 Y1、Y2

朝阳区塔营街明清墓葬及辽金、清代窑址发掘报告

1. Y3（东→西）

2. Y4（南→北）

辽金窑址 Y3、清代窑址 Y4

彩版三五

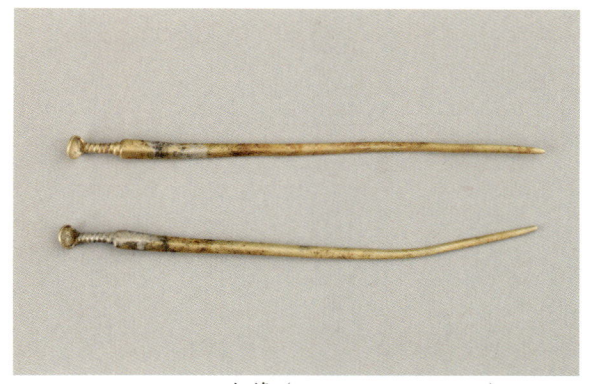

朝阳区塔营街明清墓葬及辽金、清代窑址发掘报告

1. 金簪（M1：3、M1：4）

2. 金簪（M1：5）

3. 金耳环（M1：8）

4. 铜扣（M1：9）

5. 铁环（M1：10）

6. 陶纺轮（M9：4）

明清墓葬出土器物

彩版三六

朝阳区塔营街明清墓葬及辽金、清代窑址发掘报告

1. 铜烛台（M1∶1）

2. 金头饰（M1∶11-1）

3. 金头饰（M1∶11-2）

明清墓葬出土铜器、金器

彩版三七

朝阳区塔营街明清墓葬及辽金、清代窑址发掘报告

1. 瓷罐（M4∶1）

2. 绿釉陶罐（M5∶1）

3. 绿釉陶罐（M4∶2）

4. 绿釉陶罐（M8∶1）

5. 绿釉陶罐（M1∶12）

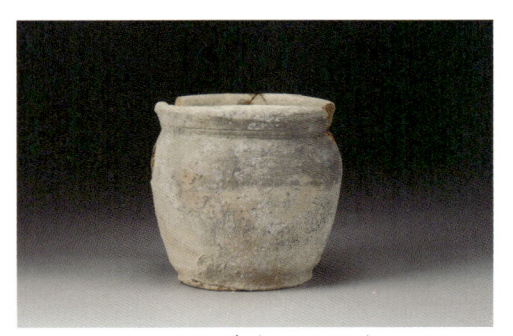

6. 绿釉陶罐（M1∶13）

7. 绿釉陶罐（M9∶1）

明清墓葬出土釉陶罐、瓷罐

大兴区海户新村明清古井发掘报告

明清水井 J1

顺义区天竺清代墓葬发掘报告

1. M1

2. M2

3. M3

清代墓葬 M1 ~ M3

顺义区天竺清代墓葬发掘报告

1. M4

2. M5

3. M6

清代墓葬 M4～M6

顺义区天竺清代墓葬发掘报告

1. M9

2. M10

3. M11

清代墓葬 M9 ~ M11

彩版四二

顺义区天竺清代墓葬发掘报告

1.M7

2.M8（棺盖）

3.M8

清代墓葬 M7、M8

顺义区天竺清代墓葬发掘报告

1. M12

2. M13

3. M14

清代墓葬 M12～M14

彩版四四

顺义区天竺清代墓葬发掘报告

1. M15

2. M16

3. M18

清代墓葬 M15、M16、M18

彩版四五

顺义区天竺清代墓葬发掘报告

1. M17

2. M19

3. M20

清代墓葬 M17、M19、M20

顺义区天竺清代墓葬发掘报告

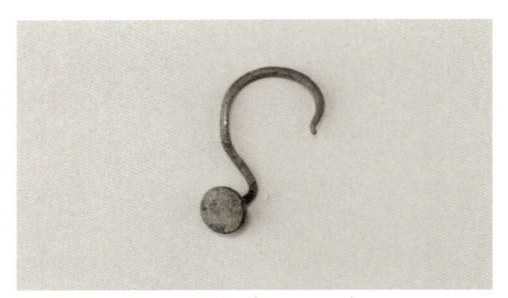

1. 银耳钉（M1:1）

2. 铜簪（M1:3、M1:4）

3. 银镯（M6:1）

4. 银镯（M8:1）

5. 银耳钉（M6:2）

6. 银耳钉（M8:2）

7. 银耳钉（M17:2）

8. 银押发（M5:2）

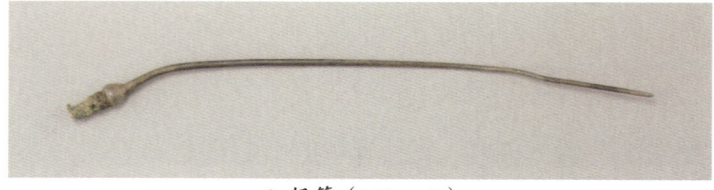

9. 银簪（M8:3）

清代墓葬出土铜器、银器

彩版四七

顺义区天竺清代墓葬发掘报告

1. 青花瓷碗（M4：1）

2. 青花瓷碗（M4：1）碗心

3. 白地褐彩瓷罐（M10：2）

4. 白地褐彩瓷罐（M10：2）肩部

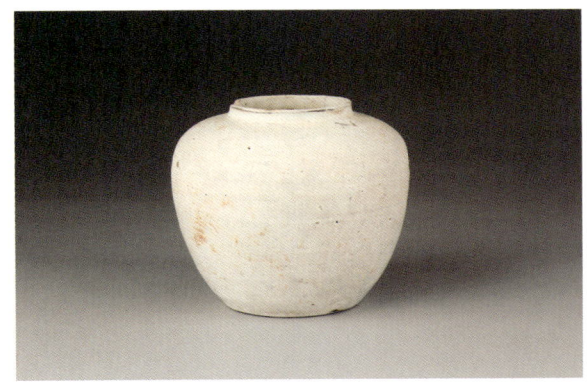

5. 青白釉瓷罐（M14：4）

6. 泥质灰陶罐（M9：1）

清代墓葬出土陶器、瓷器（一）

彩版四八

顺义区天竺清代墓葬发掘报告

1. 泥质灰陶罐（M9：2）

2. 黑釉瓷罐（M9：3）

3. 酱釉瓷罐（M11：1）

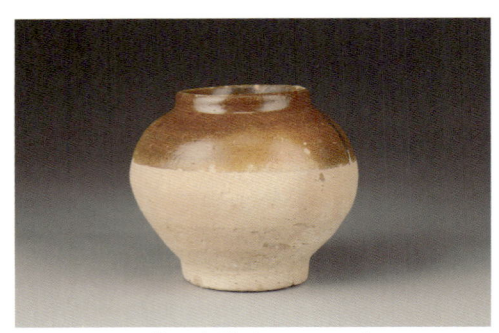

4. 酱釉瓷罐（M12：1）

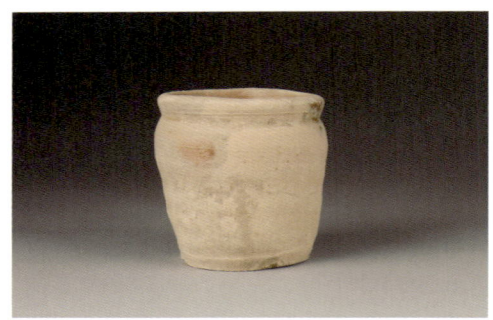

5. 酱釉瓷罐（M13：1）

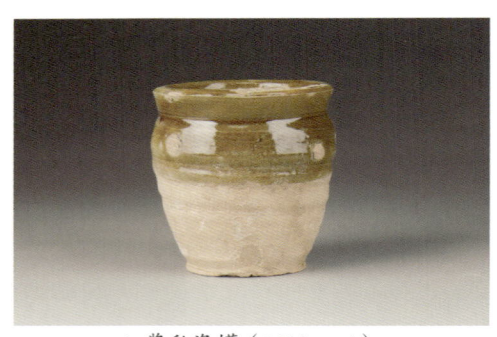

6. 酱釉瓷罐（M13：4）

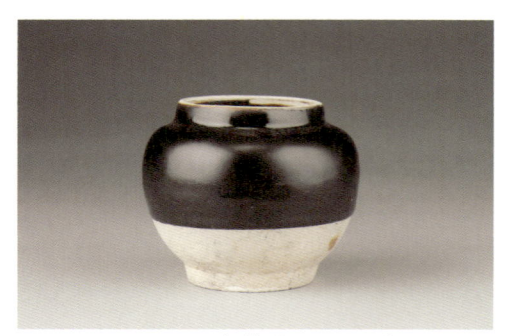

7. 黑釉瓷罐（M14：1）

8. 酱釉瓷罐（M14：2）

清代墓葬出土陶器、瓷器（二）

彩版四九

顺义区天竺清代墓葬发掘报告

1. 黑釉瓷罐（M15：1）

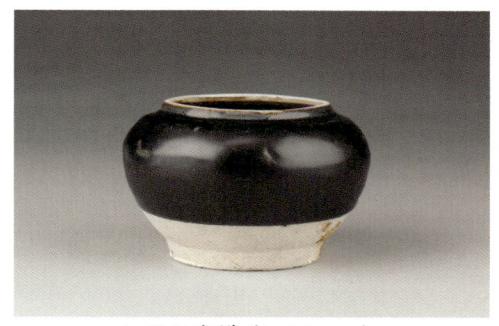

2. 黑釉瓷罐（M15：3）

3. 黑釉瓷罐（M19：1）

4. 黑釉瓷罐（M20：1）

5. 酱釉瓷罐（M17：1）

6. 镇墓瓦（M13：2）

7. 银扁方（M8：4）

清代墓葬出土器物

彩版五〇

朝阳区黑庄户清代墓葬、明堂发掘报告

1. M4（南→北）

2. M14（南→北）

3. M1（南→北）

清代墓葬 M4、M14、M1

朝阳区黑庄户清代墓葬、明堂发掘报告

1. M2（南→北）

2. M3（南→北）

3. M5（南→北）

清代墓葬 M2、M3、M5

彩版五二

朝阳区黑庄户清代墓葬、明堂发掘报告

1. M6（南→北）

2. M11（南→北）

清代墓葬 M6、M11

朝阳区黑庄户清代墓葬、明堂发掘报告

1. M12（南→北）

2. M13（南→北）

3. M8（南→北）

清代墓葬 M12、M13、M8

彩版五四

朝阳区黑庄户清代墓葬、明堂发掘报告

1. M10（南→北）

2. M15（南→北）

3. MT1（南→北）

清代墓葬 M10、M15 及清代明堂 MT1

彩版五五

朝阳区黑庄户清代墓葬、明堂发掘报告

1. 陶罐（M1：2）

2. 陶罐（M1：4）

3. 陶罐（M5：1）

4. 瓷罐（M3：2）

5. 瓷罐（M3：4）

6. 瓷罐（M9：2）

清代墓葬出土陶罐、瓷罐

彩版五六

朝阳区黑庄户清代墓葬、明堂发掘报告

1. 陶罐（M10：3）

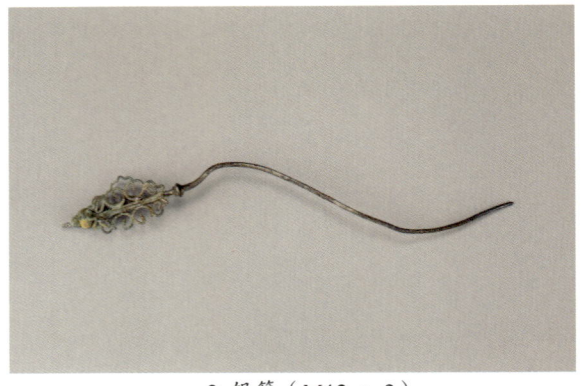

2. 银簪（M12：2）

3. 银簪（M15：3）

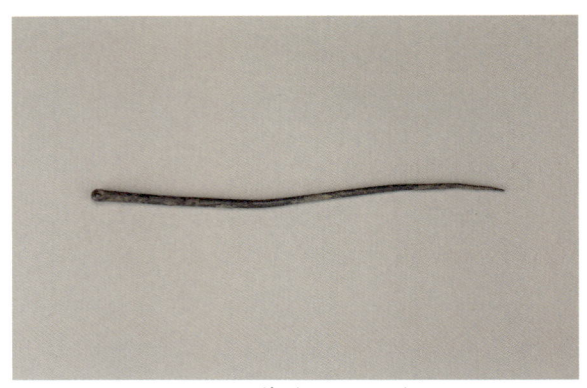

4. 银簪（M13：3）

5. 骨簪（M9：3）

6. 铜押发（M2：2）

清代墓葬出土器物

彩版五七

朝阳区黑庄户清代墓葬、明堂发掘报告

1. 铜簪（M2∶5）

2. 铜鞋拔（M2∶4）

3. 铜镜（M7∶1）

4. 石棋子（M12∶4）

5. 买地券（M5∶3）

6. 买地券（M7∶2）

清代墓葬及明堂出土器物

彩版五八

海淀区学院路清代墓葬发掘报告

1. 铜烟袋（M5：1）

2. 银扁方（M5：2）

3. 铜扣（M5：3）

4. 银簪（M5：8-1）

5. 银簪（M5：8-2）

6. 银戒指（M4：2）

清代墓葬出土铜器、银器

彩版五九

平谷区小北关清代墓葬及明堂发掘报告

1. M1

2. M2

3. M3

4. M4

清代墓葬 M1 ~ M4

平谷区小北关清代墓葬及明堂发掘报告

1. M5

2. M6

3. M7

4. M8

清代墓葬 M5～M8

彩版六一

平谷区小北关清代墓葬及明堂发掘报告

1. M9

2. M10

3. M11

4. M12

清代墓葬 M9 ~ M12

彩版六二

平谷区小北关清代墓葬及明堂发掘报告

1.M13

2.M14

3.M15

4.M16

清代墓葬 M13～M16

彩版六三

平谷区小北关清代墓葬及明堂发掘报告

1. M17

2. M18

3. M19

4. M20

清代墓葬 M17～M20

彩版六四

平谷区小北关清代墓葬及明堂发掘报告

1. M21

2. M22

3. M23

4. M24

清代墓葬 M21 ~ M24

彩版六五

平谷区小北关清代墓葬及明堂发掘报告

1. M25

2. M26

3. M27

清代墓葬 M25～M27

彩版六六

平谷区小北关清代墓葬及明堂发掘报告

1. M28

2. M30

3. M29

清代墓葬 M28、M30 及清代明堂 M29

彩版六七

平谷区小北关清代墓葬及明堂发掘报告

1. 铜簪（M1：2）

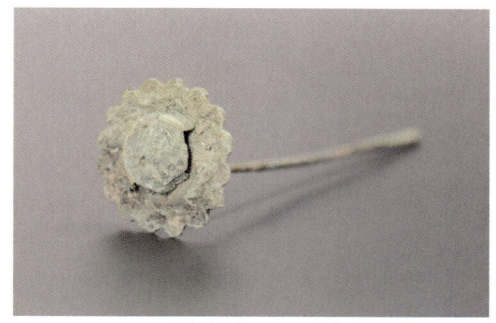

2. 银簪（M2：2）

3. 铜簪（M2：4）

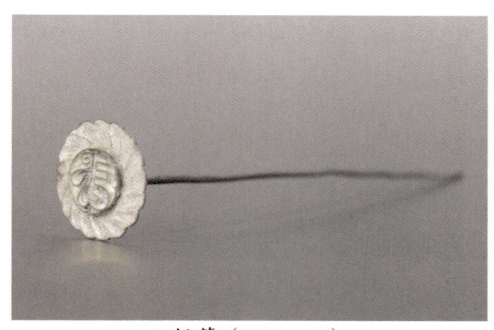

4. 银簪（M5：2）

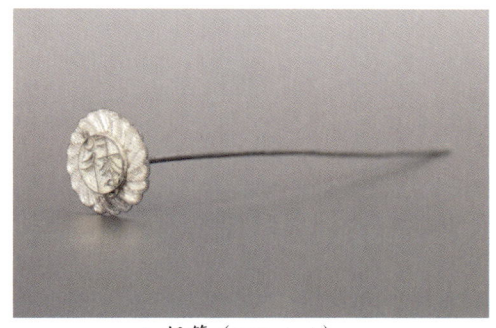

5. 银簪（M5：4）

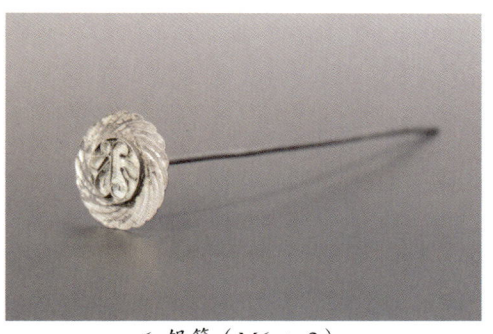

6. 银簪（M6：2）

7. 银簪（M9：4）

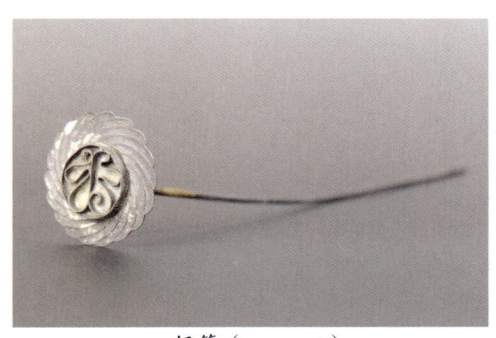

8. 银簪（M9：2）

清代墓葬出土铜簪、银簪

彩版六八

平谷区小北关清代墓葬及明堂发掘报告

1. 银簪（M9：7）	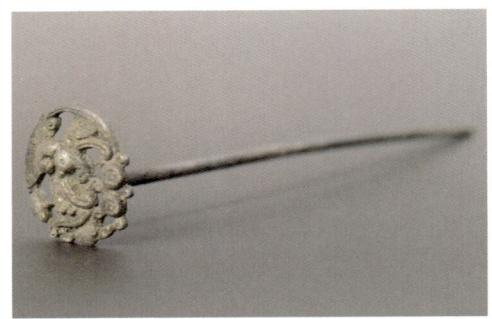 2. 银簪（M10：2）
 3. 铜扣（M10：3-1）	 4. 铜簪（M14：2）
 5. 银簪（M15：2）	 6. 银簪（M18：2）
 7. 银簪（M19：3）	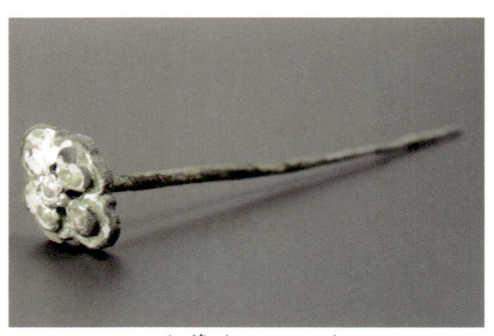 8. 铜簪（M21：2）

清代墓葬出土铜器、银器

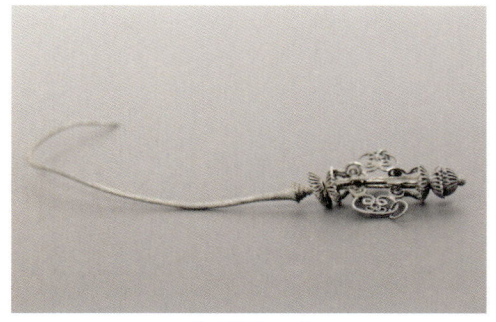

彩版六九

平谷区小北关清代墓葬及明堂发掘报告

1. M22：1

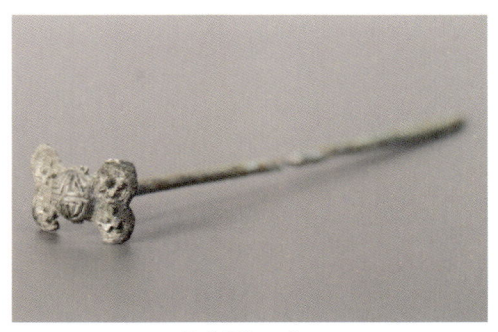

2. M22：2

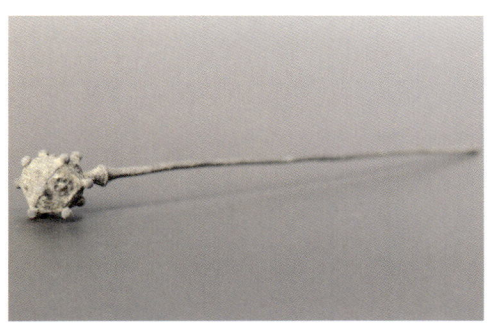

3. M25：3

4. M25：4

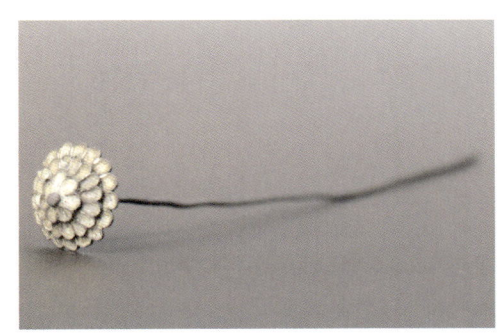

5. M25：6

6. M26：2

7. M26：4

8. M27：1

清代墓葬出土银簪

彩版七〇

平谷区小北关清代墓葬及明堂发掘报告

1. 银簪（M28：2）

2. 石珠（M28：3）

3. 陶罐（M3：2）

4. 瓷碗（M3：3）

5. 石块（M16：2）

清代墓葬出土器物

平谷区小北关清代墓葬及明堂发掘报告

1. 瓷碗（M10:1）

2. 瓷罐（M15:3）

3. 瓷碗（M25:1）

4. 瓷器盖（M25:2）

5. 瓷碗（M26:3）

6. 砚台（M29:2）

7. 买地券（M29:4）

清代墓葬及明堂出土器物

彩版七二

平谷区小北关清代墓葬及明堂发掘报告

1. 铜镜（M29∶1）

2. 青花瓷碗（M29∶5）

3. 青花瓷碗（M29∶5）碗底

清代明堂出土器物

彩版七三

通州区驸马庄唐代窑址发掘报告

1. Y1

2. Y1 窑门

3. Y1 火道

唐代窑址 Y1（一）

通州区驸马庄唐代窑址发掘报告

1. Y1 窑室

2. Y1 窑床

唐代窑址 Y1（二）

通州区驸马庄唐代窑址发掘报告

1. Y1 排烟口

2. Y1 烟道

唐代窑址 Y1（三）

彩版七六

通州区六合庄清代墓葬发掘报告

清代墓葬 M1

彩版七七

通州区疃里清代墓葬发掘报告

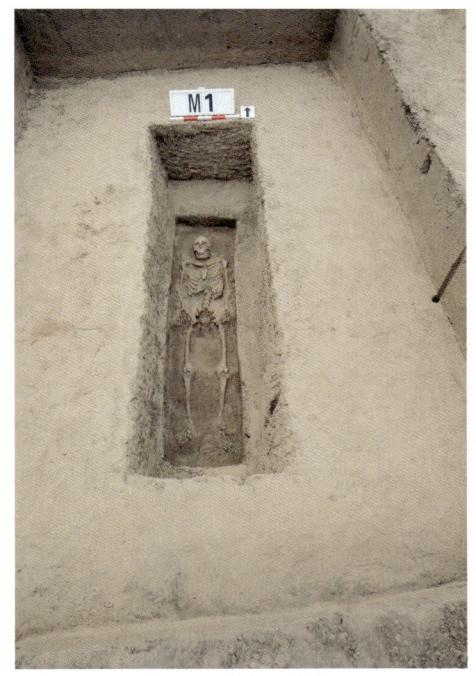

1. M1（南→北）

2. M2（南→北）

3. M3（南→北）

清代墓葬 M1 ~ M3

彩版七八

通州区疃里清代墓葬发掘报告

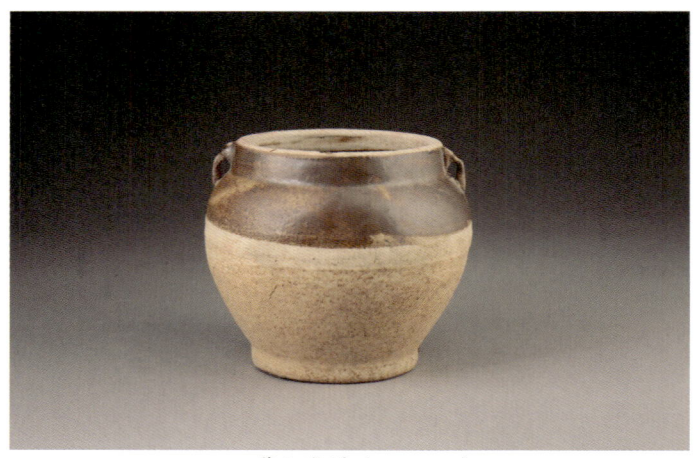

1. 酱釉瓷罐（M1:1）

2. 白釉瓷罐（M2:1）

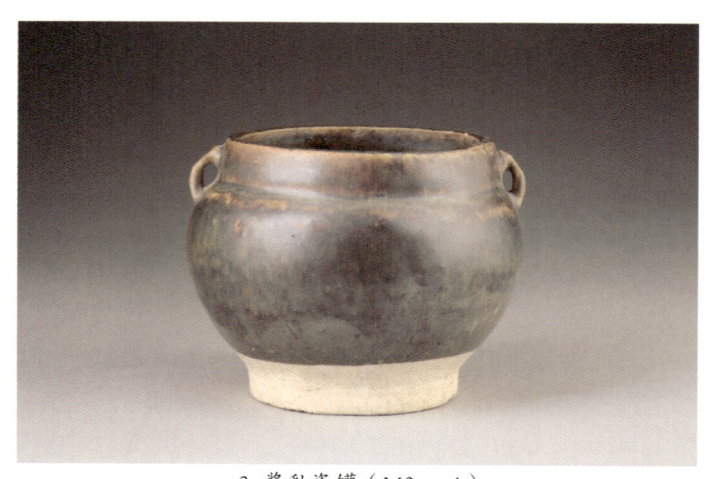

3. 酱釉瓷罐（M3:1）

清代墓葬出土瓷罐

大兴区幸福村清代、民国墓葬发掘报告

民国墓葬 M1

彩版八〇

大兴区幸福村清代、民国墓葬发掘报告

1. 银簪（M1∶1）

2. 银簪（M1∶2）

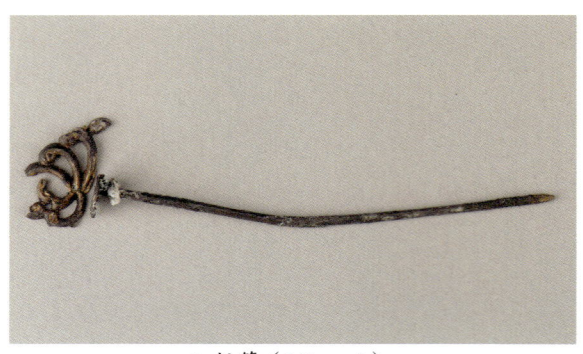

3. 银簪（M1∶3）

4. 银簪（M1∶4）

5. 银戒指（M1∶5）

民国墓葬出土银器

彩版八一

通州区铺头清代、民国墓葬发掘报告

1. M1（北→南）

2. M3（北→南）

3. M2（北→南）

清代墓葬 M1、M3 及民国墓葬 M2

通州区铺头清代、民国墓葬发掘报告

1. 铜簪（M1∶3-1）

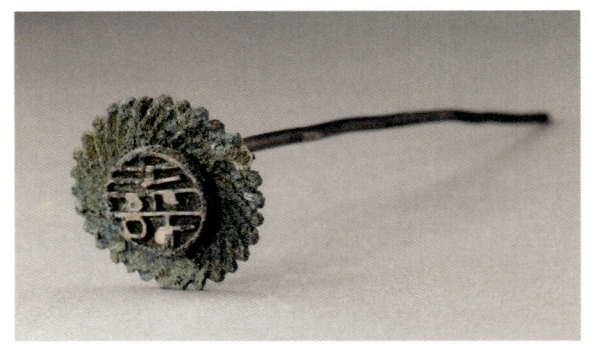

2. 铜簪（M1∶3-2）

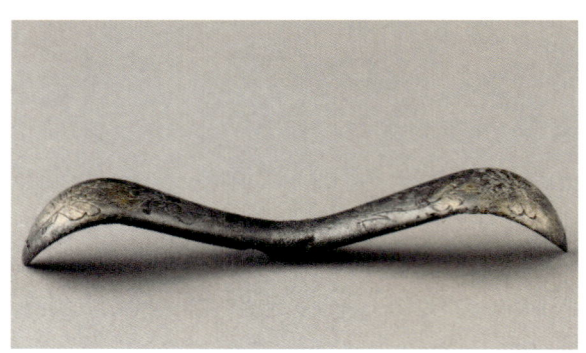

3. 银押发（M1∶3-4）

4. 银押发（M1∶3-4）内侧戳印铭文

5. 铜簪（M1∶3-3）

清代墓葬 M1 出土铜器、银器

通州区疃里清代、民国墓葬及清代水井发掘报告

1. M1（南→北）

2. M2（南→北）

3. M3（南→北）

4. M4（南→北）

5. J1（南→北）

清代、民国墓葬及清代水井

彩版八四

通州区疃里清代、民国墓葬及清代水井发掘报告

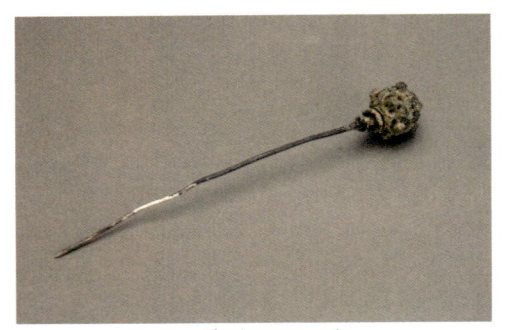

1. 银簪（M1：1）

2. 陶罐（M1：2）

3. 陶罐（M2：3）

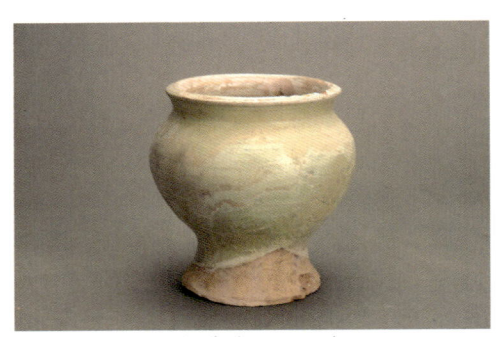

4. 陶罐（M2：4）

5. 银簪（M3：2）

6. 陶罐（M3：3）

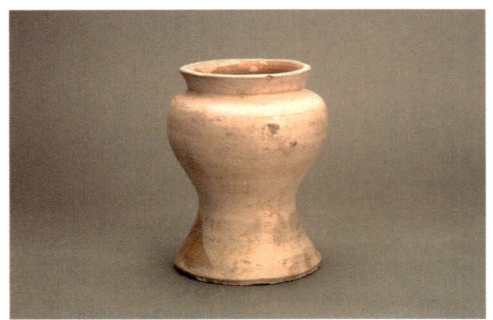

7. 陶罐（M3：5）

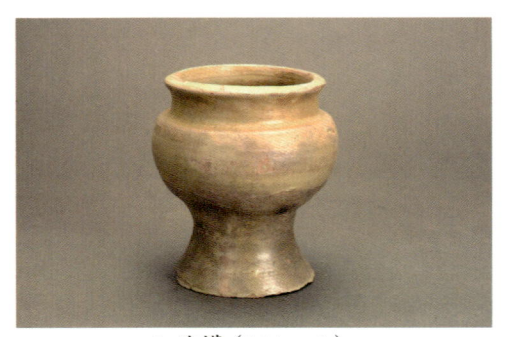

8. 陶罐（M4：2）

清代、民国墓葬出土陶器、银器